本成果获得研究阐释党的十九大精神国家社科基金重大专项
——“新时代共建共治共享的社会治理法治化机制研究”
（18VSJ033）的鼎力资助，特此鸣谢！

迈向数字社会的法律

马长山　著

法律出版社 LAW PRESS · CHINA
北京

作者简介

马长山

1964生，哲学博士，法学博士后。现为华东政法大学教授、博士研究生导师、《华东政法大学学报》主编、数字法治研究院院长。兼任中国法学会法理学研究会副会长、东京大学东洋文化研究所“外国人研究员”。先后入选国家“万人计划”哲学社会科学领军人才、人社部“新世纪百千万人才工程”国家级人选、中宣部文化名家暨“四个一批”人才、教育部“新世纪优秀人才支持计划”，享受国务院特殊津贴专家。

目　　录

导　　言

从古到今，人类发展经历了三次重大革命，人类的生活品质也获得了三次转型升级。第一次是农业革命，使人类从采集活动走向了种植生活；第二次是工业革命，使人类从畜力耕作走向了机械生产；当今信息革命是第三次，将使人类从物理生态走向智能生态，建设数字国家也随之成为全球共识和发展趋势，从此迈入了数字时代和智慧社会。它创造了便捷舒适、丰富多彩、高效智能的社会生活，但同时，也带来了一些前所未有的风险和挑战，亟需法学理论来积极面对和回应，进而为数字中国、数字法治建设提供理论支撑。

（一）双重空间的生活逻辑

自人类诞生以来，就一直在大自然的世界中生产和生活，从来没有超出这个“上帝”给定的物理空间。但信息革命改变了这一切，特别是网络化、数字化、智能化的叠加效应，“破天荒”地在有限的物理空间之外创造出了无限的电子空间，在经验传承的现实生活之外开辟出了丰富惊奇的虚拟生活，人们可以在网上开店购物、手机炒股订票、“滴滴”打车、“美团”外卖、微信群聊、发朋友圈……所有这些都随时穿越于虚实两个世界，其中既有工商业时代的人、财、物等物理空间逻辑，也有信息时代的建模、算法、代码等虚拟空间逻辑，而且二者彼此交织、相互塑造、虚实同构。于是，社会关系、行为模式和价值观念都发生了重大转型，衣食住行变得越来越自动便捷，日常生活和社会治理也日益智慧化，与此同时，各种难题和风险也随之而来，如算法决策的“失灵”及其控制、个人隐私的保护、信息伦理的挑战、各种智能化犯罪等。这些都对社会秩序构成了明显的威胁，亟须认真对待。

（二）人机交互的工作场景

近年来，刷脸验票、自助银行、机器人快递、无人餐厅、无人超市等日渐增多。随着人工智能的飞速发展，智能机器人将会在生产生活中获得越来越多的应用，它们自身也会通过自主的深度学习和升级而变得越来聪明，甚至像“阿尔法狗”那样能够与人类相匹敌。尤其是自动驾驶、医疗机器人、服务机器人、陪伴（或伴侣）机器人等将大量涌现，很多工作或者服务可能都是由人类和智能机器人之间的协作或者共同来完成的，这样，人机共处、人机交互就成为越来越常见的工作场景。这大大提高了社会效率，也使生活更便捷、服务更精准、任务处理更客观。然而，值得注意的是，在这种人机交互的工作场景下，智能机器人一旦“活了”，我们还能再把它看作原来意义上的机器吗？如果不能，那么智能机器人与人是什么关系、是否应该具有“电子人”的身份地位？人与智能机器人共同完成工作的责任或风险该如何分担？人与陪伴（伴侣）机器人是否有伦理关系？当大量工作都被智能机器人所取代时，人类又该怎样面对和适应？人的主体地位是否需要重建？诸如此类的问题就随之凸显出来，这无疑使社会治理变得更为复杂、任务更加艰巨，面临着前所未有的难题和挑战。

（三）数字人类的全新面向

当今信息革命的一个直接后果，就是人们的社会行为和日常交往都在不断地数字化，我们已不再是单一的“生物人类”，而是赋予了“数字人类”的新属性；人们每天、每时、每刻都会留下一串串的身份数据、关系数据、行为数据和言语数据，获得了新型的“生物/数字”二维面向。技术公司、平台和政府可以凭借大数据挖掘和分析技术来对人们进行“数据画像”，描绘出一个人的基本面貌、身份背景和活动规律，进而提供丰富的信息检索、目标推送、个性订制和精准服务，促进了智能交易和智慧治理。同时，也大大强化了打击犯罪和安全防控的能力，社会秩序更加可视化、可控化和稳定化。然而，人类的这种数字化面向也会带来一定的社会问题，它很容易侵蚀个人隐私，形成信息不对称和数据鸿沟，甚至还会出现利用“数据画像”的“监控社会”。这些问题浸润到智慧治理之中，带来的就不是民权民生保障，而很可能是公权力的技术化延伸，从而造成数字时代的秩序异化，这也是未来法治建设所面临的全新挑战。

（四）建模算法的价值偏好

有史以来，人类掌握的信息手段和范围都十分有限，数据分析技术也十分匮乏，因此，只能依靠一辈辈的经验积累和聪明智慧来进行人脑决策。但随着信息时代的到来，人们不仅可以掌握海量的信息数据，而且还可以进行全样本的分析，通过建模和算法设计来推动生产生活的自动化、智能化和治理智慧化。这样，一些人类决策将让位于人工智能的算法决策，且占比会越来越高。可以预见，将来高度自动化、智能化的社会，必然是一个算法主导的社会。然而，人工智能的建模和算法毕竟是由人设计出来的，相同的数据、相同的目标任务，也可能因不同的程序员而设计出不同的建模和算法，从而导致不同的算法输出结果。也就是说，建模和算法都自觉不自觉地嵌入了设计者的偏好，内含一定的人为价值判断，它并不能完全展现“技术中立”理想下的客观性和可靠性，甚至还会出现算法“黑箱”、算法歧视、算法错误、算法自主等诸多问题。如COMPAS算法对犯罪人的再犯风险进行评估的过程中，黑人的高犯罪风险概率就被错误地评估为白人的两倍。此外，基于“数据画像”的广告推送、各种暗藏玄机的检索排名、花样翻新的“大数据杀熟”等，都是其直接后果。这些问题一旦出现在数字时代的算法决策之中，就会产生社会不公、激化社会矛盾，形成一定的社会风险。

（五）代码规制的制度化应用

事实表明，人类的每一次飞跃都引发了重大的制度变革，农业革命实现了从宗教、伦理和习惯向世俗法律的制度转型，工业革命实现了从传统等级身份向现代契约关系的制度转型，当下信息革命将会实现从物理空间规制向双重空间规制的制度转型。具体来说，物理规制方式是近代以来工商业发展的产物，它以人、财、物为规制对象，采取的是关系—行为—后果的规制策略；而信息时代的双重空间规制，就增加了虚拟空间规制的新方式、新途径，其典型特征就是不再过多注重因果关系和行为后果，而是采取过程控制的代码规制，即通过算法和程序设计（如自动监控过滤、识别认证、目标屏蔽、“弹屏”送达等）来实现规制目的。可以看到，随着智慧商务、智慧政务、智慧司法和智慧城市建设进程的不断加快，这种规制方式在平台交易、政务服务、基层治理等多个领域将会获得更广泛的应用，并逐步嵌入制度规范之中，日益呈现出规范化、制度化形态。这种基于数据分析和算法的代码规制，固然大大提高了效率，也更加客观，但也潜在问题和风险。比如，代码规制是自动执行的、普遍一致的机器指令，它一旦出现错误或不公，其影响远超人类的个别决策和个别性问题，而是会产生严重的体系性、机制性、普遍性后果，其修复的代价十分巨大；再如，代码编写一旦渗入设计者的价值偏好，无论是商业的、伦理的还是政治的，都可能会影响其规制的正当性与合理性，等等。由此看来，代码规制在数字时代的制度化应用，无疑是一把“双刃剑”，如何兴利除弊，则是一个重要的时代考验。

面对数字时代的这些挑战和全新问题，法学理论研究就不能过于忧虑，或者被动调整和适应，而是要通过积极回应和探索来加以解决，从而有效推进智慧治理，塑造数字时代的法治秩序提供根本保证。

第一章　数字时代的法学变革

一、中国法学发展的自主性

随着信息革命的深入和网络化、数字化、智能化的快速融合发展，“所有的信息资源都能够被智能的计算机软件实体所识别和处理，并且这些软件实体能够自治地、主动地在网络中漫游，具有很好的适应性和可靠性，能够代替用户完成各种工作，并为用户提供丰富的服务”,①从而进入了人类的数字时代。它引发了从生产关系到生活方式、从行为模式到思想观念、从经济业态到制度规制的全方位深度变革。这必然也会给法学理论和规则制度带来诸多挑战，如何去应对这些挑战，塑造中国法学的自主性，就成为一个重大的时代课题。

（一）中国法学发展的新际遇

在漫长的人类历史发展进程中，中国曾经创造了辉煌的东方文明，也塑造了独特的中华法系。然而，自晚清以来，中国却成了世界现代化进程的弃儿，甚至被列强所欺辱和分割。为此，追赶现代化和实现民族的独立复兴，就成为近代以来中国生存发展的总体逻辑。与此相应，近代以来的中国法学，也一直在移植西方和寻求自主的矛盾中努力前行。

中华人民共和国成立后，我们曾一度彻底否定此前的法学/法制建设成果，转向全盘照搬苏联法学，进而造成了严重的工具化、御用化的法制后果。改革开放后，随着中国主动融入全球化进程和发展市场经济，法学界便在深刻反思中重新面向现代性、市场化，大量引介移

---

① 史忠植等：《智能互联网》，载《计算机科学》2003年第9期。

植西方的法学理论，并进行制度上的比较借鉴。包括近年来的很多学术争论，也基本上是在西方的理论话语、范畴和逻辑中展开的。究其原因，一方面，我们着实没有太多的可以解释和指引当下中国法制变革的传统理论资源；另一方面，则是因为西方法学传承了罗马法传统并注入了法律的现代性精神，因而，它只在发生学的意义上是西方的，但在法治文明成果的意义上则是世界的。也就是说，借鉴西方法学理论和制度，是中国追赶现代性和世界法治发展步伐所不得不作出的反应。

事实表明，尽管“现代法律被视为与简单而原始的‘本土’法律截然相反的进步典范”，然而，“目前法律秩序所使用的各种装备常常不适合于不发达国家的社会、文化和法律传统”。① 在中国，西方法学理论“水土不服”的困境也一直困扰着法治实践过程。更何况，现代性的忧患与危机早已成为不争的事实，它“以试图解放人类的美好愿望开始，却对人类造成毁灭性威胁的结局而告终”，② 以至于“后现代主义”以其极端反叛精神，对基础、中心、理性、真理、权威和统一等现代性逻辑展开了全面批判和解构，并倡导“重写现代性”。③ 这样，西方法律传统也不得不面对时代的挑战与变革，甚至“西方本身已经开始怀疑传统法律幻想的普遍有效性，尤其是它对非西方文化的有效性”。④ 同样，基于西方法学在中国的“水土不服”和对西方法律传统危机的反思，中国法治“本土资源”、中国法学自主性、“中国法学向何处去”的忧虑和追问，便开始与理论与制度的“移植论”形影相随，有学者甚至痛切直言：“几代学人倾尽全力，也不过是为西方法学扩展了适用范围，增添了几个注脚。而中国法学的自身界碑则从未树立。”从而，“不仅失去了学术的自主性，而且失去了学术性本身”。⑤

---

① ［英］阿布杜勒·帕力瓦拉、［英］萨米·阿德尔曼等：《第三世界国家的法律与危机》，邓宏光等译，法律出版社2006年版，第19页。

② ［美］大卫·雷·格里芬：《后现代精神》，王成兵译，中央编译出版社1998年版，第64页。

③ 参见［法］利奥塔：《后现代与公正游戏》，谈瀛洲译，上海人民出版社1997年版，第153页。

④ ［美］伯尔曼：《法律与革命——西方法律传统的形成》，高鸿钧等译，中国大百科全书出版社1993年版，第39页。

⑤ 凌斌：《中国法学时局图》，北京大学出版社2014年版，第26页。

综上可见，近两个世纪以来的中国法学发展进程，始终没能摆脱西方/东方、现代/传统、移植/本土的深层纠结和困局。从根本上说，这并非只有在中国才出现的“中国问题”，而在很大程度上乃是全球化与地方化、现代性与文化传统之间内在张力的突出表现。因此，它是在追求现代性文明过程中发生的“中国如何融入世界的难题”。[①] 这里的关键问题是，在我们面向现代性的西方时，不仅有难以对其进行有效仿制和适应的深刻体验，同时也看到了它正在遭遇的现代性危机；如果我们不面向现代性的西方，那么出路又何在？无疑，试图通过已受现代性深刻雕塑的且时间较短的本土实践，就提炼出能够与几百年发展积累而来的现代性西方进行比较和对话的法学理论，似乎极为艰难。不过，人类历史的发展总是挑战与机遇同在，随着当今信息革命的到来，互联网、大数据、云计算、人工智能等新兴领域和业态迅速崛起，人们的生产关系、生活方式、行为方式、价值观念等都会发生重大而深刻的变革，因此，立足于工商业生产生活关系基础上的现代性法律就必然遭遇到前所未有的挑战，而世界各国也不得不去面对“同一起跑线”的相同或相似问题。于是，在中国追赶法律现代化的进程中，就又出现了信息社会所带来的某种程度“重新洗牌”的变革契机。这无疑会给中国法学走出西方/东方、现代/传统、移植/本土的困局，塑造中国法学的自主性提供了重大机遇。

一方面，数字时代催生了新型经济关系和社会关系，对既有法律体系形成了“严峻”的挑战。如今正在发生的信息革命，使数据和算法成为重要的生产要素，并呈现出智能互联/分布共享、双层空间/虚实同构、人机共处/数字生态三大特征，网购平台、网约车等各种新业态、新模式也便纷纷“破窗”涌现，进而形成了以信息（包括知识和数据）为资源、以网络为基础平台的全新数字经济形态。为此，它所带来的空前变革，并不是现有生产方式、生活样态的简单拓展和延伸，它在很大意义上则是对工业革命以来生产关系和生活方式的一种替代。这样，它就持续地、全面地制造着日益增加的新问题，产生越来越多的新型法益和新兴权利。诸如虚拟财产、比特币、智能合约、自动驾

① 郑永流：《“中国问题”及其法学辨析》，载《清华法学》2016 年第 2 期。

驶、智能机器人身份、数据歧视、代码规制、算法“黑箱”等，都是既有法律体系所不能解决而又必须面对的深刻挑战。这表明，既有的法律体系和规制方式既难以涵盖这些新型经济关系和社会关系，也难以对它们作出及时有效的规制调整，立基于工商业革命的现代性法律，便难免遭遇了严重的危机。这在很大程度上是信息革命的“后现代性”对现代性的挑战。为此，已经成熟的西方法学和正在发展中的中国法学，都需要共同来经受这种挑战的考验。换言之，无论是现代性的西方法学，还是追赶现代性的中国法学，都基本处于相同或相似的信息革命境遇之中。在这里，“人类变成了制定规则的上帝，所有伴随人类进化历程中的既定经验与认知沉淀将遭遇颠覆性挑战”。[①] 而作为世界第二大经济体的中国，其智能互联网的迅速发展与广泛应用，或许不仅能为西方的法律改革提供一个实践目标，而且“也能作为不同视角的（法律的与其他的）一个来源”。[②]

另一方面，数字化时代加剧了传统、现代性与后现代性的碰撞交融，形成了特有的“中国问题”。中国是一个后发现代化国家，100 多年来一直致力于追赶现代化和实现民族复兴。改革开放后，则借助全球化、信息化而日益提速这一进程。然而，问题是，由于中国并不是像西方国家那样，传统性、现代性和后现代性基本上是一个取代另一个的过程，而我们恰是在时空压缩的条件下进行的，即传统性、现代性和后现代性被压缩在同一个时空之中。[③] 与此同时，当今信息革命又使物质世界、社会世界和精神世界的“时空体制”加速转变，深刻“改变了社会生活的空间和时间的知觉与组织”，并导致“人类主体无可避免地去中心化、分裂、充满张力的”。[④] 这种时空压缩与加速，就使传统、现代性与后现代性的各种元素，在中国改革发展进程中呈现

---

① 王天一：《人工智能革命——历史、当下与未来》，北京时代华文书局 2017 年版，第 192 ~ 193 页。

② ［美］络德睦：《法律东方主义——中国、美国与现代法》，魏磊杰译，中国政法大学出版社 2016 年版，第 28 页。

③ 参见景天魁：《时空压缩与中国社会建设》，载《兰州大学学报》（社会科学版）2015 年第 5 期。

④ ［德］哈特穆特·罗萨：《新异化的诞生——社会加速批判理论大纲》，郑作彧译，上海人民出版社 2018 年版，第 14、146 页。

出高频碰撞和复杂交融之势。如城乡二元结构和农业转移人口带来的城乡不平衡与冲突问题，农村宗族势力、集体土地三权分置与乡村民主治理问题，信息鸿沟、网络空间自由和民粹思潮问题，权力本位、权利意识与个性放任问题，等等。它们会形成西方现代化进程中所未曾遇到的且与其他发展中国家明显不同的“中国问题”，因而，很难通过“移植”或者“比附”来参照解决，只能立足中国国情来探索“中国方案”。

总之，随着信息数字技术发展和智能互联网的崛起，人类已经进入了信息社会和数字经济时代，“很多旧有的习惯将被颠覆，很多旧有的制度将面临挑战”，[①] 而许多以前我们曾经依赖的东西，现在也“正在数字化时代支离破碎”。[②] 这就意味着，贯彻平等、自由、公正和民主原则的现代性法律体系，遭遇了前所未有的困境与危机，也面临着前所未有的重大变革发展前景，并将在“解析—解体”中“创造一个全新的世界”。[③] 在这样的特殊时代境遇下，中国法学就会面临三重任务：一是继续扬弃传统法律文化，对本土实践进行理论提炼；二是仍要借鉴西方现代性的法律理论与制度，积极融入全球法治发展进程；三是充分利用数字时代发展的机遇，推动自主创新和法学变革。这就为塑造中国法学的自主性，提供了前所未有的压力和机遇。

（二）面对“法律革命”的因应态度

面对法律制度所受到的越来越多、不断加深的挑战和颠覆，是通过扩展现有法律来予以包容适用还是制定相对独立的法律部门来解决，抑或立足信息革命来对现有法律制度进行总体性、协调性的变革升级？学者们对此形成了明显不同的立场、进路和策略。

1. 问题进路的扩展主义

该种进路带有明显的“守成主义”倾向，它认为数字时代带来的无非一些新问题、新挑战，只要通过补充、扩展和完善相关立法，就

---

① ［英］维克托·迈尔－舍恩伯格、［英］肯尼斯·库克耶：《大数据时代：生活、工作和思维的大变革》，盛杨燕等译，浙江人民出版社 2013 年版，第 94 页。

② ［德］克里斯多夫·库克里克：《微粒社会——数字化时代的社会模式》，黄昆等译，中信出版社 2018 年版，前言第 XII 页。

③ ［德］克里斯多夫·库克里克：《微粒社会——数字化时代的社会模式》，黄昆等译，中信出版社 2018 年版，前言第 VII～VIII 页。

可以对其予以包容、应对和解决。就像侵权责任法中的物件责任，物体伤害了别人，还是需要你负责。法律只需做细微的调整就可以适应人工智能带来的法律问题，特殊产品责任、知识产权、大数据等都是常见问题。也就是说，人工智能会给法律制度带来挑战，但它并没有从根本上改变现有的法律关系，因为“人工智能迄今还是一个辅助工具，其产生的问题，如自动驾驶的侵权问题，归根结底还是可以在自动驾驶方案提供者、汽车厂商或者使用者之间进行归责而解决。未来也许人工智能通过不断学习会产生新的法律关系主体，但是这会是一个过于遥远的话题。总之，人工智能的法律挑战是一个既有现实性也具有前瞻性的话题，现在希望给出系统的法律解决方案、监管框架乃至监管模式都还为时过早”。[①] 甚至有学者认为，“现有的法律已经足以应对人工智能引起的和可能引起的新的法律关系，或者调控由人工智能引发的法律后果，并不需要新的专门的法律调控”，也不可幻想和高估人工智能对法治的影响。[②]

2. 挑战进路的并行主义

该种进路反映了面对挑战的“开放主义”取向。他们认为，智能互联网所带来的全新问题与挑战是现有法律难以（至少不能完全）解决的。因此，需要大力加强智能互联网的专门（领域）立法，设立专门司法处理机制，形成现有法律制度与数字化规制的并行结构。具言之，“目前不可能制定出有关人工智能的完善的法律”，但毫无疑问，“制定单项的或专门的法规调控人工智能的某一具体方面或形式是既有实践，但这并不排除制定一部综合性的概括性的‘人工智能法’的可能性”。[③] 为此，有学者指出，人工智能机器人与其他的产品不同，其所引发的纠纷要更为复杂化和多样化，需要专门立法（人工智能法律的基本规范）来予以应对，“一是要对人工智能机器人的设计进行规范，尤其要对其所包含的程序进行一种事先的审查，防止其被植入恶

---

① 张天潘整理：《人工智能时代的法律挑战》，载《南方都市报》2017年7月2日，第A18版。

② 郝铁川：《不可幻想和高估人工智能对法治的影响》，载《法制日报》2018年1月3日，第10版。

③ 於兴中：《算法社会与人的秉性》，载《中国法律评论》2018年第2期。

意程序，这就需要对参与人工智能机器人的身份进行必要的管理；二是要对人工智能机器人的生产和销售行为进行特别规范，以有效控制人工智能可能引发的负面影响”。[①] 在人工智能的这种立法规制过程中，其“制定或生成需要法律人和程序员、人工智能专家的合作，以便使算法进入法律，法律进入算法，从而使人工智能的基础操作系统符合人类的伦理和法律”，[②] 构建人工智能发展所需的新的规则。[③]

3. 转型进路的革新主义

该种进路立足网络化、数字化、智能化发展的“内在”立场，赋有变革主义的情怀。他们主张，数字时代带来的不仅仅是面临各种挑战，还伴有相当程度的颠覆性变革，使现有法律制度难以包容、应对和有效解决这些层出不穷的诸多问题，恰如“人类变成了制定规则的上帝，所有伴随人类进化历程中的既定经验与认知沉淀将遭遇颠覆性挑战”。[④] 因此，迫切需要根据信息革命背景下生产关系、生活方式深刻变革发展的需要，进行理论和制度上的积极探索和创新，从而推进从工商业社会向信息社会的法律制度变革升级。面对这次智能革命，他们不无焦虑：“人类历史上曾经有过划时代的巨变，诸如宗教改革、文艺复兴、工业革命、启蒙运动，以及法国大革命、美国独立革命、俄国革命、中国的两次革命，以及世界上其他国家的革命、独立、合并等这些不可不称之为伟大转变的事件。”然而，“这些历史巨变比起正在发生的和将要发生的巨变，真是小巫见大巫。因为以往的巨变无论如何都是以人为中心的发生的变化，人类并没有对自己的未来失去控制，而今天孕育着的变化却指向反人类、非人类，乃至灭绝人类的后果。这就是所谓后人类时代的降临”。[⑤] 从法学视野来看，信息革命带来了一种新型“解析—解体”的双重过程，“一方面是对我们身边发

---

① 参见王利明：《人工智能的发展对民法的挑战》，载《法制日报》2017 年 7 月 12 日，第 9 版；吴汉东：《人工智能时代的制度安排与法律规制》，载《法律科学》2017 年第 5 期。

② 郑戈：《人工智能与法律的未来》，载《探索与争鸣》2017 年第 10 期。

③ 参见胡凌：《人工智能的法律想象》，载《文化纵横》2017 年第 4 期。

④ 王天一：《人工智能革命——历史、当下与未来》，北京时代华文书局 2017 年版，第 192 ~ 193 页。

⑤ 於兴中：《算法社会与人的秉性》，载《中国法律评论》2018 年第 2 期。

生的所有现象的数字化高度解析；另一方面是制度的解体，这些制度是在粗粒化的世界中发展起来的，现在却因为没法跟得上形势而显得碍手碍脚”。[①] 为此，有学者担心，“中心化的不学习的法律机制，正在转向去中心化的机器学习。当法律失去它神圣的功能光环，当其势力范围不断沦陷，当法律的特殊领地不断坍塌，那么，人工智能时代的法律就可能面临最大的危机。而此最大的危机，就将是法律的最终死亡”。[②] 然而，在可见的范围内，智能互联网至少在法律客体、法律空间、法律时间三个维度正在对当代法律带来革命性的影响，[③] 这将导致“法哲学的所有领域将被重塑，故事将要重新书写”，因此，我们需要“在汲取包括后人类思想在内的各种洞见的同时，致力于凝结出崭新的思想，以迎接真正意义上‘未来法’的来临”。[④] 可见，转型与革新就成为数字时代法律发展的必由之路。

事实上，法律固然是保守的，但也是顺时而变的。至于是保守还是变革，则取决于生产关系和生活关系的客观需要。早在 1996 年美国芝加哥大学的“网络空间法研讨会”上，就出现了关于互联网法是否为法的“马法之议”，[⑤] 给当时的前卫研究者以不小的打击。而如今，智能互联网立法则已成为大势所趋。从智能互联网的变革发展来看，它的“革命”意义不可小觑，亟须探讨“哪些可以适用现有法律规则，哪些需要对现有制度进行修正，甚至制定新的法律规则”，[⑥] 至少，它会带来法律的转型升级。

首先，研判它是一场“革命性”变革，在于其本质上的深刻变化。具言之，一是在规制范围上，现有法律制度越来越难以包容新业态、

---

① ［德］克里斯多夫·库克里克：《微粒社会——数字化时代的社会模式》，黄昆等译，中信出版社 2018 年版，前言第 XI 页。

② 余成峰：《法律的“死亡”：人工智能时代的法律功能危机》，载《华东政法大学学报》2018 年第 2 期。

③ 余盛峰：《全球信息化秩序下的法律革命》，载《环球法律评论》2013 年第 5 期。

④ 鲁楠：《科技革命、法哲学与后人类境况》，载《中国法律评论》2018 年第 2 期。

⑤ 刘品新：《网络法是“马法”吗?》，载《检察日报》2007 年 9 月 5 日，第 006 版。

⑥ 张天潘整理：《人工智能时代的法律挑战》，载《南方都市报》2017 年 7 月 2 日，第 A18 版。

新模式的“创造性破坏”，传统监管模式和制度机制遭到越来越多、越来越深的挑战；二是在理论逻辑上，现有理论的解释力越来越低，越来难以自圆其说；三是在问题性质上，这些新挑战越来越带有“破窗性”、颠覆性，按照现有法律制度和思维方式只能是疲于应对但却难以解决。事实上，网络犯罪、虚拟财产、数据权利、算法歧视、智能机器人等所带来的挑战就明显地具有这些特征。

其次，称其为“革命性”变革，并不意味着把现有法律制度推倒重来。客观而言，任何革命都不可能是否定一切、推倒重来的，而是在继承中变革和重塑制度，即便是比较激进、比较彻底的法国大革命也是如此。事实上，与历史上的农业革命、工业革命所伴生的新制度，其实也都可视为一场相对传统制度而言的“法律革命”，在某种意义上都是制度范式的升级换代。打个未必恰当的比喻，如果采集时代的规则体系（丛林空间、生存法则、共产共妻）是人类法律制度的1.0时代，农耕时代的法律体系（物理空间、等级身份、家庭流转）是人类法律制度的2.0时代，工商业时代的法律体系（物理空间、平权身份、商业流转）是人类法律制度的3.0时代，那么，数字时代的法律体系（双重空间、流动身份、虚实流转）就会将人类法律制度带入4.0时代，而这场4.0时代的“法律革命”，当然不可能撇开现有制度的另起炉灶，更不是全盘替代，而是在既有制度基础上的转型升级。

最后，这场“革命性”变革是一个不断探索创新的过程，并没有预设的蓝图和结果。制度革命都不会是疾风迅雨式的瞬间巨变，而是一个从量变到质变的转化过程，因此，这场“法律革命”也必然表现为一个逐渐加深、变革创新的演进过程。在这一进程中，并没有一个预设的明确目标、蓝图或者结果追求，而是根据数字时代的生产关系、生活关系、行为方式、价值观念等的深度变革要求，根据人与自然、人与人、人与机器之间关系的解构与重构的客观需要，来重新思考最基本的准则和制度机制。[①] 也就是说，它是一个尚不确定的、带有多种可能性的转型升级的探索过程，以应对各种新问题、新挑战和重建规

① ［英］维克托·迈尔－舍恩伯格、［英］肯尼斯·库克耶：《大数据时代：生活、工作与思维的大变革》，盛杨燕等译，浙江人民出版社2013年版，第219页。

制秩序。

综上所述，数字时代带来的各种法律挑战，并不是简单的新问题、新领域或者新权利，而是当今信息革命的深刻反映和基本面向。我们固然不能过于科幻和焦虑，但如今网络化、数字化、智能化已不再仅是一个技术性问题，而是在信息技术推动下的互联网、物联网、大数据、云计算、区块链、人工智能等的深度融合和指数性扩展，它在人类生产生活各个领域的系统化创新、变革与颠覆力量无疑是不容低估的。它在“给我们带来无尽欣喜与期望的同时，也逐渐挑战着我们既有的法律、伦理与秩序。算法既会算错、失控，也会承继人类社会的歧视与不平等；既有可能造成大规模的失业和惰性，甚至也有可能极化贫富差距，产生新的‘无用阶级’；既将我们陷入了对未来的踟蹰之中，也可能颠覆我们千万年来的文化与价值。因此，面对可能超越人类智力的算法所带来的多重风险时，政府、市场及公民社会应在 AI 治理中形成多元、多层次的治理能力，以积极的姿态降低 AI 风险，以最大化享受 AI 胜利所带来的生产力解放、生活便利舒适及决策的科学与理性”。[①] 这些都必然会引发现有制度的根本性变革和转型升级——“法律革命”。因此，人们必须认识到它所推动的“新的社会关系的革命性潜力”，但同时“也必须现实地意识到那些影响和限制任何变化的政治、法律、经济和文化力量”。[②] 无论如何，积极回应变革和转型升级是不得不作出的选择。

（三）培育多元自主的法学生态

无疑，没有一个繁荣自主的法学，就很难为数字时代的法治建设提供智力支撑和理论指引。经过改革开放 40 多年来的发展，“在那种以意识形态为导向的研究以及以移植西方制度为目的的研究双双走向衰落的背景下，中国法学终于迎来了本土化建构的时代。而在法学方法上，法学界出现了‘法教义学’与‘社科法学’的两大流派”。[③] 这

① 腾讯研究院、中国信通院互联网法律研究中心等：《人工智能——国家人工智能战略行动抓手》，中国人民大学出版社 2017 年版，第 322 页。

② ［美］弥尔顿·L. 穆勒：《网络与国家——互联网治理的全球政治学》，周程等译，上海交通大学出版社 2015 年版，第 7 页。

③ 陈瑞华：《法学研究方法的若干反思》，载《中外法学》2015 年第 1 期。

固然是一个很大的进步，但这还远远不够，而只有站位到数字时代的“革命性”变革时代潮流之中，积极致力于探索创新，中国法学的自主性才能真正确立起来。

1. 转换法学研究范式，致力于自主创新

如前所述，中国是在晚清以来西方的船坚炮利之下被迫走向现代化的，因此，西方“样板”一度是绕不过的话题，法律的现代化进程也是如此。从晚清立宪到民国宪法，再到苏联模式对新中国的深刻影响，很难谈及中国法学的自主性。改革开放后，从20世纪80年代末至20世纪90年代初，主要是反思“文革”和苏联法学；从20世纪90年代初至21世纪前后，主要是大量引介移植西方的法学理论和制度设计；2005年之后，法学界开始出现思考，中国法学自主性问题也逐渐凸显出来。人们不禁发问，“一句‘只有现代化才能救中国’喊出了多少先进中国人的共同心声”。在法律上我们先后学习欧、日、俄、美，该学的都学了，该弃的都弃了，何以现代化法治国的彼岸在吾人看来却愈见模糊、愈发遥远，简直就是可望而不可及的呢?[①] 在一定意义上讲，“中国法学之所以无力引领中国法律/法制的发展，而只能致使西方法律/法制在中国的移植和拓展，实是因为它受到了一种源出于西方的‘现代化范式’的支配，而这种‘范式’不仅间接地为中国法律/法制发展提供了一幅‘西方法律图景’，而且还致使中国法学论者意识不到他们所提供的不是中国自己的‘法律理想图景’”。与此同时，这种占支配地位的“现代化范式”因无力解释和解决因其自身的作用而产生的各种问题，终于导致了中国法学的“总体性”结构性危机。[②]

事实上，基于对传统中国专制体制的拒斥，以及对现代化和民族复兴的渴望，“中国知识分子为了使自身完整地变成‘西方式’，对西方产生了一种幻梦”。[③] 可遗憾的是，“新的民主国家在向美国看齐，高兴地模仿其价值观念，而美国人却不再像过去那样自信地认为自己便

① ［美］戴维·鲁本：《法律现代主义》，苏亦工译，中国政法大学出版社2004年版，译者引言第7页。

② 邓正来：《中国法学向何处去——建构“中国法律理想图景”时代的论纲》，商务印书馆2006年版，第259页。

③ 参见王铭铭：《西方作为他者——论中国“西方学”的谱系与意义》，世界图书出版公司2007年版，第11页。

是这些价值观的代表”。[①] 在这种情况下，中国模式与西方道路的矛盾纠结和巨大争论也就难以避免了。[②] 一方面，极左势力重新在社会与网络中抬头；另一方面，主张激进西化的自由派重新活跃，这两种思潮都给20世纪的中国带来了灾难性的后果，而只有秉持中道理性，才能“从经验与试错中逐渐走向民主和现代化”。[③] 这就要求我们在法学研究中放弃以往过于执着的、单一的西方“现代化范式”，转向立足数字时代的自主创新。

实践表明，“如果法律不是产生于特定的社会关系，那么向不发达社会形式中移植外国法律、政治和经济形式必然是不可能成功的”。[④] 特别是数字时代“有与真实世界不同的结构、规则以及行为方式。只有了解了这些，我们才能开始有效地、公平地制定法律来管理网络世界”。[⑤] 可见，数字时代对既有法律的挑战，其实质乃是基于商业革命与工业革命的单维平面空间（物理空间）的法律关系，受到了基于信息革命和新技术革命的二维立体空间的（物理与虚拟交融）法律关系的挑战和冲击。如今，中国已经跻身数字化发展的世界潮流之中，形成了智慧社会建设的中国经验和中国治理模式，亟需进行新的命题提炼和理论创新。这就要求我们扭转受“西方现代化范式”过度支配的法学研究生态，并在基础上开启一个自觉研究“中国法律理想图景”的法学新时代。[⑥] 此时，“西方现代化范式”仍然是重要的理论资源，具有深层的支撑作用以及历时性和共时性的镜鉴作用，只是它不再是一种必须模仿的样板，也不再是一种竭力追赶的目标而已。

---

① ［美］《经济学家》编辑部：《美国的价值观念》，素义金等译，载《现代外国哲学社会科学文摘》1993年第6期。

② 参见何迪、鲁利玲编：《反思“中国模式”》，社会科学文献出版社2012年版，第147～206页。

③ 萧功秦：《超越左右激进主义——走出中国转型的困境》，浙江大学出版社2012年版，第13页。

④ ［英］阿布杜勒·帕里瓦拉、［英］萨米·阿德尔曼等：《第三世界国家的法律与危机》，邓宏光等译，法律出版社2006年版，第16页。

⑤ ［英］安德鲁·查德威克：《互联网政治学：国家、公民与新传播技术》，任孟山译，华夏出版社2010年版，第309页。

⑥ 邓正来：《中国法学向何处去——建构“中国法律理想图景”时代的论纲》，商务印书馆2006年版，第260页。

2. 反映趋势和回应实践，切实提炼“中国问题”

如上所述，经过40多年来的高速发展，如今的中国正处于传统、现代与后现代错杂交织的转型期。因此，在追求现代化目标的制度建设上，西方法治自然是中国需要借鉴的人类的共同文明资源，但应扎根中国的本土国情。因为简单套用西方模式“既无助于在对西方模式反思的基础上改进西方模式，更不能认识中国模式所面临的真正的问题”；[①] 另外，在面对世界各国同时置身其中的信息革命和数字时代，东西方会面临“同步性”的问题，其中，网络金融、网上交易、移动支付、网约车、自动驾驶等新业态、新模式，既有中国发展创新的经验成分，也必然伴有社会体制、经济模式、历史文化、民族性格、生活习惯等诸多“中国元素”的影响。由此观之，当下中国法治建设面临“追赶”中的独特性问题和“同步”中的经验性问题，这双重“中国问题”需要理论界立足反映趋势和回应实践的客观需要，切实提炼“中国问题”、展示“中国经验”、论证“中国命题”，进而确立数字时代的法律理念，重塑法学范畴、理论体系和研究方法，推动法学理论的变革创新。这就要求，“研究者应当放弃对西方法学理论或社科理论的盲目崇拜，应树立起学术主体意识，从中国的经验事实中提炼出自己的法学理论，发现法制运行的规律，从而为中国法学做出独特贡献”。[②] 从而，努力“寻求和发现根植中国的法律信仰和法治理想”。[③] 当然，这是一个长期的、艰难的、又不得不从现在做起的复杂过程。

3. 强化中国理论贡献，促进国际学术对话

从19世纪末20世纪初开始，现代法律体系就遭遇了诸多挑战，而随着数字时代的到来，现代法律体系面临着重大变革乃至颠覆。但对中国而言，我们一直以西方为师进行现代化追赶，使“中国现行的法律尽管带着种种暧昧、变异的色彩，但毕竟从整体框架上看已经完全西化了”，[④] 栖息在西方理论话语下而没有足够的自主性。然而，当今

---

① 郑永年：《“中国模式”：经验与挑战》，中信出版集团2016年版，第30页。

② 参见陈瑞华：《法学研究方法的若干反思》，载《中外法学》2015年第1期。

③ 参见王伯琦：《近代中国法律思潮与中国固有文化》，清华大学出版社2005年版，第394、405页。

④ ［美］戴维·鲁本：《法律现代主义》，苏亦工译，中国政法大学出版社2004年版，译者引言第7页。

我们与西方同时经受着数字时代的巨大挑战，而且，在大数据、云计算、物联网、人工智能在互联网金融、网络平台交易、移动支付、智能服务、网约车、智慧司法等方面的应用上，中国的新兴业态、商业模式、技术水平、市场前景等基本与发达国家处于同一起跑线上，有的地方还可能会处于领先地位。这就意味着，我们一直借鉴模仿的西方现代性法律，如今正在遭受信息革命所带来的巨大冲击甚至“瓦解”，使中国与西方国家面临相同的、全新的信息革命挑战，这就为在相同的挑战中实现法学理论的突破创新，推进中国法学的自主性，提供了难得良好的契机。自此，中国新的经验“将从内心中成长起来，而不再是一个单纯从外边输入的革命”。① 因此，我们就应积极应对互联网、信息数字和人工智能技术所带来的“法律革命”，努力变革法律思维和创新法学理论，提升中国法学的自主性，强化在国际上的学术对话能力，从而为建立符合数字时代发展要求的新型法律体系奠定坚实基础。

二、总体性的法学变革

每一个重大变革的时代，都难免让人们既感到焦虑和危机，又充满好奇和期待。这诚如狄更斯在《双城记》中所描述的那样：“那是最好的年月，那是最坏的年月；那是智慧的时代，那是愚蠢的时代；那是信仰的新纪元，那是怀疑的新纪元；那是光明的季节，那是黑暗的季节；那是希望的春天，那是绝望的冬天；我们将拥有一切，我们将一无所有；我们直接上天堂，我们直接下地狱。”② 当今互联网、区块链、大数据、人工智能等的加速融合发展，正在演绎着这样一个颠覆与创新的时代，它塑造着一个全新的数字时代和智慧社会，引发了远比农业革命和工业革命更为深刻的重大社会变革。与此相应，法律发展也面临着挑战与希望、困境与机遇、消亡与新生的“革命”境遇，这就亟需法学理论研究者予以积极回应，展开面向数字时代的学术研究。

---

① ［美］狄百瑞：《中国的自由传统》，李弘祺译，贵州人民出版社 2009 年版，第 146 页。

② ［英］查尔斯·狄更斯：《双城记》，石永礼等译，人民文学出版社 2015 年版，第 16 页。

（一）研究理念的转换

如前所述，当下法学研究有三个突出的问题：一是传统法律中可以创造性转化的东西屈指可数，法学自主性的诉求乏力；二是对国家战略或政策进行回应解读的研究仍有较大比例，独立性不足；三是对西方法学进行“读书笔记”式的解读辨析、套用借鉴，或者以西方理论话语逻辑来解说“西方”问题的倾向仍十分明显，难以为中国法治道路提供必要的理论支撑和指引。恰在此时，信息革命又加速到来，这样，中国法学的自主性不足和数字时代的重大挑战，就给当下法学研究带来了双重压力，同时也带来了独特机遇，适时转换研究理念就成为一种必然抉择。

首先，确立自主创新精神。当今社会正在经历着空前的信息革命，推动工业经济快速地向信息经济转型，使“物联网、云计算、大数据、人工智能、机器深度学习、区块链、生物基因工程等新技术驱动网络空间从人人互联向万物互联演进，数字化、网络化、智能化服务将无处不在”,① 进而开始全面步入去中心化的分布式升级，形成了以信息（包括知识和数据）为资源、以网络为基础平台的全新数字经济形态。它们反映生产力质的飞跃，正在深刻改变着人们的生产生活方式，引发生产关系的重大变革。这立足于互联网发展和智慧社会的深刻变革，进行自主性的法学命题提炼、规制探索和理论创新。这是对数字时代新的生产关系、生活方式、交往方式和价值观念的法学抽象，是对法律价值、法律关系、法律行为、法律思维与法律方法深度变革的理论表达。

众所周知，当下的法律理念、理论流派和制度体系都是建立在现代性发展基础上的。特别是自哥白尼革命以来，人类进入了一个科学的、理性的但更不确定的世界，于是，“我们长期接受的、靠史诗和圣经描述的这个世界被以科学法则描述的世界所取代”。② 它勾画了现代性法律的基本属性和特征，为现代法治秩序的形成和发展作出了重大

---

① 《“十三五”国家信息化规划》，载中央政府网：http：//www. gov. cn/zhengce/content/2016 - 12/27/content_ 5153411. htm，最后访问日期：2020 年 8 月 8 日。

② ［美］戴维·鲁本：《法律现代主义》，苏亦工译，中国政法大学出版社 2004 年版，第 25 页。

贡献。然而，进入20世纪中后期，现代性的危机日益凸显，人们对现代性的法律制度之公正性和鉴别公正能力失去了信心，曾经繁荣的美国法律现代主义也出现了“晚期危机”，“其特征是混乱、绝望和创造性的复杂”。[①] 于是，法律理论已经进入了一种现代主义的困境，“旧有的形式不再令人信服，新的形式则更多的批判而非积极的建树”，[②] 后现代主义就首当其冲。如果后现代主义对现代性的反思批判是一种理论上的瓦解和摧毁，那么，当今智能互联网所带来的诸多深刻挑战，则是一场颠覆性的“革命”。有西方学者这样说道，网络空间“与真实世界不同的结构、规则以及行为方式”，[③] 而“一旦万物互联网开始运作，人类就有可能从设计者降级成芯片，再降成数据，最后在数据的洪流中溶解分散，如同滚滚洪流中的一块泥土”。[④] 尽管这有点危言耸听，但足见它对人类的深刻影响。无论如何，信息革命所带来的生产生活方式和社会关系的重大变革，“它将使18世纪工业革命以来围绕能量与物质构建的法律秩序向围绕信息构建的法律秩序全面转型”，[⑤] 这必然会导致法律理念的相应变革，从而塑造信息时代的法律理念。也就是说，我们应改变以往基于单元物理空间和科学逻辑的思维方式，转到基于双重空间、人机混合的信息逻辑的思维向度，进而重塑罗马法权观念和现代性法律理念。

其次，突破东西之争和学派之争。事实表明，尽管“现代法律被视为与简单而原始的‘本土’法律截然相反的进步典范”，然而，“目前法律秩序所使用的各种装备常常不适合于不发达国家的社会、文化和法律传统”。[⑥] 在中国，西方法学理论“水土不服”的困境也一直困

---

① ［美］斯蒂芬·M. 菲尔德曼：《从前现代主义到后现代主义的美国法律思想——一次思想航行》，李国庆译，中国政法大学出版社2005年版，第347页。

② ［美］戴维·鲁本：《法律现代主义》，苏亦工译，中国政法大学出版社2004年版，中文版序第6页。

③ ［英］安德鲁·查德威克：《互联网政治学：国家、公民与新传播技术》，任孟山译，华夏出版社2010年版，第309页。

④ ［以色列］尤瓦尔·赫拉利：《未来简史》，林俊宏译，电子工业出版社2017年版，第357页。

⑤ 余盛峰：《全球信息化秩序下的法律革命》，载《环球法律评论》2013年第5期。

⑥ ［英］阿布杜勒·帕力瓦拉、［英］萨米·阿德尔曼等：《第三世界国家的法律与危机》，邓宏光等译，法律出版社2006年版，第19页。

扰着法治实践过程。更何况，现代性的忧患与危机早已成为不争的事实，因此，西方法律传统也不得不面对时代的挑战与变革，甚至“西方本身已经开始怀疑传统法律幻想的普遍有效性，尤其是它对非西方文化的有效性”。①

正在发生的信息革命则打破了这一局面，它促成了互联网、大数据、人工智能的交融发展，使数据和算法成为重要的生产要素，并呈现出智能互联/分布共享、双层空间/虚实同构、人机共处/数字生态三大特征。于是，数据权利、虚拟财产、智能合约、自动驾驶、比特币等全新法律关系不断出现，它们催生了新型生产关系和社会关系，从而颠覆了工商业时代的经济业态和运行模式，与其相应的现代性法律体系也必然面临巨大冲击、深刻解组和大量重建。这种深刻变革和发展情势，是西方现代化进程中所未曾遇到的，甚至是对近代以来工商业经济体系和现代性成果的某种颠覆，它使全世界处在相同的时代境遇和变革冲击之下，面临大致相同的挑战和相似的问题。于是，东方与西方、传统与现代、先进与落后之争，都会随着工商业经济被信息经济的消解和替代而淡去，相应地，尽管现代性法律仍是必要的、仍具有重要作用，但它不再是唯一的，而且需要重建。这就要求我们摒弃狭隘的中西之争和门派之争，真正站在时代的发展变革前沿，确立“中国问题”导向，进行法学理论的变革创新。

最后，促进法学研究的转型升级。数字时代的到来，在“给我们带来无尽欣喜与期望的同时，也逐渐挑战着我们既有的法律、伦理与秩序。算法既会算错、失控，也会承继人类社会的歧视与不平等；既有可能造成大规模的失业和惰性，甚至也有可能极化贫富差距，产生新的‘无用阶级’；既将我们陷入了对未来的踟蹰之中，也可能颠覆我们千万年来的文化与价值。因此，面对可能超越人类智力的算法所带来的多重风险时，政府、市场及公民社会应在 AI 治理中形成多元、多层次的治理能力，以积极的姿态降低 AI 风险，以最大化享受 AI 胜利所

① ［美］伯尔曼：《法律与革命——西方法律传统的形成》，贺卫方等译，中国大百科全书出版社 1993 年版，第 39 页。

带来的生产力解放、生活便利舒适及决策的科学与理性”。[①] 这些都必然会引发现有制度的根本性变革和转型升级——“法律革命”。因此，人们必须认识到它所推动的新的社会关系的革命性潜力，但同时“也必须现实地意识到那些影响和限制任何变化的政治、法律、经济和文化力量”。[②] 无论如何，积极回应变革和转型升级是不得不作出的选择。这将导致“法哲学的所有领域将被重塑，故事将要重新书写”，因此，我们需要“在汲取包括后人类思想在内的各种洞见的同时，致力于凝结出崭新的思想，以迎接真正意义上‘未来法’的来临”。[③]

（二）知识谱系的更新

近代以来的知识谱系和思想基础在于现代性启蒙，它以科学和民主为旗帜，倡导自由、平等、人权、法治、理性、契约、真理等，形成了一整套世俗主义、客观主义、理性主义、个人主义、自由主义的世界观和理论体系，西方法学理论也正是建立在这些知识谱系基础上的。自20世纪上半叶以来，后现代主义者以反本质主义、反理性主义、反基础主义、反中心主义对现代性精神提出了挑战，但并没有从根本上实现他们力图“摧毁”和“瓦解”的效果，也即现代性的知识谱系仍占据主流，只是发生了很大时代变迁。

信息革命和数字时代的到来，则使现代性知识谱系的基础发生了动摇。立足人类历史长河来纵观古今，一方面是经由农业革命—工业革命—信息革命的生产方式革命，另一方面则是经由哥白尼日心说—达尔文进化论—弗洛伊德无意识论—图灵测试的人类认知革命。如今这种双重革命则通过互联网技术、信息数字技术、人工智能技术汇集和交织在一起。如果“历史已经向我们表明重大的技术变迁会导致社会和经济的范式转换”，[④] 那么，这次重大的信息革命则导致了工商业

① 腾讯研究院、中国信通院互联网法律研究中心等：《人工智能——国家人工智能战略行动抓手》，中国人民大学出版社2017年版，第322页。

② ［美］弥尔顿·L. 穆勒：《网络与国家——互联网治理的全球政治学》，周程等译，上海交通大学出版社2015年版，第7页。

③ 鲁楠：《科技革命、法哲学与后人类境况》，载《中国法律评论》2018年第2期。

④ ［英］乔治·扎卡达基斯：《人类的终极命运——从旧石器时代到人工智能的未来》，陈朝译，中信出版社2017年版，第296页。

生产生活方式向数字经济生产生活方式的转型升级，现代性知识谱系也必然遭遇信息智慧社会知识谱系的挑战。也就是说，现代性的知识谱系，是经由现代工业科技和工商业经济生产生活方式而生产出来的；而在信息革命、智慧社会和数字经济时代，必然会产生出立足数据信息、虚拟现实、建模算法、智能发展的新型知识谱系，它固然有对现代性知识谱系的传承，更多的则是突破和创新，使“传统性、现代性和后现代性压缩在同一个时空之中，三者不是取代关系而是包容关系，三者的统一过程是制度机制创新过程”。①

在法学理论上，“理性人”假设就需要重新审视。因为智能互联网打造了一个去中心化、扁平化、破碎化的、自由化的无限场域，社会主体也从普遍的、抽象的、相联系的“理性人”，变成一个个分散的、扁平的、孤立的“微粒人”。在这里，“我们的身体、我们的社会关系、自然界，以及政治和经济——一切都将比以前更加精细、精确、透彻的方式被获取、分析和评价”。② 精细化、数字化、智慧化服务和社会治理，将是“微粒人”改写法律关系、设定新型权利义务关系的重要动力。再如，区块链技术、共识机制及其自动运行，对千百年来的契约观念将会被重塑，而虚拟空间的出现及其与现实空间的交融发展，就形成了电子空间/物理空间的双重构架，突破了自古以来单一物理空间的生产生活方式。这样，基于传统单一物理空间的那种“人类生命及人类体验神圣不可侵犯”的自由、平等、人权、公平等信念，将会遭受致命的打击，③ 这就呼唤确立智慧社会的新型正义观和价值观，等等。这意味着，面对数字时代的深刻变革与全新发展，法学理论应该进行包括基本范畴、价值理念、理论基础、核心概念、基本原则等在内知识谱系的时代更新，从而适应和推动智慧社会的法治建设。

（三）理论逻辑的重建

在我们既有的观念里，生命只能存在于有阳光、水分、空气、适

---

① 景天魁：《中国社会发展的时空结构》，载《社会学研究》1999 年第 6 期。

② ［德］克里斯多夫·库克里克：《微粒社会——数字化时代的社会模式》，黄昆等译，中信出版社 2018 年版，前言第 VI ~ VII 页。

③ ［以色列］尤瓦尔·赫拉利：《未来简史》，林俊宏译，电子工业出版社 2017 年版，第 294、315 页。

宜温度和适宜压力的空间里，照此标准，万米以下的深海就不可能有生命的存在。但如今的深海潜航器却在万米深海发现了与水面上相同的虾、蟹等异常丰富的生命群体。它表明，我们曾经按照水陆空间来定义的“生命”，根本无法涵摄深海空间的生命形态，这是一个明显的时空“误会”。因此，当我们力图用所熟悉的海陆空间规律来套用新发现的深海空间时是多么尴尬。因此，就需要基于水陆空间和深海空间的共通性来重新定义“生命”。在一定意义上，这恰是当今基于物理空间的现代性法律面临互联网空间和智慧社会时的一个隐喻，现代性法律的理论逻辑需要在数字时代中予以重建。

毋庸置疑，智能互联网和数字经济的迅猛发展，使社会的生产关系、生活关系、行为方式、交往方式、社会结构、治理机制等都加速巨变。为此，在2017年年底召开的“第四届世界互联网大会”上，互联网巨头马云就断言：“未来30年数据将成为生产资料，计算会是生产力，互联网是一种生产关系。”① 这场信息革命给人类带来了超过以往任何时代的想象与创造空间，这无疑会对当下的伦理标准、法律规则、社会秩序及公共管理体制带来一场前所未有的危机和挑战。例如，由于智能互联网的虚拟性、匿名性、自由性超越了传统的时空界限，使司法的级别管辖与地域管辖失效；电信诈骗案高发但破案率却较低，凸显出基于物理空间的犯罪侦破体系在应对网络空间犯罪时的力不从心；基于网络犯罪的特殊表现方式和社会危害性，司法机关常常会按照现实空间的规则逻辑把一些帮助犯作为正犯来处理；快播案中司法机关与被告人及辩护人的庭审对话，引发了巨大舆论反弹和公信困境，民众很大程度上针对法律根据和证明理由而非裁判结果。同样，“在民事主体法、著作权法、侵权责任法、人格权法、交通法、劳动法等诸多方面与现有法律制度形成冲突，凸显法律制度产品供给的缺陷”，② 而与双重空间、人机混同、智慧发展相应而来的可预测性、可解释性、

---

① 《马云：未来数据是生产资料，计算是生产力，互联网是生产关系》，载搜狐网：http：//www. sohu. com/a/208285874_ 183181，最后访问日期：2020年1月21日。

② 吴汉东：《人工智能时代的制度安排与法律规制》，载《法律科学》2017年第5期。

因果关系等难题和困境，对新的法律规则的需求也将变得越来越迫切[①]等，像这些互联网和智慧社会发展导致既有法律难以应对的例子比比皆是。这里的关键问题就是，我们需要“将网络空间看成了一个特别的‘地方’，它有与真实世界不同的结构、规则以及行为方式。只有了解了这些，我们才能开始有效地、公平地制定法律来管理网络世界。毕竟，互联网是一个高度自我管理的网络世界”。[②] 这样，就应该重建现代性法律的理论逻辑，促进现有法律体系的深度变革，推动法律体系从目前智能互联网与现实空间的二元规范走向一体融合规制，从而为重塑数字时代的法治秩序提供根本支撑。

（四）教育模式的探索

法学理论对数字时代的回应、转型和升级，也必然会推动法学教育模式和人才培养机制的探索创新。

首先是多元复合。基于互联网、物联网、大数据、人工智能、区块链等信息革命而来巨大冲击，法学理论研究会面临多学科的挑战与融合，形成深度的科学交叉与整合，如信息法学、计算法学、互联网法学等，这就要求法学教育迈向多元复合、叠加融合的人才培养模式，不仅是本科生招收理科生源、非法本法硕应继续扩大规模，法科学生的课程本身也应突破“清一色”法律传授的状态，增设计算机原理、信息数据基础、网络社会学、网络政治学等相关课程，提升人才培养的多元复合性。

其次是兼容并包。目前，我们固守现代性法律知识与规则体系的专业性和封闭性，过于坚信专业本身那种看似完美无瑕的概念范畴和理论逻辑，有意无意地进行专业“门槛”设防，甚至教义法学和社会法学之间也有很大的理论“壁垒”，这在法学研究理念转型、知识谱系更新、理论逻辑重建、思维方式变革的大时代背景下，无异于故步自封、抱残守缺。亟需确立开放包容的观念，增强不同流派、不同学科之间的交流和互动，共同应对信息革命时代的重大挑战，并将这种兼

① 司晓、曹建峰：《论人工智能的民事责任：以自动驾驶汽车和智能机器人为切入点》，载《法律科学》2017 年第 5 期。

② ［英］安德鲁·查德威克：《互联网政治学：国家、公民与新传播技术》，任孟山译，华夏出版社 2010 年版，第 309 页。

容并包精神贯彻到日常的法学人才培养之中，促进新一代法学人才更好地适应新时代，融入新时代，重建新时代。

再次是即时更新。在当今智能互联网时代，发展迅速、千变万化、目不暇接，知识更新周期十分短暂。因此，也便造就了一个“生下来就落后”的时代。这就要求法学理论进行即时的更新，随时跟进互联网、物联网、大数据、人工智能、区块链等科技和社会变革的最新发展，并进入法科学生的课堂，让学生们能够紧随时代步伐，进行前沿性的学习和研究，从而适应社会变革发展的需要。

最后是实践提炼。智慧社会是一个时刻都在涌动“大众创业、万众创新”的时代，激情活跃的社会实践快速地引领着理论研究和制度设计，因此，就需要法学理论研究者高度关注和参与社会实践（如 P2P 模式、平台治理、自动驾驶、区块链金融等），从社会实践中来提炼相应的理论命题，并将这些理论命题融入法学教育过程之中，探索法学教育的实践创新模式，培养法科学生的实践回应能力，提升法学人才的时代性、前沿性和应用性水平。

总之，在这场信息革命中，互联网、大数据、云计算、区块链、人工智能等空前地改变了人类的生产方式、生活方式、社会结构、社会关系和价值观念，塑造了一个全新的数字时代和智慧社会，形成了与其相应的法律关系和价值原则，不断颠覆和重建着现代性的法律体系。因此，法学理论就必须积极回应这场深刻变革，在挑战中抓住机遇，走出一条自主创新的中国法学发展之路，塑造紧跟信息革命步伐的新时代法学教育模式，进而为数字时代的法治建设提供价值引领、理论指导和人才支撑。

三、AI 法律、法律 AI 及“第三道路”

在当下的总体性法学变革进程中，面对网络化、数字化和智能化的时代发展，法学界形成了不同的研究进路，尤其是在人工智能领域更是如此，它反映了当下法学变革的主旋律。大家知道，人工智能与法律的研究已有近 50 年历史了[①]，但却一直未能引起太大的社会震动。

① 一般认为，1970 年 11 月布鲁斯·布坎南和托马斯·希德里克发表的《关于人工智能和法律推理若干问题的考察》一文，是人工智能与法律研究的开端。1987 年，在美国波士顿的东北大学召开了首届国际人工智能与法律会议（ICAIL），其研究逐渐国际化。

然而，在 AlphaGo 与人对弈并取得胜利之后，它便很快就成为全球最热门的显学。我国关于人工智能与法律的研究起步较晚，在受到《国家信息化发展战略纲要》、《“十三五”国家信息化规划》（2016）和《新一代人工智能发展规划》（2017）发布的激发后，才瞬间掀起了研究热潮。从研究进路来看，可将其大致区分为“人工智能法律”（AI 法律）和“法律人工智能”（法律 AI）两大类型。厘清它们的不同立场、方向和路径，进而探讨“第三道路”的可行性，对推进当下人工智能与法律的深入研究无疑具有重要意义。

（一）两种立场与方向

在我国关于法律与人工智能领域的研究中，既有乐观、浪漫，甚至科幻般的憧憬，也有谨慎、排斥，甚至让人纠结的困惑，但它们主要从两种进路来展开。

其一，AI 法律。它基于知识系统、理性思辨和法律逻辑，将人工智能视为法律的规制对象或者法律规制的方式，因而，是一种外在视角的、以法律为本的思考和研究的理论进路。也就是说，AI 法律是一种立足法律立场的研究，重在分析和解决人工智能这一新领域所带来的法律问题和挑战。[①] 它又可分为“谨慎派”和“变革派”。

“谨慎派”秉持现代性的法律理念，认为人工智能无非信息革命或者数字时代引发的新问题、新领域，在根本上它们并没有对现代性法律形成挑战，基本的法律概念、范畴、规则、原则和方法都能够有效适用，只需通过法律解释或者立法能够包容、解决这些新领域、新问题，进而努力把人工智能纳入法律的统摄、规制范围。[②] “变革派”却秉持数字时代的价值理念，认为现代性法律是工商业时代的产物，它反映和代表以人财物为要素的、工商业经济的生产生活关系；而网络

① 在英语中，AI & law 已经成为一个固定的术语和杂志名，它几乎相当于 ICAIL 的会刊，其风格是非常逻辑符号主义的，它更像法律 AI 而不是 AI 法律。不过在笔者看来，本书中 AI 法律的指向是规制 AI 及其应用而产生的社会关系，这与英文 AI & law 注重二者交融与转化的指向明显不同，因此，本书的“AI 法律”就翻译为“Artificial Intelligence Law”，而不是“AI & law”。

② 例如，郝铁川：《不可幻想和高估人工智能对法治的影响》，载《法制日报》2018 年 1 月 3 日，第 10 版；刘艳红：《人工智能法学研究的反智化批判》，载《东方法学》2019 年第 5 期，等等。

化、数字化和智能化则是当今信息社会的必然趋势，它反映和代表着以数据信息为要素的、数字经济的生产生活关系。因此，二者具有明显不同的内在逻辑，信息社会的各种新业态、新模式，必然会对现代性法律形成严峻的挑战。换句话说，基于工商业经济的法律，难以有效应对基于数字经济的秩序诉求。[①] 例如，智能网络犯罪就颠覆了以往物理空间的地域管辖和级别管辖逻辑、网络集团犯罪难以继续沿用以往的犯罪集团理论得到阐释；再如，把“数据大战”一律纳入不正当竞争来规制会日渐尴尬；又如，智能机器人作品和虚拟财产的属性与保护、自动驾驶的法律责任、智能合约的权利义务关系、生活场景中的人机关系等问题，都难以通过传统的法学理论得到有效的说明。说到底，现代性的法学理论和规则体系是基于单一物理空间、人的单一生物属性基础上发展成型的。它很难包容和解决当今物理（现实）/电子（虚拟）的双重空间、生物/数字的两种面向所带来的人、财、物，以及身份、关系、行为的诸多深刻变革甚至颠覆性后果。这就意味着，仅仅通过法律解释或者立法，是很难包容、解决这些新领域、新问题的，而需要按照信息社会和数字经济的生产生活逻辑，来改造和升级现代性法律，推进法律的当代变革与发展。总之，无论是“谨慎派”还是“变革派”，都是立足法学的本体立场，其方向是将人工智能视为法学的领域延伸和规则外化，主旨在于实现对人工智能的法律规制，塑造智慧社会秩序。二者的区别无非在于，是通过现代性法律的扩展完善，还是通过现代性法律的转型升级，来完成这一重大时代任务，“谨慎派”属于前者，“变革派”则属于后者。

其二，法律 AI。与 AI 法律不同，法律 AI 则基于数字系统、建模计算和数理逻辑，将人工智能视为法律演进的途径和归宿，因而，是一种内在视角的、以法律计算为本的思考和研究的理论进路。也就是说，法律 AI 是一种立足算法立场的研究，力图用逻辑计算和符号程序来表达法律，通过建模设计、知识图谱等技术来把法律规则转化为可以自动推理的系统，甚至还能通过数据挖掘，深度学习等技术使之成

---

① 参见余成峰：《法律的“死亡”：人工智能时代的法律功能危机》，载《华东政法大学学报》2018 年第 2 期；鲁楠：《科技革命、法哲学与后人类境况》，载《中国法律评论》2018 年第 2 期。

为可以自动更新与迭代升级的自适应的智能系统。

法律AI可以溯源于三百多年前莱布尼茨的“法律公理化体系之梦”。他从一切皆可计算，甚至哲学争议也可通过计算来解决的理念出发，设想通过使用少数几个基本法律概念来定义所有法律概念；从一系列为数不多的、不容置疑的自然公正原则出发，演绎出所有具体法规。晚近以来，西方一些学者又先后提出，要用统计方法来测量证人、法官和立法者的行为，用符号逻辑数学记号来起草和解释法律，甚至指明了建构法律推理计算模型的规则推理、案例推理和大数据推理这三种路径。[①] 由上可见，法律AI更多地主张计算思维，也就是“将法学问题形式化为可计算问题”，然后选择合适的计算方法进行编程。[②] 这一建模算法立场的研究进路，其方向便是推动法律AI来主导法律实践，包括法律推理模型、论证与决策模型、证据推理模型、可执行立法模型、法律文本及数据库的自动提取和分类检索、电子取证机器学习与数据挖掘等。他们预言，在未来更普遍的计算法律将可能出现，“届时系统将会自动执行法律，不需要律师，甚至也不需要法官”。[③] 这就形成了与AI法律明显不同的研究方向。

（二）不同的领域与路径

随着网络化、数字化和智能化的快速交融发展，AI将会越来越多地应用于社会的各行各业，智慧社会、智慧城市、智慧司法、智慧医疗、智慧商业、智慧农业等也将全面展开，日常生活中大量的人脑决策将让位于AI的算法决策。甚至“从经济系统底层信息、数据的产生、增长，到上层的具体应用实践，算法都在其中起着决定性作用。信息的有序增长促进经济增长，算法决定着信息增长的秩序”。[④] 这样，

---

① 参见熊明辉：《法律人工智能的前世今生》，载《中国社会科学报》2018年10月10日。

② 邓矜婷、张建悦：《计算法学：作为一种新的法学研究方法》，载《法学》2019年第4期。

③ 曹建峰：《法律人工智能十大趋势》，载 https：//www. tisi. org/4942_ 58，最后访问日期：2020年7月16日。

④ 徐恪等：《算法统治世界——智能经济的隐形秩序》，清华大学出版社2017年版，前言第9页。

人类就会大踏步地迈进数字社会，算法“开始塑造这个世界”。①

由于AI法律是一种外在规制的理论进路，因此，它关注的就是这种全场景的规则秩序，必然要针对基于算法所形成的全新社会关系、行为模式和社会后果进行跟踪、分析、研判，包括人机关系、算法伦理、算法责任、智能化犯罪、杀人机器人等，然后按照法律价值和发展规律来对其做出理论回应，提出相应的法律规制方案。因此，AI法律的关注领域是所有AI应用所产生的法律关系，特别是AI与人，以及AI应用场景中人与人的生产生活关系，如人脸识别、深度造假、脑机对接、算法“黑箱”、算法歧视、数据鸿沟、数字人权等复杂问题。它所采取的是一种规则主义的研究路径，更多地强调解释规则、修改规则或者制定新规则，从而主要以逻辑加持来形成AI法律体系，促进算法时代的规则秩序。这样，法律与AI就形成了既互动交融又并存发展的二元结构。尽管它也会涉足智慧司法过程中的各种算法模型，但在更大的领域范围内却保持对AI应用及其关系后果的规制努力。

与此相反，法律AI侧重内部视角的分析和研究，因此，它并不在意AI应用所产生的社会关系、行为与后果，而是更加注重AI应用、特别是AI司法应用本身，其核心问题是计算法学。进言之，它力图将法律规则转换为可能的算法，从而解决法律问题、推进司法过程的智能化，因此，其研究领域集中在法律文本提取、各种推理模型和裁判模型。与AI法律那种逻辑加持的主导倾向不同，它更多地体现着数学加持的倾向，甚至有学者主张，要“多一点技术，少一点法律”，从而呈现出一种技术主义的研究路径，使法律规则通过技术转化融入AI之中。这样，法律与AI就变成了一体化的规制体系，而在未来的发展中，它还可能会带来法律的消亡，取而代之的则是AI规则和AI控制秩序。

综上所述，由于在建模过程中需要运用大量的法律知识，而建模的计算机实现则需要运用大量的技术知识，因此，领域专家和人工智能专家都是不可或缺的。但总体观之，AI法律重在全场景、全领域的

---

① ［美］卢克·多梅尔：《算法时代：新经济的新引擎》，胡小锐等译，中信出版社2016年版，第214页。

法律规制，更多关注人工智能在全社会应用所产生的关系、功能与后果，其研究范围几乎涵盖生产、生活的方方面面，涉及法理、宪法、民法、刑法、行政法、诉讼法所有专业理论，同时又需要摄入计算机、数学、逻辑学等 AI 相关知识，从而完成其规则主义路径的规制使命，而法律 AI 则重在执法司法过程中的法律转化，更多关注法律人工智能系统的建模设计和算法应用，因此，其研究范围主要是计算法学及其相关实践领域，虽然它也会运用法理、宪法、民法、刑法、行政法、诉讼法等专业理论来思考和解决 AI 法律问题，但更多地强调要熟练掌握和运用计算机、数学、逻辑学等 AI 相关知识，并凭借法律思维、法律逻辑、法律论证等来完成法律计算，有学者甚至期待可以担当起法律 AI 程序员的角色，从而达致其技术主义路径的融入归宿。

（三）各自的问题与前景

综观 AI 法律和法律 AI 的不同立场、方向、领域和路径，我们可以清晰地看到它们的各自问题与前景。

1. AI 法律的问题

“谨慎派”无疑是一种守成的姿态，它力图通过对现有法律的扩张解释和放大适用，把以数据信息和算法为基础的新型生产关系、生活关系、行为模式涵盖在现代性法律体系和法学理论框架之内，这固然能够保持法律的稳定性和权威性，但面对信息技术越来越多的“破窗”，以及网络化、数字化、智能化新业态、新模式带来的越来越多的“创造性破坏”，仅立足对现代性法律体系的守成立场会日益捉襟见肘，亡羊补牢式的法律修补和扩充进路也必将穷途末路。而“变革派”无疑是一种开放的姿态，它主张要认识和把握网络化、数字化、智能化发展的新规律，按照信息社会和数字经济的属性和要求来对现代性法律进行改造和重建。这意味着，它并不是对现代性法律的全盘抛弃或者另起炉灶，而是在现有法律体系和理论构架基础上进行转型升级，使其能够适应、包容和反映信息社会与数字经济的生产生活逻辑和权益诉求。这无疑是一个复杂、长期、艰巨的系统工程，不仅涉及规则体系的转型重构，更涉及从法律概念、基本范畴、法律价值，一直到法律原则、法律关系、司法程序等的总体性变革。它目前只有一个大致的方向，还看不到任何清晰的脉络和图景。另外，它这种外在视角的、对 AI 应用的法律规制进路，虽然并不排斥 AI 与法律的互动加持，但它毕竟是秉持法律本位的立场，因而会对 AI 与法律的深度融合以及法律 AI 化产生一定的迟滞影响。

2. 法律 AI 的问题

由于法律 AI 秉持内在视角的、法律向 AI 转化的进路，因而，它能够避免 AI 法律进路的不足，加速 AI 与法律的深度融合和法律 AI 化进程。然而，它也有它的难题和局限。

第一，新的法律规则很难及时转化为法律 AI。场景、数据和算力是 AI 的三大核心要素，而法律向 AI 的转化，则需要大量的、反复的、长期的场景应用、规则提炼、知识图谱训练和数据“喂养”。就目前而言，研发中探索出的方式是通过专业法律人积累带标签数据，并且将监督学习与强化学习相结合，使机器先通过较小规模的训练样本得到初步模型，再在法律人的不断反馈下扩张样本规模，通过数据循环最终得到较优的模型。① 这样，就相对稳定的法律规则而言，也许还能够有时间、有训练、有“喂养”地来进行 AI 转化，但对那些修改、制定出台的新法律、新规则，恐怕就没有足够时间、条件和能力来随时进行 AI 转化。事实也表明，“知识图谱是基于现有规则和案例的法律推理模型或专家系统，判断案由是根据过往知识体系，因此当出现新型犯罪、新罪名的时候，法律 AI 的准确度会明显降低”，而“当数据量不充足的时候，法律 AI 的准确度也会降低”。② 当今恰恰正处在一个科技飞速发展的时代，生产生活的各种新业态、新模式不断批量涌现，迫使法律变革不得不大幅提速，国内外关于互联网、大数据、区块链、人工智能等各种修法、立法也便日新月异。此时，若把这些新法律、新规则及时进行建模设计，转换为准确的、成熟的算法，进而成为计算机可以理解和执行的命令，那可就是难上加难了。

第二，法律与 AI 之间的鸿沟需要跨越。法律与 AI 之间的鸿沟不仅涉及两个系统，还涉及法律难题、伦理道德、社会哲学等诸多问题，

---

① 参见陈尔彦：《法律如何应对人工智能挑战》，载《经济参考报》2017 年 12 月 12 日。

② 《“人工智能 + 法律”机遇与挑战并存》，载网易：http：//dy. 163. com/v2/article/detail/E2739E0C0519AOG8. html，最后访问日期：2020 年 8 月 1 日。

主要表现在：

一是法律逻辑与数理逻辑的转化。法律是由人设计出来的行为规则，反映着人类的理性能力和思辨逻辑，而 AI 则是由人设计出来的算法模型，反映着人工智能的算力和数理逻辑。从本质上看，“算法（algorithm）就是任何良定义的计算过程，该过程取某个值或值的集合作为输入并产生某个值或值的集合作为输出。这样算法就是把输入转换成输出的计算步骤的一个序列”。[①] 它只能通过建模运算来确立某种输入输出的数值关系或相关关系，却不能说明因果关系和机制原理；它具备分类、归纳、综合等方面的优长，但却少有假设、分析和演绎等方面的能力。这恰恰是数理逻辑与思辨逻辑之间的分野，而法律争议的处理则很难脱离因果关系、机制原理和演绎说理，因此，如若让法律转化为 AI 的自动决策，这个鸿沟必须要想办法来跨越。在目前，成熟的法律 AI 产品也仅能做到提高效率、减少重复工作和简单推理，复杂的推理技术仍未能获得突破。

二是法律难题的分歧。简单的法律案件比较容易形式化为计算问题，但对于复杂疑难案件，专业人士的认识和理解都会是有局限的、不充分的，乃至彼此间产生很大的争议，如山东辱母杀人案、湖南护士杀死闺蜜案等，其中掺杂着经济、社会、心理、文化，甚至政治等诸多因素，且司法数据也难以完整、精准，此时如若让法律 AI 来判断，无疑难以奏效。事实上，“‘阿法狗’成功的原因在于围棋边界封闭、规则明晰，这使得机器可以自造数据。但法律世界包罗万象、复杂混沌，常常没有明确的对错之分，且法律实践必须纳入人类知识，法律 AI 不可能摆脱人类经验积累数据。并且，在法律中存在着诸如‘数额较大’与‘数额巨大’、‘抢劫’与‘抢夺’等文本非常相似但法律含义有明确区别的概念，以及诸如‘时效’等基于特定目的而由人类拟制的概念和制度，这给机器的无监督学习带来了巨大困难”。[②] 这正如学者所言，可计算问题应该是其表述明确无歧义，其解决过程

① ［美］托马斯·科尔曼、［美］查尔斯·雷瑟尔森等：《算法导论》，殷建平等译，机械工业出版社 2016 年版，第 3 页。

② 参见陈尔彦：《法律如何应对人工智能挑战》，载《经济参考报》2017 年 12 月 12 日。

自洽无矛盾，这样才是有效的，而“将法学问题转变为可计算问题的难点在于法学问题往往是不明确、存在变化、可能出现矛盾的”。[①] 这必然会增加法律可计算问题的难度，也加剧了法律与 AI 之间的鸿沟。

三是人性与伦理的考量。法律无疑是确定的规则，但法律的模糊性、不确定性、歧义性也是众所周知的，因此，霍姆斯大法官才坚持“法律的生命不是逻辑而是经验”的信条。古今中外的司法裁判，如英国杜德利案、“二战”德国告密者案、许霆案、吴英案等，其中的正义判断、利益衡量、推理论证无不蕴含着一定的经验理性、人性伦理，甚至公共政策因素。这些因素是法律 AI 难以计算出来的，它也就很难像人类一样兼顾人文关怀和道德伦理，形成彼此之间一个明显的鸿沟。可见，“算法有可能胜任法庭上的多项工作，甚至可以有效地提高现行法律制度的公平性，但是它们无法胜任判决工作”。[②] 因此，法律 AI 目前仅是扮演“智能辅助办案系统”的角色，难以取代律师和法官。

四是人机关系的定位。有学者展望未来，认为人类生活的基本领域将被机器所侵蚀，统治交通领域的将不再是规则，而是算法。而“当人把脑力活动都交给机器，当人类生活的各个领域都被机器所取代，人类的智力必然会因为用进废退而发生退化。到了那时，法律或许也就可有可无”。[③] 但反对者声言，“即使在人工智能的时代，算法也不可能是法律，它反而是法体系所要调整的对象；所以，在那个时代，法律不但没有死亡，它也不可能匍匐在算法之下，反而是算法的主宰者和拘束者”。[④] 二者的争论说到底，就是法律与人工智能研究的核心问题——人机关系。从人类的历史发展进程来看，无论哪个时期、无论多大的技术进步，都是以人为中心，旨在服从人类需要、提升人类生活品质的，而不是意欲取代人类。因此，面对当前飞速发展的人工

① 邓矜婷、张建悦：《计算法学：作为一种新的法学研究方法》，载《法学》2019年第4期。

② ［美］卢克·多梅尔：《算法时代：新经济的新引擎》，胡小锐等译，中信出版社2016年版，第145页。

③ 参见陈尔彦：《法律如何应对人工智能挑战》，载《经济参考报》2017年12月12日。

④ 陈景辉：《人工智能的法律挑战》，载《比较法研究》2018年第5期。

智能，世界各国纷纷组建了各式各样的伦理委员会，Google、Lucid AI、微软等多家大型科技公司都已设立了伦理审查委员会，我国也正式宣布组建国家科技伦理委员会，其目的就是要将科技发展控制在人文伦理许可的范围内。出于提高效率、便捷生活、提升品质的考虑，人类会在诸如无人工厂、自动驾驶、智能投顾、机器人医疗等日常生产生活领域中把决策权交给算法，但人类不会把立法权和司法裁决权交给算法、交给机器，其角色定位都只是人类的参谋和助手，它们的算法决策只是阶段性、局部性和临时性的，是为人类的最终决策提供参考的。如果有一天强人工智能或者超人工智能来临，AI 有了人类一样的自主意识和判断能力，那么，人类更不可能交权给它，因为人类不会心甘情愿被自己的创造物所主宰和毁灭。这样看来，人机之间是可以合作的，一些角色也是可以替代的，但在核心问题上却是不可通约的，法律 AI 难以越过这条红线，无论它多么先进。

第三，AI 法律与法律 AI 的互补支撑。从上述分析中可以看到，AI 法律与法律 AI 具有内外不同的视角，有学者也将其称为外部功能主义研究和内部结构主义研究。① AI 法律重在应用于广泛社会领域中的各种算法关系、行为、功能和后果，甚至认为“制定相关规则来约束算法设计者的行为，在发生可疑后果的时候要求程序员用自然语言来解释算法的设计原理，并且追究其相关责任，这显然是一种治本之法”。② 这就为法律的 AI 转化提供了丰富的知识图谱和训练样本，促进法律 AI 的成熟与完善。法律 AI 重在设计推理模型和法律自动化系统，在转换时往往采取假设—检验或者观察—归纳的方法，或者在面对茫然无知、变化多端的情形时，采取盲目检索或机器学习的方法让计算机自行发现一些特点，启发法学问题的形式化。③ 这就为 AI 法律的研究提供了智能转化的动力、场域和途径。可见，AI 法律与法律 AI 分别关注社会领域和司法领域、外部功能和内在结构、法律规制和智能转化，承担

① 栗峥教授在“法律人工智能研究前沿问题国际学术研讨会”（2019. 4. 13，长沙）上的发言。

② 郑戈：《人工智能与法律的未来》，载《探索与争鸣》2017 年第 10 期。

③ 参见邓矜婷、张建悦：《计算法学：作为一种新的法学研究方法》，载《法学》2019 年第 4 期。

着不同角色，它们彼此是互补支撑的。然而，AI 法律的前景关键在于，它对信息社会和数字经济生活逻辑与权益诉求的法学提炼程度；法律 AI 的前景关键在于，它对法律的智能转化程度。

(四)“第三道路”的选择

网络化、数字化和智能化的深度交融发展，是当今社会变革不可逆转的根本趋势，法律与人工智能的研究也必将成为主流领域，且对多学科交叉互动的要求越来越强。由于 AI 法律过于强调外在规制，法律 AI 过于强调智能转化，因此，它们都一时难以破解各自所面对问题和挑战，而更适宜的研究进路，应该是发挥二者优势的“第三道路”。

1. 从浪漫理想回归现实主义

从某种意义上说，AI 法律旨在把 AI 纳入法律规制框架之内，是一种基于法律本位的理想主义。随着人工智能在各种生活场景中的大量广泛应用，使“人类世界被植入了计算机逻辑”，① 生产方式、生活方式、行为方式、价值观念都面临深度变革，“很多旧有的习惯将被颠覆，很多旧有的制度将面临挑战”。② 面对这些挑战，“谨慎派”的守成自不待言，就是“变革派”的升级转型努力，也依然是较强法律本位倾向，这就难以及时主动地吸纳、融入网络化、数字化和智能化的技术规制方式（如以代码规制代码），也会影响法律的智能转化。而法律 AI 旨在把法律转化为智能系统，则是一种以 AI 为归宿的浪漫主义。前述法律逻辑与数理逻辑的转化、法律难题的分歧、人性与伦理的考量、人机关系的定位等困境，无疑是法律 AI 化道路上的重重障碍。因此，对法律 AI 抱有过多的期待、设置过高的目标，未免脱离实际，至少在可见的范围内是如此。这样看来，就需要 AI 法律的研究“往前迈一步”，法律 AI 向“后退一步”，汇合到“第三道路”上，以现实主义的精神来发挥各自的优长，根据客观规律和现实需要、通过法律专家和技术专家的合作来推进法律与 AI 的相关研究。

---

① ［美］卢克·多梅尔：《算法时代：新经济的新引擎》，胡小锐等译，中信出版社 2016 年版，第 220 页。

② ［英］维克托·迈尔－舍恩伯格、［英］肯尼斯·库克耶：《大数据时代：生活、工作和思维的大变革》，盛杨燕等译，浙江人民出版社 2013 年版，第 94 页。

2. 增强法学与技术的对话合作

无论是 AI 法律还是法律 AI 的研究，都会面临一个让人深度焦虑的问题是，法律人不懂计算机技术，如何来研究人工智能？大家知道，法律是一种知识系统，AI 则是一种数字系统，数字系统能做的知识系统做不了，知识系统能做的数字系统做不了，"懂技术的不懂法律，懂法律的不懂技术，这也是法律人工智能理论和实践很难推进的现实困难"。[①] 实践表明，"即使在有限的运用中，不懂计算思维的法律人无法检测功能设计、程序编写的正确性和合理性，无法判断数据的可靠性，只能被动地接受返回的数据，再进行人工检测。但对于海量的数据，即使抽取百分之一的样本量进行检测，也是人力难以完成的。而没有法学思维的人在设计功能时难以正确理解法学问题的丰富内涵，在具体化的过程中很容易出现偏差、存在偏见而不自知"。[②]对此，学者们一直努力寻找破解的应对方案。然而，以下几点则需要进一步讨论：

首先，全能型、通才式的研究思路，未必行得通。目前，真正能够设计法律 AI 模型和算法的基本都是理工科出身，至少是有计算机背景的科技学者，而法律专业出身的学者基本无法涉足。然而，科技学者设计出来的法律 AI 模型和算法，又因欠缺法学思维、找不准法律问题而难以应用。对此，一些法律人希望通过深入研习计算机理论与应用技术，甚至力图学会设计算法和编程来推进法律 AI 的研究，但这可能只对极少数有基础、有天赋的人才适用，而对绝大多数法律人来说难免是一种梦想。即便极少数天才可以做得到二者"通吃"，究竟能"通吃"到何种深度、适时跟进到何种地步，这也是一个疑问。其理由在于，不用说法律和计算机之间在专业领域、知识体系、思维方式等方面的巨大鸿沟，就是法学学科内部的民法、刑法、行政法、国际法等，以及计算机科学技术内部的软件工程、计算机软件与理论、计算机系统结构、计算机应用技术等，均都有些"隔行如隔山"，那么，学者们有多大的精力和能力来打通两大系统？加之当下计算机科学技术

---

① 黎娟：《论证：法律人工智能的起点——国际人工智能与法协会主席巴特·维赫雅专访》，载《法治周末》2019 年 6 月 13 日。

② 邓矜婷、张建悦：《计算法学：作为一种新的法学研究方法》，载《法学》2019 年第 4 期。

和法学的各自学科理论发展又都十分迅速，专注本领域研究的学者都应接不暇，何况跟进“通吃”呢？因此，寄希望于法律人去深入研习计算机理论和应用技术，或者让技术专家去深入研习法律，试图让法律人兼具程序员角色，或者技术专家兼具法律人角色，这种全能型、通才式的解决问题的思路几乎是不可能的。

其次，不懂计算机技术，未必就不能研究人工智能。研究人工智能确实需要了解和掌握相关的技术理论和知识，努力掌握和养成一定的计算思维，[①] 这没有疑问。然而，法律人常常纠结的“不懂计算机技术”，并非指不了解一般的计算机知识或通识，而是指不能比较熟悉并应用相关的计算机理论和技术。其实法律人“不懂”，对其研究人工智能并没有太实质性的影响。因为“法律专家不可能是面面俱到的每个领域的专家，这根本就是不可能的，也是做不到的；但他必须得是真正的法律专家才行，才能在法律的基础上甄别其他专家的同行意见，然后做出法律上的妥当决定。”[②] 客观而言，在法律上研究人工智能及其在社会领域的广泛应用，不仅包括它的内部结构和模型算法，也包括经由它所产生的社会关系和社会后果，后者才是基础性的也是主体部分；对这些领域，并不需要研究者成为计算机技术专家，但必须是法律专家才行。这有如知识产权领域的专家并没都拿到专利，环境法领域专家并不都是科学家一样，然而，其并不影响这些专家的研究，他们关注的同样是相应的法律关系、行为样态和社会后果。

最后，法学与技术的对话合作，是最基本的方式和途径。我们说全能型、通才式的研究思路行不通，不懂计算机技术并不影响研究人工智能，这里的关键是如何研究？人们常常发现，“不具有计算思维的人难以意识到怎样的法学问题是可计算的问题，而没有法学思维的人根本就提不出有法学研究意义的问题。如此，计算机在法学研究中的运用就只能靠偶然的机会来产生，只能局限在狭窄、表面的领域。[③] 因

---

① 周以真教授认为，计算思维是运用计算机科学的基础概念进行问题求解、系统设计以及人类行为理解等涵盖计算机科学之广度的一系列思维活动。参见苏澈：《记女科学家周以真：倡导计算思维闻名于世》，载《中国科学报》2013 年 5 月 31 日，第 7 版。

② 陈景辉：《人工智能的法律挑战》，载《比较法研究》2018 年第 5 期。

③ 邓矜婷、张建悦：《计算法学：作为一种新的法学研究方法》，载《法学》2019 年第 4 期。

此，我们需要将 AI 法律和法律 AI 汇合在“第三道路”上，这无疑需要法学与技术的长期对话合作，并逐渐取得各领域、各层级的基本共识；“需要法律人和程序员、人工智能专家的合作，以便使算法进入法律，法律进入算法，从而使人工智能的基础操作系统符合人类的伦理和法律”。[①] 而在具体操作层面，“或许只有当法律人与技术人紧密结合，相互理解，充分获知对方的需求与期待并实际解决法律与技术运用中的实践难题时，才是法律人工智能在法律界大展拳脚的时刻”。[②]

3. 促进法律与人工智能的双向融合

“第三道路”既不是旨在把 AI 纳入法律规制框架之内，也不是旨在把法律转化为 AI 系统，而是力图让 AI 法律和法律 AI 汇合所长、避其所短，实现法律与人工智能的双向融合，这无疑是一条更优的整合研究进路。也就是说，一方面是让人工智能支持法律，打造一个高效的、可视正义的司法体系；另一方面是让法律改变人工智能，开发出具有内在法律和伦理规则的人工智能，“使一种新型的、合乎伦理的、可解释的人工智能得以在法律中成长和发展起来”，因此，“法律人工智能的研究应该更多关注二者如何能够强强联合，而不是谁赢谁输”。[③]这就要求法律人要积极参与到人工智能技术研发之中，“为人工智能的深度应用提供场景、提炼规则，制作各种证据指引和知识图谱，推进机器深度学习”，[④] 积极促进彼此的融合贯通。目前，有西方学者设计出了具体的方案，认为论证是弥合知识系统和数字系统之间鸿沟的有效路径。具言之，尽管机器学习只能对一般情况作出较为准确的预测，却无力应对法律领域里的复杂案情、特定情形和场景细节，而这些都需要解释、推理和论证。他“希望通过论证系统的完善，这些问题可以迎刃而解。当然，这将是一项长期性和持续性的工作”。[⑤] 至于论证

---

① 郑戈：《人工智能与法律的未来》，载《探索与争鸣》2017 年第 10 期。

② 左卫民：《关于法律人工智能在中国运用前景的若干思考》，载《清华法学》2018 年第 2 期。

③ 黎娟：《论证：法律人工智能的起点——国际人工智能与法协会主席巴特・维赫雅专访》，载《法治周末》2019 年 6 月 13 日。

④ 参见陈尔彦：《法律如何应对人工智能挑战》，载《经济参考报》2017 年 12 月 12 日。

⑤ 黎娟：《论证：法律人工智能的起点——国际人工智能与法协会主席巴特・维赫雅专访》，载《法治周末》2019 年 6 月 13 日。

这一路径最后能否走得通，或者是否还有其他更有效的路径，可能还需要时间的检验和更多人的努力。总之，数字时代的法学研究一定是充满新奇魅力，承担着时代使命，必将为智慧社会和数字法治建设提供重要动力和支撑。

第二章　数字时代的法律变革与权利保护

一、智能互联网背景下的“法律革命”

当今世界正经历一场前所未有的信息革命，推动着从桌面互联网—移动互联网—智能互联网的飞跃发展，引发了包括生产方式、生活方式、社会关系、价值观念、社会秩序等在内的全方位重大变革，很多方面甚至是颠覆性替代，因而，它对人类社会的深刻影响可能会远超农业革命和工业革命。与此同时，现有的法律制度也面临日益频繁、不断加重的“破窗性”挑战和“创造性破坏”,[①] 常常显得尴尬而无奈。在一定意义上讲，这已不再是应对新问题、新挑战、新领域那么简单，而是涵盖法学理论、规范制度及司法实践的“法律革命”和升级转型，需要认真对待和有效回应。

（一）“破窗性”的法律挑战

随着网络化、数字化、智能化的交融发展，“所有的信息资源都能够被智能的计算机软件实体所识别和处理，并且这些软件实体能够自治地、主动地在网络中漫游，具有很好的适应性和可靠性，能够代替用户完成各种工作，并为用户提供丰富的服务”。[②] 正因如此，“智能互

---

① “破窗理论”（Broken windows theory）是由乔治·凯琳和詹姆斯·威尔逊二人在一篇题为《Broken Windows》（1982）的文章中提出的，用来比喻失序与犯罪的正相关关系：“如果一栋建筑的一扇窗户破了且无人修理，其他的窗户很快也会被破坏……一扇未修补的窗户，代表那里无人在意，打破更多的窗户也无所谓。”参见［美］乔治·凯琳、［美］凯瑟琳·科尔斯：《破窗效应——失序世界的关键影响力》，陈智文译，生活·读书·新知三联书店2014年版，第23页。我们这里借用“破窗”比喻，力图说明这些民间“植入”或者“嫁接”，在某种意义上形成了打破旧秩序、创立新秩序，并产生持续放大效应的发展趋向。

② 史忠植等：《智能互联网》，载《计算机科学》2003年第9期。

联网将彻底改造所有传统行业，AI 是核心区动力”,[①] 人们甚至开始预测高度不确定、高度奇异性的“奇点”来临时间和社会状态。[②] 它催生了新型经济关系和社会关系，进而产生了革命性的后果。

1. 双层空间、虚实同构

纵观人类发展史，每次重大的社会革命都会对人类生活产生深刻的乃至颠覆性的影响。但早前的农业革命和工业革命，在根本上乃是通过技术工具来大幅提升人的自然活动能力和范围，自古以来人类所赖以存活的、天然给定的物理空间并未因其发生改变。而正在发生的信息革命，则彻底打破了这一状态。它不仅使人类在既有物理空间中的活动能力和范围得到了空前提升与拓展，还创造出一个天然给定之外的无限延展、异常丰富、能量无际的虚拟电子空间。在这个目前尚难以准确描述的扁平化、自由化空间之中，人们尽情体验着即时通联全球的身份流动、场景模拟、网络表达、匿名交友、快捷购销、虚拟娱乐、智能服务等，以至于早期的网络自由主义者浪漫地宣称：“我们正在建设的全球社会空间，将独立于你们想对我们进行的专制统治”，“你们的财产、表达、身份、活动和条件的法律概念不适合我们。这些概念建立在物质基础上，而我们这里没有什么物质”。[③] 由此，物理世界—数字世界、现实生活—虚拟生活、物理空间—电子空间的双重构架得以形成，二者相互影响、相互嵌入、相互塑造，形成了虚实同构的政治、经济、文化和日常生活，基于线上/线下融合发展的众多创新业态和创新商业模式也纷纷涌现。这深刻地改变了人们的生产、生活、行为方式和社会关系，给经济发展、公共治理和社会秩序既带来了新机遇、新问题，也带来了前所未有的挑战。

2. 人机协同、智慧互动

随着人工智能技术的快速发展，智能机器人开始步入人们的现实

① 张彪：《智能互联网将颠覆所有传统行业》，载《计算机与网络》2016 年第 23 期。

② 参见［美］Ray Kurzweil：《奇点临近——2045 年，当计算机智能超过人类》，李庆诚等译，机械工业出版社 2017 年版，第 228 页；［英］卡鲁姆·蔡斯：《经济奇点——人工智能时代，我们将如何谋生?》，任小红译，机械工业出版社 2017 年版，第 233 页。

③ ［英］安德鲁·查德威克：《互联网政治学：国家、公民与新传播技术》，任孟山译，华夏出版社 2010 年版，第 42 页。

生活。它并非对以往机械自动化生产的简单升级，而是通过深度学习和训练来进行“类人化”的智慧工作。换言之，当今时代的机器“活”了，人机之间就不再是简单的“人与工具”的关系，而是伴有智慧化的互动情境。虽然它还处于初级发展阶段，只是替代简单的、重复性的人工操作，但由于各科技强国都在加大对人工智能的研发和竞争布局，在可见的未来，服务机器人、医疗机器人、投顾机器人、陪伴机器人、情侣机器人将会大量涌现，并承担起劳动替代、任务合作、智能决策、“情感”互动等角色，人机协同随之成为生产生活关系的常态。这样，“当机器人变得足够复杂的时候，它们既不是人类的仆人，也不是人类的主人，而是人类的伙伴”，[①] 智能互联网也会成为“一个人机混合体，人的很多行为和认知与机器融合在一起，这时我们就需要在人机混合‘系统即社会’中制定规范”。[②] 这必然会引发关于主体身份、权利义务关系和法律责任等方面的重大法律变革与秩序重建。

3. 算法主导、数字生态

在智能互联网时代，人们面对海量的基本数据、交易数据、观察数据和动态数据，“对这些数据进行系统加工并且正确地阐释，使人们可以通过这些数据对个人或者群体及其行为进行深入的推断”。[③] 这将形成以算法为核心、以信息（包括知识和数据）为资源、以网络为基础平台的全新经济形态，开创平台化、数据化、普惠化发展新模式，促进经济体量的爆发式增长。对个人而言，“网上的个人信息全方位覆盖了你从摇篮到坟墓的全部私人生活，慢慢地积累所有数据，直至在计算机数据库中形成一个‘人’”。[④] 人们不得不置身于大数据的环境来进行信息分享和使用，以适应信息化、智能化、数字化的当代生活，“用失去隐私、丧失个人生活和失去批判精神的代价换取可预测性、安

---

① ［美］约翰·马尔科夫：《人工智能简史》，郭雪译，浙江人民出版社 2017 年版，第 208 页。

② 陈钟：《人工智能与未来社会：趋势·风险·挑战》，载《探索与争鸣》2017 年第 10 期。

③ ［德］罗纳德·巴赫曼、［德］吉多·肯珀等：《大数据时代下半场——数据治理、驱动与变现》，刘志则等译，北京联合出版公司 2017 年版，引言第 9 页。

④ ［英］约翰·帕克：《全民监控——大数据时代的安全与隐私困境》，关立深译，金城出版社 2015 年版，第 14 页。

全性，以及人类寿命的延长”。[①] 对社会而言，“数字技术掀起了一场革命，让企业家们利用光纤在一个不受管辖的世界里凭空建立起他们的王国。他们已经向政府和它的传统权威发起了挑战。这种挑战不是故意的，完全是技术进步的偶然结果”。[②] 其中，数据和信息成为重要的新型资产，而算法也从最初的“提炼自这个世界，来源于这个世界”，转向“开始塑造这个世界”。[③] 这就形成了涵摄政治、经济、文化与社会发展的数字化生态，塑造了以数据和算法为基础的新型法权关系，实现对人类社会秩序的深度变革与重构。

上述三方面重大而深刻的社会变革，使新型经济关系和社会关系迅速涌现，并对传统生产生活关系产生了很大程度的替代、覆盖甚至颠覆。这将给法学理论、法律制度和司法体系带来极大冲击和“破窗性”挑战。

其一，既有法律规范难以有效涵盖和调整新的法益。随着智能互联网的飞速发展，各种新业态、新模式喷涌而出。于是，“产品与服务、分销体系、定价方法以及广告与促销模式均从原本集群、聚合式的商业权力体系中剥离出来，放弃满足各类需求的经济结构，转而向小型、分化、具体及定制平台进行一对一式运营”，[④] 经济发展业态开始全面迈向去中心化的分布式升级，呈现出指数级的巨大范式转换。从开车到股票交易、再到公司人员配置等一系列重大决策权，正在“从人手中转移到算法手中”。[⑤] 掌握了数据就意味着掌握了资本和财富，掌握了算法就意味着掌握了话语权和规制权。数据和算法已成为智能互联网时代的重要生产要素，进而孕育了新型的生产力和生产关系。这不仅使现代性的“理性人”转化成依托数据挖掘的可计算的

① ［法］马尔克·杜甘、［法］克里斯托夫·拉贝：《赤裸裸的人——大数据、隐私与窥视》，杜燕译，上海科学技术出版社 2017 年版，第 144 页。

② ［美］德伯拉·L. 斯帕：《技术简史——从海盗船到黑色直升机》，倪正东译，中信出版社 2016 年版，序言第 XII 页。

③ ［美］卢克·多梅尔：《算法时代：新经济的新引擎》，胡小锐等译，中信出版社 2016 年版，第 214 页。

④ ［澳］史蒂夫·萨马蒂诺：《碎片化时代：重新定义互联网 + 商业新常态》，念昕译，中国人民大学出版社 2015 年版，第 4 页。

⑤ ［美］克里斯托弗·斯坦纳：《算法帝国》，李筱莹译，人民邮电出版社 2017 年版，第 197 页。

“微粒人”，并“将会在这个数字和程序算法的世界里发展出一种新的人性形态”。[1] 同时，诸如虚拟财产、虚拟货币、智能合约、数据权利、智能机器人“行为”、算法“黑箱”等，形成了前所未有的利益关系和权利义务构架。与以往社会变革的一个重大不同是，它们涌现速度快、颠覆性强、复制度高、连锁扩张势头迅猛。因此，这并非某一领域的、某一行业的常速发展，而是呈现出全面的、深度的、爆发式的增长。面对这些新生事物、新生关系、新生法益，既有的法律概念、规则和原则难以对其予以有效涵盖，也难以对其作出及时有效的规制调整。即便通过修改法律条款、扩张性解释或者类比适用，也会遭遇捉襟见肘的困境。立基于工商业革命的现代性法律，在当下双重空间、人机共处、算法主导的信息革命面前遭遇了严重的危机，需要适时予以变革，甚至重构。

其二，既有规则逻辑的解释力日显困难。法律并非抽象的机械规则，而是承载着一定的社会价值，反映着人们的行为规律和生活经验。因此，它所形成的规则逻辑才对规制过程及其后果具有正当合理的解释力和适用性，从而获得社会认同并产生公信力。当今法律体系是在工商业革命进程中不断发展而来的，当它遭遇智能互联网所带来的双层空间、人机共处和算法主导的生活场景时，必然会出现某些难以适应的困境。

在民商法领域，数据资源日益成为重要生产要素和社会财富，华为与腾讯、阿里和顺丰等企业巨头之间的数据之战不断上演，但数据和信息的性质、分类、权属、使用规则、法律责任等，却难以在现有民商法理论和规则中获得有效说明。司法实践中则更多采取行为保护（不正当竞争）或者法益保护（商业秘密）而非数据财产（权利）保护的进路。[2] 然而，即便是号称史上信息保护最严禁令的欧盟《一般数据保护条例》（GDPR），也在维护传统权利观念和信息安全的同时增设了删除权（被遗忘权）、可携带权、免受自动化决策权（数据画像）、

---

① ［德］克里斯多夫·库克里克：《微粒社会——数字化时代的社会模式》，黄昆等译，中信出版社 2018 年版，前言第 XII 页。

② 参见许可：《数据保护的三重进路——评新浪微博诉脉脉不正当竞争案》，载《上海大学学报》（社会科学版）2017 年第 6 期。

访问权等新型权利，不得不去顺应新的数字经济生态。[①] 同样，智能合约的代码书写、不可更改、自动执行等特征，使要约和承诺的理论与规则逻辑难以沿用，也难以对其作出合理阐释。有学者指出，“数字化经营的产品则几乎具有信息的量子属性，无形，无法量化，可以永久性复制，永远在转换过程中；似乎没有几种（如果有的话）常见的实体商务的规则可以实际运用于此”。[②] 这需要探索反映数字经济发展规律的新理论和新规则。

在刑事法领域，快播案被视为刑法介入网络平台规制的典型案例。从技术上说，快播是在P2P模式取代了C/S模式（客户/服务器）后所出现的去中心化的互动共享机制。该案一审判决和二审裁定虽然都区分了P2P共享与P2P缓存，却未能进行分别评价，特别是对P2P共享的中立性未予考量。国家对旧商业模式和旧法律的不恰当依赖，难免会导致“寒蝉效应”。[③] 在更多的个案中，由于往往是按照传统刑法的既有理论和规则逻辑来规制互联网中立行为，[④] 其解释力和说服力亦明显不足。此外，诸如非法侵入计算机信息系统罪，非法获取计算机信息系统数据、非法控制计算机信息系统罪，提供侵入、非法控制计算机信息系统程序、工具罪，破坏计算机信息系统罪等，也基本上是按照物理空间思维来“外在化”地笼统设定犯罪构成，并不是以数据信息属性和智能互联网的运行逻辑来“内在化”地作出细分，如盗窃游戏装备等虚拟财产犯罪只能被认定为计算机领域的犯罪。这种规则逻辑难以对窃取数据信息、侵犯虚拟财产、刷单炒信等行为实施有效规制和处罚。

在行政法领域，“平台经济”的崛起造就了全新的市场主体——平台企业。企业通过接入平台可以向消费者提供“面对面”的直接服务，

---

① 参见京东法律研究院：《欧盟数据宪章——〈一般数据保护条例〉GDPR评述及实务指引》，法律出版社2018年版，第25~26页。

② ［美］安德鲁·V. 爱德华：《数字法则——机器人、大数据和算法如何重塑未来》，鲜于静等译，机械工业出版社2016年版，第120页。

③ 参见高磊：《论P2P共享服务提供者的刑事责任——以快播案为视角》，载《环球法律评论》2017年第5期。

④ 参见车浩：《谁应为互联网时代的中立行为买单》，载《中国法律评论》2015年第1期；陈洪兵：《论中立帮助行为的处罚边界》，载《中国法学》2017年第1期。

体现参与性、分享性和普惠性。一方面，智能互联网带有明显的自由化、扁平化和去中心化的倾向，呈现出分散的大众和“微粒化”的消费者；另一方面，苹果、谷歌、微软等平台公司在“赢者通吃”的商业生态下，塑造了复合式、庞大“多环状生态圈”和覆盖式发展，① 形成了“要么利用平台，要么就被平台消灭”的发展态势，进而又形成了平台的“再中心化”。它们基于业态属性和运营需要，本身就拥有对平台市场营销秩序的自律管理权，而国家由于无暇、无力监管庞大多变、技术性强的平台交易，就以法律法规或规章形式来赋予它们审查管理权（审查管理义务）。例如，《刑法》第286条设定的“拒不履行网络安全管理义务罪”以及《网络安全法》《反恐怖主义法》《关于加强网络信息保护的决定》《电信和互联网用户个人信息保护规定》《计算机信息网络国际联网安全保护管理办法》等法律法规和政府部门规章所要求的平台实名认证、信息审查、配合执法等管理权（监管义务），其中就包括制定平台规则、处罚平台违规行为、解决平台纠纷等“准立法”“准执法”“准司法”权力。这种具有准公权力的平台横亘在政府与市场之间，形成了由分散的大众、多元的电商、集中的平台、实施负面清单制的国家所组成的多方博弈结构，这无疑对政府干预与市场自律的传统构架带来巨大的冲击，行政法理念、原则和规制方式也随之遭遇挑战。此外，“淘宝小二叫板工商总局”等事件中关于假货是线上问题还是线下问题、政府监管责任还是淘宝打假责任的争论，② 也凸显出行政法理论与规制逻辑遇到的全新难题。

其三，既有司法解纷机制遭遇明显障碍。智能互联网时代对司法制度形成的冲击，以互联网领域民事纠纷和刑事案件最为典型，传统的级别管辖和地域管辖出现失灵，迫使我们不得不重新思考网络空间的法律效力。③ 同时，互联网犯罪的智能化、层级化、碎片化，使建立在传统地域和级别管辖基础上的犯罪侦破体系也难以适应，网络诈骗

① 参见陈威如、余卓轩：《平台战略——正在席卷全球的商业模式革命》，中信出版社2013年版，第220页。

② 《淘宝质疑国家工商总局背后：淘宝运营小二是谁?》，载新华网：http：www.xinhuanet.com/fortune/2015－01/29/c_ 127435105.htm，最后访问日期：2020年6月18日。

③ 参见刘艳红：《论刑法的网络空间效力》，载《中国法学》2018年第3期。

等犯罪的侦破率很低、成本很高。而刚生效的欧盟《一般数据保护条例》（GDPR），通过其属人化的数据保护设定，突破了以往在物理空间的主权管辖范围，实现了在虚拟空间的属人性扩张，国际司法的许多制度设计必然会面临挑战。目前，我国虽然在杭州建立了互联网法院，但与海事法院、知识产权法院等不同，它没有自己的体系和清晰职责，在管辖范围、审级程序、案件审理、裁判执行等方面，也有较多的问题需要解决。

总之，这场信息革命给人类带来了超过以往任何时代的想象与创造空间，它将使我们都成为一个被算法所定义的“数据人”。在这里，“人类变成了制定规则的上帝，所有伴随人类进化历程中的既定经验与认知沉淀将遭遇颠覆性挑战”。[①] 对于法律制度而言，尽管稳定是应该固守的本分，但面对瞬息万变、颠覆创新的智能互联网的变革发展，容不得我们“守成待毙”。诚如霍姆斯所言，“在法律的故纸堆里皓首穷经之人或许眼下大行其道，运用统计学之人以及经济学的行家里手则引领未来”。[②]

（二）法律变革的基本面向

智能互联网时代的深度法律变革，是一个没有预设蓝图和结果的探索过程，但这并不表明它混沌无序。相反，它呈现了从工业社会迈向信息/数字社会的制度转型和升级趋向。

1. 法律价值上的深度变革

法律价值是其所处时代的社会价值观的映射，为法律规则的制定和运行提供着必要的价值指引。随着信息革命的到来，特别是数据和算法日益成为重要的生产要素，生活建模化和极化结构日益凸显，以及自由和控制的同步增长，使工商业时代以来的生产生活方式和社会价值观发生了深刻改变甚至颠覆，法律价值也必然会面临深度变革，特别是数据正义观、代码正义观和算法正义观将逐渐走上前台，成为现代性正义价值“家族”的新面孔。

---

① 王天一：《人工智能革命——历史、当下与未来》，北京时代华文书局 2017 年版，第 192 页。

② ［美］霍姆斯：《法律之道》，姚远译，载《厦门大学法律评论》（第 26 辑），厦门大学出版社 2015 年版，第 166 页。

（1）数据正义观

如今，人们不仅每天都要面对海量的信息浏览和数据应用，而且每个人的一言一行也会在网络上不断生成数据，即这些数据是每一个人都参与生产的，成为一种不同于自然资源的新的社会资源和生产要素①。数据正义问题也就随之凸显出来。

首先，数据的公平占有与合理使用。在大数据时代，原始数据生产、加工和使用的过程几乎同步发生，且流程复杂。然而，“作为数据生产者和使用者参与‘大数据基本循环’的普通公民，对于这里所使用的信息技术基础设施既无法把握，又无法施加影响”，② 常常处于“所有的数据都由我们自身产生，但所有权却并不归属于我们”的尴尬境遇之中，③ 甚至还会出现数据阶层分化和数字鸿沟。近年来出现的“大数据杀熟”现象，再次向人们提出了警示。实践中，主要是商家和政府在运用数据挖掘技术来实施对原始数据的抓取、整理、分类、匹配和赋值，并据此为客户设计和提供相应的产品与服务，或者建立起规范新技术的社会管理模式。此时，就会形成基于数据资源的利益关系和社会关系。“如果要避免价值和权力落到少数人手中，我们就必须设法平衡数字平台（包括行业平台）的效益与风险，确保其开放性，并为协作式创新提供机会。”④ 因此，在数据原生者、衍生者、交易者、使用者等角色之间，谁是这些数据权利的主体、数据权利义务如何分配、如何公平占有数据和抑制数据垄断、如何合理使用数据、数据权利和个人隐私受到侵犯如何进行救济等，都是必须回答的时代课题。

其次，数据阐释的价值判断。从大数据分析需要来看，人类决策难以摆脱偏见和信息不充分等因素的影响，进而可能影响到结果的客观性和公正性，因此，需要用一切皆可量化的大数据分析予以补充。

---

① 张康之：《数据治理：认识与建构的向度》，载《电子政务》2018 年第 1 期。

② ［德］罗纳德·巴赫曼、［德］吉多·肯珀等：《大数据时代下半场——数据治理、驱动与变现》，刘志则等译，北京联合出版公司 2017 年版，第 205 页。

③ 王天一：《人工智能革命——历史、当下与未来》，北京时代华文书局 2017 年版，第 184 页。

④ ［德］克劳斯·施瓦布：《第四次工业革命——转型的力量》，李菁译，中信出版社 2016 年版，第 11 页。

然而，大数据分析必然“会引导实践的方向，是从属于建构需要的”,[①] 它离不开分析者的技术取舍（如数据清理、数据集成、数据变换、数据归约）、数据赋值和数据阐释，而“数据阐释并不是理性的，这不能测量，也没有是非对错的终极判断。阐释永远是主观的，是依赖直觉的，而且也与周边环境紧密相关。同样的数据在不同的环境内容中可以有截然不同的意义，这些意义并非数据所固有，而是人们在特定环境中分析数据并将意义赋予了数据”。[②] 受此影响，面对相同的数据材料常常形成不同的算法，并得出对问题的不同解释和不同的行动方案。这样，数据阐释就不再是一个技术问题，而是内含着一定的价值判断，潜藏着不同的利益诉求和权利主张，需要构建相应的数据正义观予以指引。

最后，数据量化分析下的人性安放。尽管大数据分析势不可当，但也不宜把人类的行为及其结果进行过于量化的分析设计，否则就会有大数据崇拜、“数学清洗”（Mathwashing）和“唯科学主义”之嫌。[③] 无疑，“数据的意义在于价值而非数字。如果人所有的行为、所有的感情、所有经历的事情、所有认识的人都可以进行量化，变成一组数据，那人类存在的价值在哪里”?[④] 而基于数据而为用户量身打造的“私人订制”模式，是个性化需求的满足还是把决策交给了量化计算？此时，如何在大数据分析中安放人性、赋值正义关怀就显得十分重要了。可见，只有确立数据正义准则、塑造数据正义观，才能“赢得数据”,[⑤] 建立正义秩序。

---

① 张康之：《数据治理：认识与建构的向度》，载《电子政务》2018 年第 1 期。

② ［德］罗纳德·巴赫曼、［德］吉多·肯珀等：《大数据时代下半场——数据治理、驱动与变现》，刘志则等译，北京联合出版公司 2017 年版，第 205 页。

③ 参见潘绥铭：《生活是如何被篡改为数据的？——大数据套用到研究人类的“原罪”》，载《新视野》2016 年第 3 期；《再论生活是如何被篡改为数据的——回应刘林平教授的质疑》，载《新视野》2016 年第 4 期；曹建峰：《人工智能：机器歧视及应对之策》，载《信息安全与通信保密》2016 年第 12 期。

④ 王天一：《人工智能革命——历史、当下与未来》，北京时代华文书局 2017 年版，第 206 页。

⑤ ［德］比约恩·布劳卿等：《智能数据：如何挖掘高价值数据》，王盛男译，中信出版社 2017 年版，第 8 页。

（2）代码正义观

在计算机时代，人类通过编写代码来下达指令，让计算机去完成人类赋予它的各项工作。因此，代码是人类与计算机交互工作的程序语言，是一组由字符、符号或信号码元以离散形式表示信息的明确的规则体系，它既要符合确定性、标准化、通用性、可扩充性、稳定性等行业通用属性，也体现程序员的专业理念和对问题求解的目标取向。随着互联网的融合化、实体化、智能化发展，造就网络空间的软件和硬件越来越实际地控制和规制着该空间，而“代码就是法律”，[①] 代码正义会变得越来越引人注目。

其一，代码规制的正当性与合理性。在互联网创生之初，网络自由主义者曾宣称要拒绝国王、总统和投票，他们只坚信基本的共识和运行的代码。但事实上，网络空间从来都不是没有规矩的“自然状态”。其中，在知识产权、隐私和言论自由等方面，制定标准和编写代码就是一种新型的规制形式和控制力量。这意味着，“代码如何规制，代码作者是谁，以及谁控制代码作者——这些是在网络时代实践正义必须关注的问题。其答案会揭示网络空间是如何被规制的”。[②] 为此，就要求代码必须有一定程度的开放与透明，以至于“开源代码的斗争不亚于争取民主的斗争，不亚于反对国家权力可能被滥用的斗争”，它已成为“开放社会的基础”，[③] 从而使代码规制能够保持必要的正当性与合理性。

其二，代码编写的价值偏好。从技术上看，程序员按照设定任务（应用）来编写源代码（源程序），并经由编译程序转换为目标代码或可执行代码，进而指挥计算机的每一个动作以解决某个算术或逻辑问题。因此，“编程是一种创造性活动。写代码是无中生有的创造过程，

---

① ［美］劳伦斯·莱斯格：《代码 2.0：网络空间中的法律》，李旭等译，清华大学出版社 2009 年版，第 6 页。

② ［美］劳伦斯·莱斯格：《代码 2.0：网络空间中的法律》，李旭等译，清华大学出版社 2009 年版，第 89 页。

③ ［英］詹姆斯·柯兰等：《互联网的误读》，何道宽译，中国人民大学出版社 2014 年版，第 122 页。

我们大胆地从混沌之中创建秩序”。[①] 这样，在代码编写中就必然会带有程序员（或雇主）的思想理念，这既包括根据不同的应用决定使用不同的编程语言、选择不同的编译转换路径、指令被执行的不同方式等技术性理念，也包括为完成预定任务而确定不同的代码编写方案和问题目标。在这里，“我们可以建造，或构筑，或编制网络空间使之保护我们最基本的价值理念，我们也可以建造，或构筑，或编制网络空间使这些价值理念丧失殆尽。这里没有中间立场”。[②] 特别是在商业运营软件、产品服务软件、政府管理软件的编程中，预定任务和目标的价值偏好是不可避免的，“代码作者越来越多地是立法者。他们决定互联网的缺省设置应当是什么，隐私是否被保护，所允许的匿名程度，所保证的连接范围。他们是设置互联网性质之人。他们对当前互联网代码的可变和空白之处所做出的选择，决定了互联网的面貌”。[③] 代码编写的背后，是代码所圈定的商业利益和政府管理模式，而广大客户或服务对象则处于话语权缺失状态和弱势地位，在商业建模面前只有选择“用”或“不用”的权利，这无疑都会或隐或显地制造和加剧社会等差与不公。因此，抑制代码编写的价值偏好就成为实现代码正义的必然要求。

其三，对“恶意代码”的控制。信息科学技术在带给人类进步福祉的同时，也难免会产生一定的困扰和问题。尽管为了应对 21 世纪“代码管理危机”，出现了代码管理工具和管理系统，也对程序员提出了“责任与义务”“不行损害之事”等专业伦理要求，[④] 然而，在商业利益和不良动机的诱惑下，仍存在大量的内核套件、流氓软件、勒索软件、间谍软件、病毒软件等“恶意代码”程序，严重破坏了互联网秩序并侵犯了用户的合法权益。据此，必须开发新的恶意代码分析、

---

① ［美］Robert C. Martin：《代码整洁之道——程序员的职业素养》，余晟等译，人民邮电出版社 2016 年版，第 18 页。

② ［美］劳伦斯·莱斯格：《代码 2.0：网络空间中法律》，李旭等译，清华大学出版社 2009 年版，第 6 页。

③ ［美］劳伦斯·莱斯格：《代码 2.0：网络空间中的法律》，李旭等译，清华大学出版社 2009 年版，第 89 页。

④ ［美］Robert C. Martin：《代码整洁之道——程序员的职业素养》，余晟等译，人民邮电出版社 2016 年版，第 8、10 页。

控制技术，并扼制恶意代码编写者的技术回应，[①] 从而控制“恶意代码”软件的泛滥，维护代码正义和网络秩序。

（3）算法正义观

在智能互联网和“赛博新经济”时代，“算法定义经济”“算法统治世界”成为一个明显的趋势。为此，一些理想主义者则乐观地断言，“过去的人文主义呼吁着：‘聆听自己内心的声音！’而现在的数据主义则呼吁：‘聆听算法的意见！’”[②] 这样，智慧社会治理的很多决策，将转移到算法手中，甚至凭借自动化决策的发展趋势而日渐占据主角地位。然而，一旦算法成为社会治理过程中价值和利益天平上的砝码，那么，问题就不再是数据的简单计算和生活的简单建模。事实上，算法正义已成为直接影响商业交易和社会关系的重要问题。

第一，算法偏见或歧视。大数据、人工智能的广泛应用，促使一些制造商和商业平台通过运用数据挖掘和算法，来对用户进行“量身解读”和行为模式归纳，从而作出有针对性的“私人订制”和提供个性化服务，并承诺算法的客观性、精准性、可靠性。这样，用户就把决策权交给了商业算法。此时，保持算法的合理性、公正性和预先承诺自然十分关键，否则，算法偏见或者歧视就很容易被掩盖。美国一些警务实践表明，算法设计者对犯罪威胁或风险预测、违规自动监控等的相关性赋值与权衡却带有偏见乃至错误，例如，与面部识别技术相关的算法对男性的识别率高于女性，对非白人的识别率高于白人。这表明，“在数据集中，杂乱无序的各种相关性暗含着隐秘的规律性，其中很可能就存在某些偏见”，导致“人们有可能在完全不知情的情况下触犯法规”。在谷歌地图的应用上也是如此，“如果算法不关注人们现在所处的位置，而只关心广告商最终希望他们前往的位置，那么依靠算法决定行动方向的人，可能会被导向固定的路线，就像演员只能照着剧本表演一样”。设计者在“撰写这些剧本”时就可能带有某种意

---

① ［美］斯科尔斯基、［美］哈尼克：《恶意代码分析实战》，诸葛建伟等译，电子工业出版社 2014 年版，第 4 页。

② ［以色列］尤瓦尔·赫拉利：《未来简史》，林俊宏译，电子工业出版社 2017 年版，第 354 页。

图而“想为自己的设计赋予特定的职能”。① 在我国，同样存在“数据杀熟”、算法偏见或歧视的问题。如亚马逊和淘宝等电商网站上“猜你喜欢”等推荐栏和各种优惠券，而这些都是通过个性化的算法来确定用户的消费能力高低来推荐的，低消费能力的用户，看到的基本都是底端打折的产品推荐。同样，一些打车软件会基于用户的消费习惯和能力的算法，来对用户进行差别定价，高消费能力的会有更高的价位，但低消费能力的“抢单”机会则会降低。由于商家有选择的、利益至上的营销方案，这种算法偏见会在事实上形成一个“鄙视链”，严重侵蚀了社会公平和正义。

第二，算法“黑箱”。“互联网 +”、大数据和人工智能的加速融合发展，使“人类正在进入一切皆可计算的时代”。② 表面上，似乎只要输入数据就能得到结果，但实际上却存在算法“黑箱”问题，算法决策面临一定的风险和不公：“打开黑盒子，设计者与用户面对的将是一堆可以得出某种答案的主观偏见与程序。而合上之后，它体现的就是客观性——一种无须满足任何更多的条件即可生成‘是’与‘否’的二元选项的机器。”依赖这些算法做决策的人“根本不知道他们作出的决定是否正确，制定的政策是否公正，有没有歪曲事实”。③ 事实上，商家运用算法作为销售工具的趋向已经势不可当，各种建模和算法很可能已经巧妙地“将你的生活转化成他人的商机”，④ 这其中必然会包含“不稳定、不公平和不劳而获的因素”，⑤ 甚至还会出现 20 世纪 90 年代末金融市场上的“算法战争”和私人市场“暗池”。在公共政策或公共服务自动化中的算法设计中，“程序员们被赋予了过多的决策权，

① ［美］卢克·多梅尔：《算法时代：新经济的新引擎》，胡小锐等译，中信出版社 2016 年版，第 126、127、134、138 页。

② 徐恪等：《算法统治世界——智能经济的隐形秩序》，清华大学出版社 2017 年版，第 323 页。

③ ［美］卢克·多梅尔：《算法时代：新经济的新引擎》，胡小锐等译，中信出版社 2016 年版，第 139、220 页。

④ ［美］皮埃罗·斯加鲁菲：《智能的本质——人工智能与机器人领域的 64 个大问题》，任莉等译，人民邮电出版社 2017 年版，第 170、171 页。

⑤ ［美］弗兰克·帕斯奎尔：《黑箱社会——控制金钱和信息的数据法则》，赵亚男译，电子工业出版社 2015 年版，第 294 页。

而且不受到任何审查”。[①] 这意味着，信息科学技术在带给人类进步福祉的同时，也难免会产生一定的困扰和问题，算法“黑箱”不仅容易侵蚀消费者权利，危及社会诚信与公平公正，也对智慧社会的治理秩序带来一定的阻力和风险。这样，就需要努力推进算法的透明性、公开性和建立算法审计机制，让“那些对结果抱有怀疑的人可以掀开‘引擎盖子’看个究竟”，[②] 而如何通过算法审计机制，来让算法遵循“善法”，就成为维护算法正义的重要方面。

第三，算法错误。我们知道，算法（Algorithm）是指对某个或某些问题解决方案的步骤描述，代表着用系统方法来描述解决问题的策略机制。由于其计算过程系“取某个值或值的集合作为输入并产生某个值或值的集合作为输出”。[③] 因此，相同的任务（应用）可以运用不同的算法来完成，但却因其正确性、容错性和效率性的不同而存在优劣之别，算法错误也就在所难免。也就是说，我们编写算法并把它输入机器，等待它引发的自动动作（如购买股市的股票），人们很容易相信并被动地接受这些计算结果，但其“危险在于没有人能确保该算法设计准确，尤其是当它与众多算法交互时”。[④] 在公共事务上，随着人脸识别、犯罪预测系统、人工智能司法辅助系统等的快速发展，日益升级的自动化系统也已经由简单的行政管理工具变成了主要的“决策者”，算法作出判断的正确率大幅提高，执行各项规则时的严厉程度也远非人类所能比，但“一旦它们做出了错误的决定，其造成的后果就很有可能是骇人听闻的”。[⑤] 尽管人类对此有事后矫正的渠道和方式，然而事实表明，“机器在学习过程中可能会重新建立起我们当前已经修

---

① ［美］卢克·多梅尔：《算法时代：新经济的新引擎》，胡小锐等译，中信出版社 2016 年版，第 141、220 页。

② ［美］弗兰克·帕斯奎尔：《黑箱社会——控制金钱和信息的数据法则》，赵亚男译，电子工业出版社 2015 年版，第 262 页。

③ ［美］托马斯·科尔曼等：《算法导论》，殷建平等译，机械工业出版社 2016 年版，第 6 页。

④ ［美］皮埃罗·斯加鲁菲：《智能的本质——人工智能与机器人领域的 64 个大问题》，任莉等译，人民邮电出版社 2017 年版，第 169 页。

⑤ ［美］卢克·多梅尔：《算法时代：新经济的新引擎》，胡小锐等译，中信出版社 2016 年版，第 136 页。

正的隐含在数据中的偏见”。[①] 在这种情况下，就会带来严重的不公平对待、非正义，甚至是严重的不良后果。因此，如何规制算法、控制算法错误、防范算法风险，就成为实现算法正义的重要内容。

第四，算法自主。人类决策具有千百年积淀下来的道德基础，而算法决策则是一种基于计算过程而实现的输入/输出关系，一旦算法主宰就会严重侵蚀人的主体性。随着人工智能的进一步发展，深达几百层的人工神经网络在发现模式、作出结论方面的能力已经超过了人类。“我们想要了解的客体或现象，必须依靠机器得出的结果。然而，对于机器怎么建模、如何求解的过程，则是人们无从得知也无法理解和解释的。”此时，“你只需要给泛型算法提供输入数据，然后它就会根据那些数据建立自己的逻辑”。[②] 这样，就出现了算法自主或者算法异化的现象，也正是“由于无法了解我们所创造的一切，因此我们很难留意到道德问题，也很难保证所有操作都符合道德标准”。[③] 当人工智能广泛应用于公共决策、经济分析、司法判断、智慧服务等领域时，就会给社会治理带来严重的问题和挑战，甚至还可能有失控的风险。因此，如何让算法遵循“善法”，保持“善法”的主体性和目的性，[④] 就成为维护算法正义，促进智慧社会治理的重要方面。

总之，一旦生活中的众多事务由数据分析、代码编排和外部算法来管理，人们就很难再找回过去的隐私、自由和权利，而数字鸿沟、数据垄断、算法偏见、算法“黑箱”等又会加剧社会分化。这样，传统自由主义基于物理空间所推崇的“人类生命及人类体验神圣不可侵犯”的自由、平等、人权、公平等信念，将会遭受致命的打击，甚至会出现“崩溃”之势。[⑤] 这就呼唤确立智能互联网时代的新型正义观和

---

① 徐恪等：《算法统治世界——智能经济的隐形秩序》，清华大学出版社 2017 年版，第 339 页。

② 徐恪等：《算法统治世界——智能经济的隐形秩序》，清华大学出版社 2017 年版，第 335 页。

③ ［美］卢克·多梅尔：《算法时代：新经济的新引擎》，胡小锐等译，中信出版社 2016 年版，第 221 页。

④ 田海平：《让“算法”遵循“善法”》，载《光明日报》2017 年 9 月 4 日，第 15 版。

⑤ ［以色列］尤瓦尔·赫拉利：《未来简史》，林俊宏译，电子工业出版社 2017 年版，第 294、315 页。

价值观，“对于关乎个体权益的自动化决策系统、算法和人工智能，考虑到算法和代码，而非规则，日益决定各种决策工作的结果，人们需要提前构建技术公平规则，通过设计保障公平之实现，并且需要技术正当程序，来加强自动化决策系统中的透明性、可责性以及被写进代码中的规则的准确性”。①

2. 法律关系上的深度变革

人类历史上的历次技术革命，都是基于物理空间来拓展和提升人类的认知和行为能力的，而当今的信息技术革命，则打造了前所未有的物理空间/电子空间、现实生活/虚拟生活的交融同构生态，进而突破了物理空间上的限制，深刻地改变了人们的生产方式、生活方式和行为方式，众多创新业态和创新商业模式也纷纷涌现。这样，在既有社会关系发生重大变革的同时，又产生了很多新的社会关系，法律关系也随之发生深度变革。

（1）新型法律关系主体和客体日益涌现

在当今数字时代，互联网平台、数据公司等新兴商业组织塑造着全新的经济业态、商业模式和交易规则，成为日益重要的新型法律关系主体，它具有此前法律关系主体所不可想象的“准立法权”“准行政权”和“准司法权”，大的网络销售平台每年都会处理数十万件纠纷。更为重要的是，人工智能技术的飞速进步，开启了人机共处的新时代，从而不断冲击我们赖以建立传统世界的那些确定性，“当机器人变得足够复杂的时候，它们既不是人类的仆人，也不是人类的主人，而是人类的伙伴”。② 由此，智能机器人是不是“人”的问题就日渐突出。“主体做出行为，客体承受行为——但一个行为着的客体算什么呢？对法律而言，这种不确定的区分将引发一个又一个难解之题。”③ 但是，鉴于智能机器人自主意识方面的技术飞跃和它在商业活动及社会文化生活中越来越重要的角色，智能机器人摆脱人类的纯粹工具地位而获

---

① 曹建峰：《人工智能：机器歧视及应对之策》，载《信息安全与通信保密》2016年第12期。

② ［美］约翰·马尔科夫：《人工智能简史》，郭雪译，浙江人民出版社2017年版，第208页。

③ ［德］克里斯多夫·库克里克：《微粒社会——数字化时代的社会模式》，黄昆等译，中信出版社2018年版，第133页。

取主体身份，将是一个必然的趋势，相关的法律关系主体制度设计也将面临重大变革。

在全球信息化的秩序转型中，电子技术把所有交易模式都融入一个巨大的系统之中，数据、代码、算法、炒信平台侵犯的法益、虚拟财产等新的法律客体以及财产类型不断出现。[①] 这使学界曾经公认的“凡是人以外的不具有精神、意思的生物归属于物，是为权利的客体。主客体之间这种不可逾越的鸿沟”现在发生动摇。[②] 传统法律关系主体、客体范畴的定义、内涵、外延、法律属性等均遭受重大的冲击和挑战。

（2）权利与义务关系正面临根本性的重塑

“数字化 + 智能化”的加速融合发展，使大数据分析和算法逐渐塑造了大平台与微时代、集中化与碎片化、虚拟化与现实化之间复杂交织的新型社会关系，进而基于大数据分析和算法逐渐形成了“以我为中心”的社会——“个人主义、新型的从属关系及社群”,[③] “它改变了我们对位置、信任、空间、时间和联系的定义”。[④]

首先，新型权利大量出现，突破了既有的权利义务范畴所能界定与证明的范围。在法律发展史上，因经济发展和社会进步而产生新权利，一般都是以缓慢的、个别方式来呈现的，而智能互联网发展所引发的新权利则表现出急速迸发的态势，如信息权、数据权、访问权、被遗忘权、可携带权、免受自动化决策权、虚拟财产权、智能体的作品权利等。面对日新月异的智能技术进步及其在日常生活中的广泛应用，人们也许并不需要对法律做太多激进的修改就可把法人地位延伸到智能机器人领域。然而，“更困难的问题是给予智能系统的可能的权

---

① 参见余盛峰：《全球信息化秩序下的法律革命》，载《环球法律评论》2013 年第 5 期。

② 吴汉东：《人工智能时代的制度安排与法律规制》，载《法律科学》2017 年第 5 期。

③ ［德］克劳斯·施瓦布：《第四次工业革命——转型的力量》，李菁译，中信出版社 2016 年版，第 96 页。

④ ［美］尼克·比尔顿：《翻转世界——互联网思维与新技术如何改变未来》，王惟芬等译，浙江人民出版社 2014 年版，第 237 页。

利”，[①] 这种新型权利无疑对传统法律理念、理论和制度都构成了严重挑战甚至颠覆。这些新型权利义务（权责）关系，尤其是区块链、比特币、自动驾驶等的数字化、智能化发展，难以在既有理论和制度的框架内得到证明和实践。以自动驾驶造成的交通事故为例，它会涉及汽车制造商、软件开发商、程序员、汽车所有者、交通事故当事人，“可能的肇事者链变得越来越长，而且很难再被一一辨析清楚。此外，软件由成百上千名程序员编写，无时无刻不在更新”，其结果很可能是“所有人都会被控告”却“最后无人担责”。[②] 而智能系统面对危急时的复杂路况——当交通肇事无可避免时，是优先保护妇女儿童还是老人、车内乘客还是路人、少数人还是多人？倘若要将人类伦理转换成智能系统的决策程序和算法，其所涉及的权利义务（权责）关系将更是传统理论及其制度实践所无法回答和解决的，理论和制度的创新迫在眉睫。

其次，传统权利义务关系因嵌入数字化、智能化要素而发生了根本性改变。智能互联网使数据、代码、算法和建模嵌入了社会关系和社会生活之中，导致“一方面权利被扩大，另一方面权利被削弱”。[③] 例如，数据挖掘会实现对消费者的“量身定制”和优质服务，但也会成为“杀熟”的工具；各个行业的智能化发展为消费者提供了便捷舒适、自由选择的商业环境，但同时各种算法的不透明也会导致“黑箱社会”，甚至“某些老练的法人实体可能正在利用这些算法为自己谋利”；[④] 区块链应用领域中的智能合约，带来了透明、安全、高效、去中心化的信任共识机制，但“危险在于没有人能确保该算法设计准确，尤其是当它与众多算法交互时”，[⑤] 人们只能接受算法的决策和承担相

① ［美］温德尔·瓦拉赫、［美］科林·艾伦：《道德机器——如何让机器人明辨是非》，王小红等译，北京大学出版社 2017 年版，第 181 页。

② ［德］克里斯多夫·库克里克：《微粒社会——数字化时代的社会模式》，黄昆等译，中信出版社 2018 年版，第 134 页。

③ ［德］克劳斯·施瓦布：《第四次工业革命——转型的力量》，李菁译，中信出版社 2016 年版，第 97 页。

④ ［美］卢克·多梅尔：《算法时代：新经济的新引擎》，胡小锐等译，中信出版社 2016 年版，第 144 页。

⑤ ［美］皮埃罗·斯加鲁菲：《智能的本质——人工智能与机器人领域的 64 个大问题》，任莉等译，人民邮电出版社 2017 年版，第 169 页。

应的后果。这些并不是简单的新生事物利弊问题，其深层正是传统权利义务属性的改变、放大和限缩，展现着“被赋权和剥夺权利”两者间相互作用的趋势。传统权利义务的对应关系、平衡关系及其制度实践随之发生了重大改变，平等、自由、公正和民主原则都将遭遇重大挑战。

（3）权利义务分配及其实现方式不断被解构和重构

各种新业态以数字化、智能化、平台化的全新价值理念、商业模式和管理方式，推动着对传统行业和制度的“创造性破坏”。由此所形成的利益诉求和社会关系，不断地解构和重构着传统的权利义务设定和分配格局。

一是法权观念的更新与重构。移动互联网使人们迎来一个“无分享不生活”的时代，“过去既求所有又求所用的消费观念，变成了不求所有但求所用”。[①] 随着发展方式从独享经济迈向分享经济，那些关注财产的实体性、当下性，强调占有、控制与积累的传统法权观念受到重大冲击，而注重信息财产的虚拟性、衍生性和未来性，强调分享、利用与流通的全新法权观念则悄然兴起。[②] 近年来，迅速崛起的短租平台、分时度假等新业态、新模式，塑造着共享模式的权利义务关系和实现方式，传统法律制度对此难以有效处理，法律制度和社会秩序的顺应变革就成为必然。

二是法权界定的难题日益增多。任何时代的法律，都会遭遇到新社会关系中的法权界定难题，但它是少量的、偶发的。而当今的普惠金融 P2P 模式、众筹模式、网络名誉侵权乃至一些互联网犯罪等，则是批量的、经常性出现的。它们所带来的新的交易形式、利益关系、责任归属和救济方式等问题，都难以再沿用以往的权利义务关系理论和制度安排，其法益性质与范围也难以厘清，如仅凭“点击量”来认定网络名誉侵权是否合理、炒信行为如何认定、盗窃网络信息如何处理等。这些法权界定的难题都需要理论和制度上的创新来解决。

三是通过软件植入实现了对既有权利义务关系的即时改写。网约

---

① 李光斗：《互联网下半场》，中国人民大学出版社 2017 年版，第 115 页。

② 参见余盛峰：《全球信息化秩序下的法律革命》，载《环球法律评论》2013 年第 5 期。

车、抢票软件的兴起，其实质是凭借数字化、智能化技术实现了在现有制度中的“植入”。这些“植入”一方面通过“创造性破坏”提供了社会进步的便捷与福利；另一方面，也直接“改写”了既有出租车管理制度、购票制度中的相关权利义务关系。例如，将“黑车”洗白、高峰“加价”改写“定价”、软件“叫车”对路边“扬招客”的“优先权”、购票软件以智能化“插队”（200 次/秒 · 人工 1 次/秒点击率）方式获取绝对优势的购票机会等，都使既有权利义务的分配格局被打破，权利义务的实现方式也被更改，制度规范的效力就难免出现危机，迫使政府不得不进行回应和变革。

（4）权力与权利的关系发生了结构性转向

智能互联网在对权利义务关系进行重塑的同时，也促发了权力与权利关系的结构性变化。这主要表现在：

首先，私权利与公权力的同步增长。网络空间带来了空前的自由空间和自我赋权，但各国都在凭借技术手段来规制互联网，并导致“监控国家的诞生”。[①] 因此，尽管互联网带来的好处是如此惊人，但“在 20 世纪的所有发明中，它是对个人生活侵犯得最厉害的”，[②] 自由与控制、私权利与公权力是双向运动的。

其次，私权利扁平化与私权力崛起相交织。在智能互联网时代，一方面，“集中化的时代已经过去，现在的世界充满了更多的商机，以及更加分散的事物”[③]，呈现分布式、多中心、人性化的分享发展趋势，消费大众及其权利日益碎片化、扁平化；另一方面，平台经济成为当今社会的主导形态，这些商业平台基于自身利益和运营需要，制定了各种交易程序、交易规则和纠纷解决机制，而这些程序和规则呈现在消费者面前的，主要是概括性同意与否而不是菜单式选择，消费者要么点击（全盘）接受“进入”，要么抬脚离开。遗憾的是，新技术发展

---

① ［美］弗兰克 · 帕斯奎尔：《黑箱社会——控制金钱和信息的数据法则》，赵亚男译，电子工业出版社 2015 年版，第 259 页。

② ［英］约翰 · 帕克：《全民监控——大数据时代的安全与隐私困境》，关立深译，金城出版社 2015 年版，第 299 页。

③ ［澳］史蒂夫 · 萨马蒂诺：《碎片化时代：重新定义互联网 + 商业新常态》，念昕译，中国人民大学出版社 2015 年版，第 296 页。

已经颠覆和取代了传统商业生活，因此，“传统的消费者不会回来了”,[①] 那么抬脚走人就意味着脱离社会、变成孤家寡人，而政府管理部门无力面对海量的信息和交易，便把一些公法审查义务交给网络服务提供者，进而赋予其公法审查权力，并造成了“避风港原则”与“防火墙”之间的内在张力。于是，平台就具有了自身运营的管理权和政府转加的公法审查权，形成了日益庞大的、具有某种公权特征的私权力。这样，“互联网的控制权越来越集中在强大的互联网公司手里，它们受到软件和硬件的限制”,[②] 而“所谓的平台效应也在加剧利益和价值向少部分人手中集中”。[③]

最后，公权力、私权力与私权利之间的复杂博弈。社会权力的崛起改变了传统的国家与社会的二元对立框架，形成了智能互联网时代的公权力—私权力—私权利三元博弈新格局：第一，国家公权力承担着公平正义和社会秩序的公共使命，社会私权利也会对国家寄予一定理想期盼，因此，二者会具有抑制社会私权力、防止垄断和促进社会公平的共识，以实现消费者权益保护和民生权利维护；第二，国家公权力与社会私权力在一定条件下，会为了经济发展和社会稳定，形成一定的共谋治理机制，来防止社会私权利的膨胀和滥用；第三，社会私权力与私权利，同样会基于税负、精英自由、市场自律等诉求，形成一定的合作，来共同抑制公权力的扩张和滥用，促进法治秩序的形成。这就改变了以往国家与社会、权力与权利的关系结构与系统功能。“一种形式的权力或许被摧毁了，但另一种正在取代它”,[④] 这意味着迈向多元治理的结构性转向，会引发法律关系的深刻变革。

---

① ［美］尼克·比尔顿：《翻转世界——互联网思维与新技术如何改变未来》，王惟芬等译，浙江人民出版社 2014 年版，第 237 页。

② ［英］詹姆斯·柯兰等：《互联网的误读》，何道宽译，中国人民大学出版社 2014 年版，第 206 页。

③ ［德］克劳斯·施瓦布：《第四次工业革命——转型的力量》，李菁译，中信出版社 2016 年版，第 10 页。

④ ［美］劳伦斯·莱斯格：《代码 2.0：网络空间中的法律》，李旭等译，清华大学出版社 2009 年版，第 89 页。

3. 法律行为上的深度变革

（1）跨越双重空间

互联网开辟了传统生活之外的虚拟空间。游走在虚实交错的商业交易、信息服务、社会交往和文化生活中，法律行为也因此发生深刻变化。

其一，法律行为后果上的重大差异。在千百年来的现实空间中，人们的法律行为主要发生在可接触、可知情、可理解的人与人、人与物之间，而如今，网络虚拟空间则是具有扁平性、匿名性、分布性、流动性的无限场域，是“一个与现实世界有些相似的世界，是一个既存在于现实世界，又存在于现实世界之外的无法界定的地方”。① 这样，法律行为的社会影响就会被无限量放大，甚至会发生实质性改变。例如，虚假信息散布行为一旦从线下转移至线上，其社会影响和危害性就会发生显著增长，而 P2P 借贷、股权众筹融资等行为，在线下因缺少必要的审批环节是非法的甚至会成为犯罪，但同样情形在线上却是受欢迎的、并未被法律禁止的金融新业态。同一法律行为在虚实不同空间中的不同行为后果，是因为行为的表现形态和社会影响程度发生了根本改变。

其二，法律行为的动机、目的和因果关系复杂难辨。由于网络虚拟空间具有扁平化、自由化、匿名化等特殊属性，发生其中的法律行为的动机、目的和因果关系呈现出快速流变性、深度隐蔽性和边界模糊性，对很多法律行为都难以套用传统理论和司法实践经验来应对。如在“双十一”将竞争商家的大量商品放进“购物筐”、节后再放回网店销售，餐饮店通过打折来换取客户在网上的好评，打车软件利用数据分析和自动算法来对客户“杀熟”等，其中电子化、信息化、数据化且虚实交错的意思表示、行为表现、证据链条和因果关系就显得十分复杂。最高人民法院、最高人民检察院发布的《关于办理利用信息网络实施诽谤等刑事案件适用法律若干问题的解释》将网络空间视为“公共场所”，其实，大小不等、分布海量的社交群等，很难界定哪个

---

① ［美］劳拉·昆兰蒂罗：《赛博犯罪——如何防范计算机犯罪》，王涌译，江西教育出版社 1999 年版，第 1 页。

属于“公共场所”、哪个属于私聊空间；虚拟空间的“线上”行为产生现实空间的“线下”危害后果，“线上”扰乱“线下”或者“线下”扰乱“线上”秩序，其因果关系也要经历虚实两个空间的立体穿越和复杂转换，而不是平面的因果逻辑套用能阐释清楚的。

其三，社会行动方式上的深刻改变。事实表明，“你在应用互联网连接世界时，互联网实际上重塑了你与世界接触的方式”。[①] “网络空间不是一个同质的场所，在各种不同网址上发现的群体和活动都是独具特征的，因而每一区域都会发展一套独特的规则。”[②] 相应地，价值观念和行为方式也出现了巨大分化，社会交往更加自由、便捷和展现个性，使特定的人群不再一致，一致的人群不再特定，这就使集体行动的成本大幅降低，而动员能力却急剧提升，促进了互联网运动和亚文化的扩展与繁荣。因此，互联网一定程度地从技术上突破了代议民主的限制条件，使直接行动、直接参与、直接民主成为可欲的目标，但网络民粹主义和多数人的暴政相互助长也成为它的副产品，甚至还会扭曲民主的精神实质和现实途径。“跨国界的范围、无边界的规模、分散的控制、新型机构、集体行动能力的急剧变化”，正在“转变通信与信息政策领域的国家控制与主权”，[③] 也改变了国家介入社会的方式和范围，促使社会治理与国家治理模式的发展变革。

（2）呈现人机混合

在以往的社会生活中，人们的行为是在一定目的、欲望、意识、意志支配下所做出的外部举动，其中具有法律意义、能够发生法律上效力或产生一定法律效果的就是法律行为。然而，当今的人机共处，将会对法律行为产生一定的革命性挑战。

首先是意思衔接。自工业时代以来，人们就一直跟机器打交道，包括自动化的机器。然而，智能机器人与以往机器的根本不同在于，它们被赋予了人工智能（算法），在人类的设计规划下接替人类的一些

---

① ［美］马克·格雷厄姆、［美］威廉·H. 达顿：《另一个地球：互联网+社会》，胡泳等译，电子工业出版社2015年版，导论第XXVI页。

② ［美］彼得·德恩里科：《法的门前》，邓子滨译，北京大学出版社2012年版，第398页。

③ ［美］弥尔顿·L. 穆勒：《网络与国家——互联网治理的全球政治学》，周程等译，上海交通大学出版社2015年版，第6页。

工作。如利用智能机器人进行股票分析和交易、智能医疗、自动驾驶等，这把“原本对于不同情境的个人化处理，如今变成了制度的公开决断”，“它使用隐藏的算法进行那些我们无法理解的论证，不断给出可以决定我们生活的得分”。① 于是，人类的研判和决策就通过智能机器人得到了广泛延伸。此时，算法“黑箱”、算法自主、智能机器人的深度学习等问题，就使一些法律上的意思表示出现了人机衔接问题，例如，智能机器人的决策是使用人（操作人）的意思表示，还是纯粹机器人算法的“意思表示”？智能机器人下棋、作画、写诗是纯粹机器人的“算法意识”，还是被输入算法的众多棋手、画家和诗人智慧的“集体意识”？通过运用人工智能机器深度学习技术训练机器，使其像“阿尔法狗”一样自主操作识别图片验证码，轻松绕过互联网公司设置的账户登录安全策略来实施盗取信息犯罪②，是犯罪人的意志还是机器人自主学习的“意志”？当然，此时可以继续（或者扩展）沿用“知道或者应当知道”学说来归责，但以往的“知道或者应当知道”，都是行为人凭借生活经验、知识传承等可以理性预测的且比较确定的情况，而机器人自主学习则是人类智慧的技术延伸，它“破坏了机械和有机之间的界限”，③ 会出现连程序员都无法理解的高度不确定性和难以控制性。这种“不按套路出牌”的自主学习，已远超行为人可以理解和预知的范围，会给法律行为的认定带来重大挑战。

其次是行为协同。随着智能互联网的深度发展，“计算机系统从一种工具变成了代理人”，甚至在劳动力与服务业等很多方面都已经取代了人类。“既然认识到计算机已经取代了那些本该具有道德约束的人类服务人员，再去避免谈及对计算机系统类似的道德约束就显得不合适了。”④ 之所以如此，在很大程度上是因为人机共处背景下的行为混同。

---

① ［德］克里斯多夫·库克里克：《微粒社会——数字化时代的社会模式》，黄昆等译，中信出版社 2018 年版，第 136、189 页。

② 刘甦：《AI 犯罪？数据黑产技术升级》，载《财经》2017 年第 25 期。

③ ［英］约斯特·房龙：《人工智能复制时代的虚拟风险》，载［英］芭芭拉·亚当等编著：《风险社会及其超越：社会理论的关键议题》，赵延东等译，北京出版社 2005 年版，第 270 页。

④ ［荷］尤瑞恩·范登·霍文、［澳］约翰·维克特：《信息技术与道德哲学》，赵迎欢等译，科学出版社 2014 年版，第 223 页。

例如，自动驾驶程序在难以判断的危急时刻，就会通过“切换”交还给人工操作，但“关于‘切换’问题，越来越多的研究人员就一个观点达成了一致——自动驾驶在紧急情况下返回人类驾驶的问题也许根本无法解决”。① 人机配合、协同和传递的问题，在理论和实践上对法律行为理论和制度提出了挑战。

最后是后果混同。随着智能机器人承担越来越多的人类工作，如何界定和对待智能机器人与人类的关系就成为一个十分紧迫的问题。有学者认为，不能将计算机系统仅理解为被设计出来的产品，而应看到计算机系统也有行为，它们的行为能够影响人类，并且可以在评价它们的设计者的行为之外对其单独评价。“设计师做的事和计算机做的事（在一个特定的环境下）是不一样的，尽管联系很紧密。认为只有人类设计师才是道德主体是没有认识到科技和计算机系统限制、简化且大体上塑造了人类行为。”② 计算机和用户之间是通过算法而形成的道德关系，是一种机器代理。这样，智能机器人也就存在无法完成追求它们用户利益的任务的可能，乃至可能代表它们的用户在工作中做出不当行为。于是，“随着机器在普通人的生活和工作中的普及，通过机器使行为和责任脱钩日益成为普遍现象。越来越多的人将失败的责任转嫁到机器身上”。③ 在利用智能机器人的医疗事故、自动驾驶的交通事故、智能交易的重大失误、无人机误判恐怖分子错杀平民等问题上，“谁来为机器的行为负责”，是技术故障、操作不当还是设计缺陷？计算机系统的道德代理并不意味着对机器设定责任、义务或是责备是合理的，恰是“计算机系统中的错误或不当行为的来源可以原则上回溯到对软件设计做出决定的人，无论合理与否”。④ 遗憾的是，“我们都知道一个产品可以追踪属于哪个厂家，但程序是不一定的，有可能是

---

① ［美］约翰·马尔科夫：《人工智能简史》，郭雪译，浙江人民出版社 2017 年版，第 163 页。

② ［荷］尤瑞恩·范登·霍文、［澳］约翰·维克特：《信息技术与道德哲学》，赵迎欢等译，科学出版社 2014 年版，第 221 页。

③ ［美］皮埃罗·斯加鲁菲：《智能的本质——人工智能与机器人领域的 64 个大问题》，任莉等译，人民邮电出版社 2017 年版，第 165 页。

④ ［荷］尤瑞恩·范登·霍文、［澳］约翰·维克特：《信息技术与道德哲学》，赵迎欢等译，科学出版社 2014 年版，第 221 页。

由众多的人共同开发的，程序的产生可能无法追踪到某个具体的个人或组织”。[①] 这样，人机共处和协同所产生的后果问题就陷入了困境，人机混合必然要求进行相应的理论创新和制度重构。

此外，法律思维与法律方法也会发生相关性替代因果性、信息专业化解释、司法执法智能化等方面的深度变革。因此，人们必须认识到它所推动的“新的社会关系的革命性潜力”。[②]

（三）面向未来的应对之策

早在 1996 年，国际上就曾出现关于互联网法是否为法的“马法之议”,[③] 而互联网法现在已成为不争的事实。当下这场波澜壮阔、创新升级的信息革命，必“将使 18 世纪工业革命以来围绕能量与物质构建的法律秩序向围绕信息构建的法律秩序全面转型”。[④] 法学研究应改变以往基于单元物理空间和科学逻辑的思维方式，转到基于双重空间、人机混合、算法主导的信息逻辑的思维向度，并重塑罗马法权观念和现代性法律理念。具言之，应立足智能互联网时代的客观要求，确立新型正义观，构架新型权利义务关系，促进权益的平衡共享发展，推动法律制度与规则秩序的转型升级。

1. 构建一体融合的法律体系

目前，包括我国在内的很多国家已走出“马法之议”的阶段，大多采取了“并行主义”策略。其基本做法是采取二元规范进路，即一方面按照现有法律理念和规则逻辑补充立法、扩展司法解释，以尽量囊括和适用于智能互联网的新问题、新挑战；另一方面又建立互联网法律体系和互联网法院，与既有的法律体系分立并行。这固然要比单纯按照物理空间的规则逻辑来处理智能互联网案件的做法好得多，但这仍然有很大的局限。当今的社会关系、交往行为及其后果，有些仍然限于单纯的物理空间，有些限于单纯的虚拟空间，但绝大多数则虚

① 王利明：《人工智能对民法的挑战》，载《中国城市报》2017 年 9 月 11 日，第 22 版。

② ［美］弥尔顿·L. 穆勒：《网络与国家——互联网治理的全球政治学》，周程等译，上海交通大学出版社 2015 年版，第 7 页。

③ 刘品新：《网络法是“马法”吗》，载《检察日报》2007 年 9 月 5 日，第 6 版。

④ 参见余盛峰：《全球信息化秩序下的法律革命》，载《环球法律评论》2013 年第 5 期。

实混合。不仅线上线下、虚拟现实、人机交错的商业交易、社会交往和互动过程难以进行清晰两分，而且彼此融合延伸的法律关系、法律行为也难以进行二元分立处理。因此，“面向智能革命时代，我们应在认识和分析现行法律困境的基础上，探索与科学文明相伴而生的制度文明，创制出有利于人工智能健康、有序发展的社会规范体系”。① 这需要从更高、更抽象的层面上来整合并达致现代性法律与智能互联网新型关系的法益共识。特别是要尊重法律变革进程中的新兴权利和法益诉求，内在地反映双重空间、人机混合、算法主导时代的行为规律和新型法律关系，在法律概念、法律规则、法律原则中融入智能互联网元素，探索从二元规范走向一体融合规则体系的制度安排，从而塑造信息时代的新型法治秩序。当然，这绝不是对现代性法律的抛弃或替代，而是继承和发展。这更不是一蹴而就的，也不可能依赖人为设计，而是立足智能互联网生活实践的一个长期的、复杂的试验探索、规则提炼、命题验证的转型升级过程。这与农业时代法律体系向工业时代法律体系的转型升级有相似的历史逻辑。

2. 探索新型的代码规制方式

在数据和算法成为重要的生产要素的宏观背景下，大量的生产生活关系将会由代码来设定、建构和维护。当传统物理空间的规则逻辑遭遇虚拟空间和建模算法的规则逻辑并产生冲突时，以前者强行干预或者替代后者，就会出现很多尴尬和困境。如在快播案中法院对快播的规制，属于对算法结果进行的规制。这种规制希望通过对平台施加责任，促使快播自行清除淫秽视频，但其主要问题在于“取证及论证的不足，监管方式的正当性，以及最根本的，平台对技术问题的把持。如果希望突破这些局限性，更好地控制算法本身，势必要深入技术黑箱，对算法设计进行干预”。② 这意味着，智能互联网时代的法律规制，需要放弃传统习惯上的强行干预方式，而更多地采取技术主义路线和策略，把法律规制转换成与之对应的法律技术化规制。这样，代码无

---

① 吴汉东：《人工智能时代的制度安排与法律规制》，载《法律科学》2017 年第 5 期。

② 邱遥堃：《法院如何规制算法》，载苏力主编：《法律和社会科学》（第 16 卷第 1 辑），法律出版社 2017 年版。

疑就是最基本的转换工具与中介平台，代码也成为规制行为和塑造治理秩序的一个重要的新型途径，在相关领域出现从“代码即法律”到“法律即代码”的转向。“这些代码具有自我执行的属性，规则创制、规则执行和规则司法在代码这里是三位一体的。”①

目前，美国等西方发达国家开始探索法律代码化，进而以法律技术规制信息技术发展的规制策略，并取得了良好的成效。“由于算法强调按部就班的程序，因此，法律编码化应该可以保证具体判决的跟踪、审核、验证工作更加简单明了，至少比有人为因素干扰时要好得多。从理论上讲，算法可以详细地描述应用于每个小的决定（进而形成最终的重要决定）之中的那些具体规则。”② 纽约市议会已针对法院、警方等使用的自动化决策系统，提出了以算法透明、解释权以及救济权为核心的算法规制策略。③ 当然，在诸如征信规则、量刑规则、保险规则等被代码化而写进程序的过程中，算法和代码的设计都是编程人员的主观判断和选择，编程人员可能并不知道公平的技术内涵，也缺乏一些必要的技术公平规则指引他们的程序设计，他们是否可以不偏不倚地将既定的规则和政策原封不动地编写进程序就需要审慎对待。④ 例如，2004 年 9 月至 2007 年 4 月，来自私营公司的程序员们曾将九百多条不正确的规则植入科罗拉多的公共福利系统，“他们的错误非常严重，对政策进行错误的编码导致成千上万人遭遇不公正的对待，造成这个问题的全部原因就是编码的人没有相关的背景知识”，其“错误的编码导致法律条文被严重扭曲，其效果也发生了改变”。⑤ 规则代码化还伴有不透明、不准确、不公平、无法审查等问题。但无论如何，规则代码化的技术主义规制进路和策略，已成为智能互联网时代不可阻

---

① 参见余盛峰：《全球信息化秩序下的法律革命》，载《环球法律评论》2013 年第 5 期。

② ［美］卢克·多梅尔：《算法时代：新经济的新引擎》，胡小锐等译，中信出版社 2016 年版，第 139 页。

③ 参见《2017 全球人工智能政策十大热点》，载搜狐网：http：//www. sohu. com/a/215305327_ 389636，最后访问日期：2020 年 6 月 18 日。

④ 参见曹建峰：《人工智能：机器歧视及应对之策》，载《信息安全与通信保密》2016 年第 12 期。

⑤ ［美］卢克·多梅尔：《算法时代：新经济的新引擎》，胡小锐等译，中信出版社 2016 年版，第 140 页。

挡的规制发展趋势。

3. 塑造高度自主的精细化治理秩序

自近代法治精神与原则确立以来，政府与市场、自由与干预、国家管制与社会自治一直是社会变革发展的主题，其核心问题乃是国家进入社会的边界、程序、使命和目标。而智能互联网时代彻底打破了单一物理空间的平面关系，进入了双重空间、人机混合、算法主导、颠覆创新的多元立体发展时期。这不仅出现了错综复杂的线上线下监管态势，也出现了国家与社会之间双向建构秩序的发展格局。也就是说，“互联网的治理系统是市场自由主义、国家监管和共同决策趋势的结合。如此，我们告别了互联网‘有监管’和‘无监管’两极分化，走向一套有着细微差别的不同规制模式：法规的/自愿的、正式的/非正式的、国家的/超国家的、等机制的/分散的”。[①] 这需要塑造国家规制导引下的高度自主的治理秩序，以便与新时期的法律变革相契合。

一是规则精细化。智能互联网使万物相连、一切皆可计算，人们试图利用算法、模型、机器学习等数学方法来重塑更加客观、更加智慧的世界。其中，网络平台营销、大数据分析、建模算法等新技术创造了去中心化、个性化的“量身订制”商业交易模式，这必然会出现五花八门、异常丰富的“定制化”交易关系，呈现出差异性的权益关系。这就要求精细化的自主规则，来塑造新型治理秩序。网络平台十分丰富的治理规则就是精细化的突出表现。这种精细化的规则，不可能通过程序复杂、保守稳定的国家立法来实现，而是由民间的自主规制来承担，“互联网的程序、协议和平台并不是和规制分离的，它们本身就是规制的一部分”。[②] 国家法律则在宏观上为其提供指引、督导和协调，采取追惩制而非预防制，体现出社会治理的民主性、灵活性和创新性。

二是正义场景化。随着智能互联网的飞速发展，普遍性、一致性、抽象逻辑化的生活方式逐渐淡去，而根据特定情形、地域和对象的数

---

① ［英］詹姆斯·柯兰等：《互联网的误读》，何道宽译，中国人民大学出版社2014年版，第128页。

② ［英］詹姆斯·柯兰等：《互联网的误读》，何道宽译，中国人民大学出版社2014年版，第121页。

据分析、场景定制、程序建模，则逐渐成为一种发展趋势，诸如线上线下量身定制的医疗健康方案、个性化的精准服务、按照消费者需求定制产品等成为家常便饭，形成了自动化、场景化，甚至一事一议的商业交易。这样，面向应用场景的描述、主体责任伦理以及权利伦理就凸显出来。[①] 因此，正义价值也会在这种定制场景中得以展现和接受考量，尽管基本的正义原则仍然发挥指导作用，但很多具体的正义权衡则需要基于定制场景来完成，它成为智能互联网时代社会治理的一个重要动力和支撑。

三是治理平台化。“要么利用平台、要么被平台消灭”的平台经济时代，形成了“政府—平台—大众”的多元互动构架。平台不仅是商业交易和经济发展的重要载体，也是社会治理和秩序构建的重要载体。首先，政府通过制定监管规范、强化平台责任、发布指导政策等方式，促使平台借助数据分析、代码和算法来强化自身管理、平台治理和纠纷解决机制，它“由政府和商务共同推动，正在构筑一种能够实现最佳控制并使高效规制成为可能的架构”,[②] 以达到规制商业交易和社会秩序的目标。其次，广大消费者也通过大众点评、批评建议、参与纠纷解决机制等方式传递消费者诉求，进而影响平台治理决策，并反馈给政府监管部门，以促进政府治理机制的改进。再次，平台治理在上传下达的同时，其本身也对公权力扩张设置了一种制约机制，促进了规制方式的多元化、自主化和回应性。最后，社会大众通过向监管部门反应情况和投诉维权、向司法机关提起诉讼、发起舆论批评等方式，对平台治理进行必要的社会监督，也推动了国家层面对平台治理的良善监管。基于此，在平台治理过程中，就形成了国家与民间互动、软法硬法并重、双向多元构建的社会治理机制，促进法治秩序的时代转向。

4. 促进执法司法的智能化发展

智能互联网时代的法律变革，要求执法司法方式进行与其相适应

① 参见段伟文：《人工智能的道德代码与伦理嵌入》，载《光明日报》2017 年 9 月 1 日，第 15 版。

② ［美］劳伦斯·莱斯格：《代码 2.0：网络空间中的法律》，李旭等译，清华大学出版社 2009 年版，第 5 页。

的转型升级。此前人们也会通过技术手段设计开发一些自动化系统，但它们都是按照预先设计的程序进行的简单机械作业。随着人工智能的飞速发展，基于数据和算法、反映智能互联网发展规律的智能化执法司法方式，会成为社会治理的一种变革趋势。一是智能辅助，如智能辅助司法、智能辅助政务中的图像识别、身份识别、证据认定、瑕疵审查等；二是智能服务，如智能化的大数据分析、政策咨询服务、电子查询系统等；三是智能执行，如智能化公共福利系统、智能化电子交警等。对于新兴的区块链技术，“则基于法律框架，不仅通过预设自动执行的智能合约，在约束并引导人们的行为时引入技术，而且依靠技术使信息更加透明、数据更加可追踪、交易更加安全成为现实，大大降低了法律的执行成本，呈现出法律规则和技术规则协同作用、相互补充，法律与经济融为一体、逐渐趋同的态势，法律的约束与执行逐渐走向智能化”。①

需要指出的是，执法司法的智能化目前并不是很成熟。以智能辅助司法为例，“算法有可能胜任法庭上的多项工作，甚至可以有效地提高现行法律制度的公平性，但是它们无法胜任判决工作”，特别是，“由于程序员偷懒或者疏忽，不少被编码的法规与书面法规相比，确实存在精细度不够的问题”，② 这就难免使执法司法的智能化面临很多问题和挑战。

5. 嵌入风险控制的制度机制

一是防控新技术的负面后果。目前，智能互联网的负面后果已较为突出，如信息链接与国家安全问题、大数据与隐私保护问题、区块链与金融风险问题、算法决策错误带来的重大损失（损害）问题、数字鸿沟与两极分化等，甚至智能机器人大量替代人类工作之后，还会形成政治精英、资本精英、技术精英与“无用”大众之间的深刻矛盾。③ 在数字化世界，即便是一些微小的疏漏，也可能足以产生让人无

① 唐文剑等：《区块链：将如何重新定义世界》，机械工业出版社 2017 年版，第 47 页。

② ［美］卢克·多梅尔：《算法时代：新经济的新引擎》，胡小锐等译，中信出版社 2016 年版，第 141、145 页。

③ ［以色列］尤瓦尔·赫拉利：《未来简史》，林俊宏译，电子工业出版社 2017 年版，第 311 页。

法预料的连锁性事故，这就使“人们会面临表面相关性、错误阐释和错误决策的风险”。[①] 因此，“我们需要制定和论证新政策（法律、法规和关税）以规范各种新情况。有时，我们可以预见技术的使用将产生明显的不可取的后果，尽可能多的是，我们需要预见这些后果并制定政策，最大限度地减少新技术的有害影响”。[②]

二是防控智能互联网的异化发展。人类已经由工具运用文明、技术统治文明进入技术垄断文明阶段，其结果是，“互联网不仅没有受到公众的控制，反而摇身一变成了控制者”，[③] 人工智能“这些自动化系统已经由简单的行政管理工具变成了主要的‘决策者’”。[④] 如果工业革命是机器战胜了人类的肌肉，那么今天的人工智能革命则是机器与人类的大脑角力。它兼具大脑和肌肉，“我们都正在面对‘被我们的造物完全取代’的未来”。[⑤] 尽管这些带有预测性的警示未必准确，但应该对那些不可控的异化因素予以重视和及早防范。此外，利用互联网和智能机器人进行高技能犯罪的现象越来越突出，打击犯罪的压力越来越大。这需要对网络犯罪、黑客、暗网、“流氓”软件等进行必要的打击和风险防控，对人工智能机器人的设计进行规范，尤其要对其所包含的程序进行一种事先的审查，防止其被植入恶意程序，以有效控制人工智能可能引发的异化影响，有些重要的高风险领域甚至可以适当地提前实行法益保护。

三是防控文化价值的流失。智能互联网和大数据分析数字化地解构了人的存在与生活及交往方式，智能算法替代了人类的决策，进而出现了“沦落为单纯的数字人类，而非人类”的社会风险。[⑥] 但是，

---

① ［德］罗纳德·巴赫曼、［德］吉多·肯珀等：《大数据时代下半场——数据治理、驱动与变现》，刘志则等译，北京联合出版公司2017年版，第211页。

② ［荷］尤瑞恩·范登·霍文、［澳］约翰·维克特：《信息技术与道德哲学》，赵迎欢等译，科学出版社2014年版，第29页。

③ ［英］约翰·帕克：《全民监控——大数据时代的安全与隐私困境》，关立深译，金城出版社2015年版，第299页。

④ ［美］卢克·多梅尔：《算法时代：新经济的新引擎》，胡小锐等译，中信出版社2016年版，第137页。

⑤ ［美］约翰·马尔科夫：《人工智能简史》，郭雪译，浙江人民出版社2017年版，第86页。

⑥ ［美］迈克尔·帕特里克·林奇：《失控的真相——为什么你知道得很多，智慧却很少》，赵亚男译，电子工业出版社2017年版，第218～219页。

"如果人所有的行为、所有的感情、所有经历的事情、所有认识的人都可以进行量化，变成一组数据，那人类存在的价值在哪里"?[①] 如何在算法时代保持人性？有学者指出："我不担心人工智能让计算机像人类一样思考问题，我更担心的是人类像计算机那样思考问题——摒弃同情心和价值观，并且不计后果。"[②] 这就需要在法律体系中对数据使用、算法审计、权利义务和法律责任等作出合理的制度安排，确立有效的数据正义观、代码正义观和算法正义观，从而"在保护现有体制和塑造数字世界之间达成平衡",[③] 也使机会和风险得到必要的、恰当的权衡，更好地促进智能互联网时代的法律变革与转型升级，塑造人类社会的美好未来。

二、数字时代的"众创"式制度变革

自20世纪90年代以来，方兴未艾的"信息革命"造就了全球"互联网+"时代，使人类在现实的物理空间之外开辟出了可以无限延展的网络空间，并导致"文化和创造力以令人惊异的速度爆炸性发展"。[④] 它如工业革命一样，引发包括思想观念、行为方式、社会关系、生活状态、社会制度等在内的总体性变革。目前，中国已成为网络规模和用户全球第一的"网络大国"，党的十九大又把"推动互联网、大数据、人工智能和实体经济深度融合"作为经济社会发展的新优势、新动能，并提出了打造"共建共治共享"社会治理格局的战略部署。为此，这种"互联网+"的总体性变革速度、广度和深度必然会日益凸显，曾经广受关注、至今仍不时存有争议的网约车，就是其中的典型一例。然而，无论是理论界、社会公众还是监管部门，目前基本都是在如何应对这个问题本身——传统出租车、网约车的管理机制和制

① 王天一：《人工智能革命——历史、当下与未来》，北京时代华文书局2017年版，第206页。

② 《库克：人工智能并不可怕，怕的是人像机器一样思考》，载中华网：http://finance.china.com/industrial/11173306/20170612/3706950.html，最后访问日期：2020年1月21日。

③ ［美］安德鲁·基恩：《网民的狂欢——关于互联网弊端的反思》，丁德良译，南海出版公司2010年版，第184页。

④ 参见鲁伯特·W. 麦克切斯尼：《传播革命》，高金萍译，上海译文出版社2009年版，第7页。

度改革上来进行讨论，而未能与相关的“类问题”联系起来，更没有把它放在“信息革命”所引发的总体性变革的框架内来予以审视和分析，因此，难以展现网约车等“类问题”背后的全新法律变革方式，也就难以有效构建“共建共治共享”治理秩序的生成机制。为此，亟需从总体性变革视角来对此进行深入讨论、理论回应和策略应对，进而推进“互联网+”时代的治理法治化和“法治中国”建设。

（一）民间“植入”和“嫁接”的监管困境

网约车无疑为人们提供了更加便捷、高效和多样化的选择，但也引发了关于科技与法律、众创与垄断、既得权利与发展权利、创新与监管等的巨大争论。然而，更重要的问题是，网约车凭借新技术平台，将自身“第三方”的软件“植入”或者“嫁接”到现有出租车管理制度和行业规范运行体系中，并在某种程度上改变了既有的法律关系，甚至还创设了新的运行规则和权利义务，这就不仅实现了对传统服务业和原有消费行为的颠覆，也实现了对现有法律规则的“破窗”性挑战，进而给旨在维护既定秩序的政府监管带来了一定的尴尬和困境。

1. 对秩序的突破性与风险性

自从进入 Web2.0 时代以来，互联网开始深度改变和塑造着人们的生活方式与价值观，短租 Airbnb、网约车 Uber 等 O2O（Online To Offline）商业模式也随之悄然兴起。同样，基于中国互联网的迅猛发展和经济转型，各种“互联网+”的新模式、新业态、新格局不断涌现和形成，打车软件和网约专车、抢票软件、短租平台、就医预约挂号网、互联网众筹等获得了迅速发展。它们凭借新技术和新思维，不断地以“植入”或“嫁接”方式来打破交通、旅游和设备租赁等行业中的既有商业模式和秩序框架，创造一块块“飞地”，使“商业世界中，动荡与失衡成为常态，因此，最高效的生存状态是持续的选择性破坏，我们称之为‘创新’”。[①] 其直接后果，就是催生出了“人对人”的“分享经济”（或“共享经济”），促进了资源整合、机会公平、权利自由、效率效益和社会进步。然而，恰是它们的这种突破性、颠覆性，也与既

① ［美］凯文·凯利：《新经济新规则——网络经济的十种策略》，刘仲涛等译，电子工业出版社 2014 年版，第 223 页。

有的监管方式、制度规则和现实秩序发生了冲突，并带来了一定的秩序风险。如网约车平台对驾驶员招录普遍存在把关不严的问题，市民乘车安全得不到有效保障，甚至殴打、骚扰、强奸、劫杀等一些恶性事件时有发生；① 网约车交通违法多、交通事故多、保险索赔存在障碍；网约车的评价机制常常失灵，乘客投诉得不到及时有效处理，尤其是它们“封号停用”等的“软法”处理方式，使客户维权困难并难以对处理结果获得满意；② 网约车平台采取补贴、低价等促销手段，妨碍公平竞争甚至有走向垄断的可能；某快车的“自动抢单器”、大量网约车司机安装作弊软件规避平台规则，随意“抢单”“拒单”、设置假GPS定位，甚至还能多收取车费，以及出现“幽灵车”等，不但给公司造成巨大经济损失，也侵犯乘客利益。③ 这样，就使政府监管处于“不管产生风险、严管有碍进步”的两难境地，面临新的难题和挑战。

2. “破窗”的连锁性与复制性

实际上，任何时代的变革创新都会有突破法律的情况发生，但它们大多是单一性（单一事件或单一行业）和地域性（一国或一地）的，

---

① 对私家车把关不严格方面，深圳公安部门的排查数据显示，深圳网约车驾驶员群体中发现吸毒前科人员 1425 名、肇事肇祸精神病人 1 名、重大刑事犯罪前科人员 1661 名。2015 年 12 月，公安部门破获某平台两名网约车驾驶员非法买卖枪支案。一些被注销驾驶证的毒驾人员，仍利用被注销的驾驶证再次注册成为网约车驾驶员。参见《网约车新政最快 5 月份出台　对私家车提出限制》，载新华网：http：//news. xinhuanet. com/local/2016 – 04/20/c_ 128911922. htm，最后访问日期：2019 年 6 月 26 日；《独处女乘客成高危受害人群　六问网约车安全谁来保障》，载法制网：http：//www. legaldaily. com. cn/gallery/content/2016 – 05/05/content_ 6614795_ 3. htm，最后访问日期：2019 年 6 月 26 日。

② 据报道，一名网约车司机曾因乘客拒绝事先评价而发生纠纷后，竟尾随女乘客一路骂脏话并脱裤子。经优步公司调查，该乘客反映情况基本属实，但也只是作出一周内关闭涉事司机账号、退还该女士 8 元取消费这样的简单处理，对此，乘客很不满意。参见《网约车司机尾随女乘客 40 多米：一路骂脏话并脱裤子》，载凤凰网：http：//news. ifeng. com/a/20160816/49781848_ 0. shtml，最后访问日期：2019 年 8 月 16 日。此外，上海一出租车司机因态度不好、恶意抢单等情况造成乘客损失，也只是被临时封号处理。滴滴坦言，他们仅是第三方平台而非执法机关，遇到这种情况，建议乘客向交管部门或者出租车公司进行维权投诉。参见《上海出租司机恶意抢单又中途抛客　滴滴已封其账号》，载中新网：http：//www. chinanews. com/it/2015/03 – 31/7171163. shtml，最后访问日期：2019 年 8 月 12 日。

③ 左燕燕：《网约车作弊软件“抢单”还能多收车费》，载《新京报》2016 年 9 月 22 日，第 A10 版；《多地现优步“幽灵车”：接单后迅速结束行程 司机头像恐怖》，载新华网：http：//www. gd. xinhuanet. com/newscenter/2016 – 09/19/c_ 1119582269. htm，最后访问日期：2019 年 12 月 8 日。

而“互联网+”时代的到来，其创新则衍生了新的商业模式和消费形式、新的价值观念和生活选择、新的利益主体和监管模式等，因而，其“破窗”活动就呈现出明显的“多米诺骨牌”效应。事实表明，打车软件、抢票软件等对行业规则的“植入”，网约专车、短租平台、互联网彩票等O2O“嫁接”模式等，就改变了本行业的运营方式，也打破了既有的竞争格局，并向相邻行业扩展，从而产生了连锁反应；同时，这些“新生事物”又大多起源于西方发达国家，并迅速在全球进行扩张。如“优步”就是从美国一些州开始兴起的，进而迅速发展蔓延许多国家，尽管其业务潮起潮落、屡次遭禁，但却势不可当、方兴未艾。而这种新兴业态和商业模式又刺激了一些国家的复制，如中国本土的“滴滴”打车等。这样，经过连锁性“破窗”和复制性扩张，就使这种立足新技术的“植入”和“嫁接”模式，在监管底线、监管模式和监管效率上都对既有的监管体制带来了冲击和挑战，[①] 迫使国家监管部门不得不进行积极回应和制度变革。

3. 利益的博弈性与重构性

网约车等新运营模式在给消费者带来便利的同时，也不可避免地对传统行业的既得利益产生某种冲击，并在新旧多方博弈中促发其重新解组。这包括政府监管部门、出租车公司、出租车司机、乘客、保险公司等，而一些长期以来存在的问题随着网约车的出现而进一步凸显，各地出租车牌照价格也在大幅缩水，[②] 为此，它必然会受到一定的抵制。与此同时，沈阳、青岛、南京、郑州、武汉等十余城市相继发生不同程度的出租车停运事件。[③] 主要诉求集中在了他们最初喜欢和推崇的揽客工具——打车软件上。此时，一些地方的政府监管部门也开始针对专车进行“钓鱼”执法和抓扣“打黑”，并导致全国“专车第一案”的出现，备受大众关注。在这场新旧多方利益主体的博弈中，各方充分运用媒体平台展开舆论战，网约车平台、专家学者、媒体记者、

---

① 王晓洁、阳娜：《当“互联网+”遇上监管》，载《财经国家周刊》2015年第12期。

② 江丞华：《百万元牌照贬值近半：出租车行业内外交困》，载《中国企业报》2015年5月26日，第004版。

③ 王静：《中国网约车的监管困境及解决》，载《行政法学研究》2016年第2期。

政府官员、私家车主、出租车公司、出租车司机和社会公众等纷纷参与其中，表达各自立场、主张诉求、争夺话语权。然而，不管怎样，随着网约车技术优势和便捷共享的日益凸显，普罗大众的更多喜爱和选择，使网约车业态依然在争议中获得了加速发展，它对传统出租车行业的解构和重构也已不可逆转。此时，面对打车软件的迅速扩张和引发的争议冲突，交通部一方面做出“对打车软件进行规范”的回应，另一方面则不得不推进出租车行业改革和网约车监管模式的探索，鼓励上海、北京、温州、义乌、太原等城市进行试点，并相继废止、修改相应的办法或制定新规，① 以平衡各方利益、寻求共识、打造共享格局，并进而确立新的监管体制和新业态秩序。事实上，网约车新规的“立法过程亦充满博弈”，与“征求意见稿”相比，“新规在有争议的地方几乎全部做出妥协”。② 由此可见，“互联网+”时代的新业态、新模式一经产生，就凭借其技术优势对传统行业形成了强大的解组能力，造成了全新的业态空间并促发了新旧多方博弈，推动了国家监管体制和制度变革，最终实现了对行业发展的利益与秩序重构。

4. 监管应对的反复性与多样性

面对网约车等新技术、新业态所带来的巨大压力和挑战，使政府监管部门处于一种矛盾复杂、谨慎应对、放管两难的境地。一方面，监管态度呈现反复性。2013 年 5 月至 2015 年 10 月，深圳、北京、上海、济南、苏州、沈阳、南京、太原等城市监管部门先后以“加价”模式非法、不利于监管，特别是存在“黑车”进入市场的漏洞为由，“叫停”打车软件、抓扣接入平台运营的私家“黑车”。交通部也先后发文要求，凡打车软件不接受统一管理的将被“叫停”，随后表态对于专车业务“不要一棍子打死”，再后来又改称“永远不允许私家车进入

① 2014 年 7 月 17 日，交通部印发了《关于促进手机软件召车等出租汽车电召服务有序发展的通知》；2015 年 10 月 10 日，交通部又发布了《关于深化改革进一步推进出租汽车行业健康发展的指导意见（征求意见稿）》和《网络预约出租汽车经营服务管理暂行办法（征求意见稿）》；2016 年 3 月 16 日，住建部、公安部作出废止《城市出租汽车管理办法》的决定；2016 年 7 月 28 日，《关于深化改革推进出租汽车行业健康发展的指导意见》《网络预约出租汽车经营服务管理暂行办法》出台。

② 陈玉峰：《博弈专车新规》，载《财经》2016 年第 57 期。

专车范畴进行运营”。[①] 然而，2015 年 5 月 8 日，义乌出租车行业《改革方案》使打车软件终获“正当”身份，10 月 8 日上海则正式颁发国内首张网络约租车平台经营资格许可证；10 月 10 日交通部发布了《关于深化改革 进一步推进出租汽车行业健康发展的指导意见（征求意见稿)》和《网络预约出租汽车经营服务管理暂行办法（征求意见稿)》，并于 2016 年 7 月 28 日正式出台，我国成为全球首个网约车“合法化”国家。另一方面，各地对新监管模式的探索又是多样化的，先后形成了上海模式、北京模式、义乌模式、温州模式、广州模式，等等。其中，“上海模式”和“义乌模式”倾向于持开放态度，“北京模式”和“广州模式”倾向于持保守态度，甚至推出官方的专车平台以对抗资本运作的商业公司平台，而深圳等地对专车、快车的发展则是持放手的政策，静观其变。[②] 在国家新规出台后，2016 年 10 月北京、上海等地密集推出相关细则，再次引发巨大争议，直到 2016 年 12 月 21 日，京沪等地网约车《细则》终于落地，其中车辆排量、轴距条件等方面有所放宽，但“京人京牌”、“沪人沪牌”、网约车与巡游车错位发展理念等仍得以坚持。[③] 可见，近年来政府部门的监管应对，经历了反复变化和重大转折，各地的多样化监管制度也将面临新的挑战。

其实，从世界范围来看，各国面对网约车的瞬间“袭来”，也一直争议不断。法国、德国、日本、西班牙等对网约车基本持禁止态度，

---

① 《深圳叫停手机打车软件 因多重背后利益博弈》，载中新网：http：//www.chinanews.com/gn/2013/05－24/4851997.shtml；《上海查扣 12 辆滴滴专车 约租车公司合法性成疑》，载搜狐网：http：//news.sohu.com/20141226/n407312021.shtml；《专车遇上出租车 新需求博弈旧体制》，载财新网：http：//opinion.caixin.com/2015－06－12/100818864.html；《出租车改革意见将于年内出台，或从数量管控入手》，载中国网：http：//www.china.com.cn/guoqing/2015－05/19/content_35602402.htm；《深化出租汽车行业改革指导意见征求意见稿（全文)》，载中国网：http：//www.china.com.cn/news/txt/2015－10/10/content_36782904.htm；最后访问日期：2019 年 8 月 22 日。

② 《历史性的一刻：上海发放滴滴快的首张专车牌照》，载搜狐网：http：//auto.sohu.com/20151009/n422788349.shtml；《先看看各地政府对专车快车的态度》，载 http：//mt.sohu.com/20150604/n414460006.shtml，最后访问日期：2019 年 8 月 18 日。

③ 《京沪网约车细则落地 坚持“京籍京牌”“沪籍沪牌”》，载新华网：http：//news.xinhuanet.com/local/2016－12/21/c_1120161797.htm？from＝timeline&isappinstalled＝0，最后访问日期：2019 年 12 月 22 日。

而美国各个州则有禁有放。[①] 对中国而言，并没有像一些欧洲国家那样强大的出租车工会施加的巨大政治压力，更多的可能是来自出租车公司以及行业管制者的利益同盟。在此情况下，网约车带来的法律冲突和监管空白，特别是既有法律秩序被打破、新法律机制尚未形成，才是让监管部门面临更纠结和更尴尬的局面。一方面，交管、城管等部门通过适用并不一致的法律规范对网约车进行查处（甚至有“钓鱼”执法和暴力执法），引起了众多质疑，甚至行政诉讼；另一方面，出租车停运事件、出租车司机与网约车司机的对峙冲突、各类群体性纠纷等也给监管部门带来了巨大的维稳压力；再一方面，乘客群体和网约车司机的数量不断扩大、网约车平台寻求发展空间的持续努力、当初的分歧争议日趋倒向网约车合法化立场，使其面临“阻碍进步创新”的舆论指责。这些都给政府监管部门增加了多重压力，使其摇摆不定、艰难应对。[②] 客观上看，“出租车市场失灵的属性逐渐发生变化，原先模式之争中关于出租车经营权能不能给个体司机、要不要出租车数量控制的理论与实践都无法适应时代的需要。专车所代表的信息优势与城市交通日益趋紧的困境，要求政府进行范式变迁，更多元、更开放、更宏观地管理城市交通出行”。[③] 为此，迫使监管部门不得不转变观念和态度，致力于探索和创新监管方式，并在最大公约数基础上正式出台网约车新规，这才推动了错综复杂的出租车行业改革，形成人们所乐见的多赢的格局，[④] 对我国成为全球网约车“合法化”的首个国家，赋予了里程碑意义。然而，自 2016 年 10 月以来，多地推出的网约车地方细则作出的一些“严格限制”，则让人们觉得门槛又在“限缩”和“收紧”。此时，10 月 7 日，美国联邦第七巡回上诉法院对优步的判决，

---

① 参见《对待网约车不能学“老欧洲”》，载新华网：http：//news. xinhuanet. com/comments/2016 -03/15/c_ 1118329813. htm，最后访问日期：2019 年 3 月 8 日；《交通运输部部长杨传堂：对网约车不搞一禁了之》，载《西安晚报》2016 年 3 月 15 日，第 05 版。

② 参见王静：《中国网约车的监管困境及解决》，载《行政法学研究》2016 年第 2 期。

③ 陈东进：《互联网专车时代政府管制的范式变迁》，载《浙江社会科学》2016 年第 6 期。

④ 《媒体：网约车终于合法 改革为何会如此纠结?》，载中国网：http：//news. china. com/domestic/945/20160729/23175412_ all. html#page_ 1，最后访问日期：2019 年 8 月 11 日。

则似乎又树立了“标杆”。[①] 因此，虽然国家的总体制度框架和地方政府的监管取向已基本定型，但网约车前路仍会“充满变量”。[②]

（二）数字时代的制度创新与变革动向

事实表明，网约车并不仅仅搅动了传统交通行业市场，推进了重大的制度创新；也不仅仅是“互联网＋”时代的新业态力量展现，彰显了共享经济的替代性革命，而从更深的层面来看，它则昭示着“众创式”法律变革的新方式。

这里所说“众创式”法律变革，是指在“互联网＋”时代各种新业态和新模式的形成过程中，民间力量通过新技术、新平台来自发创制适应和维护新业态、新模式的运行机制与规则，并通过“植入”和“嫁接”方式嵌入现有经济（商业）业态与模式中，突破了监管体制、法律规则和既定秩序，使政府不得不作出相应制度回应和法律变革的过程。因此，它是“互联网＋”时代“大众创业、万众创新”趋势和“共享经济”所激发的民众创新创业精神的客观反映，是当今“信息革命”条件下推进法律变革和社会进步的新方式、新途径。它具有以下特点：首先，它是在国家体制之外的民众创新方式和民间规则生产形式，具有可复制、连锁性的“类”发展特征，并呈“星火燎原”之势；其次，与国家体制化的立法相比，“众创式”的规则生产具有非程式性（无须严格程序）和随机性（随时可以发生）；再次，它具有“双重”突破性，即它既有对原有经济（商业）业态的突破或“颠覆”性，也有对现有监管体制和规则秩序的突破或解构性；最后，它往往采取植入或者嫁接方式，形成非正式制度要素对正式制度的嵌入，挑战了法律的稳定性和权威性。基于这些属性和特点，它就形成了一种全新的法律变革方式。

1. 从参与诉求到植入嫁接的变革方式

近代以来，立法民主化就成为国家制度构建的主导形式，它一直

① United State Court of Appeals for Seventh Circuit，Illinois Transportation Trade Association et al. v. City of Chicago，No. 1：2014cv00827 – Document 66（N. D. Ill. 2016），http：//media. ca7. uscourts. gov/cgi – bin/rssExec. pl？Submit = Display&Path = Y2016/D10 – 07/C：16 – 2009：J：Posner：aut：T：fnOp：N：1842508：S：0.

② 相惠莲、鲁伟：《网约车变量》，载《财经》2016 年第 63 期。

以“厅堂议事”的程式化机制来推动社会的法律变革。也就是说，基本都是通过体制内（政党、议员、人大代表等）或体制外（社会精英、群体组织、民间代表）的修法建议、专项提案或者具有重大影响的社会事件等，凭借公众参与和民间诉求的“正当”理由输入和社会的变革压力，进而在立法机构（或行政机构）的“厅堂议事”框架内启动，经由立法者的审议、修正或废立，来最终推动相关法律（包括条款）变革的。然而，以网约车为代表的新兴商业力量，则突破了这一框架，使法律变革面临着新的诸多挑战。

首先，通过植入嫁接，直接“改写”制度规则。在以往的法律变革进程中，都是各类社会诉求经由体制性的立法程序，间接地通过体制来促成在规则形成过程中发生有利于己方的改变，因而它是以现实的法律变革压力，来使其诉求得以法律化实现。换句话说，自近代以来，立法民主化就成为国家制度构建的主导形式，它一直以“厅堂议事”的程式化机制来推动社会的法律变革。也就是说，基本都是通过体制内（政党、议员、人大代表等）或体制外（社会精英、群体组织、民间代表）的修法建议、专项提案，或者具有重大影响的社会事件等，凭借公众参与和民间诉求的“正当”理由输入和社会的变革压力，进而在立法机构（或行政机构）的“厅堂议事”框架内启动，经由立法者的审议、修正或废立，来最终推动相关法律（包括条款）变革的。然而，以网约车、短租平台为代表的新兴商业力量，则突破了这一框架。它所形成的“众创式”的规则生产，则是通过对既有监管制度直接“改写”的方式，来打造“生米煮成熟饭”的局面，迫使政府监管部门“被动”地进行回应和变革，因而，它不再是体制外的，并通过体制才得以实现的法律变革压力，而是在体制外的直接法律变革行动。

具言之，在数字时代，“我们不仅与这个星球上几乎所有的电脑相连，还与数以百万计的头脑相连，分享广泛的价值，观点，需求和目标”。[①] 因而“中心化在后退”，而“节点和连接”则成为关键的

---

① ［美］安妮·凯瑟琳：《一个超链接世界的界限》，张元等译，湖南科学技术出版社2014年版，第5页。

要素。[1] 网约车便从最初的打车软件“连接”开始，迅速发展为网约车平台和运营模式这一新业态，但这一新的“连接”，其实质则是在既有巡游车（出租车）的制度规范和管理体制上，“植入”和“嫁接”了网约车业态与模式的新规则和新机制。当我们暂不考虑这些既定规则的“正当性”问题时，就不难发现：巡游车通过打车软件“接单”后，就可以对“扬招”路客视而不见，这与巡游车不得“拒载”的规定发生冲突；网约车平台在交通高峰时段通过加价优选的方式，突破了关于出租车统一价格、不得议价抬高的规定，也对“扬招”路客造成“打车”机会的不公平；网约车平台招募私家车带来的黑车“洗白”问题、安全风险（交强险、纠纷解决、安全防范），打破了现行规则的约束，等等。也就是说，网约车平台凭借新技术手段和“互联网+”发展趋势，在出租汽车行业中“植入”“嫁接”了新的理念与规则，直接“改写”乃至颠覆了既有的规则设定、法律关系、权益平衡和管理体制，也消减了其应有的规范效力，使某些原来“不合法”的行为或法律关系获得了“合法性”。而基于互联网新技术的这一“植入”或者“嫁接”，聚合了线上与线下、合法与非法、新业态与旧模式的张力与包容，对正式规则而言，它成为具有外部性、异质性、嵌入性、突变性的介入要素，因而它并不是通过立法上“厅堂议事”的正式烦冗程序，恰是绕开了“中心化”的建制议程，采取“坏孩子”的直接“破窗”方式，来直接、“强行”地实施对正式规则的“改写”。这种民间非正式规则通过“植入”或“嫁接”方式而对国家正式规则的直接“改写”，尽管体现了“众创”精神，但却给政府的制度规范和监管体制带来很大挑战。这种国家之外的民间“众创式”软法生产，不仅有效转化了网络化、数字化、智能化的技术进步成果，也提升了智慧发展中民间反向塑造国家的能力，形成了官民双向互动、平衡构建的机制与平台，这无疑成为智慧治理秩序的新兴动力和根本支撑，也是新时代法治国家建设的社会基石和发展方向。

其次，通过新技术平台，开辟监管“飞地”。事实表明，随着“互

---

① ［美］凯文·凯利：《新经济新规则——网络经济的十种策略》，刘仲涛等译，电子工业出版社2014年版，第2、217页。

联网+”时代的到来，共享经济模式和“分享经济平台对经济、社会、人的影响和刻画无处不在，特别让基础逻辑、固有结构、基本规则发生变迁，导致原来的结构模式、权力均势、价值分布被打破”。[①] 对网约车而言，它凭借新技术平台，在传统出租车运行方式之外，创造出了一个线上与线下（O2O）的即时互动交易、用户—平台—网约车主（汽车租赁公司、私家车、出租车）分享整合运行和个性化服务的新商业模式，而这些是原《出租汽车经营服务管理规定》、各地管理细则和监管体制所难以涵盖的。这就形成了一块法外延展的“飞地”，并大有对传统巡游出租车行业的替代之势。给政府部门的出租汽车行业监管带来了巨大的压力和挑战，处于禁止没有充分根据、放任又面临利益冲突风险的尴尬境地，因此，迫使政府部门不得不进行积极回应和法律变革。

最后，激发和塑造民众需要，转化成权利诉求。“互联网+”不仅创造了日新月异的新模式、新业态，也大大提升了人们的想象空间和创造能力，激发了人们的消费欲望和利益诉求。特别是商家和客户之间的直接互动，使“现有可能性催生客户的欲望，可能性又由追随客户的欲望的公司创造”。[②] 这在2012年以来的网约车发展上十分明显，网约车公司捕捉到巨大市场商机后，便从打车软件推广开始，快速激发人们获取补贴的愿望和便捷出行方式的需求，进而变成人们的一种日常习惯。随之而来的是引发传统出租车行业的抗议和政府禁令，但此时它们已经塑造出了基于网约车平台和智能化服务的众多便捷出行利益相关者，并充分利用了网络时代的自我赋权（self - empowerment）机制。进而将这些利益诉求提炼、凝聚为新兴的商业利益，转化为权利话语来塑造公共性的权益安排和制度重建。这就大大提升了来自社会的革新动力，也出现了“厅堂议事”之外的法律变革新方式。

2. 众创试验与压力突破的规则生产路径

众所周知，法律变革无疑离不开社会需要和民众诉求，改革开放

---

① 程维、柳青等：《滴滴：分享经济改变中国》，人民邮电出版社2016年版，第171页。

② ［美］凯文·凯利：《新经济新规则——网络经济的十种策略》，刘仲涛等译，电子工业出版社2014年版，第172页。

以来，我国也形成了先经地方探索再由国家确认推广的“先行先试”变革模式，尽管这体现国家立法与多元社会的互动与平衡，但毕竟在国家的引导和管控之下，试验和变革的速度也较慢，而网约车等新业态、新模式在法律变革上的作用和影响，则形成了自发的、众创式的规则生产路径和全新样态。

其一，基于新业态的规则创设。互联网发展对人类影响的深度和广度，可能会超过工业革命，“人类正在从持续了千百年的物理实体社会跨入新兴的虚拟数字社会”，它改变了我们曾熟悉的一切，“新旧之间，崛起和没落共存，胜者为王，而失败者只能接受清场走人的命运”。无论是 O2O（从线上到线下、虚实交错的商业新模式），还是 C2C（从客户需要到客户消费，新的商业生态圈模式）[①] 都是通过连接实现的。事实上，“网络中的各种连接都是在建立一种关系”，[②] 而规制这些精妙复杂关系的，主要不是靠传统的法律，恰是靠代码技术规则——“代码就是法律”。[③] 其间，技术资源、信息资源和平台提供者（控制者）往往是以代码技术规则为基础来设定相应的数字化交易规则，而这些“交易规范可以直接内化在交易活动中，具有直接实施的效力”[④]，形成一种“自生自发”秩序。无疑，应运而生的网约车、短租平台等就是这样的生力军，它们凭借“分享经济”和“大众创业、万众创新”的历史机遇，凭借网络代码技术并按照新业态的发展逻辑、新商业模式的权益诉求，创设新的游戏规则（包括接单、评价、激励、投诉等），构造新的权利义务关系和运行程序，展现着“自底向上而非自顶向下地构建事物”的去中心化倾向，在突破传统出租汽车行业监

---

① C2C 微观上指企业以人类可持续发展为新价值观和商业逻辑，用科学手段及时精准配对、先下单后生产的个性化规模定制，是一个从需求到消费的新的智能化解决方案；宏观上指企业汇集，形成一个国家和地区的新经济。参见［美］吴霁虹：《众创时代——互联网＋、物联网时代企业创新完整解决方案》，中信出版社 2015 年版，第 1、8～9页。

② ［美］凯文·凯利：《新经济新规则——网络经济的十种策略》，刘仲涛等译，电子工业出版社 2014 年版，第 158 页。

③ ［美］劳伦斯·莱斯格：《代码 2.0：网络空间中的法律》，李旭等译，清华大学出版社 2009 年版，第 6 页。

④ 周辉：《变革与选择：私权力视角下的网络治理》，北京大学出版社 2016 年版，第 64 页。

管中，形成了众创试验式的规则生产，也塑造着某种“无序之有序”。[①] 这无疑给政府监管造成了巨大的压力，不得不认真去面对这种民间规则的创设和生产，从而进行积极的回应、甄别和规制。

其二，商业偏好与公益矫正。当今时代的“互联网 +”来势凶猛、不可阻挡，这必然激发更多的众创行为和规则生产，使“新的规则将出现在许多在线空间里，以统管广泛的虚拟空间中的新现象”。[②]然而，互联网绝不是完美的，它“既让人觉得不可思议，又让人感到恐惧”，这与宇宙中的“黑洞”很相似，而“黑洞”企业“充当了传统企业‘掘墓人’的角色，是既得利益者，又掌控话语权，它们所表述的观点难免会带有一定的自私和偏见。商业的战争是残酷的，商人的言论必然会偏向于对自己有利的方向，这对其他企业和个人来说是不公平的”。[③] 也就是说，众创实验性的规则生产，必然会带有生产者的价值偏好，主张和设定有利于自己的游戏规则，“胜者为王”“赢者通吃”的“自然状态”就成为必然的归宿。这虽然符合社会进化原理，但却未必符合正义价值，特别是在主张合作发展、共建共享的环境下更是如此。为此，有西方学者就深刻指出，“由于网络经济的性质崇尚失衡、分散、不确定、动荡和相对主义，因此在网络的世界里，意义和价值就失去了根基”。因此，“如果没有来自顶层的指导和管理，自下而上的控制方式会在面临很多选择的时候停滞不前”，丧失行动力。[④] 从网约车的发展进程中可以看到，网约车平台不愿承担交通事故责任、招录驾驶员把关不严、对客户投诉处理不力等，都是在或多或少地规避责任。而对“滴滴”快车的“自动抢单器”进行迅速封号，就表明“滴滴”通过植入嫁接获得的“领地”，就不允许“自动抢单器”来再“植入”、再“嫁接”，这无疑展现出它们对既得利益的捍卫，而不是曾

① ［美］凯文·凯利：《失控》，张行舟等译，电子工业出版社 2016 年版，序言第 VI、第 605 页。

② ［美］彼得·德恩里科：《法的门前》，邓子滨译，北京大学出版社 2012 年版，第 395 页。

③ 磐石之心：《互联网黑洞——跨越边界的中国式企业扩张》，新世界出版社 2016 年版，第 6 页。

④ ［美］凯文·凯利：《新经济新规则——网络经济的十种策略》，刘仲涛等译，电子工业出版社 2014 年版，第 218 页。

一度倡导的进步观念。面对这些不当竞争和功利博弈的情况，就需要政府部门的必要干预和监管，并通过国家立法来予以确认、厘定和矫正，国家《网络预约出租汽车经营服务管理暂行办法》和北京、上海等地相关细则的出台及权责规制，就是这样一种重要的努力，尽管其中有些细节和争议问题仍需探讨。事实上，在当今网络时代，“国家和社会力量能够相互赋权，而国家和社会力量之间的互动（而非分裂），其效果是能够为双方一同创造更多的权力”。其间，“国家也许帮着塑造社会，但是也受到其所在社会的不断塑造”。[①]可见，国家的对网约车发展的必要监管和矫正，是推进国家与社会互动发展、双向塑造趋势的重要反映，是理性回应众创实验式规则生产的良好开端。

3. 以正当性突破合法性的诉求策略

在法律变革的历史进程中，但凡主张更改规则、重建法律关系的，都会提出要么基于应然权利保护、要么基于现行制度缺陷的正当性理由，但在变革前一般都不会僭越现行规则。也就是说，更多地限于变革诉求话语，而很少是挑战合法性的实际行动。但网约车、短租平台等则不同，它们在主张自身合法性和权利诉求时，更多的是谋求对自身已经“破窗”的经营行为和方式获得制度承认，那么，这个突破合法性的正当性理由和策略就十分重要了。

首先，优胜劣汰。面对网约车这一新生事物，倡导方的自我正当性证明，首先是通过“旧制度变革与新技术革命”这样的话语叙说，抢占了科技进步与引领的制高点。它们把自身定位为解构旧秩序、塑造新秩序的“革命”者，宣称“颠覆你的并非互联网企业，而是你自己”。[②] 同时又指出，由于科技的进步与制度的更新不是同步的，“新事物的出现难免会与旧制度产生冲突，打车软件就是一个很好的实例”。不过，“纵观科技史，在旧制度与新技术的碰撞中，制度的藩篱很难承受技术的冲击，最终往往是以技术带动制度的变革而收场”。[③] 这样，

① 郑永年：《技术赋权：中国的互联网、国家与社会》，邱道隆译，东方出版社2014年版，第17页。

② 王吉斌、彭盾：《互联网＋：传统企业的自我颠覆、组织重构、管理进化与互联网转型》，机械工业出版社2015年版，序言第XV页。

③ 那什、蔡雄山、李汶龙：《打车软件：一场旧制度与新技术的博弈》，载《人民邮电报》2015年6月8日，第6版。

就把制度约束描绘成科技进步的障碍，是阻挡“现代性的福利”和维护既得利益的保守力量。因此，“创造性破坏”和“优胜劣汰”就成为其挑战合法性的正当性基础和权利诉求。

其次，除弊兴利。网约车倡导方认为，技术本身是中立的，它并不会天然夺取谁的利益。而网约车的崛起，恰恰具有重大的除弊兴利之效。其指出“生产力的发展最终会推动生产关系发生变革，从而带来制度创新，这是社会发展的必然规律。‘互联网＋’是技术发展的趋势所向，互联网的发展以及与传统产业的深度融合改变了社会、经济、生活的方方面面，也必然会对原有制度提出挑战”。[①]然而，“不可否认的是，打车软件以‘共享经济’的形式，打破了长期以来出租车行业的垄断状态，降低司机空驶率和碳排放量，通过互联网评价机制有效改善司机服务；缓解城市打车难等，其经济和社会效益有目共睹”。[②]而各地新规出台后，滴滴出行则进行“愤怒”性回应，认为它一旦实施会导致车难打、打车价格提高、造成失业、抵制创新。[③]它们通过这种除弊兴利的“正能量”角色的塑造，来指称政府限制是固守垄断、弊病重重，而放开则是利在当代、功在千秋，进而要求其现实利益的合法化、权利化。

最后，国际比附。网约车倡导方不仅站在技术革命的先进性、现代性的福利和除弊兴利的高度，还从历史视角和国际视野来进行类同比附。特别是借助1984年的“索尼案”、1896年的底特律“约谈福特案”、印刷机和蒸汽机的发明等，来说明录像机、汽车、印刷机等科技创新曾经“惊人的相似”遭遇，来申明自己的委屈、构建自己的正当性。声言“尤其在现代社会，科技的日新月异使得我们对于颠覆性的事物已经多有期待”。[④] 2016年10月7日美国联邦第七巡回上诉法院关

---

① 何波：《“互联网＋”时代：旧制度变革与新秩序重建》，载《世界电信》2015年第8期。

② 那什、蔡雄山、李汶龙：《打车软件：一场旧制度与新技术的博弈》，载《人民邮电报》2015年6月8日，第6版。

③ 《网约车新规细则背后是一场怎样的博弈?》，载搜狐网：http：//it. sohu. com/20161009/n469808393. shtml，最后访问日期：2016年12月25日。

④ 那什、蔡雄山、李汶龙：《打车软件：一场旧制度与新技术的博弈》，载《人民邮电报》2015年6月8日，第6版。

于 Uber 和 Lyft 等平台案的一个判决，则广为流传：“如果老一代技术或商业模式获得宪法赋予的权利而将新生事物排除在自己的市场之外，那么经济发展将可能停滞。我们可能就不会有出租车，而只有马车；不会有电话，而只有电报；不会有计算机，而只有计算尺。”① 这句判词也成为倡导网约车的重要论据和基准，这样，其权利合法化主张就具有了国际参照。

然而，我们知道，卡夫卡的“守门人”是指妨碍公民接近法律和正义的各种力量的比喻和象征。而在当今“网络急剧颠覆了基于物理空间边界的规则制定体系”的变革时代，“作为‘守门人’的新科技，是更可能邀请我们进入，还是更可能对我们加以排斥？是更可能服务于个人，加强我们的自治，赋予我们力量，还是更有可能侵犯我们的隐私，维持现状，服务于既得利益？是为我们提供了赶走守门人的工具，还是为已经就位的守门人提供了支援”？②这可能并不是一个简单的结论，但却是个严肃的问题。纵观网约车的合法化进程，各种立场的言说、各种力量的博弈无疑是十分明显的。③ 在新业态、新模式对旧行业、旧制度进行挑战和颠覆的同时，“滴滴”合并“快的”“优步中国”后占据网约车市场 90% 份额的绝对垄断地位，也着实让人产生“互联网的本质就是通过垄断获取超额回报”这样的疑虑。④ 事实上，正如最高人民法院关于腾讯诉奇虎不正当竞争案判决所指出的那样：

---

① United State Court of Appeals for Seventh Circuit, Illinois Transportation Trade Association et al v. City of Chicago, No. 1：2014cv00827 – Document 66（N. D. Ill. 2016），http：//media. ca7. uscourts. gov/cgi – bin/rssExec. pl？ Submit = Display&Path = Y2016/D10 – 07/C：16 – 2009：J：Posner：aut：T：fnOp：N：1842508：S：0；《美国 Uber 判决对中国网约车有何启示?》，载新浪网：http：//news. sina. com. cn/sf/news/2016 – 10 – 18/doc – ifxwvpaq1619887. shtml，最后访问日期：2019 年 3 月 8 日。

② ［美］彼得·德恩里科：《法的门前》，邓子滨译，北京大学出版社 2012 年版，第 395、396 页。

③ 2016 年 10 月 17 日，在北京大学召开的“地方网约车发展与规制研讨会”上，北大教授张维迎提出，“（网约车新政）漠视穷人的权利；是对穷人的歧视；是维护出租车公司的既得利益”，这引发了舆论场的轩然大波。3 天后，32 家出租车公司联名发布《中国出租汽车行业代表致北京大学的公开信》，进行了充满火药味的回击。参见冯蕾、鲁元珍：《网约车新政：利益博弈还是行业规范》，载《光明日报》2016 年 10 月 31 日，第 5 版。

④ 《网约车新规细则背后是一场怎样的博弈?》，载搜狐网：http：//it. sohu. com/20161009/n469808393. shtml，最后访问日期：2019 年 12 月 25 日。

“互联网的发展有赖于自由竞争和科技创新，互联网行业鼓励自由竞争和创新，但这并不等于互联网领域是一个可以为所欲为的法外空间。竞争自由和创新自由必须以不侵犯他人合法权益为边界，互联网的健康发展需要有序的市场环境和明确的市场竞争规则作为保障。是否属于互联网精神鼓励的自由竞争和创新，仍然需要以是否有利于建立平等公平的竞争秩序、是否符合消费者的一般利益和社会公共利益为标准来进行判断，而不是仅有某些技术上的进步即应认为属于自由竞争和创新。否则，任何人均可以技术进步为借口，对他人的技术产品或者服务进行任意干涉，就将导致借技术进步、创新之名，而行‘丛林法则’之实。”① 这意味着最高人民法院摒弃了“丛林法则”，在司法层面确立了“正当商业模式”的合法地位，② 但这个正当性并不是网约车这类新生事物的一己主张所能代表的，而是在多元平衡中实现的。这样看来，网约车新规的制定和实施，无疑“宣告野蛮生长时代的结束，却也是一场全新挑战的开始”。③

4. 双向构建、互动共享的秩序结构

网约车、短租平台等的崛起发展，创造了“互联网 + ”时代的新业态和新商业模式，同时也基于这些新的商业要素、构造和运行方式的需要，产生了大量的、自我规约的游戏规则。特别是它们凭借新技术平台和网络自我赋权，来“设计规则，使混沌中产生秩序”，酝酿“无中生有”的民间“非正式”规则。④ 这些“非正式”规则发挥着塑造、维护和增进民间自主秩序的重要作用，同时也产生了与国家法秩序之间张力和互动。

---

① 参见北京奇虎科技有限公司、奇智软件（北京）有限公司与腾讯科技（深圳）有限公司、深圳市腾讯计算机系统有限公司不正当竞争纠纷案二审民事判决书，载最高人民法院网：http：//www. court. gov. cn/wenshu/xiangqing – 7816. html，最后访问日期：2019 年 3 月 8 日。

② 吴俊：《腾讯诉奇虎不正当竞争案终审判决：最高法院为互联网正当竞争架构定调》，载《经济参考报》2014 年 4 月 1 日，第 8 版。

③ 《网约车新政：既是“定心丸”也是“紧箍咒”》，载新华网：http：//news. xinhuanet. com/fortune/2016 – 07/29/c_ 1119300796. htm？ t = 1482543345200，最后访问日期：2019 年 12 月 24 日。

④ ［美］凯文·凯利：《失控——全人类的最终命运和结局》，张行舟等译，电子工业出版社 2016 年版，第 727 页。

（1）扁平博弈下的秩序创生。在科技高速发展的当今时代，允许“创造性破坏”的包容性经济增长模式与制度已成为主流。为此，从2009年开始，党和国家领导人就提出“包容性增长”的概念，“大众创业、万众创新”观念便开始深入人心，并促进了中国“互联网+”时代的到来。事实表明，“互联网开放和分散的体系结构、虚拟的连接和多向互动传播的运作方式、共识和自律的秩序机制，以及非官方性和广泛参与的主导文化传统，使互联网与开放、自由、平等和共享等富有解放意义的词语联系在一起”。[①] 这无疑会使人类进入更加开放、扁平、自由、多元的“共建共享”时代。网约车的迅速崛起，其实就是让消费者和大众来选择的众创妙想之一，然而，其发展进程则充满了复杂博弈。

一方面，砸钱“圈地”。基于新业态、新商机的利益驱动和创新能力，2012年前后许多公司等纷纷涌入网约车这块“新大陆”进行圈地，全盛时期有30多种打车软件，经过“补贴大战”和“资本厮杀”，最终只有少数企业占据市场主导地位。然而，正如“中国互联网巨头基本上都对彼此戒备森严，重重设卡”一样，[②] 网约车垄断和壁垒的迹象也便随之而来，[③] 带有一定程度的“丛林秩序”味道。尽管打造开放平台式的网络“城邦”已成一种发展趋势，但仍“要面临不同系统之间的磨合问题，不仅有技术上的，还有规则上的，以及互相了解上的”。[④]

另一方面，“场内”规制。在当今网络时代，“私权力”已不再完全通过公权力的委托授权而产生，很多是在技术发展和新业态带来的巨大创新空间中通过自我赋权方式而获得。网约车平台就是这样成长起来的一种“私权力”。它“基于技术资源、平台资源的优势，在代码规则下，用户拥有的选择自由只限于退出的自由，在使用中只能接受

① 蔡之文：《网络传播革命：权力与规制》，上海人民出版社2011年版，第16页。

② 《互联网城邦时代的权力游戏》，载新浪网：http：//finance. sina. com. cn/roll/20150208/022521501616. shtml，最后访问日期：2019年7月20日。

③ 参见王南：《网约车新政博弈》，载《中国经济时报》2016年10月28日，第A16版。

④ 夏勇峰：《中国互联网城邦竞争力报告》，载《商业价值》2011年第1期。

网络应用服务提供方设定的规则”。[①] 为此，它们设定“抢单”规则、投诉规则、奖励规则、处罚规则等来维护平台商业模式的运行秩序。此外，还有对网约车司机安装作弊软件“抢单”和“拒单”、设置假GPS定位多收费等违规和不诚信问题的处理等。这样，它们就在国家法律法规尚不能及时回应、不能有效规制、不能明辨正当性的条件下，在各自的“领地”上先行予以厘定私人权益、设定交易程序、规制交易关系，从而就使“某些网络交易平台自发产生了能够有效替代法律制度的私人秩序”[②]，成为具有较强创新性、引领性、回应性和构建性的社会治理法治化“试验场”，在一定程度上实现了扁平博弈下的新制度和新秩序的创生发展。

（2）与国家法秩序的互动构建。主张包容性的发展模式，必然会营造一种减少国家规划安排、鼓励“众创”并能够容错的“共建共享”社会环境，从而大大促进非正式规则的民间秩序生产。这种民间秩序与国家法秩序之间的关系，基本上可分为三种情况：一是民间秩序与国家法秩序并不冲突，它属于社会的自主自律范围，是国家法秩序的重要基础和现实支撑；二是民间秩序与国家秩序发生冲突，但这属于代表变革发展趋势的“创造性破坏”，需要国家的法律变革来予以认可和吸纳；三是民间秩序与国家法秩序发生冲突，但此时，某些民间秩序塑造乃是局部主体利益的扩张性表达和不当实现，侵犯了其他相关主体的正当权益或者违背了公共利益要求，形成了某种私权利（权力）的滥用，这就需要国家法秩序来予以限制和规范。对网约车平台等新业态带来的扁平博弈和秩序创生而言，无疑体现了“三个清单”下的社会自律精神和自发秩序构建的努力，也是国家“大众创业、万众创新”战略实施的必然呈现。然而，它在为国家法秩序提供基础和支撑的同时，其“创造性破坏”和私权扩张倾向也较为明显，这就必然会促成国家法秩序与民间秩序之间双向构建、互动共享的秩序结构。这主要表现在：

---

① 周辉：《变革与选择：私权力视角下的网络治理》，北京大学出版社 2016 年版，第 52 页。

② 高巍：《互联网争议解决的制度分析——两种路径及其社会嵌入问题》，载《中外法学》2014 年第 4 期。

其一，平台的“场内”规制。网络化、数字化和智能化发展的一个重要后果，就是平台经济时代的到来。这些平台都是一个个独立而又庞大的“商业帝国”，它们都在自己的平台内部享受规则制定权、日常管理权、违规处罚权和纠纷调解权。这既有来自政府给平台“加责任”所形成的权力，如实名制审查；也有自身设定的权力，如“滴滴”打车的“滴米”系统上线使用之后，驾驶员愿意去接“差单”了，从而抑制了驾驶员隐形的挑客或拒载行为，同时，如果司机安装“加速器”则被认定为违规行为，一旦被公司后台数据监控到，司机将被封号处理。[①] 这些“非正式”规则发挥着塑造、维护和增进民间自主秩序的重要作用。

其二，平台的“场外”协调。各种新业态、新模式打造了智慧发展的平台经济。平台经济的一个突出特点就是“赢者通吃”，不同平台之间的利益竞争和数据之战也十分激烈。很多时候，“中国互联网巨头基本上都对彼此戒备森严，重重设卡”。[②] 尽管打造开放平台式的网络“城邦”已成一种发展趋势，但仍“要面临不同系统之间的磨合问题，不仅有技术上的，还有规则上的，以及互相了解上的”。[③] 这样，平台的“场外”协调就十分关键了，亟需构建新的行业规范和商业伦理，特别是“互联网以自己的方式架空和解构了传统的权力结构，同时也形成了一种新的权利场。接下来要做的事就是固化这样的权利场，并形成新一轮的平衡”。[④]

其三，“众创式”规则的合法化控制。哈耶克的研究表明，尽管社会中只有一部分规则和秩序是人们刻意设计、建构安排的“人造秩序”，而大部分则是自我生成或源于内部的自生自发的“增长秩序”，但自生自发的发展仍“并不能证明它将永远是善法，甚或也无法证明它的某些规则就可能不是非常恶的规则”，因而也会陷入一种“仅凭自

---

① 《为抢单，沈阳的哥百元安装“加速器”》，载新浪网：http：//news. sina. com. cn/o/2014－03－23/101029772490. shtml，最后访问日期：2019 年 6 月 1 日。

② 《互联网城邦时代的权力游戏》，载新浪网：http：//finance. sina. com. cn/roll/20150208/022521501616. shtml，最后访问日期：2019 年 7 月 20 日。

③ 夏勇峰：《中国互联网城邦竞争力报告》，载《商业价值》2011 年第 1 期。

④ 《互联网城邦时代的权力游戏》，载新浪网：http：//finance. sina. com. cn/roll/20150208/022521501616. shtml，最后访问日期：2019 年 7 月 20 日。

身的力量所不能摆脱的”困境。因此，需要“以刻意审慎的立法对其进行纠正”。①

这些重大变化，就形成了一种技术赋权、多元构建的治理生态，它乃是“众创式”制度变革的秩序呈现，也是当下数字时代的客观要求，需要探索全新的社会治理方案。

一是国家法秩序对“创造性破坏”的包容和吸纳。网约车平台是“互联网+”的突出代表，它在“创造性的破坏革命”中产生了重大创新。② 然而，网络技术发展带来的分权与赋权功能的不断强化，必然会动了别人的“奶酪”。特别是“当这种权利被数十亿人共享，必定会与现实社会秩序和传统的权力关系形成冲突，于是，博弈、制约、平衡，甚至控制就成了网权争夺的聚焦点”。③ 在网约车立法进程中，国家监管部门面对网约车平台、网约车司机、传统出租车公司、出租车司机、海量客户（出行消费者）等多元主体，必须进行综合考量和整体平衡。首先，“法律要发生作用的话，实际上依赖于一个已经存在的社会秩序”。④ 网约车等新生事物的“创造性破坏”，无疑是体现当今科技发展和人类进步的、不可抑制的“众创”过程和变革诉求，它开辟了新兴的利益领地、拓展了人类的新秩序空间，形成新的生产关系和交易方式，因此，国家有责任来回应、包容和认可人们的现实生活需求和这个“已经存在”的秩序，并转化成国家法秩序的重要变革动因和方向。其次，“众创”时代“具有强大的力量推动社会的平等、人性化、可持续性和创造力，公正和自治是该时代的秩序”。⑤ 因此，网约车等新业态就凭借着新技术平台，绕开了“厅堂议事”这种正式的公众立法参与渠道，以自我赋权的“众创”方式塑造出具有分散性、即时性、博弈性的“自治”秩序，并突破了原有的制度安排和权益秩序，因而

---

① ［英］哈耶克：《法律、立法与自由》，邓正来等译，中国大百科全书出版社2000年版，第135、136页。

② 董晨：《创造性破坏，带来创新之路》，载《新华日报》2016年3月3日，第9版。

③ 蔡之文：《网络传播革命：权力与规制》，上海人民出版社2011年版，第5页。

④ ［美］布莱恩·Z. 塔玛纳哈：《一般法理学：以法律与社会的关系为视角》，郑海平译，中国政法大学出版社2012年版，第256页。

⑤ ［美］鲁伯特·W. 麦克切斯尼：《传播革命》，高金萍译，上海译文出版社2009年版，第2页。

成为政府监管部门不得不回应和进行制度变革的新兴“倒逼”机制。最后，互联网技术的发展无疑将人类带入了不确定性的“风险社会”，“我们身处传播革命和信息革命中，我们不能确定的是，何种革命即将发生，革命如何进行，将会带来什么结果”。[①] 这就意味着，新技术、新业态对既有法律秩序带来的变革挑战、风险和压力只能会越来越多、越来越大，而此时，如果“倾向于运用政府的权力去阻止变革或者限制它的发展速度，以迎合胆小怕事者的期待”,[②] 就明显违背了社会的发展规律。同时事实也表明，“如果法律不能容忍自身的变化，它将自行招致日益增多的不合理性”。[③] 因此，政府监管部门应该对网约车等新生事物的“创造性破坏”，采取理性开放和包容吸纳的态度，进而以积极的制度回应、变革和完善来化解挑战和风险，才是最合理的选择。中国成为世界上首个网约车合法化的国家，正是这一态度的展现，尽管也历经了曲折博弈。

二是国家法秩序对“自生自发”秩序的指引和矫正。在互联网兴起之初，人们对它赋予了太多的自由想象与寄托，巴洛在《网络独立宣言》中甚至宣称“我代表未来，要求过去的你们别管我们”。[④] 然而，事实表明，在网络空间中，“规制者利用代码来增强行为的可规制性。同时，规制者还利用代码来直接控制行为”。[⑤] 因此，代码就是权力和法律。与此同时，互联网新业态在资本力量的推动下，也会凭借技术资源、平台资源和信息资源优势而将私权利上升为私权力，“具有转化为支配力和影响力，进而带来法律关系变更的能力”。而“私权力一旦被滥用，不仅仅危害竞争秩序和竞争对手的利益，更会波及许多无知、

① ［美］鲁伯特·W. 麦克切斯尼：《传播革命》，高金萍译，上海译文出版社 2009 年版，第 7 页。

② 参见［美］哈耶克：《自由宪章》，杨玉生等译，中国社会科学出版社 1999 年版，第 579 页。

③ ［英］蒂莫西·A. O. 恩迪科特：《法律中的模糊性》，程朝阳译，北京大学出版社 2010 年版，第 242 页。

④ ［美］约翰·P. 巴洛：《网络独立宣言》，李旭等译，载《清华法治论衡》（第 4 辑），清华大学出版社 2004 年版。

⑤ ［美］劳伦斯·莱斯格：《代码 2.0：网络空间中的法律》，李旭等译，清华大学出版社 2009 年版，第 129 页。

无辜和无奈的用户的权益”。[①] 这样，“赢者通吃”和“丛林秩序”的后果便初现端倪了。正因如此，人们才逐渐意识到，“关于政府和网络空间的最初想法，如同关于自由政府的想法一样，是误入歧途了。网络空间的自由绝非来源于国家的缺位”。[②] 因此，国家及地方的网约车新规的出台，一方面确立了“促进网约车与传统出租车融合发展”的整体方针，“按照高品质服务、差异化经营的原则，有序发展网约车”（《网约车办法》第3条），进而实现了对行业发展秩序的方向指引；另一方面，网约车新规立法中“各方都有不同的诉求，但又不能只批准一方，如何平衡是重点”，[③] 最终在经营条件、主体资格、经营行为、权利义务、法律责任等方面进行了规制设定，对网约车业态各个利益相关方的权益进行了平衡，对可能出现的违背公共利益的趋利偏好进行了矫正。尽管如此，网约车可能产生的垄断问题和价格提升仍然让人感到担忧，[④] 但总体来看，网约车新规还是获得了多数肯定，它对网约车“自生自发”秩序的指引和矫正作用不可低估。

三是国家与社会的互动赋权与双向构建。如果说近代工业革命空前地提升了人类在现实“平面”空间的活动能力，那么，网络时代的科技发展则使商业和日常生活变得扁平化、破碎化和更加不稳定，同时各种创新活力也被大量释放出来，形成一个迅速延展、具有叠加效果和乘数效应的无边世界，其间也必然产生不可测量的行动空间和利益领域。在这一进程中，国家与社会的互动作用就更为凸显，“强国家与强社会”的“双强构架”才能更好地应对各种风险和挑战，[⑤] 这必然带来国家与社会彼此互动构建的新形态，而网约车的合法化进程也正体现了这一点。

首先，国家主导与“众创”先行。在“互联网+”的市场经济条

---

① 周辉：《变革与选择：私权力视角下的网络治理》，北京大学出版社2016年版，第54、235页。

② ［美］劳伦斯·莱斯格：《代码2.0：网络空间中的法律》，李旭等译，清华大学出版社2009年版，第4页。

③ 陈玉峰：《博弈专车新规》，载《财经》2016年第57期。

④ 参见高原：《网约车正名记》，载《政府法制》2016年第25期；王南：《网约车新政博弈》，载《中国经济时报》2016年10月28日，第A16版。

⑤ 参见［美］乔尔·S. 米格代尔：《强社会与弱国家——第三世界的国家社会关系及国家能力》，张长东等译，江苏人民出版社2009年版，第280页。

件下，“传统的权力正在被有效地分散和转移，信息生产者和消费者开始真正成为经济活动和创新活动的主体”。[①] 而在“负面清单”治理模式和“双创”发展战略下，虽然仍需发挥国家的顶层设计和主导作用，但民间的“众创”活动则会扮演重要的“先行先试”作用。这些分散、多元、自由的社会主体，会在科技发展和“互联网＋”发展所创造出来的无限空间中，去运用“众创”智慧来开发新业态和推动社会变革。网约车就是在国家制度框架和监管模式之外创造出来的、超越传统出租汽车行业运营模式的重大制度创新。此时，国家就应尊重和包容这些“众创”先行的成果，并以其主导作用来予以规制和推广。

其次，国家“承认”与社会“认同”。民间“众创”活力无疑会创造更加丰富的民间“软法”，促发更加多样的“自生自发”秩序。然而，这些民间“软法”都或多或少地会遇到市场交易中利益计算、竞争策略、营销模式、消费偏好等的制约和影响，因此其制定和运行也自然会带有一定的价值偏好。甚至有的要么与公共利益相悖、要么与消费者利益相悖、要么与商业伦理相悖，等等。[②] 因此，民间“软法”需要国家监管部门在法治原则下予以甄别、过滤和“承认”（包括默认），对不符合公共利益和导致不公平的民间“软法”予以纠正。另外，国家法规范也并非国家的一时“灵感”或者立法者的“神明”之作，也需要反映当代的民主价值、市场经济规律和民众诉求，进而获得社会“认同”而形成合法性效力。网约车新规的博弈过程，就充分反映了这种关系状态，既从国家制度和政府监管层面肯定了网约车的商业业态和运行规则，也在立法中反映了科技发展与现实生活的客观需要，体现和平衡了相关各方的权益诉求，从而获得了社会主体的“认同”和遵从。

最后，国家规制与自我赋权。数字时代的到来，导致了重大商业变革和生活变迁，形成了虚实交融的双层空间、商客对话的直接交易、代码控制的自律规范和随机“众创”的制度创新，在这一进程中，不

① 蔡之文：《网络传播革命：权力与规制》，上海人民出版社 2011 年版，第 73 页。

② 如商家的各种促销规则中的诱惑包装和消费陷阱、商家交易规则和纠纷处理规则中的不公平条款和责任规避等。淘宝网在其纠纷解决中，也没有将《消费者权益保护法》中双倍返还价款的救济方式予以运用。

断产生新的权力、权益，从而形成了双向的赋权过程。在一些领域，互联网对国家进行赋权，但在另一些领域，则对社会进行赋权，而在某些领域里，互联网对国家和社会都进行了赋权。恰是“国家和社会在互联网上的互动，最终塑造了国家和社会”。[①] 它们往往是通过法律和代码来实现的，是“法律和代码的相互作用塑造了这些价值观”。[②] 从网约车的合法化过程来看，网约车平台等新业态就充分利用网络空间的创新机制进行了自我赋权，创造了可以搅动和冲击传统出租车行业的新模式、新权益，此时，“商业世界不是漫无边际的自由主义泛滥，而是经营逻辑的重新建立”。[③] 对此，国家监管部门不得不站在平衡各方利益和维护公共利益的立场，“从产业保护者角色，转向了制度企业家角色，即消费者和公共利益导向的规制者”，[④] 对网约车进行制度设计和监管应对。这样，通过网约车的自我赋权和国家的回应规制，就实现了国家与社会的双向互动和博弈。

由上可以看出，网约车的合法化进程，绝不仅是对新生事物的简单制度回应，而是展现当下信息技术革命对法律规制的挑战与突破的过程。随着数字时代的加速发展，这种挑战和突破的速度会更快、数量会更多、可复制性和连锁性会更强，甚至还会出现叠加效应，因此，法律规制所面临的变革压力也就会更大。这无疑是法治建设的重大时代课题，亟需我们来认真面对和探寻回应策略。

（三）塑造数字时代的新型治理秩序

尽管网约车合法化进程充满着争议和博弈，但毕竟取得了让大多数人满意的结果，推进了出租车行业的制度变革。然而，网约车所带来挑战和问题却并非简单的个案，而是一个“互联网 +”时代的“类现象”或“类问题”的代表。因此，也许“就事论事”的网约车合法了，问题也就结束了，但是，针对数字时代这种“类现象”或“类问

---

① 郑永年：《技术赋权：中国的互联网、国家与社会》，邱道隆译，东方出版社 2014 年版，第 15 页。

② ［美］劳伦斯·莱斯格：《代码 2.0：网络空间中的法律》，李旭等译，清华大学出版社 2009 年版，第 8 页。

③ ［美］吴霁虹（jihong w. sanderon）：《众创时代：互联网 +、物联网时代企业创新完整解决方案》，中信出版集团股份有限公司 2015 年版，第 100 页。

④ 邓峰：《网约车新规带来的启示》，载《财经》2016 年第 57 期。

题”的应对策略与制度安排，则需进行认真分析与探索。

1. 确立“共建共享”治理的法治化理念

在一定意义上讲，网约车合法化进程中从参与诉求到植入嫁接的法律变革方式，意味着凭借新技术平台的民间构建行动；众创试验与压力突破的规则生产路径，意味着“创造性破坏”下的自治拓展；以正当性突破合法性的诉求策略，意味着民间话语权的理性成长，而双向构建和互动共享的秩序结构，则意味着民间秩序的自我塑造。在根本上，它展示着数字时代的民间构建能力的兴起，并与国家构建一道，形成了理性互动、多元包容的“共建共享”治理机制，进而成为法治建设的根本支撑和常规动力。因此，确立符合时代要求的新理念，促进包容性的制度变革和“共建共享”治理秩序，就成为必然的选择。

其一，多元平衡、参与治理的理念。互联网的崛起使人类的思想观念、经济关系、生活方式等都发生了前所未有的深刻变革，甚至出现了从固态生活走向液态生活的“新的相态”。[①] 它让人们“产生了更多选项、更多机会、更多关系、更高的多样性、更强的一致性、更多思维、更高层的美好，还有更多问题。总和起来，善的层次提高了，无限的游戏值得我们玩下去”，而这“就只能改变规则”。[②] 但是，改变规则应该旨在顺应社会发展变革趋势、满足民众诉求，而不能是某种“进步”神话的代言。因此，确立多元平衡、参与治理的理念就十分重要了。

首先，应打破技术神话。人类文明的每一重大进步都无不建立在科技创新的基础上，当今的互联网发展也同样是科技进步所创造的巨大福利和恩惠，但它也带来了“不存在中心，不存在既定轨道，没有什么是一成不变的”这样的后现代征兆，[③] 其中可能产生的某些局限和风险则值得警醒。特别是当资本与技术紧密融合，就常常会打着科技

---

① ［美］凯文·凯利：《必然》，周峰等译，电子工业出版社 2016 年版，第 338 页。

② ［美］凯文·凯利：《科技想要什么》，严丽娟译，电子工业出版社 2016 年版，第 385、391 页。

③ ［美］凯文·凯利：《新经济新规则——网络经济的十种策略》，刘仲涛等译，电子工业出版社 2014 年版，第 1 页。

进步和优胜劣汰的大旗，来开疆拓土、摧枯拉朽，那么这种技术“进步”神话的正当性背后，可能就是资本暴利的牺牲品，因此，人们对网约车平台可能产生的垄断的担忧，[①] 并不无道理。因此，我们不要过多指望“技术必胜论者”的预言，而数字革命的拥护者和反对者也正在“就各自不同的乌托邦（utopia）和反乌托邦（dystopia）观点不停地争辩着，在两个极端之间目光短浅地摸索着”。[②] 特别是“在技术方面的大众狂热，使对因特网复杂政治效应的某种清醒估量变得更为困难”。[③] 由此看来，我们没有理由不去拥抱科技创新，但要打破某些资本运作下的科技“进步”神话，正确看待科技创新可能带来的某些问题和局限。在法律变革问题上，“规制法也可能因时过境迁而失灵，曾经恰如其分地解决某种社会问题的条款落伍过时了，不断革新的技术以及新的政策和法律破坏了制定法起草之时所依赖的前提”。[④] 这就需要改变规则，而不能阻碍创新和进步，同时，理性研判和对待它所涉及的多元主体权益也是十分必要的。前述我国网约车合法化的博弈进程，也正说明了这一点。

其次，平衡各方利益。人们曾经对网络的多元性、民主性、自由性等都给予了较多期待，但实际上它也会形成某种排他性的权力生产。审慎观察可以发现，由于“网络需要大量的关键性的参与者来产生利益，当行动者们为了实现一个更大网络的利益而会聚到同一个网络时，他们倾向于证明‘赢者通吃’的竞争方式。这种会聚一旦开始，惯性或锁定效应就会介入，从而赋予现已创建的网络以相当大的权力”。[⑤] 这样，就会导致“网络话语都遵循着‘赢者通吃’模式”，其“极端

① 有论者就针对网约车平台问题指出，“如果垄断之后马上提价，这和欺诈性经营有什么区别？背后的资本获得暴利，只是成就了多少个亿万富翁，而老百姓没有好处，这也是监管层应该考虑的”。参见王南：《网约车新政博弈》，载《中国经济时报》2016年10月28日，第A16版。

② ［美］威廉·J. 米切尔：《伊托邦：数字时代的城市生活》，吴启迪等译，上海科技教育出版社2005年版，第10页。

③ ［美］马修·辛德曼：《数字民主的迷思》，唐杰译，中国政法大学出版社2016年版，第7页。

④ ［美］凯斯·R. 桑斯坦：《权利革命之后：重塑规制治国》，钟瑞华译，中国人民大学出版社2008年版，第107页。

⑤ ［美］弥尔顿·L. 穆勒：《网络与国家——互联网治理的全球政治学》，周程等译，上海交通大学出版社2015年版，第58页。

‘开放性’却加剧了新政治精英的产生”,[①] 其后果就可想而知了。因此，客观理性的做法，应该是“利用当今网络技术的优势来进一步保存我们的文化和价值观，并在保护现有体制和塑造数字世界之间达成平衡”。[②] 这样，面对网约车等新业态、新模式的兴起，就需国家监管部门在准确把握互联网特性和平台与生产资料之间特殊关系的基础上，“调和新旧经济体和利益集团冲突”，并“在新旧产业之间保持平衡”。[③] 事实上，从我国网约车的合法化进程中多元群体和利益的复杂博弈来看，哪一方主张都不存在可以赢者通吃、绝对至上的正当性，而正义诉求自然会包含多元价值冲突，它“并不只是以一种声音说话”[④]，并且，现状也“不是对变革加以评价的合适基线”,[⑤] 恰恰应该由国家站在公共利益、公平正义和治理秩序的立场上，来进行综合考量各方利益诉求与生活现实来进行制度变革。因此，多元平衡的理念就成为人们达成共识、促进有序变革的价值准则和保障。

最后，倡导参与式治理。在任何国家，国家权力都是“引导和有计划变革社会制度的主要工具”。特别是在发展中国家，更“需要合理地使用法律秩序以便能够将制度变革引导到理想的道路上”。[⑥] 对于身处改革深水区和转型关键期的中国而言，则更是如此。然而，在当下深入贯彻“四个全面”战略布局和“三个清单”的治理模式下，这个国家规划和引导就必须建立在公众参与的基础上，特别是在网约车等新业态、新模式的制度变革中，倡导参与式治理的理念就显得十分关键。一方面，这是实现国家治理体系与治理能力现代化、推进治理法治化秩序的迫切需要。从党的十八大开始，我国已将“社会建设”提

---

① ［美］马修·辛德曼：《数字民主的迷思》，唐杰译，中国政法大学出版社 2016 年版，第 6 页。

② ［美］安德鲁·基恩：《网民的狂欢——关于互联网弊端的反思》，丁德良译，南海出版公司 2010 年版，第 184 页。

③ 胡凌：《如何监管分享经济——以专车为例》，载《中国证券期货》2015 年第 10 期。

④ ［英］约翰·格雷：《自由主义的两张面孔》，顾爱彬等译，江苏人民出版社 2002 年版，第 7、8 页。

⑤ ［美］凯斯·R. 桑斯坦：《权利革命之后：重塑规制治国》，钟瑞华译，中国人民大学出版社 2008 年版，第 50 页。

⑥ ［美］安·塞德曼、［美］罗伯特·塞德曼：《发展进程中的国家与法律——第三世界问题的解决和制度变革》，冯玉军等译，法律出版社 2006 年版，第 43 页。

升到创新管理的关键地位上，指出要“充分发挥群众参与社会管理的基础作用”，而党的十八届三中、四中全会则明确要求，要“构建程序合理、环节完整的协商民主体系，拓宽国家政权机关、政协组织、党派团体、基层组织、社会组织的协商渠道”，“把公众参与、专家论证、风险评估、合法性审查、集体讨论决定确定为重大行政决策法定程序，确保决策制度科学、程序正当、过程公开、责任明确”。这样，公众参与就成为构建治理法治化秩序的重要动力机制和总体要求。另一方面，在网约车等这些迅速崛起的数字社会新业态、新模式中，出现了社会主体在虚实两个空间切换，社会服务模式各个环节所涉及的社会主体也更加多元的状态，亟需进行决策模式创新。因此，“社会公共决策不再是精英政治的封闭行为，而是走向社会多元合作的开放行为，公民等其他主体都能参与到开放的公共决策中，不仅有民主表达权，还有贡献专业才干或智慧学识的行动权”。① 在这种情况下，要真正让“监管魔球转起来”，“政府官员要做的就不仅是明确自己对待这些法规的态度，还要了解民众的直觉反应。我们不能只凭感觉来实现国家治理和政府管理”。② 而只有实现了参与式治理，才能更好地应对新技术革命给公共政策所带来的挑战，也才能更好地实现制度变革，推进国家与社会治理法治化。

其二，尊重创新、多元共建的理念。全球化和互联网正在改变甚至颠覆着既有的经济业态和日常生活，也深刻地影响着公共治理和社会秩序，导致曾经受到追捧的“第三条道路”也出现了困局。其倡导者吉登斯不得不承认，“语境变了。全球化和信息革命打破了过去的确定性。为这些价值奋斗依然是目标，只是保卫它们需要不同的策略”。③ 其中一个十分重要的因素，就是未能有效应对全球化和信息革命进程中的国家构建与民间构建问题，而这恰是网约车等新业态、新模式传递给传统治理方式和机制的变革压力与创新动力，因此，贯彻尊重创

---

① 王国华、骆毅：《论“互联网 +”下的社会治理转型》，载《人民论坛 · 学术前沿》2015 年第 10 期。

② ［美］卡斯 · 桑斯坦：《简化——政府的未来》，陈丽芳译，中信出版社 2015 年版，第 171 页，

③ 谢秉强：《第三道路之死》，载澎湃新闻 · 思想市场：http：//www. thepaper. cn/newsDetail_ forward_ 1319990，最后访问日期：2017 年 1 月 10 日。

新、多元共建的理念，促进国家构建的转型和治理法治化，就成为一种必然的趋势。

我们知道，自近代以来，国家权力在受到社会制约的同时，也在不断地构建着社会。而“国家构建（state - building）就是在强化现有的国家制度的同时新建一批国家政府制度”。[①] 因此，它是国家以公益为由来进入社会，并力图塑造社会的一个经常性的制度化规制活动。尽管它需要反映社会发展需要和公众诉求以促成“共有的国家认同的形成”,[②] 也不乏民间力量的回应反思和构建参与。不过，国家构建毕竟是主导的，而民间力量对国家的影响，则更多地通过进入国家的公共政策开放空间和民主参与机制中来实现的。然而，在当下的数字时代，网约车等新业态对法律变革的挑战，已经凭借新技术平台对国家“正式”的制度规则进行直接的“破窗”式“改写”，同时也借助新业态“飞地”而直接进行了相应的规则秩序生产，这无疑就形成了前所未有的民间构建能力。这一状况的发生，则不仅是科技发展带来的“创造性破坏”结果，也是应对复杂多变的经济发展业态、形成多元治理机制的必然趋势，它意味着新时期国家与社会之间的良性互动、双向构建、参与治理的新机制，以及社会多元力量之间的相互博弈与秩序构建，进而成为“共建共享”治理格局的动力和基础。

事实表明，面对当今全球化、信息化和科技发展所带来的诸多挑战与复杂问题，如果国家构建能力不足，难免导致社会中出现无政府主义和割据性的“碎片化社会控制”,[③] 而过于注重国家构建能力、忽视民间构建能力，则容易形成精英阶层和既得利益群体以“公共利益”之名来吸纳、侵蚀底层民众权益的“汲取性”机制,[④] 进而出现“日益增长的贫富差距和一个源自体制最底层的不公”，“这是不平等的危险

---

① ［美］弗朗西斯·福山：《国家构建——21 世纪的国家治理与世界秩序》，黄胜强等译，中国社会科学出版社 2007 年版，序第 1 页。

② ［美］德里克·W. 布林克霍夫：《冲突后社会的治理：重建脆弱国家》，赵俊等译，民主与建设出版社 2015 年版，第 41 页。

③ ［美］乔尔·S. 米格代尔：《强国家与弱社会——第三世界的国家社会关系及国家能力》，张长东等译，凤凰出版传媒集团、江苏人民出版社 2009 年版，第 289 页。

④ 参见［美］德隆·阿西莫格鲁、［美］詹姆斯·A. 鲁滨逊：《国家为什么会失败》，李增刚译，湖南科学技术出版社 2015 年版，第 107 页。

泡沫，它会破坏稳定”。[①] 这两种极端倾向，背后都“可以追溯到社会凝聚力以及一套共享的、有生产力的制度的缺失”，[②] 动荡风险随时都可能发生。为此，需要通过转向注重社会力量参与的“包容性制度”来获得重建，走“共建共享”发展道路也就成为一种趋势。

目前，我国已进入了改革深水区和转型关键期，按照“四个全面”战略来推进国家治理体系和治理能力现代化，并致力于构建全民“共建共享”的治理格局。而“十三五”期间，国家要推动“大众创业、万众创新”，释放新需求，创造新供给，推动新技术、新产业、新业态蓬勃发展。为此，要充分尊重群众的首创精神，“最大限度增强社会发展活力，充分发挥人民群众首创精神，使全社会创造能量充分释放、创业活动蓬勃开展”，[③] 而政府则“要勇于自我革命，给市场和社会留出空间”，[④] 这样，就“需要‘社会’站出来承担独立的功能”，使“‘政府、市场和社会’这‘三手’形成合力”，[⑤] 这无疑体现着尊重民众创造精神和民间构建作用的深层底蕴。事实也表明，在“三个清单”的全新治理机制下，就要彻底改变以往那种政府主导的单方面设计和规制方式，从而为民间自律和民间“软法”生产让渡出足够的成长空间。也只有尊重和保障民间进行自主规制、自律管理的“软法之治”，在政府与民间、民间不同利益主体之间来探索“共建共享”的秩序模式，才能顺应共享经济发展和治理法治化的时代要求。因此，我们就应在“共建共享”价值原则指引下，对网约车等这类展现国家与社会良性互动、双向构建、参与治理的新机制，给予充分的包容和吸纳，同时，尊重民间多元力量以民间“软法”来构建和维护自律平衡秩序

① 谢秉强：《第三道路之死》，载澎湃新闻：http：//www. thepaper. cn/newsDetail_ forward_ 1319990，最后访问日期：2019 年 1 月 10 日。

② ［美］赛斯·D. 卡普兰：《修复脆弱的国家：发展的新范例》，颜琳译，民主与建设出版社 2015 年版，第 68 页。

③ 《让创造的正能量充分释放》，载新华时评：http：//news. xinhuanet. com/politics/2013 －10/31/c_ 117951901. htm，最后访问日期：2019 年 1 月 5 日。

④ 《大众创业、万众创新：一场政府的自我革命》，载中央政府门户网站：http：//www. gov. cn/zhengce/2015 －06/09/content_ 2875963. htm，最后访问日期：2019 年 1 月 5 日。

⑤ 赵士刚：《习近平关于政府、市场和社会同向发力的论述及意义》，载《党的文献》2016 年第 6 期。

的努力，从而倡导尊重创新、多元共建的新理念，形成包容性的治理法治化新态势。

其三，维护权益、公平共享的理念。网络时代的到来，不仅开辟了一个与现实空间既相衔接又相游离的巨大虚拟空间，同时也为人类活动提供了无限想象场域和创造“飞地”，特别是形成了现实制度与物理空间所无法企及的自我赋权能力和自治取向。也就是说，在前互联网时代，社会公众的权利基本都是通过制度安排和规则赋予来获取的。但随着网络时代的到来，网约车等日新月异的新业态、新模式、新领域具有高度的敏感性和拓新性，它们会直接通过新技术手段，来在体制或制度外进行创造性的自我赋权，而且赋权的速度和深度也有很大超前性。尽管这种压力会迫使政府监管部门通过加速制度变革来跟进规制，但仍滞后于民间的自我赋权步伐。

客观情况表明，一方面，面对传统的权力管制和行业垄断，赋权实践就是一个无休止的过程，它“旨在消除权力与资源分配上不断产生的分割与不平等”。[①] 另一方面，信息时代带来的分权化治理已“不是零和博弈，而是可以让所有人共享、共同提高”。[②] 对当下中国而言，“我们的方向就是让每个人获得发展自我和奉献社会的机会，共同享有人生出彩的机会，共同享有梦想成真的机会，保证人民平等参与、平等发展权利，维护社会公平正义，使发展成果更多更公平惠及全体人民，朝着共同富裕方向稳步前进”。[③] 这样，对网约车等新业态和新模式，就需要立足赋权取向，将数字时代“大众创业、万众创新”所创造出来利益增长和机会空间，适时转化为制度上的权益，进而形成鼓励创新、增量赋权、自由公正的治理法治化秩序。然而，增量赋权也会面临如下难题：“一是会间接降低既得权利的利益含量，会遭到既得利益者的阻挠，尽管这种阻力小于直接取消既得权利的阻力；二是发

---

① ［英］Robert Adams：《赋权、参与和社会工作》，汪冬冬译，华东理工大学出版社 2013 年版，第 248 页。

② ［美］尼古拉斯·伯格鲁恩、［美］内森·加德尔斯：《智慧治理——21 世纪东西方之间的中庸之道》，朱新伟等译，格致出版社、上海人民出版社 2013 年版，第 169 页。

③ 赵士刚：《习近平关于政府、市场和社会同向发力的论述及意义》，载《党的文献》2016 年第 6 期。

展机会源于政府，而政府并非总是具有打破既得利益、重新分配发展机会的充分激励。此外，公共权力始终存在被滥用的风险，甚或与既得利益勾连起来，形成权力与资本相互支持的恶性循环。”① 因此，就应在坚持国家与社会“共建”以及多元社会力量之间“共建”理念的同时，按照“共享”精神来促进多元社会主体的制度化赋权。也即政府应尽可能地为社会权利的增长保驾护航，只在不得不基于公益需要而进行干预的情况下才设定监管权，因此不可“与民争利”，而是要致力于创造“共享”环境、公平秩序和发展机会。同时，面对网约车等新业态、新模式所释放和创造出来的巨大利益空间，也需在对新旧利益、不同利益主体之间进行公正平衡的基础上，进行包容性赋权。在这里，“最重要的并不是把这些价值中的某一种确定为比其他的价值更为重要，而在于维护这样一种制度：对于过一种良善生活是重要的所有价值的要求都能在这种制度中得到考虑和权衡”。② 使创新“以不侵犯他人合法权益为边界，需有利于建立平等公正的竞争秩序，需符合消费者的一般权益和社会公共利益”。③ 从而确立起维护权益、公平共享的理念，促进社会治理的法治化。

2. 构建包容性规制的基本原则

立足“共建共享”理念的制度变革，必然体现着包容性的、法治化治理的规制方式。而当下迅猛袭来的信息革命，“在改变我们许多基本的生活和思考方式的同时，大数据早已在推动我们去重新思考最基本的准则，包括怎样鼓励其增长以及怎样遏制其潜在威胁。然而，不同于印刷革命，我们没有几个世纪的时间去慢慢适应，我们也许只有几年时间”。④ 因此，对网约车等新业态、新模式所带来的各种“破窗”和“创造性破坏”，既不能全盘否定，也不能全盘肯定，而是应确立一

① 参见张东：《法治如何促进大众创新创业——基于专车服务微观样本的分析》，载《法学》2016 年第 3 期。

② ［美］约翰·凯克斯：《反对自由主义》，应奇译，江苏人民出版社 2003 年版，第 233 页。

③ 何波：《“互联网 +”时代：旧制度变革与新秩序重建》，载《世界电信》2015 年第 8 期。

④ ［英］维克托·迈尔 – 舍恩伯格、［英］肯尼斯·库克耶：《大数据时代：生活、工作与思维的大变革》，盛杨燕等译，浙江人民出版社 2013 年版，第 219 页。

定的识别原则和标准，进而作出不同的政策回应和制度变革。

其一，基本权利保障原则。众所周知，在全球化和信息革命的新形势下，国家和社会治理的问题与挑战越来越多，也越来越复杂，因此，“政府规制能够避免强制或混乱，并因此通过使人们更加容易做自己想做的事或得到自己想要的东西而促进自由”。① 然而，这种规制则必须建立在基本权利保障基础上。习近平总书记指出，“社会建设要以共建共享为基本原则，在体制机制、制度政策上系统谋划，从保障和改善民生做起，坚持群众想什么、我们就干什么，既尽力而为又量力而行，多一些雪中送炭，使各项工作都做到愿望和效果相统一”。② 而李克强总理也指出“‘互联网+’的发展，应该让消费者和大众来选择”。③ 这样，保障基本的民生民权就成为一个法治底线。事实表明，“基本权利不仅提供使个人自由免受‘国家权力’侵犯的保障，它也涉及个人相互之间自由的界限问题。因为在一个社会当中，一个人的自由总是以另一个人的自由为代价的。因此，对个人自由的限制必须是在公民彼此之间的关系上来界定。也就是说，人格的自由发展尤其是以其他人的权利为其界限的”。④ 因此，对网约车等新业态、新模式的“类问题”“类现象”，政府部门就应遵照保障基本权利的这一法治底线，对其“给予创新一定的成长空间。同时，监管需要建立灵活、联动的监管模式，否则很难应对互联网的快速、跨界发展”。⑤

其二，比例原则和过度禁止原则。在当今时代，“看得见的手”和“看不见的手”都存在失灵问题，又都不可或缺。特别是科技革命和社会进步所创造出来的巨大利益空间正在无限延展，导致民间自主发展

---

① ［美］凯斯·R. 桑斯坦：《权利革命之后：重塑规制治国》，钟瑞华译，中国人民大学出版社2008年版，第43页。

② 参见赵士刚：《习近平关于政府、市场和社会同向发力的论述及意义》，载《党的文献》2016年第6期。

③ 《李克强：“互联网+”发展应该让消费者和大众来选择》，载中新网：http://www.chinanews.com/gn/2015/08-08/7455764.shtml，最后访问日期：2019年7月27日。

④ ［德］莱因荷德·齐柏里乌斯：《法学导论》，金振豹译，中国政法大学出版社2007年版，第151~152页。

⑤ 王晓洁、阳娜：《当“互联网+”遇上监管》，载《财经国家周刊》2015年第12期。

和国家干预的脚步也在不断前行。因此，关键的问题并不在于国家是否干预，而在于如何干预，这就必须建立合理的“比例原则”和“过度禁止原则”。也就是说，“政府或法律的介入要建立在公共利益的基础上，在处理国家公权力和公民个人权利的冲突中保持最佳的平衡状态，取得一个最优的比例”。[①] 这就意味着，在国家干预与由此带来的利益之间，应当有适当的比例关系，即只有当国家干预所带来的利益大于未干预时的利益的情况下，才是适当的、有合法性的。然而，“但这里考虑的不仅仅是需要加以衡量的不同利益各自的抽象比重和数量，同时也包括其可行性和这些利益被促进或损害的程度。在只有一种适当的干涉可以带来利益的情况下，则毫无疑问这种干涉是符合比例适当原则的。如果两种以上的，都可以带来利益的干涉措施可以选择，则过度禁止原则要求选择对相关利益影响最小，从而可将对利益的必要损害限制于最小范围的干涉措施。如果存在一种既能实现所追求的目标，又不影响其他利益的干涉措施，则应选择这一干涉措施”。[②] 那么，具体到网约车、短租平台等新业态、新模式上，国家干预的方式和范围就应遵照比例原则和过度禁止原则精神，基于政府监管、群体权利、行业秩序、发展进步等方面的要素，进行必要的权益衡量和民主协商，使国家干预呈现“一种主要功能是分配性而非管理性的法律秩序”。[③] 这样，才能更好地鼓励“双创”发展，又能形成良好的社会治理秩序。

其三，增益平衡原则。科技发展无疑是法律变革和人类进步的重要动力，但它也会“废除所有能够带来稳定和秩序的传统故事和符号，而重新讲述一个关于技能、技术知识和消费美梦的故事”。[④] 在网约车合法性问题的争论中，就有评论宣称，我们“应该以开放的心态去接

---

① 张化冰：《网络空间的规制与平衡——一种比较研究的视角》，中国社会科学出版社 2013 年版，第 60 页。

② ［德］莱因荷德·齐柏里乌斯：《法学导论》，金振豹译，中国政法大学出版社 2007 年版，第 142 页。

③ ［美］伯纳德·施瓦茨：《美国法律史》，王军等译，中国政法大学出版社 1990 年版，第 330 页。

④ ［美］Neil Postman：《技术垄断：文明向技术投降》，蔡金栋等译，机械工业出版社 2013 年版，第 168 页。

受现代性的福利，这是一个不可逆转的趋势。尤其在现代社会，科技的日新月异使我们对于颠覆性的事物已经多有期待”。① 因此，“当技术创新的时代来临，任何与技术相关问题的立法、司法都应走一条‘先了解技术，然后才立规’的路径”。② 然而，事实上，新技术发展无疑会带来巨大的创新增益，但它也并非“天使”，特别是在渗入资本的力量和私人偏好之后，其可能的问题和风险需要国家法秩序来进行纠偏和平衡。为此，有评论指出，网约车在“摧枯拉朽”后一旦形成垄断和提价，其“背后的资本获得暴利，只是成就了多少个亿万富翁，而老百姓没有好处，这也是监管层应该考虑的”。③ 客观情况表明，消费者已经离不开网约车，对其所展现的巨大便利性和优越性已经养成很强的依赖性，这正是网约车广泛而深刻的民意基础，另外，网约车发展中暴露出很多问题，亟待规范以促进其良性发展。④ 说到底，关于网约车的巨大争议，如果仅把它视为新生事物、科技进步所遭遇的政府阻碍、传统垄断和旧事物抵抗，就未免太简单了。事实上，它深层问题的一个很重要方面，乃是未能在其创新增益中实现有效的权益平衡，从而引发了巨大争议和冲突。因此，对科技发展和“双创”过程中出现的新业态、新模式、新机制，我们就应确立通过适时的国家干预和法律规制来进行必要的增益平衡，以促进“共建共享”治理和公平秩序。事实也表明，“仅存在于完全没有法律的情况下的个人自由与仅仅以正规化的法律限制行为的秩序之间的权衡，随着品位、技术和资源的变化而变化”。⑤ 但这个变革应该抑制资本逻辑和私人偏好的不利因素，以增益平衡来促进公众福祉和社会文明进步。只有这样，数字时

① 《打车软件：一场旧制度与新技术的博弈》，载网易：http：//news. 163. com/15/0608/09/ARJ0LS4P00014AED. html，最后访问日期：2019 年 4 月 1 日。

② 杭州市西湖区人民法院：《支付宝网络支付案件司法审查报告》（2008 年 3 月至 2015 年 3 月），载《互联网金融法律评论》（2016 年 · 第 1 辑），法律出版社 2016 年版，第 185 页。

③ 王南：《网约车新政博弈》，载《中国经济时报》2016 年 10 月 28 日，第 A16 版。

④ 参见《网约车新政需在充分博弈中抵近共识》，载《深圳晚报》2016 年 10 月 9 日，第 A02 版。

⑤ ［美］詹姆斯 · 布坎南：《自由的界限——在无政府与利维坦之间》，顾肃译，台北，联经出版事业公司 2002 年版，第 164 页。

代的“双创”发展，才能“具有强大的力量推动社会的平等、人性化、可持续性和创造力”，进而使“公正和自治是该时代的秩序”。[①]

3. 同步分享、增量赋权的制度变革策略

面对当今技术创新导致的社会和经济变革加速，吉登斯深刻意识到他的“第三条道路”由此被打破了，少数精英可能会越来越富裕，但“世界被全球化和互联网打开了，没有人可以关闭它”。[②] 因此，面对网约车等“植入”和“嫁接”所带来的挑战与风险，我们既不能简单回避，也不能防变“甚于防川”。而应该基于上述“共建共享”治理的法治化理念和包容性规制的基本原则，予以积极应对，促进同步分享、增量赋权的制度变革。

首先，国家立法权与民间创议权的良性互动。随着科技变革加速、互联网升级发展和国家“双创”战略的全面实施，国家法秩序对网约车等“创造性破坏”的包容和吸纳性会更强，对“自生自发”秩序的指引矫正、彼此互动赋权与双向构建的程度会进一步加深。这就意味着，国家立法权必然会面临着越来越多、越来越活跃的“民间创议”活动，而此时，“一方面我们要鼓励革新、开放和进步，另一方面要尊崇真理、权威和创造的专业标准”。[③] 这就需要推进国家立法权与民间创议权和良性互动。一是对公共利益、权益平衡和公平秩序有重要影响的“公赋权性”民间创议，要上升为法律设定或制度规制。政府监管部门应及时回应、甄别，并进行相应政策或制度变革来“定分止争”，而不应该是消极防范、堵漏或者懈怠。因为“法律秩序的任务是，调和在任何社会中迫切要求认可的权益，并且决定其中哪些应被确认为通过法律加以推行的权利”。[④] 最终使“国家会成为一种进行平

---

① ［美］鲁伯特·W. 麦克切斯尼：《传播革命》，高金萍译，上海译文出版社 2009 年版，第 2 页。

② 谢秉强：《第三道路之死》，载澎湃新闻：http：//www. thepaper. cn/newsDetail_ forward_ 1319990，最后访问日期：2019 年 1 月 10 日。

③ ［美］安德鲁·基恩：《网民的狂欢——关于互联网弊端的反思》，丁德良译，南海出版公司 2010 年版，第 200 页。

④ ［美］伯纳德·施瓦茨：《美国法律史》，王军等译，中国政法大学出版社 1997 年版，第 273 页。

衡的角色”，进而“为政府和非政府的活动创造出可以共存的空间”。[①] 二是国家的政策或制度变革，应充分展现协商共识。我们知道，如果规则与现实行为漠不相关，法律的功能就会被扭曲，“应当通过塑造规则本身来适应现实需要”。[②] 然而，面对网约车等新业态、新模式和“创造性破坏”引发的制度变革，则应该采取开门立法、多元协商方式来有序进行，而不可关门设计或者权力擅定。这既是落实党的十八届三中全会关于“推进协商民主广泛多层制度化发展”，“深入开展立法协商、行政协商、民主协商、参政协商、社会协商”的客观要求，科学厘定新旧利益冲突和多元权利诉求，实现社会治理法治化的根本途径。三是实现从“国家本位”立法观念，向“共建共享治理”立法观念的转型。这是应对数字时代“创造性破坏”所带来的挑战和风险，促进国家立法权与民间创议权良性互动，推进“共建共享”治理格局的时代动力和基本保障。

其次，政策指导与行业自治的有机结合。实际上，国家立法权与民间创议权的良性互动，旨在把科技变革和“双创”过程中民间创议活动的“赋权性”部分吸纳、上升为法律权利和制度规则。然而，还有相当部分的“自治性”民间创议活动，是不需上升为法律权利和制度规则，甚至不需要国家干预的。因为在全球化、市场经济和网络迅速发展的当代社会，“秩序不是人们从外部向社会施加的压力”，而是“在社会内部建立的平衡”。[③] 它使法律的大部分目标并不由公权力来设定，更多的法律恰恰是“在私有当事人之间采取私人筹划的形式形成的”。[④] 特别是“网络互动经常具有复杂的身份构建、规则制定和执行等特征”。[⑤] 故而，“立法者的使命不是建立某种秩序，而仅是为这样一

---

① ［日］猪口孝、［英］爱德华·纽曼、［美］约翰·基恩：《变动中的民主》，吉林人民出版社1999年版，第20页。

② ［美］本杰明·N. 卡多佐：《法律的成长——法律科学的悖论》，董炯等译，中国法制出版社2002年版，第65页。

③ J. Ortega Gasset, *Mirabeau Order der Politiker*, in Gesammelte Werk, Bd. 2. Stuttgart, 1950, p. 378.

④ ［美］罗伯特·S. 萨默斯：《美国实用工具主义法学》，柯华庆译，中国法制出版社2010年版，第229页。

⑤ ［英］安德鲁·查德威克：《互联网政治学：国家、公民与新传播技术》，任孟山译，华夏出版社2010年版，第34页。

种秩序的形成和不断地自我更新创造条件”。[1]

对当下中国而言，正在大力挖掘“三个清单”模式下的“双创”发展动力。因此，对网约车等民间创议活动中除了被吸纳、上升为法律权利和制度规则外的“自治性”部分，就应该按照数字时代的发展逻辑，尊重互联网的“共享协议”基础和“代码就是法律”原则，按照“有自由而不混乱，有管理而无政府，有共识而无特权”的网络空间发展导向，[2] 赋予网约车、短租平台等民间“软法”自治的“飞地”自由。事实也表明，数字社会发展创造了空前的共享经济模式，让人们能够公平享有社会资源，共同创造和获得经济红利。这不仅方便了日常生活、促进了大众创新、推动了经济发展，也形成了共建共享的切身体验和流行观念，而网购、网约车等打破旧秩序、创生新秩序的节奏与强度更是史无前例，它们不仅塑造了民间自律秩序，同时也影响了国家法秩序的运行范围和方式，这些都无疑会带来公共治理观念和方式上的“革命”。而互联网多年发展的一个监管经验是，“由平台的自我监管辅助行政机关的监管，并承担相应责任，以使监管变得更有效率”。[3] 当然，网约车、短租平台等新业态、新模式所塑造的这种民间自律秩序，也存在某种不确定性因素，它们“今天‘打则惊天动地’，明天‘合则恩爱到底’，只盯着眼下，却未组织起行业协会，树立行业规范，以图谋行业的长远良性发展。既然没有设定自律监管的标准，在监管权力上被接管恐怕是一个必然结果”。[4] 因此，其理性发展尚需国家监管部门的政策指导，也需要组织起行之有效的行业协会，这样，才能形成政策指导和行业自律的有机结合，推进自主自律、共建共享的法治化治理秩序。事实上，法治并不是一种至善至美的乌托邦理想，“我们必须把法治看作介乎于无政府状态和超强控制状态之间

① ［英］弗雷德里希·奥古斯特·哈耶克：《自由宪章》，杨玉生等译，中国社会科学出版社 1999 年版，第 229 页。

② ［美］劳伦斯·莱斯格：《代码 2.0：网络空间中的法律》，李旭等译，清华大学出版社 2009 年版，第 2、6 页。

③ 胡凌：《如何监管分享经济——以专车为例》，载《中国证券期货》2015 年第 10 期。

④ 邓峰：《网约车新规带来的启示》，载《财经》2016 年第 57 期。

的一种复杂的中间状态”。[①] 基于网约车等新业态、新模式所形成的政策指导与行业自治有机结合的治理模式，也正是从单向的国家“构建主义”转向国家与社会的双向构建、平衡治理的“共建共享”模式的重要努力，从而为独具特色的“法治中国”建设模式奠定坚实基础。

最后，必要的规制校正与安定秩序维护。数字时代的民间创议活动，除了“赋权性”“自治性”部分，无疑也会有“安定性”部分。我们知道，在互联网兴起之初，“网络自由主义”扮演着启蒙者的角色，他们认为“互联网的自由就‘写在’它的协议中。它不需要任何法律条款或政治程序就可以持续地‘解放’我们，因为最终解放我们的是技术，而不是法律和制度；他们相信，技术将使政治与治理问题逐渐消失”。因而“民族国家被视作过时落伍的产物、令人分神的干扰”。但很显然，这是“以天真的技术决定论为基础的”。[②] 而随着互联网的纵深发展，人们便逐渐认识到，一方面，网络空间“不是一个和谐的场所。网络环境允许一个人与志趣相同的人迅速取得联系，不过，欺骗与不和的机会也同样存在”。[③] 另一方面，“技术中立性因分享经济模式和‘互联网+’产业的普及，逐渐被社会责任和用户权益保护所侵蚀”。因此，“立法者要有两方面的警惕：一是要警惕严格的技术中立标准，可能会阉割技术发展速度；二是过于宽松的技术性标准，则可能让现实的底线性规定变成一纸空文”。[④] 这样，尽管互联网时代具有不可回避的多元性、扁平性、自由性、自治性塑造功能，然而，“门和守门人仍然是信息版图中的关键部分”。[⑤] 这就意味着，我们在乐见和肯定网约车、短租平台等新生事物的同时，也必须对它们背后的资

---

① ［英］蒂莫西·A. O. 恩迪科特：《法律中的模糊性》，程朝阳译，北京大学出版社 2010 年版，第 246 页。

② ［美］弥尔顿·L. 穆勒：《网络与国家——互联网治理的全球政治学》，周程等译，上海交通大学出版社 2015 年版，第 3 页。

③ ［美］彼得·德恩里科：《法的门前》，邓子滨译，北京大学出版社 2012 年版，第 393 页。

④ 朱巍：《互联网+对民法典编纂的影响》，载《国家检察官学院学报》2016 年第 3 期。

⑤ ［美］马修·辛德曼：《数字民主的迷思》，唐杰译，中国政法大学出版社 2016 年版，第 17 页。

本逻辑和可能的风险予以必要的警醒。因此，理性的公共政策和制度变革，就应透视资本力量和私人偏好凭借技术变革先进性的假说，来审慎衡量网约车、短租平台等新业态、新模式对公共利益和社会秩序带来的冲击和重组。无论如何，那种所谓技术中立，或者“通过法律和规范来控制技术一直是一个徒劳无益的举措，而用技术‘校正’技术一直更为有效”的立场，[①] 是难以平息新旧利益冲突、赢得公众认同，也难以有效建立治理秩序的。

事实上，面对网约车等新业态、新模式和“创造性破坏”，必须立足公共利益、多元平衡和安定秩序维度来予以审视。因为有些“私人偏好可能为集体抱负或慎思明辨的判断所推翻”。这样，“即使有些人的境况因规制而恶化，规制仍然可以获得正当性论证”。[②] 而很多国家的经验也一再表明，“如果没有国家，大多数公共治理将不能有效地进行”。[③] 因此，网约车合法化进程中，尽管国家的网约车新规，特别是北京、上海、广州等的地方细则备受争议，但国家或地方政府从公共利益出发，进行必要的规制、校正和限制，仍然十分必要。至于这种规制、校正和限制的基准和限度，可能还需要进一步的讨论，然而，国家监管部门对网约车等新业态、新模式及其民间创议活动所采取的这种公益规制立场，对抑制资本垄断和限制私人偏好，促进多元平衡、保障民生权益和维护社会公平，无疑具有重要意义。只有这样，才能更好地促进共建共享、和谐安定的治理秩序，推动“法治中国”建设目标的实现。

三、数字社会的“第四代人权”及其保障

随着网络技术、信息技术和人工智能技术的加速融合发展，人类已经从工商业时代跨入了数字经济时代，开启了万物相连、高效智能、

---

① ［美］理查德·斯皮内洛：《铁笼，还是乌托邦——网络空间的道德与法律》，李伦等译，北京大学出版社 2007 年版，第 1 页。

② ［美］凯斯·R. 桑斯坦：《权利革命之后：重塑规制治国》，钟瑞华译，中国人民大学出版社 2008 年版，第 50 页。

③ ［美］弥尔顿·L. 穆勒：《网络与国家——互联网治理的全球政治学》，周程等译，上海交通大学出版社 2015 年版，第 2 页。

人机互动的智慧社会，“其影响力足以与工业革命相媲美”,[①] 这必然会促发人权的发展与变革。事实表明，既有的“三代”人权发展格局被逐渐打破，“第四代人权”已经应运而生，如何加强其法治化保障已成为一个迫切而重要的时代课题。

（一）数字社会境遇下的人权挑战

当今信息革命对人类的深刻影响，已经远超农业革命和工业革命，特别是“基于互联网协议、例如万维网、云计算、便宜的存储、算法、社交网站、政府和市场营销人员的大数据收集、手机应用软件（App）和无线连接，这些数字化技术正在改变生活中的一切”。[②] 它产生了很多颠覆性的后果，对近代以来的现代性社会结构、社会关系和行为模式进行着日渐深入的数字化重塑，造就了以数字化微粒状态存在的全新“生人社会”,[③] 这必然会引起相应的法律变革，带来全新的人权挑战。

1. 数字时代的人权保护境遇

首先，物理时空的消解。自从人类走出森林，来到丰美的河谷，就一直在“上帝”给定的物理时空中谋生存、求发展。在物理时空的范围内，形成了以人—财—物为基础的生产生活关系和法律秩序。而如今信息革命的一个实质性飞跃，乃是在现实的物理空间之外，创造出无限延展的虚拟的电子空间。物理时空的总体性、结构性、稳定性、有限性被虚拟时空所击破，呈现出扁平化、破碎化、流动化、无疆化的态势。人们可以随时上网交易、App 预约、微信群聊、发布抖音等，几乎每天、几乎每个行为都穿梭于现实—虚拟的双重空间之中，近程与远程相交织、现实与虚拟要素相混杂。这样，“你在应用互联网连接世界时，互联网实际上重塑了你与世界接触的方式”,[④] 甚至会有人类

---

① ［美］安德雷斯·韦思岸：《大数据和我们——如何更好地从后隐私经济中获益?》，胡小锐等译，中信出版集团 2016 年版，第 18 页。

② ［美］安德鲁·V. 爱德华：《数字法则——机器人、大数据和算法如何重塑未来》，鲜于静等译，机械工业出版社 2016 年版，第 2 页。

③ 陈宏、刘晨浩：《我国“生人社会”治理法治化路径研究》，载《理论探讨》2018 年第 6 期。

④ ［美］马克·格雷厄姆、威廉·H. 达顿：《另一个地球：互联网 + 社会》，胡泳等译，电子工业出版社 2015 年版，导论第 XXVI 页。

社会的“奇点”发生。[①] 但不管怎么说，基于物理时空的现代性关系正面临着数字化的颠覆和重建，万物互联、场景互动、智慧治理将成为常态，法律关系、权利义务将面临着重大的调整和转型，权利保护也面临很多新的难题。

其次，主权边界的模糊。主权本来就是一个争议不断、复杂纠缠的问题，而当今网络化、数字化、智能化的叠加交融发展，又将全世界塑造成无缝连接、即时互动、分布共享的信息共同体，主权能力随之被数字化所解构，主权边界也日渐模糊。此时，商业营销、社交媒体、搜索引擎等均超越空间地域和国家边界，侵犯隐私、数据歧视，以及跨国监控等问题日渐突出，人权的国际化保护就变得更为复杂和艰难。虽然欧盟 GDPR 设定了数据保护的“长臂管辖”，但它已经引起争议，如若在人权与主权问题上则更难行得通。这样，确立新的权利保护逻辑，探索新的权利保护方式也就势在必行了。

再次，国家—社会的混同。众所周知，国家/社会、公权力/私权利的二元结构是现代性的基本构架和制度基础，政府与市场、干预与自由的演变平衡则成为其主旋律。各类平台一方面基于新业态管理的需要，另一方面又基于政府能力所限而“给平台加责任”的监管方式，使平台不仅身为一个庞大的“商业帝国”，还赋予了规则制定权、审查权、管理权和处分权，具有明显的“准公权力”特征。这样，现代性的国家—社会、公权力—私权利二元结构便由此发生了重大解组，出现了公权力—私权力—私权利的三元结构及其社会关系，国家—社会发生了混同。此时，私权力主体掌握着海量信息和智能算法，大数据杀熟、算法歧视、算法“黑箱”等问题随之涌现，从而对权利保护产生了新难题和风险。

最后，生物—数字的双重人性。随着网络化、数字化和智能化的迅猛发展，人们的社会行为和日常交往都在不断地数字化，人们每时每刻、一举一动都会留下一串串的身份数据、关系数据、行为数据和

---

① 参见［美］Ray Kurzweil：《奇点临近——2045 年，当计算机智能超过人类》，李庆诚等译，机械工业出版社 2017 年版，第 228 页；［英］卡鲁姆·蔡斯：《经济奇点——人工智能时代，我们将如何谋生?》，任小红译，机械工业出版社 2017 年版，第 233 页。

言语数据，通过挖掘分析而形成一个个“数据画像”，构成生活方式的数字化表达。这样，人们就在天然的生物属性之外，获得了数字属性，从“生物人类”迈向“数字人类”，塑造了数字时代中生物—信息的双重人性，以至于“人的本质到底是什么？在接下来的20年时间里，随着大数据技术的不断发展，我们将会越来越深入地思考这个问题”。[①]而技术公司、平台和政府则可以凭借数字技术，来描绘出一个人的基本面貌、身份背景和活动规律。这固然能够提供丰富的信息检索、目标推送、个性订制和精准服务，促进了智能交易和智慧治理，但数字化技术“创造了许多，也同样毁灭了许多，它毁灭的东西可能比替代的多”。[②] 它很容易浸润人的生物—数字的双重属性内部，侵蚀个人隐私空间和权利，形成信息不对称和数据鸿沟，甚至还会出现“监控社会”，变成公权力的技术化延伸，从而造成数字时代的秩序异化。

上述这些颠覆性的社会变革，使数字时代的权利保护面临着异常复杂的境遇。

2. 数字时代的人权难题

在物理时空消解、主权边界模糊、国家—社会混同和生物—数字双重属性的时代背景下，权利保护境遇不佳，人权领域自然也难免遭遇到前所未有的各种威胁。

其一，隐私权保护面临的时代困境。个人隐私权既是一项基本的私法权利，也是一项重要的人权。自20世纪初开始，从“对隐私权的侵犯已经不需要物理的、强制性侵入”到“隐私的合理期待”（公共暴露），隐私权保障逐渐由住宅扩展到公共场所、从强调“场所”转向关注“人”。[③] 如今，随着互联网、大数据、云计算、人工智能等信息技术的迅猛发展和广泛应用，经济、政治、社会和文化各个领域都在加速数字化进程，人们的衣食住行和生活习惯也越来越多地以数据化形态呈现于日常交往之中。其结果是，个人数据在大数据分析中的最终

① ［美］史蒂夫·洛尔：《大数据主义》，胡小锐等译，中信出版集团2015年版，第306页。

② ［美］安德鲁·V. 爱德华：《数字法则——机器人、大数据和算法如何重塑未来》，鲜于静等译，机械工业出版社2016年版，第191页。

③ 刘新年等：《大数据时代下，如何保护隐私权》，载《检察日报》2013年8月23日，第005版。

使用情况，已经远远超出个人的意图范围和认知能力，个人对自己产生的数据或信息缺少足够的控制力。同时，大数据技术也深度地“瓦解”了公共空间与私人空间的二元构造，使原有的公域与私域之分变得难以为继,① “公共暴露”的情境就变得日益模糊。在这种状况下，公权利主体在政务服务中收集、处理、存储公民数据，各种技术公司、商业平台、服务运营商等同样无时无刻不在收集、分析、利用消费者的个人数据。即使它们对某些数据采用了匿名化处理，也会“因为科学家们正逐渐掌握了‘去匿名化’的技术，使隐藏在看似匿名数据背后的个人无所遁形”,② 这就给隐私权保护造成了前所未有的双重张力。

一方面，数字化、信息化、智能化给人们的生活带来了巨大的自由、便利和舒适，随处可见的监控也让人获得了更多的安全，同时，“9·11”事件后以美国《爱国者法案》为代表的反恐调查（秘密搜查）对个人隐私的侵犯日益严重，“棱镜门”事件的效应凸显，各国监控技术不断强化、范围不断扩大。在全球商业领域，“我们的个人资料、身份信息、财产状况、家庭成员、个人喜好、日常活动范围、购物偏好、上网记录、通信记录，形成了一串串数字信息展现在网络世界，并被大数据企业所掌握”。③ 于是，无处不在的数据分析、数据画像和精准推送，已经扯开了传统隐秘空间上的面纱，个人很难再找回自己那个曾经无人知晓的“后花园”，成为“无隐私的公众”,④ 这似乎是人们享有便利、舒适和安全所应付出的必然代价。

另一方面，人们越来越多地认为，“收集和使用某些数据的行为本

---

① 参见郑戈：《在鼓励创新与保护人权之间——法律如何回应大数据技术革新的挑战》，载《探索与争鸣》2016 年第 7 期。

② Galit A. Sarfaty. *Can Big Data Revolutionize international Human Rights Law*? Penn Law：Legal Scholarship Repository，2018，p. 89.

③ 美国政府除了要求谷歌、微软、亚马逊、苹果等云端服务供应商提供与“国家安全有关”的数据信息，美国国家安全局每天拦截并存储的电子邮件、电话和其他通信记录多达数十亿条。同样，全球 15 个大数据企业，也通过“数字搜客”等方式随时随地搜揽个人的一切数据。参见涂子沛：《大数据》，广西师范大学出版社 2015 年版，第 70、201 页。

④ ［英］约翰·帕克：《全民监控：大数据时代的安全与隐私困境》，关立深译，金城出版社 2015 年版，第 1 页。

身可能就侵犯了人权，特别是隐私权和知情同意权”。[①] 基于此，公众的隐私保护诉求出现了爆发性突破——“应当肯定存储于政府、商业组织、网络运营商等‘数据库’中的个人数据完全属于个人隐私范畴，公民对此享有使用知情权、编辑管理权、删除不当权等权限。”[②] 这似乎意味着信息技术飞跃发展所带来的巨大进步和增益空间，已成为个人权利、社会权力与政府权力之间同步扩张、博弈增长的广阔“飞地”。

针对这种双重张力的困境，2013 年联合国通过了《关于数字时代隐私权的第 68/167 号决议》，指出人们在网下享有的各种权利也应在网上受到保护，并促请所有国家尊重并保护数字通信领域的隐私权，审查其涉及通信监控、截获以及个人数据收集的程序、做法和立法，履行其按照国际人权法应承担的义务。此后，联合国大会又通过多项相关决议或报告，号召各国采取行动，停止侵犯人权的作为。与此相应，其他国际组织也颁布了《隐私保护和个人资料跨界流通的指南》（经合组织修订版）、《塔林手册》2.0 版、APEC《跨境隐私规则体系（CBPRs）》等。[③] 然而，这些规则却呈现出破碎性、原则性的特征，其刚性亦显不足，因而一时还难以起到应有的规制效果，其双重张力的难题仍然难以克服。

其二，公众知情权与信息公开的现实难题。自 20 世纪中叶知情权提出以来，它一直在实践中不断发展。人们认为，对公共信息的获取可以在公共政策决策过程中增强人民权能，对民主治理和社会包容性至关重要，是鼓励公民参与迈出的关键性的第一步。为此，1946 年联合国大会通过的第 59 号决议就宣告，“获取信息的自由是一项基本人权，也是联合国治理维护之一切神圣自由的基石”。随着信息技术发展和数字经济时代的到来，政府则越来越多地收集和掌握着海量的个人

---

① Galit A. Sarfaty. *Can Big Data Revolutionize international Human Rights Law*? Penn Law: Legal Scholarship Repository, 2018, p. 88.

② 刘新年等：《大数据时代下，如何保护隐私权》，载《检察日报》2013 年 8 月 23 日，第 005 版。

③ 参见居梦：《论网络空间国际人权法规则的发展》，载《电子政务》2017 年第 12 期；丁艺、王鹏：《从〈2016 联合国电子政务调查报告〉看全球数据开放》，载《中国市场》2017 年第 1 期。

数据和公共数据，于是，联合国在《2030年可持续发展议程》中进一步指出，“信息通信技术已经显示出了其在保证加强人权行使、信息获取、自由表达、集会结社自由方面拥有巨大潜力”。[①] 这样，政府信息公开就成为打造透明政府、保障公民知情和监督参与、推进智慧社会建设的基本条件和基础。

然而，“随着政府的转型及公众法制意识、信息利用能力的提升，自上而下的政府信息公开方式以及单纯公开加工处理后的信息已不能完全满足公众的信息权益保障，必然催生政府与公众之间围绕原始数据需求与利用的互动交流，即信息公开向数据开放的嬗变”。[②] 也就是说，不仅是原有的预决算信息、财政信息、“三公”经费等需要向社会公开，政府部门在履行职能、管理公共事务过程中采集和存储的，与民生相关、社会急需、增值潜力显著的公共数据（诸如测绘数据、交通数据、气象数据等），也应在对国家安全、商业秘密、个人隐私等作出“脱敏”处理后向社会开放，使人们可以自由、便捷、无偿地访问、获取、分享和利用更多的原始数据，从而鼓励数据自由流动、应用创新和价值释放，推动政府职能转型和智慧政务升级，促进数字经济发展和智慧社会建设。但是，从政府信息公开到数据开放，无疑是一个复杂的系统工程，它并不是仅由政府单独来完成的，还涉及作为各类数据库的实际建设者和维护者的公共服务型企事业单位，也涉及广大的社会用户；不仅涉及各种数据信息政策和制度的建立与完善，也与公民参与、社会互动和共建共享的各种运作机制密切相关，包括消除数据孤岛、数据鸿沟等公平分享信息红利的战略安排，等等。由此可见，它一方面造成了公共信息知情权的放量延展，另一方面数据权将成为“下一个公民应有且必需的权力”，[③] 这必然会给公共参与、自由表达、民主监督等公民权利的实现和保障造成一定的现实困境，也会带来重大的机遇和挑战。

---

① 参见丁艺、王鹏：《从〈2016联合国电子政务调查报告〉看全球数据开放》，载《中国市场》2017年第1期。

② 赵需要：《政府信息公开到政府数据开放的嬗变》，载《情报理论与实践》2017年第4期。

③ 李良荣：《世界数据化的广度深度限度》，载《人民论坛》2013年第15期。

上述这些问题只是传统人权遭遇尴尬处境的典型代表，实际上，网络化、数字化、智能化带来的智慧社会新业态、新模式，在很多方面深刻改变着人格人身、自由平等、劳动就业、教育保障等项人权，使新时期的人权保障面临艰巨任务和实践考验。

其三，数据掌控不对称引发的深层颠覆。在数字经济时代，数据和信息变成了基本的生产要素、新兴的财富源泉，甚至重要的控制力量。然而，“所有的数据都由我们自身产生，但所有权却并不归属于我们”。① 于是，数据和信息的控制问题便日益凸显。一是普通民众每天都在生产数据但却难以拥有和利用这些数据，并不确切知道被收集了哪些数据以及这些数据是如何处理的，因此，“作为数据生产者和使用者参与‘大数据基本循环’的普通公民，对于这里所使用的信息技术基础设施既无法把握又无法施加影响”。② 毫无疑问，政府和企业“这种使用大数据的方式削弱了个人权利与自由”。③ 二是过度的大数据应用和算法主导决策，会导致人的主体地位被削弱，人的尊严和价值也会发生流失，诚如有学者指出的那样，“也许，大数据预测可以为我们打造一个更安全、更高效的社会，但是却否定了我们之所以为人的重要组成部分——自由选择的能力和行为责任自负。大数据成为集体选择的工具，但也放弃了我们的自由意志”。④ 三是出现了一方面权利被扩大，另一方面权利被削弱的赋权与失权悖论现象，人们越来越多地分享着技术进步所带来的便捷舒适的智慧化生活，“个体会觉得被技术变革授予了更多权利，因为他们获取资讯、进行沟通、组织活动变得更容易，从而丰富了其参与公民生活的途径和方法。但同时，个人、公民社会团体、社会组织和当地社区越来越深刻地感受到被投票、选

---

① 王天一：《人工智能革命——历史、当下与未来》，北京时代华文书局 2017 年版，第 184 页。

② ［德］罗纳德·巴赫曼、［德］吉多·肯珀等：《大数据时代下半场——数据治理、驱动与变现》，刘志则等译，北京联合出版公司 2017 年版，第 20～21 页。

③ 欧洲经济和社会委员会：《大数据伦理——在欧盟政策背景下，实现大数据的经济利益与道德伦理之间的综合平衡》，载中国大数据产业观察网：http：//www. cbdio. com/BigData/2017－09/27/content_ 5607209. htm，最后访问日期：2020 年 1 月 25 日。

④ ［英］维克托·迈尔－舍恩伯格、［德］肯尼斯·库克耶：《大数据时代：生活、工作和思维的大变革》，盛杨燕等译，浙江人民出版社 2013 年版，第 207 页。

举等传统的决策程序排除在外，失去了有效参与能力，其影响力和发言权被支配机构忽视，在国家和本地治理中的权利日渐弱化”。[①] 这些问题又彼此影响、不断加剧，就形成了公众与数据掌控者之间的严重不对称：一方面是越来越透明的个人，普通公众各种信息被收集和了解的情况甚至超过了本人；另一方面则是越来越幽暗的数据掌控者[②]，普通公众基本无从知道自己在多大程度、多少数量上的个人数据和信息已被他人掌控。当公司使用大数据和算法来作出判断时，该判断就对人们的身份、特征和社会关系进行了重新构造，既影响到人们的就业、信用、金融服务以及地位，同时也意味着更多的公私监视、歧视、操纵以及排斥。[③] 进而成为传统人权保护领域和既有手段难以有效解决的新时代难题。为此，2014 年联合国人权高专办在《电子时代下的隐私权》报告中就强调，应保护个人信息和数据不受国家和任何私主体的干预，除非满足合法性、比例性和必要性的要求，并且符合非歧视原则才被允许。[④] 然而，如何将这些带有普遍意义的人权保护框架落地，则亟须世界各国来共同地进行有效应对。

其四，新兴人权保护的形势严峻。一是“黑箱”暗算现象日益严重，“用户们无法看清其中的规则，无法提出不同意见，也不能参与决策过程，只能接受最终的结果”，因此，算法就“不仅仅是在预测，还有助于控制用户的行为”了。[⑤] 这就会形成“黑箱”的各种暗算，歧视和不公、不当牟利甚至欺诈在所难免，人权保护也自然面临重大的、全面的威胁。二是无方向的监控扩张，无论是商业组织还是一些国家的政府，都经常以各种名义来对个人数据信息进行随时监控和检视。

---

① ［德］克劳斯·施瓦布：《第四次工业革命——转型的力量》，李菁译，中信出版社 2016 年版，第 97 ~98 页。

② 参见郑戈：《在鼓励创新与保护人权之间——法律如何回应大数据技术革新的挑战》，载《探索与争鸣》2016 年第 7 期。

③ See Jack M. Balkin, *Free Speech in the Algorithmic Society: Big Data, Private Governance, and New School Speech Regulation*, University of California Davis Law Review, Vol. 51, 2018, p. 1164.

④ 《中国政法大学张伟：大数据对人权的促进与挑战》，载凤凰网：http://finance. ifeng. com/a/20181215/16623312_ 0. shtml，最后访问日期：2019 年 1 月 19 日。

⑤ ［美］卢克·多梅尔：《算法时代：新经济的新引擎》，胡小锐等译，中信出版社 2016 年版，第 140、213 页。

最近，欧洲经济和社会委员会已经开始注意到这个问题的严重性，深刻指出“监视贯穿整个社会，且没有方向性，在社会的各个层级，包括层级内部，监视无处不在”。[①] 三是数据掌控的严重不对称问题十分突出，“所有的数据都由我们自身产生，但所有权却并不归属于我们”。[②] 于是，普通公众基本无从知道自己在多大程度、多少数量上的个人数据和信息已被他人掌控。这就意味着，当下日益加剧的巨大“信息垄断”和“信息鸿沟”，并不是一般性地加剧社会不平等和两极分化，而是明显危及个人隐私、自由平等和人格尊严，严重地损害数字时代的机会公平、社会教育、劳动就业和社会保障等各项人权。为此，2014 年联合国人权高专办在《电子时代下的隐私权》报告中就强调合法性、比例性、必要性和非歧视原则，要求保护个人信息及数据不受国家和任何私主体的干预。

3. 数字时代的人权挑战

综观上述境遇与问题，数字时代的人权及其保护面临着全新的时代挑战。具言之：

首先，侵权的机制化。当前，人类生活越来越多地依赖数据、信息和算法，进入所谓“数据说话、算法为王”的时代。而一旦人脑决策过度依赖算法决策，甚至算法决策替代了人脑决策，人权遭遇侵犯以及人权保护的样态将会发生重大改变。其实，以往的人脑决策也是一个“黑箱”，而且一直不能排除歧视、控制、不公平等价值偏好，但二者无疑存在重大的差别。人脑“黑箱”基本都是个别性的、随机性的、不断变化的，而算法“黑箱”则是普遍性的、持续性的、稳定性的；人脑“黑箱”是一种难以预测的自主判断，算法“黑箱”则是一种可控的必然选择，“其核心是用可控的主观概率代替未知的客观概

① 欧洲经济和社会委员会：《大数据伦理——在欧盟政策背景下，实现大数据的经济利益与道德伦理之间的综合平衡》，载中国大数据产业观察网：http：//www. cbdio. com/BigData/2017 - 09/27/content_ 5607209. htm，最后访问日期：2020 年 1 月 25 日。

② 王天一：《人工智能革命——历史、当下与未来》，北京时代华文书局 2017 年版，第 184 页。

率，不同的主观概率则来源于对描述客观世界的不同算法的反向推演”；① 人脑“黑箱”是现实场景互动中的一个或几个即兴片段，而算法“黑箱”则是一种自动化系统，会形成自动化的歧视和侵权“决策”，甚至还可能通过自主学习获得升级延展。② 也就是说，算法“黑箱”是一个建模系统，是一种完整机制，它一旦存在算法歧视、信息控制、侵犯隐私等问题，就会成为连续性的常规动作，产生系统化和机制化的侵权后果，这是人脑“黑箱”所不具备的。因此，它对人权的侵蚀范围更广、程度更深，使人权保护的难度也更大，成为巨大的人权挑战。

其次，侵权的“客观”化。技术进步带来的新奇、便捷、效率、安全等诸多社会福利无疑会让人欣喜；大数据挖掘和算法决策，又承诺比人脑决策更为迅速、更为客观、更为准确、不带任何偏见。但技术公司却往往在软件下载使用过程中不设菜单式选择而只有概括式同意，隐私政策和用户协议有意用晦涩冗长的表述来“迫使”用户作出无奈的勾选默认，以及通过隐藏界面甚至在软件升级中设置“后门”等方式，来表明当代神奇的科技是一种晦涩难懂的技术，让人们切身感受到人类世界已经被植入了计算机逻辑，因此“技术可以从本质上了解你，而你无须了解技术”，只要你输入了数据，就能得到相应的结果。问题是，一旦打开“黑箱”，“设计者与用户面对的将是一堆可以得出某种答案的主观偏见与程序。而合上之后，它体现的就是客观性——一种无须满足任何更多的条件即可生成‘是’与‘否’的二元选项的机器”。③ 这使隐私侵犯、身份歧视、社会不公、自由限制等情况正在或隐或现却越来越多的发生在日常生活之中，并“以产品工程设计的表象去掩盖社会工程设计的实质”。④ 可见，一些技术发展无形

① 王天一：《人工智能革命——历史、当下与未来》，北京时代华文书局 2017 年版，第 53 页。

② 例如，2016 年 3 月，微软在 Twitter 上推出聊天机器人 Tay 测试，结果不到一天就被网友教成口出脏话、反女权、发表种族歧视言论的“不良少女”，当即就被迫下线了。

③ ［美］卢克·多梅尔：《算法时代：新经济的新引擎》，胡小锐等译，中信出版社 2016 年版，第 134、220 页。

④ 王天一：《人工智能革命——历史、当下与未来》，北京时代华文书局 2017 年版，第 177 页。

中对人权产生了严重威胁，而且它们隐藏在进步和福利的身后，披上了技术的客观性外衣，从而呈现出“客观”发展后果的形式，这就使智慧社会的人权保护任务变得更为艰巨。

再次，侵权的耐受化。在当今数字时代，人们很清楚，“大部分的系统都必须使用我们的信息或者将我们与它们的信息相结合，才会顺利运转”[①]，力图没有任何牺牲，“啥都想要”似乎不现实，而规避隐私风险的代价又太高，费时、费力，何况很多时候人们还期待在朋友圈中进行信息分享和再分享过程中来获得价值实现。当然还有一个担心，就是过于严苛的权利保护，很可能阻碍科技创新和进步，而人们几乎无法拒绝技术进步和舒适生活的巨大诱惑，也几乎无人愿意退回到田园牧歌、与世隔绝的生活中去。这样，就好像有一种心照不宣的默契交换，“人们用失去隐私、丧失个人生活和失去批判精神的代价换取可预测性、安全性，以及人类寿命的延长”。[②] 另外，在当今信息科技加速发展的时代，绝大多数公众是“技术盲”，只是被动地“接受”技术进步带来的舒适便捷。他们都是“透明”的数据提供者和被分析预测的对象，而对作为数据收集者、持有者、使用者的运营商和政府却知之甚少，“我们甚至不知道，他们是否知道我们的事”。[③] 由此看来，即便是普通百姓有心想维护自己的个人隐私、数据权利、信息自由或者反抗歧视，他们也没有足够的能力、方法和路径。因此，与普通民众相比，掌握“技术霸权”的技术公司、商业平台和政府部门拥有巨大的优势，彼此之间具有明显的不对称性，这就使人们对网络化、数字化和智能化发展过程中的人权威胁，具有超出以往的耐受心理，人们不得不为了享受进步福利而无奈放弃一些既有的价值和权益，于是，人权侵蚀现象蔓延、人权保护乏力的情况就日渐突出了。

最后，侵权的覆盖化。在数字经济、智慧发展的主导形态下，社会生产、商业交易和日常生活也就越来越多地被置于数字建模、量化

---

① ［德］比约恩·布劳卿、［德］拉斯·贝克、［德］托马斯·拉姆什：《智能数据——如何挖掘高价值数据》，王盛男译，中信出版集团2017年版，第260页。

② ［法］马尔克·杜甘、［法］克里斯托夫·拉贝：《赤裸裸的人——大数据、隐私与窥视》，杜燕译，上海科学技术出版社2017年版，第144页。

③ ［英］卢恰诺·弗洛里迪：《信息伦理学》，薛平译，上海译文出版社2018年版，第351页。

分析和算法决策的总体性框架之中。此时，一方面，“海量的个人和商业通信、秘密的个人资料无时无刻不在计算机网络上流动着”;① 另一方面，数字鸿沟、算法“黑箱”、算法歧视正在不断发展，“在大量信息的表象之下，通过数字渠道源源不断获取的信息实际上被复制、被限制和被控制”,② 包括个人兴趣、消费偏好、健康状况、家庭成员乃至工作单位、身份证号、家庭住址等，更多的情况是，“计算机科学正在将你的生活转化成他人的商机”。③ 这样一来，人权威胁就随时随地都有可能发生，且不再是个别的、偶发的情况，而是在于社会的方方面面。特别是如今平台经济所构造的是一种复合式、多环状的、“赢者通吃”的庞大商业生态圈，它所带来的是要么覆盖他人、要么被他人覆盖的“覆盖者之战”。④ 与此相应，由此引发的人权侵蚀问题，也会随着“覆盖者之战”而扩展、蔓延和覆盖，例如，信息隐私遭遇的挑战就“覆盖”了传统隐私权保护领域，算法歧视也“覆盖”了性别歧视、种族歧视、身份歧视等传统领域，数据鸿沟严重侵蚀公平机会，“覆盖”了社会教育和劳动就业等传统领域，不一而足，它使“很多旧有的习惯将被颠覆，很多旧有的制度将面临挑战”。⑤ 由此可见，数字社会的人权领域，遭遇了前所未有的重大变革境遇，风险与希望同在，如何克服智慧发展时代的人权威胁，促进人权保护和发展，就成为摆在世界各国面前的重要议题。

（二）当代人权变革与“第四代人权”的形成

人们常说，20 世纪，谁控制了石油，谁就控制了全世界，而如今进入智慧社会，谁拥有了大数据和信息，谁就会成为新时代的主宰。事实上，“历史已经向我们表明重大的技术变迁会导致社会和经济的范

① ［英］约翰·帕克：《全民监控：大数据时代的安全与隐私困境》，关立深译，金城出版社 2015 年版，第 14 页。

② ［法］马尔克·杜甘、［法］克里斯托夫·拉贝：《赤裸裸的人——大数据、隐私与窥视》，杜燕译，上海科学技术出版社 2017 年版，第 142 页。

③ ［美］皮埃罗·斯加鲁菲：《智能的本质——人工智能与机器人领域的 64 个大问题》，任莉等译，人民邮电出版社 2017 年版，第 170、171 页。

④ 参见陈威如、余卓轩：《平台战略——正在席卷全球的商业模式革命》，中信出版社 2013 年版，第 220 页。

⑤ ［英］维克托·迈尔－舍恩伯格、［英］肯尼斯·库克耶：《大数据时代：生活、工作和思维的大变革》，盛杨燕等译，浙江人民出版社 2013 年版，第 94 页。

式转换”,[①] 因此，这次重大的信息化、智能化技术革命，也必然会引起人权领域的深刻变革，并日渐打破前三代人权的属性和范围。为此，近年来国际社会作出了一些重要努力和探索。2011 年联合国就宣布互联网接入权作为一项基础性人权,[②] 2016 年联合国又宣布互联网相关的权利是人权的重要组成。[③] 2018 年联合国社会发展研究机构（UN-RISD）在其《从颠覆到转型？将技术与人权联合起来促进可持续发展》的报告中，系统讨论了新技术对于传统“三代人权”的颠覆和更新，以及如何在全球范围内面对技术驱动的变革来对人权概念和实践进行更新。[④] 有学者则进一步提出，基于第四次工业革命以及生物和数字技术的融合，“第四代人权”的提出时机已经成熟。[⑤] 同样，国内一些学者也对“第四代人权”进行了积极讨论，并形成了和谐权、美好生活权、数字人权等不同主张。[⑥] 然而，无论国际还是国内，目前都尚处于学理讨论阶段，还没有官方的结论或者制度上的肯定，也恰因如此，积极关注当下人权的深刻变革与转型升级，进而深入研究和诉求“第四代人权”，才更显重要和紧迫。

---

① ［英］乔治・扎卡达基斯：《人类的终极命运——从旧石器时代到人工智能的未来》，陈朝译，中信出版社 2017 年版，第 296 页。

② 《有关联合国阐述互联网介入权的报告》，载 https：//www2. ohchr. org/english/bodies/hrcouncil/docs/ 17session/A. HRC. 17. 27_ en. pdf，最后访问日期：2019 年 8 月 9 日。

③ 《世界人权宣言》（UDHR）第 19 条增加了规定：“人人有权享有主张和发表意见的自由；此项权利包括持有主张而不受干涉的自由，和通过任何媒介和不论国界寻求、接受和传递消息和思想的自由。”第 32 条增加了“在互联网上促进、保护和享有人权”以及其他 15 项权利，涵盖了在网络访问和依赖网络访问的相关人权。这些权利也适用于妇女、女孩以及其他可能受到数字鸿沟影响的主体。参见《世界人权宣言》，载 https：//www. un. org/en/universal – declaration – human – rights/，最后访问日期：2019 年 8 月 9 日。

④ 载 http：//www. unrisd. org/TechAndHumanRights，最后访问日期：2019 年 8 月 9 日。

⑤ Changrok Soh，Daniel Connolly，Seunghyun Nam，Time for a Fourth Generation of Human Rights？March 1，2018，http：//www. unrisd. org/TechAndHumanRights – Soh – et – al，最后访问日期：2019 年 8 月 9 日。

⑥ 参见徐显明：《和谐权：第四代人权》，载《人权》2006 年第 2 期；张永和：《享有“美好生活”是第四代人权诉求》，载 http：//www. scio. gov. cn/ztk/dtzt/37868/38725/38728/Document/1634026/1634026. htm，最后访问日期：2019 年 8 月 10 日；张文显：《新时代的人权法理》，载《人权》2019 年第 3 期；张文显：《无数字，不人权》，载 http：//www. aisixiang. com/data/116468. html，最后访问日期：2019 年 8 月 10 日。

1. 人权形态的数字化重塑

智慧社会是一个高度联通、高度数字化、高度精准计算、高度透明和高度智能化的社会,① 它深刻改变了人的生存条件、生活环境、行为方式和价值观念，人权也日益受到了前所未有的改造和重塑。

（1）人的信息存在方式，赋予了人权的数字属性

众所周知，人权是指作为一个人而应该拥有的权利，它“显然以人或者人性作为其来源”的,② 而这里的人，无疑是具有生物属性的、自然法意义上的“自然人”，并构成了人权的天然基础和基本前提。然而，随着网络化、数字化、智能化时代的到来，则使自然人的生活状态和生存方式发生了空前变革甚至颠覆。一是从自然人到“信息人”的转变。大数据和算法主导了经济和社会生活，“网上的个人信息全方位覆盖了你从摇篮到坟墓的全部私人生活，慢慢地积累所有数据，直至在计算机数据库中形成一个‘人’”。③ 于是，智慧社会中的人们，就逐渐从工商业时代那种生活于单一现实空间、以物理方式存在的自然人，转变成生活于现实/虚拟双重空间、以数字信息方式存在的“信息人”。二是数字人性的表达和建构。以往在公共空间和私人生活中固化的、封闭性的物理个体，如今更多地展现出破碎性、流动性、可视化的数字信息形态，这些构成性的数据逐渐变成一个信息化实体，它“正在拓展我们的边界，也在拓展存放自我身份的容器”。④ 而且，“无处不在的数据、无处不在的道德数字化正在迅速改变我们的生活、我们的社会关系，甚至我们对自己人性的理解”。⑤ 也就是说，数据和信息已成为每个人不可分割的构成性要素，它描绘、表达和建构了人们的自然本性、社会角色和个性特征，呈现着人们的人格尊严和主体价值。三是“生物—信息”的双重面向。如果人与自然分离，是第一次

---

① 参见汪玉凯：《智慧社会倒逼国家治理智慧化》，载《中国信息界》2018 年第 1 期。

② ［美］杰克·唐纳利：《普遍人权的理论与实践》，王浦劬译，中国社会科学出版社 2001 年版，第 12 页。

③ ［英］约翰·帕克：《全民监控：大数据时代的安全与隐私困境》，关立深译，金城出版社 2015 年版，第 14 页。

④ ［美］凯文·凯利：《必然》，周峰等译，电子工业出版社 2016 年版，第 6 页。

⑤ Effy Vayena and John Tasioulas. *The Dynamics of Big Data and Human Rights*：*The Case of Science of Research*，Philosophical Transactions Royal Society A，2016，p. 2.

"人成之为人"，那么，"以网络化、数字化和智能化的方式变革工业生产方式和农业生产方式，并再一次以新的联合方式颠覆工业文明时代的制度安排、思想观念和思维方式等，重塑符合信息文明的概念范畴和政治、经济、文化、法律等社会体制"，这就导致了第二次"人成之为人"。① 基于此，现代性的理性人逐渐转化成可计算的"微粒人"——"这是一个决定性的转变，随着这个转变的发生，我们将会在这个数字和程序算法的世界里发展出一种新的人性形态"，② 因此，当代社会中的人也就日益赋予了"生物—信息"的双重面向。

综上可见，人权观念已经不能再仅建立在传统自然人的基础上，它在很大程度上也要建立在数字化的"信息人"基础上；人权属性已经不再仅依赖于人的生物属性和物理空间，它在很大程度上也要依赖于人的信息属性和虚拟空间。至此，智慧社会中的人权便赋予了全新的数字化信息属性，实现了巨大拓展和深刻重塑。

基于上述重大变革，数据信息既可能会增进人权、发展人权，也可能会威胁人权、侵蚀人权。技术公司、互联网企业、商业平台、政府部门等对个人信息的滥用确实已不再是简单的信息本身问题，而是对信息时代中主体身份构建、自由平等和自主性的严重侵蚀。一是它们通过数据画像，可以描绘一个人的外在形象和内在偏好，进而把人们归入算法所创造的数字范畴之中，即"通过构建区分性范畴而运作，它把这些范畴和区分强加到大众身上。它赋予人们以性格特质，为他们创造了数字身份和名声"。③ 二是它们通过数据信息收集，可以对一个人的日常活动进行适时追踪，进而获取他的行为取向和生活状况。三是它们通过相关的数据挖掘分析，使一个人的家庭、亲属、朋友圈等社会关系变得可视化。这意味着大量的数据信息不断地建构同时也解构着日常生活中的每一个人，因此，"收集、梳理、再生、管控以及

① ［英］卢恰诺·弗洛里迪：《信息伦理学》，薛平译，上海译文出版社 2018 年版，第 3 页。

② ［德］克里斯多夫·库克里克：《微粒社会——数字化时代的社会模式》，黄昆等译，中信出版社 2018 年版，前言第 XII 页。

③ Jack M. Balkin, *Free Speech in the Algorithmic Society: Big Data, Private Governance, and New School Speech Regulation*, University of California Davis Law Review, Vol. 51, 2018, p. 1167.

诸如此类的涉及人们的信息的活动已经等同于窃取、克隆、产生某个他人的个人身份认同"，从而"未经同意改变他或她作为一个信息化实体的本性"[①]，改变他或她的个人自主性。由此看来，数据信息权"关系到个人的人格尊严和人身自由"，[②] 它无疑是一种重要的、基本的人权。

（2）权利发展的数据信息生态，推动了人权的数字化演变

当代的政治、文化和社会生活都逐渐形成一种数字化、信息化的总体性生态，以至于人们宣称，"除了上帝，任何人都必须用数据来说话"。[③] 为此，无论是传统权利还是新兴权利，都必然会在这种海量复杂的数据信息生态中发生重大的变革。

首先，权利内涵中融入了数据信息法益。信息技术的发展塑造了"你就是你的信息"的社会环境，[④] 为此，数据信息就成为人身、财产和社会关系的外溢呈现与权益表达，信息法益也随之成为自由、平等和民主参与等权利的新内涵、获得了新形式。人们不难看到，虽然网络化、数字化、智能化的交融发展形成了多元化、扁平化、破碎化的社会发展态势，"互联网看似抹平了信息的鸿沟，但掌握网络话语权和流量的个人或机构，又重构了新形态的信息不平等"。[⑤] 它们将大量有关用户兴趣、行为和欲望的知识转移到少数人手中，于是，一方面，随着大数据技术的重要性越发凸显，"一个全新的不平等边界将被撕开个口子，将世界分割成掌握数据的一拨人和不掌握数据的另一拨人"，[⑥] 信息成为社会不平等、不公平的新的利益载体和作用机制；另一方面，它会形成严重的信息鸿沟、信息孤岛、信息不对称等问题，在政务信息日渐发达、智慧政府不断升级的时代条件下，就大大地限制了公民的民主参与、自由表达和权利维护，信息也便成为公民的经济、政治

---

① ［英］卢恰诺·弗洛里迪：《信息伦理学》，薛平译，上海译文出版社 2018 年版，第 357 页。

② 王利明：《电子信息安全关乎人格尊严》，载《光明日报》2012 年 12 月 27 日，第 15 版。

③ 涂子沛：《大数据》，广西师范大学出版社 2015 年版，第 13 页。

④ ［英］卢恰诺·弗洛里迪：《信息伦理学》，薛平译，上海译文出版社 2018 年版，第 357 页。

⑤ 扣小米：《数字原来会说谎》，化学工业出版社 2018 年版，第 199 页。

⑥ ［英］阿里尔·扎拉奇、［美］莫里斯·E. 斯图克：《算法的陷阱——超级平台、算法垄断与场景欺骗》，余潇译，中信出版集团 2018 年版，第 314 页以下。

和社会权利的重要客体。因此，亟需通过改革来建立适应信息时代要求的“数据新政”，从而为社会公众提供具有可行性的制度保证，要让“公共产品所需要的数据既易于获得，又能有效保障公民权利”。[①]

其次，数据信息要素促发了权利变异。进入数字时代以来，信息要素日益全面地、深层地嵌入现代性时空、社会关系、交往方式、生活样态和价值观念之中，很多的权利形态发生了裂变，权利逻辑被改写甚至被颠覆。就隐私权而言，通过搜集、挖掘、利用、分享个人信息的形式，把物理空间转换为信息空间，对公共领域和私人领域、此共同体与彼共同体、远程临场和本地临场进行了深刻重塑。即“数字信息与通信技术对某种类型的信息隐私的潜在增长负有责任，尤其是，它对信息隐私的总体本性的改变负有责任。信息与通信技术反复地重新画出而不是消除信息隐私的界限”。[②] 同时，基于对个人信息的搜集、分析和利用，商家对用户的平均可预测程度达到93%左右，[③] 这些清晰的数据画像和透明的身份拼图的背后，一方是无处不在、秘而不宣的数据掌控者，另一方则是全景透明、无知无觉的消费者；侵犯隐私也并不是意在“公共暴露”，而是重在悄悄地利用、无声地监视或者暗中实施歧视策略，有时则会表现为有针对性的宣传信息推送。这就不仅侵蚀了一个人自己的信息身份建构，还侵犯了人们不受打扰的权利。此外，网络信息的全球化发展，导致隐私的国际保护问题也日渐突出。这样，隐私权的范围、特性、形态及其保护方式都发生了重大变异，使“隐私不但是一个个体问题，也可能是一个群组、一群伙伴、一个公司或者整个国家的问题，因为所有这些实体的本性完全由它们所是的信息决定并构成”。[④]

同样，免于歧视的权利也是如此。在当今智慧发展时代，人们期

---

① ［美］阿莱克斯·彭特兰：《智慧社会——大数据与社会物理学》，汪小凯等译，浙江人民出版社 2015 年版，第 171 页。

② ［英］卢恰诺·弗洛里迪：《信息伦理学》，薛平译，上海译文出版社 2018 年版，第 338 页。

③ ［美］艾伯特－拉斯洛·巴拉巴西：《爆发——大数据时代预见未来的新思维》，马慧译，北京联合出版公司 2017 年版，第 226 页。

④ ［英］卢恰诺·弗洛里迪：《信息伦理学》，薛平译，上海译文出版社 2018 年版，第 377～378 页。

待大数据技术和算法决策能够以客观的数据处理来克服人类偏见并减少歧视，然而，数据和算法本身都可能会产生错误，甚至会在有意无意中植入一定的歧视性因素。近年来，警务预测、福利系统、商业营销、社交软件等领域的算法歧视问题越来越突出，就是一个有力的证明。它使社会歧视的形式和后果都发生了重大变异。算法歧视已经把种族、性别、身份、宗教、健康状况的等差对待转化成数据信息处理的自动化系统，“在算法的帮衬下，企业可以绕过这些反歧视约束，实现对特定人群的分组。通过自动化的开发与改进分组的过程，算法将特定种族、婚姻状况、年龄、性取向和宗教信仰的人划分到了一起”。①如此一来，掌握算法的企业和政府就凭借隐蔽而强大的信息收集和精准计算能力，经由虚拟空间来实现远程临场，深入每个人的具体生活场景之中，实施抽象的、广泛的自动化歧视，其后果带有普遍性、长期性和深远性，严重侵蚀现代化以来反歧视的人权进步成果。实际上，无论是信息隐私还是算法歧视，都不是简单的个别现象，而是信息要素促发权利变异过程中的“类现象”，诸如智慧政府决策中的公民参与、网络表达自由、虚拟社会组织、平等公正等其他领域权利变异的情况也较为普遍。

最后，数据信息演化为新兴权利。随着工商业社会向信息/智慧社会的转型升级，数据信息便成为新时代的“石油”。一方面，“大数据技术的繁荣和信息不对称的加重将令财富分配不公现象更为严重”；②另一方面，基于数据和信息资源的重要经济价值与社会作用，又生成了前所未有的大量社会利益和新型社会关系，进而不断转换成现实生活中的新兴权利诉求和制度变革。作为其中的一个典型，“新的‘数据权’最令人激动。这是确保人民有权索取各式各样的数据，用于社会创新或者商业创新”。③ 然而，多数学者认为，它并不是一个扁平的权利单元，而是一个宽广丰厚的权利束，包括知情同意权、数据采集权、

① ［英］阿里尔·扎拉奇、［美］莫里斯·E. 斯图克：《算法的陷阱——超级平台、算法垄断与场景欺骗》，余潇译，中信出版集团2018年版，第164页。

② ［英］阿里尔·扎拉奇、［美］莫里斯·E. 斯图克：《算法的陷阱——超级平台、算法垄断与场景欺骗》，余潇译，中信出版集团2018年版，第314~315页。

③ 涂子沛：《大数据》，广西师范大学出版社2015年版，第271页。

数据修改权、数据可携权、数据被遗忘权（删除权）、数据管理权、数据支配权、数据使用权、数据收益权等。不仅如此，网络化、信息化、智能化的融合发展还衍生了虚拟财产、智能合约等新兴权利，并日渐壮大和成熟。其中的很多数据权利，先后被德国宪法法院“人口普查案”（1983 年）、英国《数据保护法》（1984 年）、日本《个人信息保护法》（2003 年）、俄罗斯《个人数据保护法》（2006 年）、欧盟《通用数据保护条例》（GDPR，2018 年）、美国《开放政府数据法案》（2018 年）和《2018 年加州消费者隐私法案》（CCPA）、澳大利亚《用户数据权利法案》（2019 年）等所制度化，爱沙尼亚、法国、芬兰、哥斯达黎加等国还先后通过法律宣布互联网是一项基本人权。① 我国《民法总则》在第 111 条首次专门规定了个人信息权，并明确了个人信息保护的基本行为规范，《民法典》第 111 条再次确认了个人信息保护。国务院《〈改革开放 40 年中国人权事业的发展进步〉白皮书》则进一步强调，要严格依法保障通信自由和信息安全，推进政府信息公开，建立便捷高效的网络表达平台。② 这表明，新兴数据和信息权利正在理论与制度层面、国内与国际范围、私法与公法领域逐步获得确认和保护。所有这些，就形成了权利的信息化赋能、深度延展和数字化生态，为各项政治、经济、文化、社会权利的发展变革提供了基础和动力，大大丰富了生存权、发展权的时代内涵，从而推动了人权的信息化演变，有效拓展了人权的进步空间。

（3）信息时代的社会解组，突破了既有人权保护逻辑

众所周知，国家/社会、公权力/私权利的二元结构是现代性的基本构架和制度基础，政府与市场、干预与自由的演变平衡则成为其主旋律。然而，随着数字时代的到来，网络化、数字化和智能化加快交融发展，新业态、新模式成为“信息环境、嵌入其中的信息能动者以

---

① Nicholas Jackson, United Nations Declares Internet Access as Basic Human Right, The Altantic, https: //www. theatlantic. com/technology/archive/2011/06/united – nations – declares – internet – access – a – basic – human – right/239911/，最后访问日期：2020 年 8 月 8 日。

② 国务院新闻办：《〈改革开放 40 年中国人权事业的发展进步〉白皮书》，载新华网：http: //www. xinhuanet. com/politics/ 2018 – 12/12/c_ 1123840973. htm，最后访问日期：2020 年 8 月 12 日。

及它们的互动的本体论中一种根本的、史无前例的转换”,[①] 国家/社会、公权力/私权利的二元结构和社会关系也由此发生了重大解组，从而使人权保护逻辑受到了来自底层的突破。

其一，双重权力生态日渐形成，人权保护面临全新挑战。毋庸讳言，当今的智慧发展日益深刻地颠覆着近代工业革命以来的工商业生产生活模式，从而进入全新的数字经济、平台经济、分享经济时代。其中一个重大变化，就是以技术公司、商业平台为代表的社会权力在瞬间崛起。

首先，二元结构被三元结构所取代。在当今数字时代，“信息是权力的中心”,[②] 新业态新模式下的社会权力迅速崛起，并形成一种体系化的力量。进言之，与以往工商业时代的垄断企业不同，它们不再局限于身为某个领域、某个行业的巨头，而是具有超强渗透、覆盖能力的全方位“霸主”；它们不再局限于经济目标上的经营管理，而是通过制定平台规则、处理平台纠纷、行使平台监管权等赋予了“准立法权”“准行政权”“准司法权”。[③] 这样，虽然它们本质上仍是一种社会商业力量，但却拥有庞大的权力资源和能量，突破了权利空间而迈向了权力领域；它们立足于社会又高于社会，不同于国家却与国家相勾连，成为社会治理中的一个重要主角。这就使传统的政府/市场二元结构发生重大变革和解组，走向了政府—平台—商户（消费者）、公权力—社会权—私权利的三元结构。

其次，双重权力生态下的人权境遇。由于信息技术一方面强化了公权力，另一方面又催生了私权力（社会权力），甚至国家通过立法“给平台加责任”的方式来授权平台进行资格审查和监管，从而形成一种公、私并存的双重权力生态。于是，它所带来的不只是财富分化，而是这种双重权力生态下有形或无形的掌控和规制。即它们掌握着海量的个人信息和先进的数据分析技术，“基于这些资料，政府可以实现

① ［英］卢恰诺·弗洛里迪：《信息伦理学》，薛平译，上海译文出版社2018年版，第339页。

② ［美］安德雷斯·韦思岸：《大数据和我们——如何更好地从后隐私经济中获益?》，胡小锐等译，中信出版集团2016年版，第12页。

③ 如淘宝网的“规则众议院”“大众评审团”等，就具有明显的“准立法权”“准行政权”“准司法权”特征。

对特定个人的监控，而商业组织可以投放量身定做的广告，可以引导消费，甚至可以配合执法。"[①] 这就容易形成公权力与社会权力之间的某种"共谋"，甚至公共决策的认知和监管被社会权力所俘获，"这种俘获可能会搅乱人们对于市场动态所作出的批判性思考。而最终，这种想法还将反映在政府施政上面"。[②] 这就存在社会权力转换为政治权力的风险，人权保护也便面临双重威胁和更复杂的境遇。

最后，权力制约、权利保障机制面临困境。近代以来的制度设计，是通过横向的分权（三权分立）和纵向的限权（减少干预）来确立权力制约和权利保障机制的。但如今三元结构和双重权力生态的生成，不仅让社会的私权利承受更大压力，并且它们也已不再运用传统手段，而更多地凭借先进技术向各领域进行深度的数字化浸润和算法管控。也就是说，在技术"霸权"和算法决策面前，私权利处于更加弱势的地位，乃至"数字鸿沟"、算法霸权和监控社会之中，其"自由主义剃刀"的作用日渐失效，近代以来的权力制约、权利保障机制面临着困境和危机，人权保护自然也就会遭遇严重的压力和挑战。

其二，自主与控制、扩展与限缩的交换平衡，突破了政府/市场、干预/自由的边界。当下的信息化革命，似乎造就了狄更斯笔下那种最好的，同时也是最坏的时代。

首先，算法社会的自主与控制。事实表明，"自计算机产生起，技术改变的核心问题是权力的转移"。[③] 其直接后果就是，人类由工业社会转向了算法社会。本来，算法社会的主旨在于提高智能化和人的自主性，然而，"这些自动化系统已经由简单的行政管理工具变成了主要的'决策者'"，[④]"它收集了大量的个人数据，由此使政府和私人公司采用新的监控、控制、歧视和操纵形式成为可能。可以将其称为'大

---

① 郑戈：《在鼓励创新与保护人权之间——法律如何回应大数据技术革新的挑战》，载《探索与争鸣》2016 年第 7 期。

② ［英］阿里尔·扎拉奇、［美］莫里斯·E. 斯图克：《算法的陷阱——超级平台、算法垄断与场景欺骗》，余潇译，中信出版集团 2018 年版，第 324 页。

③ ［美］马克·格雷厄姆、［美］威廉·H. 达顿：《另一个地球：互联网 + 社会》，胡泳等译，电子工业出版社 2015 年版，导论第 XXXIV 页。

④ ［美］卢克·多梅尔：《算法时代：新经济的新引擎》，胡小锐等译，中信出版社 2016 年版，第 137 页。

数据’问题”，“算法侵害”现象也就会不时地发生。[①] 这样，算法主导只是增加了高效、便捷和精准，并没有为人的自主性提供更多空间，相反，人们却常常在算法“黑箱”面前被动地接受自动化决策的结果，继而出现了某种无形的控制倾向。为此，有学者这样担忧到：“在未来一个由人工智能担任国内和国际经济指挥的时代，意味着我们所知的经济自由和资本主义的终结。”[②] 这样，就可能需要某种新兴数字社会主义，来“提升个人的自主性，反对中央集权。它是去中心化的极致表现”。[③] 同时，也是抑制算法社会的无形控制，强化新时代人权保护的重要保证。

其次，扩展与限缩的交换平衡。网络化、数字化、智能化的变革发展，使人类的社会财富呈现几何级增长、生活方式也实现了智慧化的换代升级，同时，它“向我们许诺的好处太过诱人，而人们失去的自由太多”。[④] 具言之，各种平台和技术应用在提供丰富、便捷、精准服务的同时，消费者不得不贡献自己的身份数据、关系数据、行为数据和言语数据；人们在使用各种软件、App 或进入平台时，往往只能被迫勾选给定的概括性同意，而鲜有菜单选择的机会；人们享受各种网络化、数字化、智能化的商品或服务时，不得不面对各种“定制”的推送和算法决策的结果，等等。这样，自由、平等、权利的空间既获得了很大的扩展，也受到了很大的限缩。于是，人们喜忧参半。人们意识到“数字技术能够产生大量利益、极大地推动社会进步，同时它也为我们的基本人权带来了风险。监控和收集大量个人信息和元数据，以及使用新的分析技术处理这些数据，对我们的隐私权和免于歧视的权利有重大影响”。[⑤] 面对这一状况，有人认为它“并不是一条通往人

---

① Jack M. Balkin, *Free Speech in the Algorithmic Society: Big Data, Private Governance, and New School Speech Regulation*, University of California Davis Law Review, Vol. 51, 2018, pp. 1153, 1164.

② ［英］乔治·扎卡达基斯：《人类的终极命运——从旧石器时代到人工智能的未来》，陈朝译，中信出版社 2017 年版，第 297 页。

③ ［美］凯文·凯利：《必然》，周峰等译，电子工业出版社 2016 年版，第 155 页。

④ ［法］马尔克·杜甘、［法］克里斯托夫·拉贝：《赤裸裸的人——大数据、隐私与窥视》，杜燕译，上海科学技术出版社 2017 年版，第 147 页。

⑤ The New Zealand Human Rights Commission, *Privacy, Data, and Technology: Human Rights Challenges in the Digital Age*, www. hrc. co. nz, May 2018, p. 5.

类被某些人、系统，甚至机器统治的危险道路，而是一种授权和允许的控制形式。等式的构成大致是这样的：更大的空间 = 更多的自由 = 更多的控制 = 更多的选择”；[①] 但也有人认为，“数字精英（digerati）所承诺的大多数东西并没有带来自由、平等和博爱”。[②] 更多的人则秉持一种与时俱进的交换平衡理念和精神，认为贡献数据、限缩权利，使“牺牲它们来为人们的身份认同和私人生活提供额外的保护是值得的”。[③] 在这种情况下，人权的理念和价值就需要重塑，人权保护的方式也亟待革新。

最后，传统的政府/市场、干预/自由的边界被彻底打破。算法社会固然离不开市场，但算法社会的市场无疑不再是作为国家对立面的市场，其运行也不再遵循基于传统工商业生产要素和生产方式的市场法则。人们看到，如今数据成为新的生产资料，算法成为新的生产力，互联网成为新的生产关系，[④] 此时，必须实现由传统工商业社会向信息社会的价值转型，由单一物理空间向物理/电子（现实/虚拟）双重空间的思维转型。一方面，应对传统自由权利的克减趋势，保持开放和包容；另一方面，又应高度关注基于数据信息和算法而产生的新的不平等以及自由和人权所受到的侵犯，“围绕公民权利，我们已经在线下的世界取得了进展，因此我们不希望让大数据应用产生的自动化歧视和不公平来破坏这种进步。”[⑤] 但是，传统工商业时代那种政府/市场、干预/自由的边界和逻辑，已经被双重空间的虚实同构以及数字信息的分布共享属性及力量所解构、加持和重塑，其原有的价值准则和治理策略都也就难以再简单套用下去了。这就需要从信息社会自身的规律出发，发现、提炼和重构自由、平等、正义和人权保护的全新逻辑与

---

① ［意］卢西亚诺·弗洛里迪：《第四次革命——人工智能如何重塑人类现实》，王文革译，浙江人民出版社 2016 年版，第 45 页。

② ［美］威廉·J. 米切尔：《伊托邦——数字时代的城市生活》，吴启迪等译，上海世纪出版集团 2005 年版，第 9 页。

③ ［英］卢恰诺·弗洛里迪：《信息伦理学》，薛平译，上海译文出版社 2018 年版，第 363 页。

④ 《马云：未来数据是生产资料，计算是生产力，互联网是生产关系》，载搜狐网：http：//www. sohu. com/a/208285874_ 183181，最后访问日期：2020 年 5 月 3 日。

⑤ 胡文娟：《大数据下的人权保护》，载《WTO 经济导刊》2018 年第 2 期。

边界，甚至“质疑和重铸关于自我、政治和法律的思想”，[①] 从而实现对人权的有效保护。

其三，日渐数字化、信息化的人权，需要全新的保护方式。基于社会生产、生活关系和日常行为在双重空间、虚实同构中的不断数字化解构和重构，传统的人权保护方式和手段的局限也日益暴露出来。一方面，传统的人权保护方式日渐尴尬。人们越来越多地认识到，数据和信息是关系到人格尊严和人身自由的一项基本人权，人们的一举一动、一言一行都能在某个数据库中找到线索，因而，“在 20 世纪的所有发明中，它是对个人生活侵犯得最厉害的”。[②] 但是，对这些数据隐私、数据监控、算法歧视、信息鸿沟等方面的人权保护，却还没有找到有效的方法和路径，效果也不理想。随着网络化、数字化和智能化的指数级发展，信息化的人权形态会越来越多，而数字化、信息化的侵权方式也会有增无减，因此，“我们需要制定和论证新政策（法律、法规和关税）以规范各种新情况。有时，我们可以预见技术的使用将产生明显的不可取的后果，尽可能多的是，我们需要预见这些后果并制定政策，最大限度地减少新技术的有害影响”。[③] 另一方面，主权与人权的边界模糊。主权与人权的关系，本来就是一个复杂纠缠的问题。当今网络化、数字化、智能化的叠加交融发展，又将全世界塑造成无缝连接、即时互动、分布共享的信息共同体，商业营销、社交媒体、搜索引擎等均超越物理空间和国家边界，侵犯隐私、数据歧视以及跨国监控等问题日渐突出，人权的国际化保护就变得更为复杂和艰难。虽然欧盟 GDPR 设定了数据保护的“长臂管辖”，但它已经引起争议，如若在人权与主权问题上则更难行得通。这样，确立新的人权保护逻辑，探索新的人权保护方式也就势在必行了。

2. 数字时代的“第四代人权”

当今信息革命带来的，并不是现有生产方式、生活样态的简单拓

---

① ［美］彼得·德恩里科：《法的门前》，邓子滨译，北京大学出版社 2012 年版，第 407 页。

② ［英］约翰·帕克：《全民监控：大数据时代的安全与隐私困境》，关立深译，金城出版社 2015 年版，第 299 页。

③ ［荷］尤瑞恩·范登·霍文、［澳］约翰·维克特：《信息技术与道德哲学》，赵迎欢等译，科学出版社 2014 年版，第 29 页。

展和延伸，而是新兴智慧社会对传统工商业社会的总体性替代，是由单一物理生活空间向物理/电子双重生活空间的转型升级，由此便产生了“第四代人权”——“数字人权”。概言之，它以双重空间的生产生活关系为社会基础、以人的数字信息面向和相关权益为表达形式，以智慧社会中人的全面发展为核心诉求，突破了前三代人权所受到的物理时空和生物属性的限制，实现自由平等权利、经济社会文化权利、生存发展权利的转型升级。这既包括前三代人权在智慧发展条件下的数字化呈现及其相应保护，也包括日渐涌现的各种新兴（新型）数据信息权利及其相应保护，核心是在数字时代和智慧发展中作为人而应该享有的权利。

其一，在发展动因上，源于信息革命。众所周知，在人权研究领域，法国法学家卡雷尔·瓦萨克的“三代人权”理论颇具影响力和代表性，也被多数人所接受。从他的代际分类来看，每一代人权产生的背后都是一场革命。“第一代人权”是18世纪欧洲人权运动所主张的公民政治权利，其背后是反封建、反专制的资产阶级革命；“第二代人权”是19世纪末20世纪初社会主义运动提出的经济、社会和文化权利，其背后是反对资本剥削、消灭贫富分化的社会主义革命；“第三代人权”是第二次世界大战后反殖民化进程中出现的民族自决权和生存发展权，其背后是争取国家独立的民族革命。每一次革命，都是人类的一次解放，也都出现了重大的制度转型。如今智慧社会的到来，其背后则是一场信息革命，它带来的同样是人类一次解放和制度转型，只是它并非通过武装斗争的形式，而是以技术革命的方式来颠覆传统工商业时代的生产生活关系，塑造了空前的人类信息化生存状态和智慧化生活，因此，必然会引发迈向网络化、数字化、智能化发展的重大制度变革，造就新一代的人权形态。

其二，在内涵逻辑上，发生了根本转向。纵观前三代人权的变革与发展，其内涵逻辑是：从个体人权到集体人权；从政治权利到经济社会文化权利，再到生存发展权利；从通过国家“无为而治”来加以保障的“消极权利”，到需要国家积极采取干预措施来予以实现的“积极权利”，再到人类生存条件的集体“连带关系权利”，等等。从中可以看出，其场景是“上帝”（大自然）所给定的物理空间，其基础是工商业时代的生产生活，因此，无论是政治参与、经济保障还是生存发展，基本都是在物理空间的逻辑框架内来展开、沿着人的生物属性来表达诉求的。在当今智慧发展时代，人类凭借信息技术第一次走出了“上帝”划定的场域，开始了物理/电子（现实/虚拟）的双重空间生活，人类的物质生产、商业贸易和日常交往都需要通过线上线下来交错进行；人们的角色身份、社会关系、交往行为，甚至言语交流，不再仅是千百年来惯常的生物性展开，而是越来越多以信息化、数字化方式来构造和呈现。这样，作为万灵之主的人，就史无前例地具有了现实和虚拟、生物和信息的双重属性，人权和各种权利也必然嵌入了太多的数据信息要素，数据信息会改变，甚至决定这些权利的性质和方向。当下人权所面临的很多挑战与困境，也正是由此而生。换句话说，传统单一物理空间中人的价值尊严、自由平等、政治参与、经济保障、公平机会、劳动就业、生存条件等，必然会面临网络化、数字化、智能化的巨大冲击和深刻重塑。

人们不难看到，“我们或许会生活在一个没有隐私的环境里，或许会被一些超级权力在无形中控制，甚至很多人因为没有掌握未来生存的技能而找不到工作，财富可能会更加集中在少数人手里”。[①] 因此，当下人权的客观发展与变革诉求，并非要求权利种类和数量的增长，不是对传统工商业时代的人权拓展，而是数字时代人权的根本性转向。这就是智慧社会的“第四代人权”——“数字人权”，它以数据和信息为载体，展现着智慧社会中人的数字化生存样态和发展需求的基本权利，具体包括数据信息自主权、数据信息知情权、数据信息表达权、数据信息公平利用权、数据信息隐私权、数据信息财产权等。其目标不再局限于以往的反压迫、反特权、反权力控制，而是旨在反技术霸权、反数据信息控制，努力来消解和应对信息鸿沟、侵犯隐私、算法歧视、监控扩张、知情权障碍等诸多人权难题与挑战。

其三，在价值内核上，实现了品质升级。作为人而应享有的权利，且每个人都应该受到合乎人权的对待——这不仅是人权的普适性和道

① 吴军：《智能时代——大数据与智能革命重新定义未来》，中信出版集团2016年版，第331页。

义性所在，也是人权的价值内核。而每个阶段的人权变革与发展，都会形成对既有人权价值内核的超越和升级。第二代人权超越了第一代人权那种形式上自由、平等观的局限，走向了更具实质意义的经济、社会、文化权利观；第三代人权超越了第二代人权那种个体权利观，走向了关注生存与发展的集体权利观。如今的“第四代人权”也同样如此。

首先，它大幅拓展了人的自主性。在人权理论看来，人格价值及社会、平等诸因素是人权的重要根据，而自主性、福利和自由则是“构成了最高层次的人权的一个三元组合”。[①] 每一代新的人权诞生，都大幅拓展、推进了这些最高层次人权的实现。在当今数字时代，人们的家庭身份、社会关系、生活行为等，都会自觉不自觉地在虚实同构中以数据和信息的方式呈现出来，进而演进为新时代的“数字人类”，迈进了跨越时空、万物互联、智能高效、自由方便的智慧社会。这样，数据和信息就成为每个人参与和创造智慧生活的基本质料，是每个人在世界上进行独立完整、多元自主地进行人性构建与表达的要素、资源和媒介。因此，“任何人拥有了我们的信息也就拥有了我们自己的一部分，因而败坏了环境也就损害了我们对于世界的独特性与自主性”。[②] 而将“数字人权”视为“第四代人权”，其实质是智慧发展的“需求创立了人权”，[③] 旨在消除数据鸿沟、算法歧视、算法霸权、监控社会等人权威胁，大大提升数字时代的人的自主性，强化对“数字人类”的人权保护，进而“用人性的洞察设计更人性的社会”。[④]

其次，它实现了新时代的人权价值加持。在这场信息革命中，“人们在将自然逻辑输入机器的同时，也把技术逻辑带到了生命之中”。[⑤]

---

① ［英］詹姆斯·格里芬：《论人权》，徐向东等译，译林出版社2015年版，第179页。

② ［英］卢恰诺·弗洛里迪：《信息伦理学》，薛平译，上海译文出版社2018年版，第379~380页。

③ ［美］杰克·唐纳利：《普遍人权的理论与实践》，王浦劬译，中国社会科学出版社2001年版，第12页。

④ ［美］阿莱克斯·彭特兰：《智慧社会——大数据与社会物理学》，汪小凯等译，浙江人民出版社2015年版，第185页。

⑤ ［美］凯文·凯利：《失控——全人类的最终命运和结局》，电子工业出版社2016年版，第5页。

国家、社会和百姓的衣食住行都在日益数字化、智能化，它突破了物理空间的利益逻辑和权利逻辑（包括侵权和维权方式），形成了虚实交融、场景互动的数据信息逻辑，它直接“关系到个人的人格尊严和人身自由”。[①] 因此，将“数字人权”提升为“第四代人权”，就与时俱进地赋予了数据信息对人的价值和尊严这一人权核心价值的构造意义和维护效能，从而对人权进行数字时代的价值加持，否则，人权将会受到严重侵蚀，甚至失去社会根基。

最后，它实现了人权的品质升级。每一次人权的重大发展，都带有明显的解放性质，其终极目标是趋向于马克思所展望的“人的全面发展”。但自由平等权—经济社会文化权—生存发展权的三代发展变革，都是在物理空间和生物维度上的发展演进，这也限定了其作为道德权利、普遍权利、反抗权利的属性和场域。如今数字时代的到来，人在生物属性之外获得了数据信息属性，在物理（现实）空间之外拓展出了电子（虚拟）空间，使前三代人权的理论逻辑和内涵价值已经无法涵盖这些信息革命后果。因此，走向“第四代人权”就成为一种必然。而且，与前三代人权相比，它面对的是更加复杂多变、挑战与机遇并存的技术革命，需要抑制网络化、数字化和智能化发展的负面风险，最大限度地将其进步成果转换为人的自由发展能力，打破了“上帝”给人类划定的物理时空和人自身的生物界限，从而更接近人的尊严和价值，也开辟了以前无法想象的人性空间，并通过“人权建构了人”。[②] 可见，“第四代人权”并不是对前三代人权的拓展，而是信息革命和智慧社会带来的人权品质升级。

其四，在关系构架上，呈现关联义务的社会延展。自近代人权诞生以来，它一直是在以公民与国家为主线的关系构架中展开的，无论是自由平等、生命尊严等权利，还是经济社会文化、生存发展等权利，都是由国家（政府）或国际社会来承担主要人权保护义务的。但如今出现了前述从二元结构向三元结构的转型和双重权力生态，以往那种

① 王利明：《电子信息安全关乎人格尊严》，载《光明日报》2012 年 12 月 27 日，第 15 版。

② ［美］科斯塔斯·杜兹纳：《人权的终结》，郭春发译，江苏人民出版社 2002 年版，第 399 页。

公民与国家为主线的关系构架就暴露出更多的局限，技术公司、商业平台等主体的关联义务延展就势在必行。

首先，社会权力成为新的人权威胁力量。数字经济新业态的一个突出特点，就是去中心化与再中心化并存，呈现分散的大众、集中的平台、监控的社会之势，特别是信息鸿沟、数据挖掘、算法歧视、算法“黑箱”等问题不断出现。基此，在个人隐私、自由平等、社会公平、劳动就业等方面给人权带来威胁的，已不仅是国家（政府），很多时候则是“准立法权”“准行政权”“准司法权”的技术公司和商业平台，仅靠国家（政府）义务不足以更好地保护人权，需要这些社会权力者承担起必要的自律责任和避免侵犯人权的义务。

其次，侵犯人权的方式更加技术化。随着网络技术、数字技术和智能技术的加速发展，人类的生产生活和日常交往都变得日益数字化、信息化，人权遭遇侵犯的方式和途径也更加技术化、自动化。虽然数据收集挖掘、建模算法、软件嵌入等更多地呈现着技术的“中立性”、“客观性”和“进步性”，但在这种“客观性”的外衣之下，往往隐藏着自由平等、人格尊严、个人隐私、自主选择、教育就业等人权遭遇侵犯的事实。此时，无论是政府还是公众，对这些先进技术而言都是“门外汉”，这就加大了国家对人权保护的成本和难度，传统的国家（政府）人权保护义务难以对其有效应对，亟需对技术优势地位者课以不得侵犯人权的最低限度义务。

最后，信息全球化的无缝链接已超出主权疆域。百度、京东等超级互联网公司和商业平台，都具有跨国的全球业务，而且网络化、数字化、智能化本身创造并活跃于无边无垠的虚拟世界，远远超出了一国主权的涵摄范围和力量所及。这样，它们的所带来的人权问题，就会给地理上的主权国家造成一定的规制困境。因此，就需要针对这些社会权力主体，设定一些必要的国际性的人权保护义务，如保护数据隐私、控制算法歧视、消减信息鸿沟等。总之，在关联义务的社会延展过程中，国家（政府）不仅自身要积极作为来履行保护义务，还需要监督和规制社会权力主体，尽最大努力抑制侵犯人权的现象的发生，使智慧社会沿着更加符合人性的方向行进，从而建立良法善治的法治秩序。

（三）“第四代人权”的法治化保障

历史表明，在每一代人权生成和新旧交替的过程中，都会面临复杂曲折的利益冲突和制度重构。当今数字经济和智慧发展所孕育的“第四代人权”，同样会遭遇诸多的难题和挑战，亟需加强从理念、机制到规制策略的探索和构架，进而为“第四代人权”提供法治化保障。

1. 确立“数字人权”理念

与以往的农业经济、工商业经济相比，数字经济有两个质的飞跃：一是传统生产要素（如土地、劳动力、资本、技术等）及其相应的基础设施越来越多通过数字化来展现和发挥作用；二是出现了全新的生产要素，那就是每时每刻都在生成的人类生产生活数据，它已成为驱动经济增长的核心生产要素和新型基础设施，并加速推进了信息数字化—业务数字化—数字转型的发展进程，从而引发“从机械思维到数据思维的转变”。① 与此相应，适应数字时代的客观发展要求，推动从物理世界人权观到数字世界人权观的转型升级，就显得重要而紧迫。

其一，立足数字化加持。我们知道，第一代人权观承载着启蒙价值，第二代人权观反映了社会主义制度诉求，第三代人权观展现着民族解放和自决精神，它们在一定意义上反映了从个人主义人权观—个人/集体并重主义人权观—人本主义人权观的演进逻辑。其人权内容主要物理世界中的公共参与、生活水准和公平发展，涉及的是物理意义上的人、财、物及行为，几乎没有数据和信息的概念。如今数字时代的到来，从个人隐私到公共生活，从衣食住行到公共安全，一切都在信息化、数字化的加速进程之中，纯粹的线下活动越来越少，“‘虚拟世界’和‘现实世界’之间的分野正在失去以往的意义”，“每个人的数字生活将更加细节化”。② 这样，包括生命财产、政治参与、劳动就业、社会保障、文化教育等在内的各项人权，要么都受到了信息化、数字化的解构和重构（如隐私与人格、智慧政务与公共参与、虚拟财产与网络言论自由等），要么遇到了全新的挑战（如数字鸿沟、算法歧

---

① 王天一：《人工智能革命——历史、当下与未来》，北京时代华文书局 2017 年版，第 95 页。

② ［美］伊森·凯什、［以色列］奥娜·拉比诺维奇·艾尼：《数字正义——当纠纷解决遇见互联网科技》，赵蕾等译，法律出版社 2019 年版，第 17、20 页。

视、算法霸权、监控社会等)。此时，数据和信息不仅成为人们数字化生活所不可或缺的珍贵资源，也成为新时代人权日益重要的新型载体和价值表达。也就是说，无论是人权属性、人权要素、人权内容还是人权形态，都正在从前三代人权的物理加持方式，转向当下人权的数字加持方式，进而构成了“第四代人权”的发展动力和基础。这就要“在价值上申言数字科技必须以人为本，必须把人的权利及尊严作为其最高目的，并以人权作为其根本的划界尺度和评价标准”。同时，“要在制度上强调科技企业尊重和保障人权的责任，以及政府尊重、保障和实现数字人权的义务”。这既包括对公民（用户）数字化生活中隐私权、数据权、表达权、人格尊严权等权利和自由的尊重与保护，也包括对弱势群体所面临“数字鸿沟”的填补，进而“真正实现其上网权或数字化生活权”。[①] 此时，只有从智慧社会的客观需要来增进人权的数字加持，才能更有效地保护“数字人权”。

其二，认同数字化人格。在人权理论上，“并非任何促进人类的善或人类繁盛的东西都可以算作人权的对象，唯有人的资格所需要的那些东西才可以成为人权的对象”。[②] 在当今数字时代，每天都在产生的海量信息，既是生产生活的运行轨迹和交往图式，也是人们身份数据、行为数据、关系数据和言语数据的具象展示和情景再现，从而塑造着人们的数字属性、数字面向和数字生态，构成了人的资格所需要的一种核心资源。首先，消费者若不具备基本的数字素养，将无法正确地运用信息和数字化产品和服务，成为数字时代的“文盲”（与听、说、读、写的基本能力等同)，故而，数字素养不仅是数字经济发展的关键要素和重要基础之一，也是人格所需的必备要素，并被联合国认为是数字时代的基本人权；[③] 其次，无论是公共领域，还是私人领域都已突破了传统的物理空间意义和范围，不断地向虚拟空间进行拓展和延伸，而且，人们的行为和社会关系也在虚实同构中发生了深刻的变革，“对

---

① 参见张文显：《无数字，不人权》，载 http：//www. aisixiang. com/data/116468. html，最后访问日期：2020 年 8 月 10 日。

② ［英］詹姆斯·格里芬：《论人权》，徐向东等译，译林出版社 2015 年版，第 41 页。

③ 《不懂数字经济？你将成为新时代的“新文盲”》，载新华网：http：//www. xinhuanet. com//info/2017 -03/13/c_ 136124225. htm，最后访问日期：2020 年 5 月 28 日。

于一个网站或数据库，或者，在普通情形下对数字监视器非法的或未授权的侵入，被认为是侵入他人的私人领域或空间”,[①] 因此，数据和信息承载着重要的主体价值和人格权益；最后，日常生活领域中的自动化算法决策会越来越多地取代人脑决策，算法“黑箱”、算法霸权、算法歧视等问题也会随之凸显并普遍化，为此，“工业时代为契约自由和财产权而斗争，算法时代则为了数据的收集、传送、使用和分析而斗争”。[②] 此时的核心问题不再是契约自由和财产权，而是数字化人格，包括“保护个人的电子信息的知情权、个人的电子信息不受非法泄露、篡改、毁损等权利，都是个人人格权的重要内容”。[③] 由上可见，认同数字化人格是保护“数字人权”的必然选择。

其三，重塑人权价值观。近代人权观念的生成及其制度实践，一直是以启蒙精神为价值来源和支撑的，其核心是基于人之尊严的普世道义。因此，前三代人权在政治经济、社会文化、生存发展等领域得到了积极的“目标性”保护，但面对数字时代的人权挑战，这种传统保护模式就难以为继了。因为启蒙时期的价值理想是现代性的产物，反映着工商业社会的生产生活规律，而如今人类迈进了智慧社会，人格尊严、自由平等、公平正义、劳动就业、生存发展等项人权难以再恪守启蒙价值，例如，新实施的《英国数据保护法案》规定，任何公民都有权禁止企业对任何个人信息进行利用。“不过，如果有公民打算行使此项权力的话，那么在贷款、办信用卡甚或找工作时，他都可能会摊上一大堆麻烦”。[④] 同样，欧盟 GDPR 旨在捍卫启蒙价值，但无疑会对信息技术发展和数字经济带来巨大阻力。因此，我们要充分认识

---

① ［英］卢恰诺·弗洛里迪：《信息伦理学》，薛平译，上海译文出版社 2018 年版，第 71 页。

② Jack M. Balkin, *Free Speech in the Algorithmic Society: Big Data, Private Governance, and New School Speech Regulation*, University of California Davis Law Review, Vol. 51, 2018, p. 1158.

③ 王利明：《电子信息安全关乎人格尊严》，载《光明日报》2012 年 12 月 27 日，第 15 版。

④ ［英］约翰·帕克：《全民监控：大数据时代的安全与隐私困境》，关立深译，金城出版社 2015 年版，第 297 页。

到，颠覆性的技术革命既可能控制我们的生活，也可能服务我们的生活，[①] 而关键问题是，在这个数字化世界中，“针对哪些信息流是可以被允许的或被阻止的，哪些是需要鼓励或打压的，都需要在制度、激励、法律、技术或者规范方面进行清晰的设计和规划”。[②] 从而按照数字社会的生产生活规律来重塑人权价值观，确认和保护“数字人权”。

2. 构建“第四代人权”的保护机制

“第四代人权”应走出前三代人权对启蒙理想的“目标性”设定与价值期待，立足智慧社会发展的客观现实和人性诉求来加以保护。

（1）推进数据信息自主权的制度化

基于1983年德国人口普查案的“信息自决权”理念，对数据和信息权利、“数字人权”保护无疑具有重要的意义。不过，它针对的乃是国家强制信息收集行为，属于国家在何种程度上有权限制私人行为自由的问题，“其意涵也因此被塑造为个人数据免受国家无限度收集、储存、使用和传递，而其功能也在于防堵国家在信息化时代下，藉由数据调取和数据整合技术，产出部分或是几乎完整的‘个人轮廓’，并由此对公民的私人空间和自决能力予以削减”。[③] 然而，它并不是一般性的、排他性的绝对权利，而是需要受比例原则限制并与其他权利相平衡。[④] 事实上，“信息自决权这一法律概念拖延了数字化技术的应用进程，影响并限制了使用舒适性。但同时，我们又不愿意放弃对信息自决权的执着”。[⑤] 因此，我们应把信息自决权修正为数据信息自主权并推进其制度化，这样才能更好地维护信息权益和“数字人权”。

（2）探索多元化的权益平衡机制

由于信息技术和智慧发展“为我们创造了一个‘共同的世界’

---

① 参见［美］布莱恩·阿瑟：《技术的本质——技术是什么，它是如何进化的》，曹东溟等译，浙江人民出版社2014年版，第238页。

② ［美］埃里克·布莱恩约弗森、［美］安德鲁·麦卡菲：《第二次机器革命》，蒋永军译，中信出版集团2016年版，第342页。

③ 赵宏：《信息自决权在我国的保护现状及其立法趋势前瞻》，载《中国法律评论》2017年第1期。

④ 参见王泽鉴：《人格权法》，北京大学出版社2013年版，第200页。

⑤ ［德］比约恩·布劳卿、［德］拉斯·贝壳、［德］托马斯·拉姆什：《智能数据——如何挖掘高价值数据》，王盛男译，中信出版集团2017年版，第261页。

(Common World)，一个我们无论如何都只能共同分享的世界”。[①] 它所带来的既是数字经济，也是分享经济；它既促进了人权的增长和进步，也带来人权的风险和威胁。因此，这就需要探索平衡共享性的保护机制。具言之，由于数据和信息既是基于每个个人或单位的活动所产生的，又是数字经济时代用以维持正常运转所共生共存的资源，因而，它们既具有私人属性，也具有公共属性。这样，“数字人权”不仅要遵从数据信息的双重属性和信息自主权的边界，也要纳入“共建共治共享”的法治秩序格局之中。即人们“要享受这些便利就需要牺牲一部分个人权利，包括隐私权，另外也要直面大数据控制本身带来的新的社会不平等、数据管控者与个人之间的信息不对称和权力不平等、个人权利在大数据时代备受挤压等伦理和法律问题，并尝试在两者之间找到折中和平衡之道”。[②] 一是“数字人权”是信息革命和数字经济的客观反映，它不仅要遵从数据信息的双重属性和信息自主权的边界，也要体现无处不分享的“共建共享”时代趋势；二是工商业社会向信息社会的转型，必然会带来自由和权利的克减，在消减原有物理时空的不平等的同时，产生虚拟空间的新的不平等（如信息鸿沟），需要进行新时代的总体平衡；三是新技术的福利许诺抵不上失去的自由，其实未必尽然。欧洲经济和社会委员会就强调，“公民或愿意放弃部分隐私权以换取更大的人身安全和安全保障，但却无法确保所有人都有此愿望。此外，把隐私权当作交换筹码这一行为本身在某种程度上就有违道德”。[③] 但究其根本，这些担忧未必就是彻底的反技术、反变革，而是不愿付出太大的牺牲代价。事实上，“数字技术创造了多种共生的关系，它使我们能够为了自己的利益而获得和分享信息，与此同时，我们所产生的数据对于那些为数字交往提供便利并加以控制的公共和

① ［德］贝克、邓正来、沈国麟：《风险社会与中国》，载《社会学研究》2010年第5期。

② 郑戈：《在鼓励创新与保护人权之间——法律如何回应大数据技术革新的挑战》，载《探索与争鸣》2016年第7期。

③ 欧洲经济和社会委员会：《大数据伦理——在欧盟政策背景下，实现大数据的经济利益与道德伦理之间的综合平衡》（*The ethics of Big Data*: *Balancing economic benefits and ethicalquestions of Big Data in the EU policy context*, March 2017 by European Economicand Social Committee），载中国大数据产业观察网：http://www.cbdio.com/BigData/2017-09/27/content_5607209.htm，最后访问日期：2019年1月25日。

私人机构有着巨大价值”。[①] 基于上述考量，就需要在比例原则、合理原则下，探索人权价值的平衡共享机制，进而促进数字时代的人权保障法治化。

由此可见，“数字人权”的保护，已不再是前三代人权的“目标性”追求，而是更务实的权益平衡。因此，这就需要在数据和信息的公共性和私人性之间，政府部门、商业平台、技术公司和消费者之间，以及公法保护和私法保护之间，形成一种多元平衡、互动共享的数字人权保护机制，既要消解算法歧视、社会监控和数据鸿沟等人权威胁，倡导和保障智慧社会的“数字人权”；也要确保数据信息的共享流通和数字经济的正常运转，从而为“第四代人权”提供可靠的法治化保障。

（3）推动人权保护从“场域化”迈向“场景化”

从古到今，人类都是在自然给定的物理时空中，以生物形态来生存的。由于受到物理时空的制约，生产生活中的行为、关系和事件基本都带是以“场域”为基点来展开的，带有特定性、片段性、分离性、层级性的明显特征。而如今的信息技术革命，则改写了这种生存逻辑。人类第一次获得了虚拟/现实的双重空间、生物/数字的二维面向，突破了以往物理时空的限制和阻隔，衣食住行的各个要素、各个方面都能在线上线下快速地整合完成。于是，生产生活中的行为、关系和事件便转向以“场景”为基点来展开，其远程临场、即时互动、扁平流动、个性多元、全景呈现的属性，使以前的不可想象变成了今天的生活常态，“在数字共同体中，你是已被认可的个体，你的趣味、倾向、习惯、偏好等都已为其他能动者所知，他们可以相应地调整自己的行为”。[②] 在这种情况下，人权的存在样态、侵犯人权的行为、人权的保护方式等，自然也都赋予了场景化的底色，反映个案化、精细化、互动化的保护趋势，无论是隐私保护、算法歧视、公众知情权还是数据掌控不对称，都出于场景化之中。就拿隐私权保护来说，其合理路径并非划定一条固定的隐私权或个人信息权的边界；相反，隐私保护所

① The New Zealand Human Rights Commission, *Privacy*, *Data*, *and Technology*: *Human Rights Challenges in the Digital Age*, www. hrc. co. nz, May 2018, p. 5.

② ［英］卢恰诺·弗洛里迪：《信息伦理学》，薛平译，上海译文出版社 2018 年版，第 363 页。

要做的，应是实现“场景性公正”，即在具体场景中来保障人的尊严、实现信息的合理流通。“个人信息法律保护的背景是，现代信息社会中个体与企业等大型机构之间在信息能力方面存在巨大差异，这与强调主体平等、意思自治的私法存在隔阂。私法若要在保障个人信息的合理流通与使用的同时，兼顾对公民隐私权益的保护，就必须结合具体场景，采用以倾斜保护、集体保护等为原则的消费者法框架”。[①] 同样，在促进社会公平方面，也应该确立场景化的数字正义观，[②] 推动智慧司法、智慧检务、智慧政务和ODR机制、平台治理法治化进程，在场景正义中探索智慧社会的人权保护机制，从而“让‘接近正义’不再依赖于物理的、面对面环境，甚至不再受制于人类的决定，就可以实现”。[③] 由此看来，数字时代的人权保护，就必须走出传统的物理空间思维，适时确立场景化保护的理念和原则，进而更有效地为“数字人权”提供法治保障。

（4）确立公法/私法的双重保护机制

基于数据信息的双重属性，“既不能仅仅为了保护自然人的权利，无限度地扩张自然人对个人数据的权利边界，从而妨碍数据的流动、分享与利用，也不能无视数据企业对其付出成本而合法地收集、存储和利用个人数据的权利”。[④] 这就需要对个人权利和数据企业之间进行私法上的权益界定和平衡保护。然而，算法“黑箱”、无方向监控等问题则不是一般私法所能解决的，即便是我们把重心从收集行为转向使用行为，[⑤] 也不足以化解公共安全与个人隐私、商业便利与隐私交换的深刻矛盾，无法扼制它对人权的威胁。因此，亟需纳入人权领域，通过公法保护机制来加强人权保障。可见，只有构建公法/私法的双重规制机制，在法治框架下进行数字权益的平衡保护，才能更好地塑造智

① 参见丁晓东：《个人信息私法保护的困境与出路》，载《法学研究》2018年第6期。

② 参见马长山：《智能互联网时代的法律变革》，载《法学研究》2018年第4期。

③ ［美］伊森·凯什、［以色列］奥娜·拉比诺维奇·艾尼：《数字正义——当纠纷解决遇见互联网科技》，赵蕾等译，法律出版社2019年版，第263页。

④ 程啸：《论大数据时代的个人数据权利》，载《中国社会科学》2018年第3期。

⑤ 高富平：《个人信息保护：从个人控制到社会控制》，载《法学研究》2018年第3期。

慧社会的法治秩序。

（5）促进空间上的国际合作

随着近代人权的生成和发展，逐渐形成了国际人权公约指导下的国际合作保护机制，并为前三代人权保护作出了重要贡献。然而，它毕竟是在工商业社会和物理空间中形成的国际构架，诸如主权与人权的关系、人权的保护方式、人权保护合作机制等方面的既有探索和经验，很难适应数字社会和双重空间的客观需求。特别是虚拟空间彻底打破了物理属性的时空观念，国际社会融汇成了一个没有边界、不可分割的虚拟共同体。与此同时，无论是人权形态、人权威胁，还是人权保护，都在以信息化、数字化的方式不断演进。然而，目前国际社会仍然处于物理思维大于数字思维的境地，一些国家还力图基于物理空间的立法规制，作出虚拟空间中的“长臂管辖”尝试，这无疑是扬汤止沸，造成了现实空间和虚拟空间在规制上的错位和难题。因此，面对新兴的“数字人权”，既要强化国家的保护义务、拓展社会（私权力）主体的保护义务，又要加强国际社会的广泛合作，尤其是在信息立法和数字人权保护上，不仅保持既有物理空间中的联合保护机制，还需基于数字思维来协调虚拟空间的人权保护立场，促进不同国家在虚拟空间中的互利合作，从而探索数字时代的新型国际人权保护机制，共同分享数字经济带来的人权善果。

3. 探索过程/结果的规制策略

自现代性法律体系形成以来，一直扮演着规范行为、构建秩序的重要角色。它以普适性、确定性、公开性和不溯及既往性等优点，超越了宗教和道德而占据了主导地位，并描绘了一幅可预期的法治目标和图景。然而，由于现代性法律体系立基于罗马法的规则逻辑，面对的是物理空间的人身关系、财产关系和国家/社会关系，因此，它注重行为的性质和后果，常采取预防制或者追惩制的方式来实现权利保护和塑造秩序。随着智慧社会中现实世界与虚拟世界、物理世界与数字世界的边界消失，使“制度性反应缺失，行为成本和后果更加难以计算”。[1] 同时，也在很大程度上给制度带来了超负荷，“许多以前我们曾经依赖的东西，正在数字化时代支离破碎”。[2] 此时，单一结果规制方式下的权利保护和规范秩序必然会面临重大挑战。一方面，“大数据技术的广泛应用实际上正重塑着整个法律体系运作于其中的社会空间，改变着大数据掌控者（包括国家和商业机构）与公民个人之间的权力关系，并创生出许多无需借助法律的社会控制方式”，[3] 因此，代码也成为一种新的“法律”。另一方面，各种新业态、新模式和平台治理中，形成了大量“众创试验”的民间治理规则。这些规则反映了信息革命和数字经济时代的新规律、新趋向，不仅具有较高的技术含量，而且还具有“破窗性”和颠覆性，因而，倒逼监管部门将其纳入国家立法之中。

从根本上看，二者都从单一的物理空间逻辑转向了物理/电子的双重空间逻辑，都从行为结果规制转向了过程规制。即“法律规则是传统立法框架下的规定的行为规则，它是一种‘外在的’规则，这些规则会在足够高的风险收益诱使下被打破，但是打破规则并不被发现的情况下也要为后果负责，这是一种事后惩罚机制；技术规则是一种‘内在的’规则，如果不遵守技术规则，程序将返回一个错误值并停止运行，并且代码总是严格地按照规则运行，这是一种事中执行机制。这两项规则同等重要，相互补充，缺一不可”。[4] 目前的智慧政务、智慧检务、智慧司法、智慧城市等建设，都体现了把技术规则上升为法律的“技术法律化”，以及把法律转化成代码并由算法自动执行的“法律技术化”进程。可以说，“大到整个互联网，小到一个网络空间，代码都嵌入了价值理念。它实现或阻止某种控制”。[5] 在这一时代背景下，

---

① ［美］伊森·凯什、［以色列］奥娜·拉比诺维奇·艾尼：《数字正义——当纠纷解决遇见互联网科技》，赵蕾等译，法律出版社2019年版，第20、23页。

② ［德］克里斯多夫·库克里克：《微粒社会——数字化时代的社会模式》，黄昆等译，中信出版社2018年版，前言第XII页。

③ 郑戈：《在鼓励创新与保护人权之间——法律如何回应大数据技术革新的挑战》，载《探索与争鸣》2016年第7期。

④ 唐剑文等：《区块链：将如何重新定义世界》，机械工业出版社2017年版，第49页。

⑤ ［美］劳伦斯·莱斯格：《代码2.0：网络空间中法律》，李旭等译，清华大学出版社2009年版，第129页。

“数字人权”保障机制就不能再局限于传统的结果规制方式，而应该适时在制度规则中嵌入代码规制，既防止了预防制那种“提前阻却”所带来的自由限制，也防止了追惩制那种“事后修复”所带来的伤害难题，从而实现场景化、过程化、智慧化的即时互动规制。可见，只有建立结果与过程兼顾平衡的规制机制，“数字人权”保护才能取得更好的实效，也才能更好地实现智慧社会的“共建共治共享”治理秩序。

4. 塑造尊重人权价值的“道德基础设施”

随着信息革命的到来，人们越来越明显地意识到，“发源于18世纪的自由民主制拥有出色的道德支柱，而20世纪兴起的技术垄断文明，其思维体系缺乏卓越的叙述手法，因此既无法提供道德支柱，也缺乏强有力的社会机制，以管制技术产生的‘信息洪水’”。[①] 其根本原因在于，从工商业文明到信息文明的重大转型，因此，这必然会涉及以法治文化为内核的、尊重人权价值的“道德支柱”的重建，从而推动“数字人权”的法治保障。

一方面，应确立算法的伦理原则。面对算法歧视、算法“黑箱”、社会监控和隐私侵犯等复杂问题和时代挑战，单凭法律的外在规制是不够的，更加基础和经常的则是算法决策内部的自我约束。只有“当算法在质量监控之下，以公平方式影响各方当事人，正义方能实现”。[②] 因此，需要在算法决策中嵌入必要的人权价值和法治伦理，设定算法的自律准则。即在国家立法、行业自律、社会评价中确立算法遵从“善法”的伦理原则，从而尊重人权价值、维护“数字人权”和促进社会公平正义。在国际上，美国设立了生物伦理问题研究总统委员会、英国设立了纳菲尔德生命伦理理事会，以及Google、微软等多家大型科技公司也都已设立了伦理审查委员会（或伦理道德委员会、伦理风险委员会）。目前，中央全面深化改革委员会第九次会议刚刚通过了《国家科技伦理委员会组建方案》，表明我国的科技伦理建设也已正式起航。这些都能够为确立算法伦理、推进算法治理、维护“数字人权”

① ［美］Neil Postman：《技术垄断——文明向技术投降》，蔡金栋等译，机械工业出版社2013年版，第74页。

② ［美］伊森·凯什、［以色列］奥娜·拉比诺维奇·艾尼：《数字正义——当纠纷解决遇见互联网科技》，赵蕾等译，法律出版社2019年版，第263页。

提供重要保障。

另一方面，应培养算法“智能体”的道德习得能力。随着网络化、数字化和智能化的快速发展，人工智能体的自主学习能力越来越强也会越来越智慧，此时，更需要注重“信任、隐私、透明、言论自由、开放、知识产权、忠诚、尊重、可靠、名誉、法治等。这些概念若是基础设施可能会更容易理解，因为基础设施能推动或阻碍（反思）智能体的道德和非道德行为”，即“智能体的道德行为也是‘道德基础设施’”。[①] 但它不应是基于规则和责任伦理的简单道德算法，不宜采取自上而下的教导性、灌输性的进路，而应采取应用学习、自发性、进化性的自下而上式进路。它“不同于直接定义了什么是道德、什么是不道德的自上而下的理论，在自下而上的进路中任何伦理原则都必须是被发现出来或被建构出来的”。[②] 并且，使其在“‘人—机’交互主体间”的反复博弈中，才能不断地矫正偏颇或错误，进一步升级和完善。[③] 这样，就能够使算法“智能体”形成道德推理与自主德性学习的自律约束机制，从而通过习得法治伦理来自主地抑制算法风险，维护数字时代的人的地位和尊严。可见，只有构建起以法治文化为内核、尊重人权价值的“道德基础设施”，才能更好地保障“数字人权”和促进法治秩序。

① ［意］卢西亚诺·弗洛里迪：《第四次革命——人工智能如何重塑人类现实》，王文革译，浙江人民出版社2016年版，第220页。

② ［美］温德尔·瓦拉赫、［美］科林·艾伦：《道德机器——如何让机器人明辨是非》，王小红等译，北京大学出版社2017年版，第69页。

③ 参见田海平：《让“算法”遵循“善法”》，载《光明日报》2017年9月4日，第15版。

第三章 人工智能应用的法律规制

一、人工智能的社会风险及其法律控制

随着互联网、大数据和人工智能的飞速发展，融合升级的智能互联网时代已经悄然来临。它“将彻底改造所有传统行业，AI是核心驱动力”,[①] 人们甚至开始预测高度不确定、高度奇异性的超人工智能“奇点”来临时间和社会状态。[②] 但无论如何，智能互联网确实凭借其众多的颠覆性创新，深刻地塑造、改变了当今社会，推动着经济结构、营销业务、商业模式和经营理念上的全面革新。目前，世界各国都对智能互联网的发展予以高度重视和积极应对，我国近年也先后发布了《国家信息化发展战略纲要》（2016.7）、《新一代人工智能发展规划》（2017.7）等指导性文件，进行积极的战略部署和创新发展的升级换代。然而，“人工智能在给人类带来巨大好处的同时，也伴随可怕的风险；我们应该密切关注正在发生的变化，并采取适当的策略，以便促成最好的结果”。[③] 因此，对人工智能进行有效的风险防控和法治化应对，已成为当务之急。

（一）AI浪漫主义与人工智能的本质

人工智能无疑代表着当代科技进步的最新发展方向，一方面，人们对它把人从简单、重复的劳动中解放出来的图景寄予很高的期待；

---

① 张彪：《智能互联网将颠覆所有传统行业》，载《计算机与网络》2016年第23期。

② 参见［美］Ray Kurzweil：《奇点临近——2045年，当计算机智能超过人类》，李庆诚等译，机械工业出版社2017年版，第228页。

③ ［英］卡鲁姆·蔡斯：《人工智能革命——超级智能时代的人类命运》，张尧然译，机械工业出版社2017年版，前言第X页。

另一方面，人们又对它替代人类的“超人”发展抱有深深的忧虑，甚至恐惧。如何去定位和掌控人工智能的发展，就成为一个至关重要的时代课题，而其关键又在于人们对人工智能本质的理性认识。

其一，IA 不是 AI。人工智能 AI（Artificial Intelligence）是指通过模拟人脑思维，由机器或软件所表现出来的具有推理、记忆、理解、学习和计划的类人化智能，它能够思考自己的目标并进行适时调整，甚至将拥有足以匹敌人类的智慧和自我意识的能力，“当你命令一个机器人去工作的时候，它却决定去海边玩”。① 而 IA（Intelligence Augmentation）则是一种智能增强，尽管它也会有自主学习、自然进化等功能，但仍是按照人类输入的代码指令和数据算法，来复制、模仿、模拟人类的行动，以帮助人类挖掘和拓展自身潜能。因此，从一定意义上说，AI 可能会取代人类，但 IA 则不会动摇人类的主体地位。由于目前的技术发展还做不到真正的 AI，因此，我们很多时候所指称的人工智能其实只是 IA。可见，“人工智能的大多数成就并没那么可怕”，② 它们更多的是人类所创造的高度自动化、智能化的机器或者工具，虽然这些“机器或许最终能够模仿人类的动作与感受，但是它们毕竟不是人类”。③ 换言之，计算机本身并没有自己的意志，它们只是工程师生产的产品，而不是进化体，因此，“备有终极算法的人工智能接管世界的概率为零”。④ 这就意味着，我们需要按照智能化的高级工具来定位和对待人工智能。那种认为将来人类会接受机器的要素、功能和特征，并“创造下一代真正有意识的机器，一种超越人类的人机结合种族”的预测，⑤ 无疑带有太多浪漫主义的科幻色彩。不过，作为人类高级工具的人工智能的社会风险，却不能因此受到忽视。

---

① ［美］约翰·马尔科夫：《人工智能简史》，郭雪译，浙江人民出版社 2017 年版，第 328 页。

② ［美］皮埃罗·斯加鲁菲：《智能的本质——人工智能与机器人领域的 64 个大问题》，任莉等译，人民邮电出版社 2017 年版，前言第 4 页。

③ ［美］约翰·马尔科夫：《人工智能简史》，郭雪译，浙江人民出版社 2017 年版，第 325 页。

④ ［美］佩德罗·多明戈斯：《终极算法——机器学习和人工智能如何塑造世界》，黄芳萍译，电子工业出版社 2017 年版，第 361 页。

⑤ ［英］乔治·扎卡达基斯：《人类的终极命运——从旧石器时代到人工智能的未来》，陈朝译，中信出版社 2017 年版，第 299 页。

其二，理性审视技术中立。众所周知，技术中立论认为技术并不涉及善恶问题，为了保障技术进步，不应对技术进行过多限制或者过度归责。在硅谷里的流行看法甚至认为，技术的演进由着自己的生命，很多时候超出了人类的控制范围，“计算技术进步的速率持续增加，已经被视作了一种独立的力量”。① 然而，“技术从来就是好坏参半”，它“既赋予我们创造性，也赋予我们毁灭性”。② 事实上，技术进步一定是在社会中发生作用而并非真空的，因此，它既具有价值也具有使用价值，并带有研究者（科学界）和利用者（商、业界）的价值偏好。具言之，“人工智能工作者是工具的制造者。我们的表示、算法和语言都是一些工具，用来设计和建立那些展现智能行为的机制。通过实验，我们同时检验了它们解决问题的计算适合性，也检验了我们自己对智能现象的理解”。③ 很多时候，极力渲染技术进步的科学至上主义承诺将天堂带入人间，它“废除所有能够带来稳定和秩序的传统故事和符号，而重新讲述另一个关于技能、技术知识和消费美梦的故事。其目的在于赋予人们特殊的使命，以保证技术垄断永远存活下去”。④ 由此看来，人工智能的发展并不能以技术中立为由来回避它的商业偏好、善恶价值和社会风险。就目前的科学研究而言，“解决 AI 和 IA 之间内在矛盾的答案，就隐藏在人类工程师和科学家的决策中”，很多科学家“都有意选择了‘以人为本’的设计”。⑤

其三，坚持人类中心主义。人类的独一无二之处在于，“我们制造工具，而工具让我们走得更远”。⑥ 特别是近代工业革命以来，可谓人与工具形影相随，但它们都是“死的”机器，即便自动化设备也有一

---

① ［美］约翰·马尔科夫：《人工智能简史》，郭雪译，浙江人民出版社 2017 年版，中文版序第 VI 页。

② ［美］Ray Kurzweil：《奇点临近——2045 年，当计算机智能超过人类》，李庆诚等译，机械工业出版社 2017 年版，第 240 页。

③ ［美］George F. Luger：《人工智能——复杂问题求解的结构和策略》，郭茂祖等译，机械工业出版社 2017 年版，第 490 页。

④ ［美］Neil Postman：《技术垄断——文明向技术投降》，蔡金栋等译，机械工业出版社 2013 年版，第 168 页。

⑤ ［美］约翰·马尔科夫：《人工智能简史》，郭雪译，浙江人民出版社 2017 年版，第 338 页。

⑥ ［美］雷·库兹韦尔：《人工智能的未来——揭示人类思维的奥秘》，盛杨燕译，浙江人民出版社 2016 年版，第 270 页。

些程序化的机械动作。而当下的人工智能发展，则制造出越来越多“活的”智能机器，它们被输入了人类知识和“智慧算法”，因此，彼此之间就不再是简单的“人—工具”关系，而是伴有智慧互动情境，人机共处必将成为社会生产生活关系的常态。为此，有西方学者不无忧虑地写道：“19 世纪，机器战胜了人类的肌肉；现在，机器正在与人类的大脑角力。机器人兼具大脑和肌肉。我们都正在面对‘被我们的造物完全取代’的未来。”① 这样，人类中心主义的议题便再次凸显出来。我们知道，在人与自然问题上，非人类中心主义的生态伦理对人类中心主义形成了很大的冲击，但它无非是力图消解绝对人类中心主义的自负，从而善待自然并更好地化解生态危机。如果真的要彻底走出人类中心主义，其在现实生活中的可操作性并不强。② 同样，面对人工智能——“这些未来的机器人甚至比今天的人类更加像人”，③ 但既然人工智能只是执行人类指令、通过算法解决问题的一种智慧性高级工具，其发展就应该以人类为中心、以人为本、为人类服务。因此，“当机器人变得足够复杂的时候，它们既不是人类的仆人，也不是人类的主人，而是人类的伙伴”。④ 这样，如何控制人工智能的社会风险，使其服务于人类就成为科技伦理、机器伦理所必须认真对待的问题。

总之，尽管有人预测不久就会出现彻底解放人类的经济奇点和超越人类的人工智能奇点，⑤ 也对技术中立抱有浪漫的情结，但在可见的范围内，人工智能仍然是人类的一种工具，最多是一种升级版的、可以“人机共舞”的智慧工具。另外，人工智能也确实深刻地改变着人类的生产生活和行为方式，它所带来的颠覆性挑战也不可小觑。因此，我们必须以人类中心主义的关怀，来审慎对待它带来的社会风险，并

---

① ［美］约翰·马尔科夫：《人工智能简史》，郭雪译，浙江人民出版社 2017 年版，第 86 页。

② 参见徐春：《以人为本与人类中心主义辨析》，载《北京大学学报》（哲学社会科学版）2004 年第 6 期。

③ ［美］Ray Kurzweil：《奇点临近——2045 年，当计算机智能超过人类》，李庆诚等译，机械工业出版社 2017 年版，第 228 页。

④ ［美］约翰·马尔科夫：《人工智能简史》，郭雪译，浙江人民出版社 2017 年版，第 208 页。

⑤ 参见［英］卡鲁姆·蔡斯：《经济奇点——人工智能时代，我们将如何谋生？》，任小红译，机械工业出版社 2017 年版，第 233 页。

予以积极的防御和规制。

（二）人工智能应用的社会风险

事实表明，“我们无法真正预测未来，因为科技发展并不会带来确定的结果”,[①] 然而，这不等于我们对人工智能的各种挑战无能为力，如果“对即将到来的危险（和机遇）视若无睹也太愚不可及了”。[②] 因此，人工智能越是迅速发展、越是渗入日常生活，就越需要认识并正视它的各种风险。

1. 伦理风险

由于人工智能被输入了人类的知识、建模和算法，具有自主学习能力并能够模拟人的智性、行为甚至情感，因此，智能机器人就大大超越了以往没有灵性的机器，能够替代人类来完成一些工作任务，形成人机共处的工作和生活环境。这样，它在“给我们带来无尽欣喜与期望的同时，也逐渐挑战着我们既有的法律、伦理与秩序”。[③]

首先，机器人伦理。智能机器人本没有道德观和伦理问题，“它们只是一种物体，被灌输了程序员为达到特定目的而编写的代码”,[④] 即便是它能够形成自主学习和自我升级的能力，也是按照程序员编写输入的代码和算法来完成的。然而，问题是，程序员所输入的代码和算法并不是脱离伦理的，人类给智能机器人设定的任务也并非价值无涉的，它们恰恰体现了一定的目标和偏好。因此，“从一个角度来看，我们创造的机器人貌似只是机器而已；而从另一个角度看，它们似乎是复杂而具有适应性的实体，甚至可能对我们在道德关心的问题有着或多或少的敏感性”。[⑤] 如伴侣机器人如何旅行陪伴职责？自动驾驶在面对危急路况时如何来进行研判权衡？更让人担心的是机器人武器的误

---

① ［以色列］尤瓦尔·赫拉利：《未来简史》，林俊宏译，电子工业出版社 2017 年版，第 357 页。

② ［英］卡鲁姆·蔡斯：《经济奇点——人工智能时代，我们将如何谋生?》，任小红译，机械工业出版社 2017 年版，第 234 页。

③ 腾讯研究院、中国信通院互联网法律研究中心等：《人工智能——国家人工智能战略行动抓手》，中国人民大学出版社 2017 年版，第 322 页。

④ ［美］约翰·C. 黑文斯：《失控的未来》，仝琳译，中信出版社 2017 年版，第 22 页。

⑤ ［美］温德尔·瓦拉赫、［美］科林·艾伦：《道德机器——如何让机器人明辨是非》，王小红等译，北京大学出版社 2017 年版，第 188 页。

判误杀，因此“要重申诸如军事需要原则、相称原则、宽恕民众原则等之类的总则并不困难，但它们与具体行动之间存在鸿沟，士兵的判断就是要填补这道鸿沟。当机器人将阿西莫夫的机器人学三条定律运用到实践中时，就很快会产生麻烦”。[①] 此外，还存在基于技术局限、操作难题和商业利益偏好的算法“善恶”问题，如算法偏差、算法错误、算法歧视、算法“黑箱”，以及智能机器人滥用（利用机器人犯罪）等，这些都会对人类的自主性、自由、公正乃至生存造成明显的威胁，“我们不能将人工智能研究同它的道德伦理后果分离开来”。[②] 可见，这些都并非危言耸听，“如何将人工智能可能对人类造成的损害控制在提前预测的范围内，是法律工作者应当提前应对的重要课题”。[③] 为此，西方学者开始探索 AMAs（人工道德智能体）的可能性，使其基于规则和责任伦理的可计算性与可实践性，采取自上而下和自下而上式进路向机器人“教导”必要的伦理观，[④] 进而通过道德代码的嵌入来降低机器人伦理风险。

其次，人机关系伦理。智能机器人被输入的智性固然是程序化的、无意识的，但它毕竟有了一些可以与人互动的“灵性”，人们也会对智能机器人产生或多或少的、与对待冷冰冰工具不一样的某种情感幻化。为此，有学者指出，“考虑到我们倾向于为这些机器赋予人格，随着它们变得越来越自主，我们无疑会与它们发展出社会关系。事实上，思考人类与机器人的关系，与思考传统的人与奴隶的关系，没有太大的不同”。[⑤] 至少，智能机器人在制造业、服务业的很多方面代替了人类，从一种工具变成了代理人，“那么，既然认识到计算机已经取代了那些本该具有道德约束的人类服务人员，再去避免谈及对计算机系统类似

---

① ［美］佩德罗·多明戈斯：《终极算法——机器学习和人工智能如何塑造世界》，黄芳萍译，电子工业出版社 2017 年版，第 357 页。

② ［美］罗素、诺维格：《人工智能——一种现代的方法》，殷建平等译，清华大学出版社 2013 年版，第 878 页。

③ 王利明：《人工智能对民法的挑战》，载《中国城市报》2017 年 9 月 11 日，第 22 版。

④ ［美］温德尔·瓦拉赫、［美］科林·艾伦：《道德机器——如何让机器人明辨是非》，王小红等译，北京大学出版社 2017 年版，第 69 页。

⑤ ［美］约翰·马尔科夫：《人工智能简史》，郭雪译，浙江人民出版社 2017 年版，第 335 页。

的道德约束就显得不合适了。”[①] 因此，如何定义智能机器人身份、构建何种人机关系，发生冲突如何解决，都是需要考虑的问题。其中，“智能行为既不遵循行为与效果之间的直接对应，也不遵循行为与主体之间的必然联系，我们该如何做出一个恰当的道德判定?”[②] 这已成为一种根本性的挑战。

最后，人文精神危机。自近代现代性兴起以来，颠覆了千百年来的传统意识和观念，“人类已从中心滚向了X”。[③] 而人工智能的发展，固然增强了人类的活动能力和福利水平，但也加剧了人文精神的衰落。一方面，“计算机网络不断增加着人类之间的分歧，让他们变得孤单而孤立”；另一方面，“大规模取代人类劳动力的智能机器的出现，无疑会引发人类身份认知的危机”，[④] 特别是“自由主义者推崇人类生命及人类体验神圣不可侵犯，这样的发展会是对这一信念的致命打击”。[⑤] 进言之，当今已经进入了万事都需大数据分析、一切皆可计算的时代。然而，如果人所有的行为、所有的感情、所有经历的事情、所有认识的人都可以进行量化，如果决策权力从人类手中交给了算法，那么，“用算法来处理人类特有的一些活动，有可能使这些活动丧失最根本的人性”。[⑥] 它会使我们放弃了以人为中心的世界观，而秉持以数据为中心的世界观，这就难免会出现沦落为单纯“数字人类”的社会风险。同时，尽管智能机器人的记忆水平和计算能力越来超过人类和替代人类，但由于智能机器人没有自主意识，这就会形成一个越来越智能，但却越来越没有意识的社会，“它引发了一种危险，即我们不再将自我视为目的。相反，我们开始将自己视作为人所利用的装置和被人利用

---

① ［荷］尤瑞恩·范登·霍文、［澳］约翰·维克特：《信息技术与道德哲学》，赵迎欢等译，科学出版社2014年版，第223页。

② 刘劲杨：《人工智能算法的复杂性特质及伦理挑战》，载《光明日报》2017年9月4日，第15版。

③ ［美］戴维·鲁本：《法律现代主义》，苏亦工译，中国政法大学出版社2004年版，第23页。

④ ［美］约翰·马尔科夫：《人工智能简史》，郭雪译，浙江人民出版社2017年版，第171、327页。

⑤ ［以色列］尤瓦尔·赫拉利：《未来简史》，林俊宏译，电子工业出版社2017年版，第294页。

⑥ ［美］卢克·多梅尔：《算法时代：新经济的新引擎》，胡小锐等译，中信出版社2016年版，第223页。

的工具”。[①] 因此，我们并不需要过多担心人工智能让计算机像人类一样思考问题，而更让人担心的是“人类像计算机那样思考问题——摒弃同情心和价值观，并且不计后果”。[②] 可见，如何来恰当地权衡机会和风险就成为重要的时代任务。

2. 极化风险

从古到今，社会分层和阶级等差一直是人类社会难以消解的社会问题。历次社会革命或者巨大社会变迁，都会消除一些旧的不平等，但同时又产生了新的不平等。在当今智能互联网时代，“所有的信息资源都能够被智能的计算机软件实体所识别和处理，并且这些软件实体能够自治地、主动地在网络中漫游，具有很好的适应性和可靠性，能够代替用户完成各种工作，并为用户提供丰富的服务”。[③] 于是，数据和算法就成为重要的生产要素，它所带来的社会差别会超过以往任何形式的不平等，甚至还很可能会产生极化社会结构——断崖性等差的社会风险。

一是数字鸿沟。一般而言，数字鸿沟（digital divide）是指“在有效使用网络所需要的技能方面，比起仅仅去访问网络，或许有更深刻的阶层分化”。[④] 随着人工智能的崛起及其与互联网的加速融合，数字经济成为主导，商业平台成为新业态，“赢者通吃”成为新规则，于是，社会身份和财富就不再仅靠劳动和投资来获取，而更多的是通过占有信息、数据和赢得算法来迅速变成商业巨头和富豪，数字鸿沟就转换成等差鸿沟，而且，身在底层就很难翻身向上流动。由此，就形成这样一种局面：“所有的数据都由我们自身产生，但所有权却并不归属于我们。”[⑤] 为此有网友感叹：“个人隐私就算瞒过了枕边人，也瞒不

---

① ［美］迈克尔·帕特里克·林奇：《失控的真相——为什么你知道得很多，智慧却很少》，赵亚男译，电子工业出版社 2017 年版，第 218 ~ 219、222 页。

② 《库克：人工智能并不可怕　怕的是人像机器一样思考》，载中华网：http：//finance. china. com/industrial/11173306/20170612/30706950. html，最后访问日期：2019 年 1 月 21 日。

③ 史忠植等：《智能互联网》，载《计算机科学》2003 年第 9 期。

④ ［美］马修·辛德曼：《数字民主的迷思》，唐杰译，中国政法大学出版社 2016 年版，第 11 页。

⑤ 王天一：《人工智能革命——历史、当下与未来》，北京时代华文书局 2017 年版，第 184 页。

过互联网公司。”海量的消费信息也在购物的同时被记录下来，你的偏好和习惯在不经意间就可能被他人获知，这些数据也为某些人提供了“便利”。这样，运用计算能力作为销售工具的趋势越来越势不可当，并“正在将你的生活转化成他人的商机”。[①] 它甚至还会形成数据垄断和算法歧视，导致一些商业平台存在较为普遍的“大数据杀熟”现象，即所谓“最懂你的人伤你最深”。[②]

二是贫富极化。在以往社会中，大多数人的财富积累要经过几十年甚至几代人的努力，并且数额有限。如今智能互联网时代，技术精英与资本精英相融合，其财富积累可以在几年时间即可迅速完成，而且落差极大，动辄就是亿万甚至几百亿、几千亿，这就形成了贫富极化现象。可见，那些“数字精英（digerati）所承诺的大多数东西并没有带来自由、平等和博爱”。[③] 事实恰恰表明，“随着算法将人类挤出就业市场，财富和权力可能会集中在拥有强大算法的极少数精英手中，造成前所未有的社会及政治不平等”。[④]

三是“无用阶级”。人工智能的发展会大面积取代简单、重复性的人力劳动，造成大量的失业。然而，在技术制胜论者看来，火车的出现消灭了马车夫，但却创造了铁路工人，这是工作岗位的换代升级。2013 年就有研究者称，到 2020 年，机器人产业在全球范围内直接和间接创造的岗位总数将从 190 万增长到 350 万。2014 年修正为“每部署一个机器人，将创造出 3.6 个岗位”。然而，“那些所谓的增加并没有在传统生产力相关的数字中得到体现”。[⑤] 这里有一个与火车出现非同类比的关键问题是，从农业社会转向工业社会，是体力劳动之间的平移；人工智能革命则是从体力向脑力的升级。我们想象不出，已被智

① ［美］皮埃罗·斯加鲁菲：《智能的本质——人工智能与机器人领域的 64 个大问题》，任莉等译，人民邮电出版社 2017 年版，第 170、171 页。

② 翟冬冬：《大数据杀熟：最懂你的人伤你最深》，载《科技日报》2018 年 2 月 28 日。

③ ［美］威廉·J. 米切尔：《伊托邦——数字时代的城市生活》，吴启迪等译，上海科技教育出版社 2005 年版，第 9 页。

④ ［以色列］尤瓦尔·赫拉利：《未来简史》，林俊宏译，电子工业出版社 2017 年版，第 290 页。

⑤ ［美］约翰·马尔科夫：《人工智能简史》，郭雪译，浙江人民出版社 2017 年版，第 87 页。

能机器人取代的靠体力吃饭的快递小哥，会重新从事何种部署机器人所创造出来的更高级的脑力劳动岗位？他们的文化水平、技术能力如何达到升级的程度？事实情况也许会相反，会形成由技术精英、资本精英和政治精英组成的很少一部分有价值的特殊阶层，“这一少部分人的工作足以创造巨大的价值，而大部分人其实很难在现有的经济体系下创造价值”。[①] 如果这样发展下去，几乎人人不工作、精英拥有智能机器的世界将会充满根深蒂固、令人难以置信的巨大不平等。“有权优先获得这些技术成果的群体可能会逐渐跟其他人分道扬镳，变成独立的种群。”[②] 这些特殊阶层的精英将会拥有前所未有的能力及创造力，“他们会为算法系统执行关键的服务，而算法系统既无法了解也无法管控这些人。然而，大多数人并不会升级，于是也就成了一种新的低等阶级，同时受到计算机算法和新兴的超人类的控制主导”。这样，人类社会就很可能分成两大阶层，其中一个是非常少的、“升级”后的精英阶层，就像上帝一样，在创造大量的人工智能机器人，而绝大部分人将变成没有任何经济价值的“无用”的阶级。人们不禁要担忧：“21世纪经济学最重要的问题，可能就是多余的人能有什么用。一旦拥有高度智能而本身没有意识的算法接手几乎一切工作，而且能比有意识的人类做得更好时，人类还能做什么？”[③] 如果一旦大多数人变成无能的大众、被消费的大众和被废弃的大众，社会秩序就必然随之陷入危机之中，这是必须予以警惕的。

3. 异化风险

智能互联网的发展呈现出加速回报定律，因此，对资本精英和技术精英具有极大的诱惑力。他们通常以技术进步论来描述一个更幸福、更富有、更安全的世界，“然而，这些企业通常都不太愿意谈论自己的愿景，特别是人工智能更加讳莫如深”，更不用说人类危机了。“这或

---

① 李智勇：《终极复制——人工智能将如何推动社会巨变》，机械工业出版社2016年版，第118页。

② ［英］卡鲁姆·蔡斯：《经济奇点——人工智能时代，我们将如何谋生?》，任小红译，机械工业出版社2017年版，第231～232页。

③ ［以色列］尤瓦尔·赫拉利：《未来简史》，林俊宏译，电子工业出版社2017年版，第286、311页。

许可以理解，但其实很危险。”① 事实上，人工智能技术存在一定的异化风险。

其一，人工智能的负面后果。目前，智能互联网的负面后果已较为突出，如信息链接与国家安全问题、大数据与隐私保护问题、区块链与金融风险问题，等等。可见，“数字化世界密集性和复杂性的背后，风险将如影随形”。我们编写算法，把它输入机器，“当算法引发了一些自动动作（如购买股市的股票），人类被排除在循环之外，只能被动接受结果”。然而，“危险在于没有人能确保该算法设计准确，尤其是当它与众多算法交互时”。② 因此，在人工智能的代码编写和算法建模中，“更容易看到一些微小的疏漏以让人无法预料的序列连续发生，就有可能变成更大的、更具破坏性的大事故”。③

其二，人工智能的异化发展。对智能互联网的发展，自始就存在不同的看法。有学者就指出，如今人类已经由工具运用文明、技术统治文明而进入了技术垄断文明阶段，“其思维体系缺乏卓越的叙述手法，因此既无法提供道德支柱，也缺乏强有力的社会机制，以管制技术产生的‘信息洪水’”。④ 其结果是，“互联网不仅没有受到公众的控制，反而摇身一变成了控制者”。⑤ 同样，人工智能“这些自动化系统已经由简单的行政管理工具变成了主要的‘决策者’”。⑥ 但算法也会出现连程序员也难以理解的“算法自主”问题，因此，“如果设置不当，或者没有恰当的法律和规则来约束，都可能对人类造成巨大伤

---

① ［英］卡鲁姆·蔡斯：《经济奇点——人工智能时代，我们将如何谋生?》，任小红译，机械工业出版社 2017 年版，第 236 页。

② ［美］皮埃罗·斯加鲁菲：《智能的本质——人工智能与机器人领域的 64 个大问题》，任莉等译，人民邮电出版社 2017 年版，第 169 页。

③ ［美］埃里克·布莱恩约弗森、［美］安德鲁·麦卡菲：《第二次机器革命——数字化技术如何改变我们的经济与社会》，蒋永军译，中信出版社 2016 年版，第 340 页。

④ ［美］Neil Postman：《技术垄断——文明向技术投降》，蔡金栋等译，机械工业出版社 2013 年版，第 74 页。

⑤ ［英］约翰·帕克：《全民监控——大数据时代的安全与隐私困境》，关立深译，金城出版社 2015 年版，第 299 页。

⑥ ［美］卢克·多梅尔：《算法时代：新经济的新引擎》，胡小锐等译，中信出版社 2016 年版，第 137 页。

害”。[①] 即便是看来立意全然善良的程序，也不能排除带来令人恐惧后果的可能。[②] 更何况，人类一旦把决策交给了算法，就会形成一个算法统治的世界，这“无疑会引发人类身份认知的危机”。[③]

其三，人工智能的滥用。目前，利用互联网进行高技能犯罪现象确实越来越突出，打击犯罪的压力越来越大。最大的忧虑是，“和所有技术一样，人工智能可能会落入不法之徒手里”。[④]这些“集复杂性与紧密性于一体的系统更容易成为那些间谍、犯罪分子以及追求极大破坏性的极端分子的选择目标”。[⑤] 因此，需要对网络犯罪、黑客、暗网、流氓软件等进行必要的打击和风险防控，也包括对人工智能机器人的设计进行规范，尤其要对其所包含的程序进行一种事先的审查，防止其被植入恶意程序，以有效控制人工智能可能引发的异化影响。[⑥]

4. 规制风险

智能互联网的深度发展，深刻地改变了传统的经济业态、组织形式和生活方式，社会秩序也发生了重大变革，代码和算法成为新的规制方式，因此，“网络世界内在和外在的权力正在迅速向硬件和软件的设计者迁移”,[⑦] 这就进入了“无处不在的计算”时代，出现了“监视无处不在的国家”之势,[⑧] 从而产生一定的规制风险。

首先，“黑箱社会”日益加剧。人工智能技术的应用，是通过代码

---

① ［英］卡鲁姆·蔡斯：《人工智能革命——超级智能时代的人类命运》，张尧然译，机械工业出版社2017年版，第136页。

② 参见［以色列］尤瓦尔·赫拉利：《未来简史》，林俊宏译，电子工业出版社2017年版，第294页。

③ ［美］约翰·马尔科夫：《人工智能简史》，郭雪译，浙江人民出版社2017年版，第327页。

④ ［美］佩德罗·多明戈斯：《终极算法——机器学习和人工智能如何塑造世界》，黄芳萍译，电子工业出版社2017年版，第364页。

⑤ ［美］埃里克·布莱恩约弗森、［美］安德鲁·麦卡菲：《第二次机器革命——数字化技术如何改变我们的经济与社会》，蒋永军译，中信出版社2016年版，第340～341页。

⑥ 参见王利明：《人工智能对民法的挑战》，载《中国城市报》2017年9月11日，第22版。

⑦ ［英］詹姆斯·柯兰等：《互联网的误读》，何道宽译，中国人民大学出版社2014年版，第121页。

⑧ ［美］约翰·马尔科夫：《人工智能简史》，郭雪译，浙江人民出版社2017年版，前言第XIV页。

和算法来实现的。程序员都是构建主义者，他们建立、测试和改进模型。[①] 然而，大多数智能系统是不透明的，这意味着它们可以规避审查。“设计者有时并不公开源代码。因此，用户们无法看清其中的规则，无法提出不同意见，也不能参与决策过程，只能接受最终的结果。”于是，这些算法都被装进了“黑箱”，用户无从了解它们的工作原理，由此一来，算法不仅是在预测和解决问题，“还有助于控制用户的行为”。[②] 可见，“黑箱”代表着信息时代中的一个悖论：“无论是从宽度还是广度而言，数据的延伸速度都非常惊人，但有些会对我们产生重要影响的信息却只有局内人才能获得。”[③] 基于此，“黑箱社会”的倾向便随之而来，一旦设计开发者在算法“黑箱”装进了过度的商业资本追求、价值偏好和不公正因素，那么，凭借算法来侵蚀大众权益的情况就会变得日益普遍化。

其次，“算法战争”时常发生。在智能互联网时代，人们把一些决策权力交给了算法，于是，导致“制定标准、制造硬件、编写代码的人拥有相当程度的控制力量”，[④] 商业竞争也就演化为对代码和算法的竞争。事实上，从20世纪90年代末开始，在金融市场就出现了“算法战争”，形成一种非公开的隐藏漏洞的私人市场“暗池”。[⑤] 如今，商业领域中的智能系统优势争夺依然十分激烈，“算法战争”在很大程度上决定了谁是赢家，但是规制却比较脆弱。

最后，“监控国家”的诞生。“黑箱社会”和“算法战争”无疑会带来秩序和公正问题，因此，就为国家的介入规制提供了理由和机会。这样，“随着代码编写的日趋商务化——代码编写逐渐落入少数几家大

---

① 参见［美］George F. Luger：《人工智能——复杂问题求解的结构和策略》，郭茂祖等译，机械工业出版社2017年版，第486页。

② ［美］卢克·多梅尔：《算法时代：新经济的新引擎》，胡小锐等译，中信出版社2016年版，第139～140、213页。

③ ［美］弗兰克·帕斯奎尔：《黑箱社会——控制金钱和信息的数据法则》，赵亚男译，电子工业出版社2015年版，第259页。

④ ［英］詹姆斯·柯兰等：《互联网的误读》，何道宽译，中国人民大学出版社2014年版，第122页。

⑤ ［美］斯科特·帕森特：《暗池——高频交易及人工智能大盗颠覆金融世界的对决》，孙豪等译，机械工业出版社2016年版，序言第34页。

公司中——政府规制代码的能力也就随之增强了”。[①] 一方面，国家介入规制能够促进“黑箱社会”转向“可被了解的社会”，[②] 促进社会公平和维护社会秩序；另一方面，它也很容易成为公权力扩张的合法性根据，成为一个“老大哥”的化身。当我们漫游于智能互联网快捷、方便的服务中，就已发现到处都是探头，随时都可能“刷脸”了，似乎置身于巨大无形的浏览器之中，留下一大堆缓存数据，变成了裸奔的“玻璃人”“数字人”。于是，人们开始怀疑，“人工智能通往的是更完善的民主，还是更潜伏的专制？永恒的监视才刚刚开始”。[③] 因此，“我们必须监控‘老大哥’！”[④] 从而缓解规制异化的风险。

5. 责任风险

人工智能的快速发展，必然大量代替人力劳动，出现人机共处、行为协同、后果混合的情况，汽车自动驾驶、医疗机器人等就是如此。这样，“计算机系统执行任务并且它们这么做的方式有道德后果——影响人类利益的后果”。[⑤] 于是，应该赋予智能机器人何种身份地位？它应该在什么范围内承担什么责任？或者，谁来为机器人的行为负责？都是十分棘手的问题。事实表明，“随着机器在普通人的生活和工作中的普及，通过机器使行为和责任脱钩日益成为普遍现象。越来越多的人将失败的责任转嫁到机器身上”。同时，由于“社会追求的是最小化我们责任的技术，而不是最大化提高效率的技术，也不是最大化我们责任的技术”。[⑥] 因此，也不宜过于扩大系统设计者和使用者的责任。

然而，如果我们把智能机器人视为一种通过算法而形成的机器代理，就会发现“设计师做的事和计算机做的事（在一个特定的环境下）

---

① ［美］劳伦斯·莱斯格：《代码 2.0：网络空间中法律》，李旭等译，清华大学出版社 2009 年版，第 79 页。

② ［美］弗兰克·帕斯奎尔：《黑箱社会——控制金钱和信息的数据法则》，赵亚男译，电子工业出版社 2015 年版，第 259 页。

③ ［美］佩德罗·多明戈斯：《终极算法——机器学习和人工智能如何塑造世界》，黄芳萍译，电子工业出版社 2017 年版，第 365 页。

④ ［英］约翰·帕克：《全民监控——大数据时代的安全与隐私困境》，关立深译，金城出版社 2015 年版，第 300 页。

⑤ ［荷］尤瑞恩·范登·霍文、［澳］约翰·维克特：《信息技术与道德哲学》，赵迎欢等译，科学出版社 2014 年版，第 221 页。

⑥ ［美］皮埃罗·斯加鲁菲：《智能的本质——人工智能与机器人领域的 64 个大问题》，任莉等译，人民邮电出版社 2017 年版，第 165 ~ 166 页。

是不一样的，尽管联系很紧密。认为只有人类设计师才是道德主体是没有认识到科技和计算机系统限制、简化且大体上塑造了人类行为”。[①]这样，在利用智能机器人的医疗事故、自动驾驶的交通事故、无人机误判恐怖分子错杀平民等问题上，就可以原则上将这些错误或不当行为回溯到软件设计者或者程序员，不过，“我们都知道一个产品可以追踪属于哪个厂家，但程序是不一定的，有可能是由众多的人共同开发的，程序的产生可能无法追踪到某个具体的个人或组织”。[②] 这样，就出现了责任困境和风险，需要予以解决。

（三）人工智能应用风险的法律控制

当今世界已经进入了科技高速发展的时代，但同时也迈进了亟需进行现代性反思的风险社会。人工智能又颠覆了机械和有机之间的界限，“已经对‘风险’的性质、社会条件以及由其产生的各种制度带来了一系列转型性的后果”，其“控制风险所要求的速率和速度使得人类越来越没有能力去掌控技术”。[③] 然而，这并不意味着我们悲观地、消极地对待社会风险，更不能反对技术进步、回归传统，而是要在拥抱技术进步的同时，切勿过于浪漫和“乐不思蜀”，恰是应理性地防范由此带来的社会风险，才能更好地享受技术进步的成果与福利。

1. 塑造风险社会的法律理念

世界上没有绝对的安全，任何时候都存在一些可能的风险，只不过工业时代之后，才因环境污染、超级细菌、核技术、基因技术、进入了风险社会，这就需要通过“风险计算”来提供可预测的安全。[④] 因此，面对人工智能的各种社会风险，法律进行介入规制的时候，就应确立必要的风险社会理念，进行有效的风险控制。

---

① ［荷］尤瑞恩·范登·霍文、［澳］约翰·维克特：《信息技术与道德哲学》，赵迎欢等译，科学出版社 2014 年版，第 221 页。

② 王利明：《人工智能对民法的挑战》，载《中国城市报》2017 年 9 月 11 日，第 22 版。

③ ［英］约斯特·房龙：《人工智能复制时代的虚拟风险》，载［英］芭芭拉·亚当等编著：《风险社会及其超越：社会理论的关键议题》，赵延东等译，北京出版社 2005 年版，第 249、261 页。

④ 参见［德］乌尔里希·贝克：《从工业社会到风险社会——关于人类生存、社会结构和生态启蒙等问题的思考》，王武龙编译，载薛晓源等主编：《全球化与风险社会》，社会科学文献出版社 2005 年版，第 62 ~63 页。

其一，坚持政府干预的合法性。科技发展总是以进步的旗号，在资本力量的推动下实现对旧业态、旧秩序的“破窗性”挑战，并反对国家干预或管制。技术至上论、技术中立论在当初的滴滴打车上线、快播案中已表现得很明显，面对如今的人工智能也同样如此。可见，技术管制的“最大障碍之一就是已经广为传播的、技术进步无法被管制的信念，这种信念认为，所有这样的努力都将弄巧成拙、注定失败。这一论断令特定技术拥趸及渴望从技术进步中获利的人士欢欣鼓舞，但对希望放缓有潜在危险的技术传播的人们来说，它令人失望”。[①] 而事实上，基于科技发展的规律，“科技在某一时期挑战政府的权威，但讽刺的是，不久以后就会重新欢迎政府的加入”。[②] 从世界范围内来看，“许多危险和有伦理争议的技术事实上已经处在有效的政治管制下，包括核武器及核能、弹道导弹、生物或化学武器、人体器官移植、神经医药学药物等，这些都不能够自由研发或在国际范围内进行交易”。[③] 这些政府管制举措，无疑是防控科技风险、确保人类安全的现实需要。

其二，确立风险控制的基本原则。在科技风险面前，有两个主要原则——成本效益分析和预防原则。前者存在规模不可全部适用、不够精确、轻视生命、对后代考虑不够、决策不民主等诸多问题；[④] 后者则存在权力过分干预、“不计代价”的替代性风险、阻碍技术进步等问题，二者都不是完美的方案。然而，鉴于人工智能时代的“人类变成了制定规则的上帝，所有伴随人类进化历程中的既定经验与认知沉淀将遭遇颠覆性挑战”，[⑤] 这就会带来太多的风险不确定性、“风险计算”的复杂性和风险后果的灾难性，因此，预防原则“放在以法律手段应

① ［美］弗朗西斯·福山：《我们的后人类未来：生物技术革命的后果》，黄立志译，广西师范大学出版社 2017 年版，第 187 页。

② ［美］德伯拉·L. 斯帕：《技术简史——从海盗到黑色直升机》，倪正东译，中信出版社 2016 年版，序言第 XVII 页。

③ ［美］弗朗西斯·福山：《我们的后人类未来：生物技术革命的后果》，黄立志译，广西师范大学出版社 2017 年版，第 188 页。

④ ［美］凯斯·R. 孙斯坦：《风险与理性——安全、法律及环境》，师帅译，中国政法大学出版社 2005 年版，第 366 ~ 367 页。

⑤ 王天一：《人工智能革命——历史、当下与未来》，北京时代华文书局 2017 年版，第 192 ~ 193 页。

对科技风险的中心位置。"[①] 只不过，我们要清楚，"风险总是要规避的，但是积极的冒险精神正是一个充满活力的经济和充满创新的社会中最积极的因素"。[②] 故而，这一原则应遵守不妨碍科技创新的干预底线，保持公权力的谦抑品格和为民精神，防止滥用或者扩大适用。

其三，厘定对风险的容忍度。社会风险往往被界定为对发生"坏事"概率的计算，它可以被进一步量化为这种"坏事"的分布密度（严重程度）与范围（如受影响的人数）的概率乘积。[③] 对这种风险的容忍度，则主要是指人们获得有益的技术进步福利时，所能够容忍和付出的合理代价，它是判断安全性和技术受纳的重要标准。从低标准来说，如果某一事物所附带的风险是可接受的，那么它就是安全的；而从高标准来说，只要某种风险还能被进一步降低，那么该风险就是不可接受的。这些标准的判断和衡量，应从背景分析（contextual analysis）、公平性评价（equity assessment）、公众偏好分析（public preference analysis）三个层面来进行，[④] 进而厘定人们对人工智能可能发生"坏事"概率的容忍程度，并基此确定国家法律的干预范围和尺度。

其四，设置风险控制的决策程序。事实上，法律是对人工智能等科技风险的防控，在本质上是两个价值世界之间的碰撞，即"技术自身的功能价值由技术客观属性所决定，技术所产生的社会价值则由社会规范所决定"。因此，需要基于技术价值和法律价值的碰撞而进行重构，来"解决技术所引发的规则原理和规范构建问题"。[⑤] 这一进程中，往往需要依靠技术专家的力量，因为"在关于风险，以及实际的或者建议的政策应当做什么的问题上，普通人的直觉提供不了可靠的指

① 陈景辉：《捍卫预防原则：科技风险的法律姿态》，载《华东政法大学学报》2018 年第 1 期。

② ［英］安东尼·吉登斯：《失控的世界：风险社会的肇始》，周红云编译，载薛晓源等主编：《全球化与风险社会》，社会科学文献出版社 2005 年版，第 56 页。

③ 参见［英］约斯特·房龙：《人工智能复制时代的虚拟风险》，载［英］芭芭拉·亚当等编著：《风险社会及其超越：社会理论的关键议题》，赵延东等译，北京出版社 2005 年版，第 250 页。

④ 参见［美］珍妮·X. 卡斯帕森等编著：《风险的社会视野（下）——风险分析、合作以及风险全球化》，李楠等译，中国劳动社会保障出版社 2010 年版，第 4 页。

⑤ 郑玉双：《破解技术中立难题——法律与科技之间关系的法理学再思》，载《华东政法大学学报》2018 年第 1 期。

导”，然而，技术专家又不能忽视公众的信任和支持，因此，“未来的任务就是建立和发展既顾及人们的价值观，又不对他们的错误做出反应的机构”。① 这一决策程序，是风险社会中十分重要的“安全阀”。

2. 建立多元互动的风险规制体系

随着智能互联网的深度发展，出现了大平台和微时代的诸多新业态、新模式，基于数据挖掘分析和建模算法的各种“量身定制”及“一对一”服务逐渐成为常态。此时，商业交易和社会关系变得日益差异化、复杂化和精细化，因此，就要求规制体系，既要保持稳定性，也要保持灵活性；既要能提供原则性指导，又能展现精细化规范。这样，就需要建立多元互动的风险规制体系。

首先，是法律规制。无疑，“尽管这些技术已经让人兴奋不已，并且可能会带来巨大的好处，但它也可能对我们现在所熟悉的社会造成巨大的破坏。如果我们要掌控这些技术所能带来的好处以及它将给社会带来的挑战，那么我们的社会需要认真考虑并建立一套指引这些技术发展的标准和政策”。② 目前，各个国家都开始从技术鼓励、政策应对逐步走向制度规制，如德国《联邦数据保护法》、加拿大《个人信息保护法案》、法国《数字共和国法》、英国《2017 年数据保护法案（草案）》、欧盟《通用数据保护条例》（GDPR）等。我国已颁布了《网络安全法》，先后发布了《国家信息化发展战略纲要》《新一代人工智能发展规划》《智能制造发展规划（2016～2020 年）》《高等学校人工智能创新行动计划》等战略规划，相关的立法也势在必行。也就是说，“我们需要制定和论证新政策（法律、法规和关税）以规范各种新情况。有时，我们可以预见技术的使用将产生明显的不可取的后果，尽可能多的是，我们需要预见这些后果并制定政策，最大限度地减少新技术的有害影响”。③ 特别是对人工智能机器人的设计进行规范，对其

---

① ［美］凯斯·R. 孙斯坦：《风险与理性——安全、法律及环境》，师帅译，中国政法大学出版社 2005 年版，第 369 页。

② ［美］詹姆斯·亨德勒、［美］爱丽丝·M. 穆维西尔：《社会机器——即将到来的人工智能、社会网络与人类的碰撞》，王晓等译，机械工业出版社 2018 年版，第 14 页。

③ ［荷］尤瑞恩·范登·霍文、［澳］约翰·维克特：《信息技术与道德哲学》，赵迎欢等译，科学出版社 2014 年版，第 29 页。

所包含的程序进行一种事先的审查，防止其被植入恶意程序，以有效控制人工智能可能引发的异化影响。① 只是这些政府的规则之治，应当提供原则性、方向性指引，而不是事无巨细的干预，以维护其稳定性和权威性。

其次，是伦理规制。科技发展是离不开打破常规的自由和创新精神的，因此，“在大多数情况下，设计师们都不会理会使用计算机技术所引发的伦理问题”。② 这样，就使人工智能行业中道德观不足，从而导致“当前产品规范化应用标准的缺失，尤其在设计生产层面更是如此”。③ 更有甚者，一些代码和算法的秘密操控技术，反而使“最没责任心的从业人员会得到最多的专业技术”。④ 由此看来，对人工智能的社会风险防控，除了法律的规范指引外，还需要可靠的科技伦理支撑，因而，这就要求构造一个人工智能的伦理框架，“在这个框架中，信息圈会被当成一个值得受到道德关注，并关心居于其中的信息体的新环境。这个道德框架必须能够解决新环境中产生的前所未有的挑战，它必须是整个信息圈的电子环境保护伦理”。⑤ 这一方面要求，将道德算法是嵌入在算法体系中；另一方面也要求，在人类主体和智能机器人的互动情境中进行必要的道德建构。⑥ 只有这样，才能更有效地抑制把不公正、不道德的因素渗入代码和算法之中，从而化减人工智能的社会风险。

再次，是行业规制。迅速发展的人工智能已经成就了一个遍布全球的先锋行业，其中充满了机遇、合作和竞争。由于国家的法律规制只能是宏观的原则性指引，因此，更精细、更灵活、更体现差异化和

---

① 参见王利明：《人工智能对民法的挑战》，载《中国城市报》2017 年 9 月 11 日，第 22 版。

② ［美］约翰·马尔科夫：《人工智能简史》，郭雪译，浙江人民出版社 2017 年版，第 328 页。

③ ［美］约翰·C. 黑文斯：《失控的未来》，仝琳译，中信出版社 2017 年版，第 22 页。

④ ［美］Ray Kurzweil：《奇点临近——2045 年，当计算机智能超过人类》，李庆诚等译，机械工业出版社 2017 年版，第 239 页。

⑤ ［意］卢西亚诺·弗洛里迪：《第四次革命——人工智能如何重塑人类现实》，王文革译，浙江人民出版社 2016 年版，第 251 页。

⑥ 参见田海平：《让“算法”遵循“善法”》，载《光明日报》2017 年 9 月 4 日，第 15 版。

创新趋势的规制，则需要通过行业规范来实现。事实上，随着人工智能的进一步深度发展，行业上的防御知识和防御技术会跟随风险一起变得更复杂和更强大，因此，“接下来的任务是迅速发展必需的防御措施，其中包括道德标准、法律标准和防御技术本身。这显然是个竞赛”。[①] 它无疑是人工智能健康发展的重要保障。

最后，是自律规制。代码和算法是人工智能的基础和关键，它们决定着智能机器人的识别判断、逻辑能力和行为方式。也就是说，对于人工智能和互联网领域，“代码作者越来越多地是立法者”。[②] 这样，规制人工智能的社会风险，就离不开设计开发者的自律规制，他们也应该为自己的发明所造成的影响负责。[③] 为此，美国《为人工智能的未来做好准备》第1条就建议，鼓励私人和公共机构自我审视，判断自身是否能够，并通过何种方式负责任地以造福社会的方式利用人工智能和机器学习。[④] 这无疑是十分重要的。

3. 确立“过程—结果”的双重规制策略

应当说，法律自古就发挥规范秩序和控制风险的重要作用，但从没有像今天这样面临如此众多而严峻的挑战和风险。我国《新一代人工智能发展规划》明确指出：“人工智能是影响面广的颠覆性技术，可能带来改变就业结构、冲击法律与社会伦理、侵犯个人隐私、挑战国际关系准则等问题，将对政府管理、经济安全和社会稳定乃至全球治理产生深远影响。在大力发展人工智能的同时，必须高度重视可能带来的安全风险挑战，加强前瞻预防与约束引导，最大限度降低风险，确保人工智能安全、可靠、可控发展。”然而，对人工智能采取何种规制策略，则是一个需要审慎考虑的问题。

在以往的农业革命和工业革命过程中，社会变迁基本都是在自然

---

① ［美］Ray Kurzweil：《奇点临近——2045年，当计算机智能超过人类》，李庆诚等译，机械工业出版社2017年版，第250页。

② ［美］劳伦斯·莱斯格：《代码2.0：网络空间中法律》，李旭等译，清华大学出版社2009年版，第89页。

③ 参见［美］约翰·马尔科夫：《人工智能简史》，郭雪译，浙江人民出版社2017年版，第329页。

④ 参见腾讯研究院、中国信通院互联网法律研究中心等：《人工智能——国家人工智能战略行动抓手》，中国人民大学出版社2017年版，第337页。

所赋予的物理空间中进行的，而如今具有颠覆性的信息革命，则打造了人类发展从未有过的虚拟空间，从而形成了双层空间、虚实同构、人机互动的发展格局。其中，人工智能的高速发展塑造了智慧社会，并在社会管理变革中实现了执法司法的智能化，数据、代码和算法发挥着重要作用。此时，我们对人工智能的风险控制，就不宜再采取传统单一物理空间的习惯方式，尤其不能按照物理空间的规制逻辑来规制虚拟空间，不能用套用对待机械工具的思维来对待人工智能，而应实现与之相适应的规制范式转换。从目前的世界发展趋势来看，“当代知识产权的控制技术也在发生调整，更多通过代码而不是法律的手段进行，或者说，法律本身也更多以代码的形式出现。[①] 最核心的就是，从外在的规制（物理空间规则）转向内外并重的规制（双重空间规则），从对代码和算法结果的规制转向对代码和算法过程本身的规制——通过把法律规则转换成代码，并以代码来规制代码的“法律技术化”，以及重视“代码就是法律”这一行业规则的“技术法律化”，[②] 来实现代码规制、算法审计和规范标准设置，从而嵌入体系化、制度化、过程化的风险控制机制，促进人工智能的健康发展和构建智慧社会的法治秩序。

总之，人工智能是人类实现自身解放的重大机遇，但机会与风险总是结伴而行，也许只有当我们能够真实地去面对这些机遇与风险，“划定它的边界和围栏，而不是回避它、否定它和阻止它的时候，我们才能真正迎来这个可以被计算的世界，一个由算法定义的世界”。[③] 无论如何，人类和机器将越来越多地分享同一个世界，因此，“一个更为紧迫的问题是，我们该如何去定义人类与那些亦敌亦友的机器间的关系”。[④]

---

① 余盛峰：《全球信息化秩序下的法律革命》，载《环球法律评论》2013 年第 5 期。

② ［美］劳伦斯·莱斯格：《代码 2.0：网络空间中法律》，李旭等译，清华大学出版社 2009 年版，第 6 页。

③ 徐恪、李沁：《算法统治世界——智能经济的隐形秩序》，清华大学出版社 2017 年版，第 341 页。

④ ［美］约翰·马尔科夫：《人工智能简史》，郭雪译，浙江人民出版社 2017 年版，中文版序第 VI 页。

二、人工智能的规制挑战与应对

当今正在发生的信息革命，可以堪称人类有史以来最深刻的技术革命。“历史已经向我们表明重大的技术变迁会导致社会和经济的范式转换”,[①] 事实上，智慧社会在带给人们生活进步与福利的同时，也产生了很多亟需认真对待和切实解决的规制挑战和治理问题。

（一）人工智能带来的规制难题

智能互联网作为全面升级的新一代互联网模式，有效地将智能融入互联网中，“所有的信息资源都能够被智能的计算机软件实体所识别和处理，并且这些软件实体能够自治地、主动地在网络中漫游，具有很好的适应性和可靠性，能够代替用户完成各种工作，并为用户提供丰富的服务”。[②] 从而，实现了经济结构、经营业务、商业模式和基本理念上的全面革新。正因如此，“智能互联网将彻底改造所有传统行业，AI 是核心区动力”,[③] 人们甚至开始预测高度不确定、高度奇异性的“奇点”来临时间和社会状态。[④] 但无论如何，它确实凭借众多颠覆性创新深刻地塑造当今的智慧社会，也会带来一定的法律问题和治理问题。

其一，人机交互关系的复杂性。人工智能技术的飞速进步，又开启了人机共处的新世界，尽管目前“人类和机器还不能很好地相处，然而他们将越来越多地分享同一个世界”，从而“正在破坏我们赖以建立此前世界的那些确定性”。[⑤] 为此，智能机器人是不是“人”的问题就日益凸显。2017 年 10 月沙特授予一名“女性”人工智能机器人以

---

① ［英］乔治·扎卡达基斯：《人类的终极命运——从旧石器时代到人工智能的未来》，陈朝译，中信出版社 2017 年版，第 296 页。

② 史忠植等：《智能互联网》，载《计算机科学》2003 年第 9 期。

③ 张彪：《智能互联网将颠覆所有传统行业》，载《计算机与网络》2016 年第 23 期。

④ 参见［美］Ray Kurzweil：《奇点临近——2045 年，当计算机智能超过人类》，李庆诚等译，机械工业出版社 2017 年版，第 228 页；［英］卡鲁姆·蔡斯：《经济奇点——人工智能时代，我们将如何谋生?》，任小红译，机械工业出版社 2017 年版，第 233 页。

⑤ ［德］克里斯多夫·库克里克：《微粒社会——数字化时代的社会模式》，黄昆等译，中信出版社 2018 年版，第 133 页。

"公民"身份，就立刻引起全球关注且争议颇多，然而，鉴于智能机器人自主意识方面的技术飞跃和它在商业活动及社会文化生活中越来越重要的角色，"在不久的将来，会继续延用产品安全法去处理人工自主体问题"。[①] 随着人工智能的飞速发展，人机共处、人机合作将越来越多地成为生活常态，人机交互场景也随之成为社会关系和社会治理的一个新面向。基于此，"从一个角度来看，我们创造的机器人貌似只是机器而已，而从另一个角度来看，它们似乎是复杂而具有适应性的实体，甚至可能对我们在道德关心的问题有着或多或少的敏感性"。"大规模取代人类劳动力的智能机器的出现，无疑会引发人类身份认知的危机。"[②] 因此，人们尝试着采取自上而下和自下而上的方式来塑造AMAs（人工道德智能体）的道德判断，"通过模拟持不同伦理观点的主体之间的互动，去补充科幻中猜测性的思想实验，用可检验的社会和认知模式补充哲学也将成为可能"。[③] 更为重要的是，人工智能一旦成为"人"，机器人（电子人）权利义务、法律责任与自然人的权利义务和法律责任如何分配和负担，则无疑是一个重大难题，无论民事、刑事上都是如此。可见，人工智能机器人能否能够具有"人"的主体地位，是一个十分复杂且关乎人类命运的重大问题，至少目前还不能匆忙让它成为一个法律上的"人"，但它们又不能简单等同于过去的死的机器，而是"活"的智能体，会产生拟人化的社会关系和伦理问题。这样，人工智能机器人就不能简单加以判断和处置，否则，将会给社会治理秩序带来巨大的风险和挑战，只能通过探索智慧发展时代的新规则、新策略来加以应对。

---

① ［美］温德尔·瓦拉赫、［美］科林·艾伦：《道德机器——如何让机器人明辨是非》，王小红等译，北京大学出版社2017年版，第181页。

② ［美］约翰·马尔科夫：《人工智能简史》，郭雪译，浙江人民出版社2017年版，第327页。

③ ［美］温德尔·瓦拉赫、［美］科林·艾伦：《道德机器——如何让机器人明辨是非》，王小红等译，北京大学出版社2017年版，第188、198页。"自上而下式进路是教导性、灌输性的，选取一个具体的伦理理论（如功利主义），分析它的计算需求来指导设计能够执行那个理论的算法和子系统。"而自下而上式进路则应用学习、发展和演化的方法，是自发性、进化性的，"重点在于创造一个环境能让智能体探索自己的行为方式、去学习，并且做出道德上值得赞扬的行为时得到奖励"。它"不同于直接定义了什么是道德、什么是不道德的自上而下的理论，在自下而上的进路中任何伦理原则都必须是被发现出来或被建构出来的"。参见同上书，第69页。

其二，人工智能发展对现有制度框架的突破。人工智能的快速发展，并不仅是对人工的简单替代，而是对当下的社会伦理、规范制度、国家治理和社会秩序带来十分明显的难题和挑战。在民事领域，“在民事主体法、著作权法、侵权责任法、人格权法、交通法、劳动法等诸多方面与现有法律制度形成冲突，凸显法律制度产品供给的缺陷”；[①]在刑事领域，人们常常会习惯性地沿用传统物理空间的刑事法律思维来对待网络空间发生的案件，大众点评百度案按不正当竞争处理、《刑法修正案（七）》将盗窃游戏装备案按非法获取计算机系统数据罪处理，“两高”司法解释关于网络诽谤和寻衅滋事的“扩展性”处理，这就难免会出现很多理论上说不清、实践中又很尴尬的问题；在行政和司法领域，智慧政务、智慧司法、智慧检务的应用场景日益增多，人工智能辅助决策甚至人工智能独立决策的情况会日渐普遍，这就形成了人类理性与技术理性、人类决策与机器判断、计算逻辑与法律逻辑的交互结果，现有制度设定的权利义务关系、规则程序、责任归属、救济方式等都会面临严峻考验。

其三，人工智能发展也会增加犯罪控制的压力。信息科技无疑促进了社会进步、增加了社会财富，但同时也给一些高智商违法犯罪活动提供了条件和可乘之机。在当今信息时代，出现了一大批网络技术、数字技术和人工智能技术领域的全新犯罪类型，如网络诈骗、网络金融犯罪、盗窃信息数据、网络诽谤、网络贩毒甚至恐怖活动等，而人工智能技术的交融应用则这些犯罪更加智能化，甚至出现了被国际社会所禁止的“杀人机器人”。这不仅增加了犯罪的多样性、复杂性和技术性，也由于“集复杂性与紧密性于一体的系统更容易成为那些间谍、犯罪分子以及追求极大破坏性的极端分子的选择目标”，[②]严重地威胁着人们的生命财产安全和社会秩序。很多犯罪集团十分庞杂，难以找到和区分主犯、从犯、帮助犯；很多犯罪活动难以找到犯罪证据，一

---

① 吴汉东：《人工智能时代的制度安排与法律规制》，载《法律科学》2017 年第 5 期。

② ［美］埃里克·布莱恩约弗森、［美］安德鲁·麦卡菲：《第二次机器革命——数字化技术如何改变我们的经济与社会》，蒋永军译，中信出版社 2016 年版，第 340 ~ 341 页。

时不能侦破；很多犯罪穿越虚实双重空间，打破了物理空间的级别管辖和地域管辖，等等。这些无疑给智慧社会治理中的犯罪控制和规制秩序带来了全新挑战。因此，亟需转换思维方式、强化治理机制和规制体系来积极应对，进而塑造智慧社会的治理秩序。

（二）执法司法智能化的“瓶颈”制约

随着人工智能的快速发展，世界各国都在利用人工智能来加速产业升级和治理能力现代化，以获得信息革命时代的竞争优势。我国也已经适时启动了智慧社会、智慧司法建设进程，因此，执法司法的智能化将是一个必然趋势。从目前来看，主要体现在两方面的技术进展：一方面是通过智能系统来辅助司法。如法院和检察院等司法机关推广适用数据化的证据标准，通过大数据、人工智能的深度应用，把统一的证据标准镶嵌到办案程序之中，促进同案同判和司法公正。另一方面是实现法律的代码转换。其实，近年来很多信息化、自动化的高新技术已经不断地应用到司法执法领域之中（如电子交警、办案系统等）。

然而，随着智能互联网的进一步发展，从中央到地方、从中枢到基层的司法执法过程与机制，将逐渐由信息化、自动化升级为智能化。尤其是通过规则的代码转换和算法建模，使其由法律的“外在”控制转变为技术的“内在”控制，实现司法执法过程的智能判断、规则适用执行和裁量处理。于是，立足于以往单一物理空间和人力执法司法的法律思维与法律方法，必然难以适应司法执法智能化的新形势、新要求和新任务，亟需进行适时的深度变革，以满足双重空间、人机混同条件下司法执法智能化的客观需要。这就会涉及如何用数量、概率和逻辑来表达和定义善、恶、权利、义务、公正等伦理范畴，通过这种代码转换使人的伦理变成程序化的机器伦理。① 例如，自动驾驶技术的发展，就需要“我们必须将社会行为嵌入这些汽车当中”，进行双重意义的编码——“我们必须将意图写入法律，同时写入控制机器的软

---

① 参见段伟文：《人工智能的道德代码与伦理嵌入》，载《光明日报》2017 年 9 月 4 日，第 15 版。

件。”① 当然，它难免会有失片面与偏颇，因此，“在人工智能日益代替人类进行各种决策的时代，设计出验证、证实、知情同意、透明性、可责性、救济、责任等方面的机制，对于削弱或者避免机器歧视、确保公平正义，是至关重要的”。② 与此相对应，计量法学也开始逐步走向计算法律学，致力于探索法律规则代码化的形式表达与推理。这无疑会推进法律思维和法律方法的革命性变革，“就像活字印刷术要求一个修订版的人类一样，计算机也会提出这样的要求”。③ 但是，在从工商业社会向智慧社会转型的过程中，基层社会却充盈着传统、现代性和后现代性的诸多问题甚至冲突，将社会规则转化为代码规制、将社会伦理嵌入近智能系统的“瓶颈”明显增多，通过执法司法智能化来回应基层社会治理的难度和风险大大增加，智慧社会基层治理所面临的挑战也更为严峻。因此，继续创新体制机制来予以有效应对。

（三）基于数据和代码的秩序重建

工业革命和现代化进程，无疑给人类带来了丰裕生活和空前繁荣，然而，它毕竟仍是在物理空间里来从事物质文明和精神文明产品的生产的，因而，只是拓展了人类在物理空间中的活动能力和创造水平，其最基本的生产要素自然是劳动者和生产资料，具体表现为劳动、资本、土地和企业家才能等。进入智能互联网时代之后，形成了物理（现实）/电子（虚拟）的双重空间，它深刻地改变了以往的生产方式和生活方式。“产品与服务、分销体系、定价方法以及广告与促销模式均从原本集群、聚合式的商业权力体系中剥离出来，放弃满足各类需求的经济结构，转而向小型、分化、具体及定制平台进行一对一式运营”，④ 并开始全面向去中心化的分布式升级，形成了以信息（包括知识和数据）为资源、以网络为基础平台的全新经济形态。从生产、交

---

① ［德］克里斯多夫·库克里克：《微粒社会——数字化时代的社会模式》，黄昆等译，中信出版社 2018 年版，第 136、138 页。

② 曹建峰：《人工智能：机器歧视及应对之策》，载《信息安全与通信保密》2016 年第 12 期。

③ ［德］克里斯多夫·库克里克：《微粒社会——数字化时代的社会模式》，黄昆等译，中信出版社 2018 年版，第 189 页。

④ ［澳］史蒂夫·萨马蒂诺：《碎片化时代：重新定义互联网 + 商业新常态》，念昕译，中国人民大学出版社 2015 年版，第 4 页。

换到消费整个链条中的自动化生产、市场分析、营销策略和大众消费，都高度依赖信息流动、数据挖掘和智能算法，这就促发了数据流动与共享，编织出跨越企业边界的全新资源网络、生态网络和价值网络，打造了智能化、场景化的商业环境。基于此，掌握了数据，就意味着掌握了资本和财富；掌握了算法，就意味着掌握了话语权和规制权。也就是说，数据和算法已成为经由每一个人都参与生产的，明显不同于自然资源的新的社会资源和生产要素，[①] 在一定条件下甚至还成为一种智慧发展时代的全新生产力和生产关系，使工商业时代以来的生产生活方式和社会价值观发生了深刻改变，同时也带来了全新的秩序重建。

首先，对世界认知方法的改变。在大数据、云计算时代，人们不再依赖于随机采样，而是能够进行大量信息采集和全样本的数据分析；人们对同一问题也不再苛求单一的精确度和因果关系，而是更多地关注相关关系和接受多个可能的答案。这样，一方面，“很多旧有的习惯将被颠覆，很多旧有的制度将面临挑战”；[②] 另一方面，大数据分析必然“会引导实践的方向，是从属于建构需要的”，[③] 而每个问题可能都不会只有一个答案，为此，人们“必须能够接受混乱和不确定性”。[④] 这样，人们的价值判断和正义观会受到重大冲击，进而对国家治理体系和社会治理秩序都会产生深刻的影响。

其次，数据对生活的量化和解析。在互联网、大数据、云计算、区块链、人工智能等交融发展的推动下，社会生产和日常生活获得智慧化的巨大进步，生产效率和生活质量均获得极大提高。人们会认为，有足够数据就可了解生活，一切皆可量化。然而，它也会产生一些令人担忧的问题。有学者就指出，如果大数据所获得的信息是片面的或者漫无边际的、支离破碎的，那么它们就没有多少意义，根本不可能直接用于任何量化的分析。搞不好还可能会发生现实生活被裁剪、社

---

① 张康之：《数据治理：认识与建构的向度》，载《电子政务》2018 年第 1 期。

② ［英］维克托·迈尔 – 舍恩伯格、［美］肯尼斯·库克耶：《大数据时代：生活、工作和思维的大变革》，盛杨燕等译，浙江人民出版社 2013 年版，第 66、94 页。

③ 张康之：《数据治理：认识与建构的向度》，载《电子政务》2018 年第 1 期。

④ ［英］维克托·迈尔 – 舍恩伯格、［美］肯尼斯·库克耶：《大数据时代：生活、工作和思维的大变革》，盛杨燕等译，浙江人民出版社 2013 年版，第 66、94 页。

会情景被忽视、主体建构被抹杀、生活意义被取消的情况，因此，必须对数据和信息加以界定、定义、分类和赋值，给信息赋予特定的人类意义，进而把不同的定义转换为可计算的数值。[①] 这样，才能避免数据量化和解析对生活本质的侵蚀，更好地发挥其智慧治理的作用和价值。

最后，日常生活的建模化。智能互联网的优势就在于场景定制和程序建模，从而形成一套算法来提供智能化的产品和服务。它既包括提供某一类产品或服务的通用性建模，也包括针对特定对象来“量身定制”的个性化建模。由于企业能够通过互联网平台来直接“面对”市场和消费者，使产品生产和服务从原来的标准化、规模化，逐步转型为“以人为中心”的个性化、定制化，形成了以消费为主导、去中介化、彰显服务的新商业模式和生活方式。然而，它在根本上仍是一种智能建模方式，仍是通过采集信息、数据分析、设计算法来归纳特不同人的具体适用模式，进而个性化地“推荐”给特定消费者。事实上，无论是通用性建模，还是个性化建模，都难免会隐藏着算法和商业价值的诱导甚至主导，犹如商家曾人为创造出来的“双十一购物狂欢节”，实质上是以消费为主导的方式主导了消费。更重要的是，自动驾驶、智能产品设计、智能医疗方案、智能合约、智能裁判等，其建模化无一不是以建构主义为主导的过程。人们日渐依赖各种算法，甚至都可以用 AI 来开发 AI，那么，人们享受自动化的便捷舒适其实是“只能被动接受结果”,[②] 而获得个性化服务的背后，则是商业建模和算法对消费者的塑造。于是，让人们感到焦虑的是，“一旦权力从人类手中交给算法，人文主义的议题就可能惨遭淘汰。只要我们放弃了以人为中心的世界观，而秉持以数据为中心的世界观，人类的健康和幸福看来也不再那么重要”。[③] 可见，日常生活走向建模化，在人们的生活

① 潘绥铭：《生活是如何被篡改为数据的？——大数据套用到研究人类的“原罪”》，载《新视野》2016 年第 3 期；《再论生活是如何被篡改为数据的——回应刘林平教授的质疑》，载《新视野》2016 年第 4 期。

② ［美］皮埃罗·斯加鲁菲：《智能的本质——人工智能与机器人领域的 64 个大问题》，任莉等译，人民邮电出版社 2017 年版，第 169 页。

③ ［以色列］尤瓦尔·赫拉利：《未来简史》，林俊宏译，电子工业出版社 2017 年版，第 357 页。

方式中注入了更多的技术理性，进而出现了“沦落为单纯的数字人类，而非人类”的社会风险。① 这无疑是智慧发展时代的社会治理所面临的一个重要挑战，需要予以积极应对。

（四）探索数字社会治理的新策略

无疑，法律自古就发挥着规范秩序和控制风险的重要作用，但从没有像今天这样面临众多的挑战和风险。2017 年 7 月 20 日国务院发布的《新一代人工智能发展规划》就明确指出，“人工智能发展的不确定性带来新挑战。人工智能是影响面广的颠覆性技术，可能带来改变就业结构、冲击法律与社会伦理、侵犯个人隐私、挑战国际关系准则等问题，将对政府管理、经济安全和社会稳定乃至全球治理产生深远影响。在大力发展人工智能的同时，必须高度重视可能带来的安全风险挑战，加强前瞻预防与约束引导，最大限度降低风险，确保人工智能安全、可靠、可控发展”。因此，需要“制定促进人工智能发展的法律法规和伦理规范，开展与人工智能应用相关的民事与刑事责任确认、隐私和产权保护、信息安全利用等法律问题研究，建立追溯和问责制度，明确人工智能法律主体以及相关权利、义务和责任等”。这无疑代表了智慧社会的发展要求与基本方向，基于此，我们需要在法律体系的变革重塑和推进智慧社会治理的进程中，通过代码规制、算法审计、规范标准等方式，嵌入体系化、制度化的风险控制机制。

首先，确立智慧社会治理的新理念、新思维。有史以来，人类社会一直生活在自然给定的物理空间中，但信息革命的到来，让人类在物理空间外开辟了广阔无垠的电子空间，从此进入了双重空间（物理/电子、现实/虚拟）的生活时代，人们的生产生活、社会行为和日常交往都是在虚实同构的场景中展开的，智慧生活和智慧治理也变得日益基层化、普遍化、日常化。这样，就亟需跳出传统单一物理空间的思维习惯，确立双重空间与智慧治理的新理念和新思维，按照双重空间的生产生活、行为逻辑，融入和加持建模、算法、代码等方式来设计规制方案，应对智慧社会基层治理的难题与挑战，从而构建有效的智

① ［美］迈克尔·帕特里克·林奇：《失控的真相——为什么你知道得很多，智慧却很少》，赵亚男译，电子工业出版社 2017 年版，第 218 ~219 页。

慧治理秩序。与此同时，也要充分认识智慧社会的高风险属性，积极探索智慧治理的风险评估机制，努力抑制“一切皆可计算”所带来的技术理性控制与人文精神流失，守住“以人为本”的价值底线。只有这样，才能更好地推进智慧社会的治理秩序，实现新时代的“数字正义”。

其次，探索智慧社会的基层治理体制与机制。面对人工智能带来的规制挑战、算法决策的突出困境以及执法司法智能化的诸多问题，我们固然不能消极回避和等待，但更不能试图沿用工商业时代的惯常方式，“简单粗暴”地把这些挑战和问题“拉回”“锁定”物理空间的规制框架内。① 目前，各地的基层治理网格化就明显带有这种倾向，一些地方不是致力于探索顺应智慧时代发展的基层治理新机制，而是借用全新的技术手段来打造“维稳”和“控制”的网格布局，它所实现的只是传统治理方式的信息化、自动化和智能化，而不是反映智慧社会诉求和生活逻辑的制度创新。因而，偏离了智慧社会治理的自身目标，长此以往必将会加大社会风险，甚至产生危机。因此，亟需扭转这种倾向，切实按照双重空间的生产生活方式、社会关系和行为逻辑，来改造现有的法律规制体系，推动立足工商业时代的现代性法律体系向立足信息时代的智慧性法律体系的转型升级。例如，新浪微博诉脉脉不正当竞争案就昭示，对数据采取何种法律保护方式成为解决案件的关键，而以新型的数据财产（权利保护）进路取代以往的法益保护（商业秘密）、行为保护（不正当竞争）进路才更为有效。② 更重要的是，我们应加快构建一体融合的法律体系，围绕人工智能的法律规制、算法决策的风险防控、执法司法智能化的难题“瓶颈”等，来积极探索智慧社会的治理新机制。这无疑是一个长期的、复杂的、艰难的探索过程，需要全社会的共同努力，从而建立起智慧化的基层治理秩序。

最后，探索适应智慧社会发展要求的规制策略。面对网络化、数字化和智能化的快速交融发展，人们对目不暇接的技术进步和新业态

① 参见马长山:《智慧社会的基层网格治理法治化》，载《清华法学》2019 年第 3 期。

② 参见许可:《数据保护的三重进路——评新浪微博诉脉脉不正当竞争案》，载《上海大学学报》（社会科学版）2017 年第 6 期。

“破窗”一时难以迅速反应，政府监管部门也更多地关注它们所产生的风险后果，尝试出台新政策、新法规来加以控制和防范。然而，这仍然是一种传统规制策略，仍是一种立足物理空间规则立场的外在的规制，没有进入新业态的运行逻辑内部，规制的是代码和算法的后果，而不是代码和算法过程的本身。这就难以有效应对人工智能挑战、算法决策困境和执法司法智能化难题。因此，需要实现智慧时代的法律规制转向，通过代码法律化，把行业的代码技术规则上升为法律化规则，实现“技术法律化”。同时，通过法律代码化，把法律规则转换成代码，并以代码来规制代码，实现“法律技术化”。这样，就形成了双向构建的规制策略，从而为塑造智慧社会的新型基层治理秩序奠定坚实基础、提供有力保障。

三、司法人工智能的可能与限度

随着网络化、数字化、智能化的飞速融合发展，人类逐渐步入智慧时代和数字社会。近年来，我国的智慧政务、智慧司法、智慧治理等重大建设方案纷纷落地。在这些方案的实施过程中，司法人工智能无疑将会扮演关键角色并承担重要使命，[①] 同时也会面临诸多问题和挑战。理性审视司法人工智能的应用空间与限度，由此成为一项重要的理论课题和实践任务。

（一）从“接近正义”迈向“可视正义”

设置司法权的根本意义在于处理纠纷、实施救济、弘扬正义，但要让人们在每一个案件中切身体验正义，却不那么容易，这也正是卡夫卡“法律之门”的深层隐喻所在。人们曾对“法律之门”做出很多不同解读，但有两点是明确的：其一，“法律之门”是“供给”正义的地方，它庄严尊贵却又壁垒森严；其二，人们可以走近“法律之门”，但难以迈入门内，更难观测门内的设置、工序流程和决策机制。这在很大程度上要归因于物理时空中的资源限制、区间阻隔和机制障碍。

① 在学术界，人们对AI法律和法律AI进行过区分和讨论。当今网络技术、数字技术和人工智能技术日渐呈现交融发展之势，三者相互支撑和彼此赋能。因此，本书所称“司法人工智能”是一个涵摄面更广、包容性更大的概念，主要是指司法领域中以网络化、数字化和智能化融合驱动为基础的人工智能技术应用。

特别是由于交通条件不便、诉讼费用高昂、诉讼过程烦琐漫长等原因，人们在寻求司法救济时经常遇到挫折、面临困难，以至于自20世纪中叶以来，“司法危机”在世界范围内大面积出现。为摆脱这一困境，人们发起了旨在为当事人接近法院、实现诉权提供实质保障的“接近正义”运动。该运动的基础和前提是国家财力和司法改革，价值导向是平等和效率，目标是实现分配正义。经过“三波”重要努力,①“接近正义”运动取得了一定效果。然而，由于福利国家的不可持续性以及司法改革的制度性“瓶颈”，“接近正义”运动需要付出较高成本和代价，也面临诸多难题，这些局限在传统的物理时空和策略路径下很难克服。

信息革命的到来，给“接近正义”运动的整体转型提供了巨大动力和难得契机。算法的应用，不仅提升了纠纷处理能力，降低了解决纠纷的成本，而且在很大程度上提高了纠纷解决的自动化程度，“为更加接近正义奠定了现实基础”。② 例如，从ADR迈向ODR，增加了程序的公开透明度，使人们看到了“数字正义”的曙光。近年来，我国司法机关也利用这些新技术进行了大量探索改革，致力于构建“网络化”“阳光化”“智能化”的新时代司法样态，实现了对物理时空资源和要素的优化重组。原来一些不可逾越的壁垒，如今可以通过技术“克服或至少是瓦解正义之路上的一些障碍”,③ 从而有效消解了因物理时空条件局限而导致的正义实现难题，使物理意义上的“接近正义”迈向了数字意义上的“可视正义”。

其一，平台化的分享可视。新兴技术革命颠覆了传统的工商业态和经营模式，人类从此进入了平台经济时代，平台模式也迅速地从工商业向社会领域延展，其突出特点和优势在于：线上线下交融、多主体共享、生态化运行、覆盖性整合以及价值链创造。这就突破了以往物理时空的商业逻辑，颠覆了单一线性的交易形式，开启了广场化的

① 参见［意］卡佩莱蒂编：《福利国家与接近正义》，刘俊祥等译，法律出版社2000年版，第5页。

② ［美］伊森·凯什、［以色列］奥娜·拉比诺维奇·艾尼：《数字正义：当纠纷解决遇见互联网科技》，赵蕾等译，法律出版社2019年版，第64～65页。

③ ［美］伊森·凯什、［以色列］奥娜·拉比诺维奇·艾尼：《数字正义：当纠纷解决遇见互联网科技》，赵蕾等译，法律出版社2019年版，第256页。

全景互动。智慧司法建设同样也经历了这种技术赋能过程，深刻重塑着司法运行模式，具体表现为：在案件办理上，支持全流程在线审理，办案全过程智能辅助，审理信息全方位在线公开；在监督管理上，实现重点案件自动化识别、标签化处理、节点化控制，建立智能化、自动化、精准化监管机制；在诉讼服务上，形成多功能、集成性、智能化、线上线下融合的一站式诉讼服务模式；在平台载体上，实现内部平台整合对接，外部数据互联互通，形成系统集成、集约高效、信息共享的平台建设模式。① 司法运行的这种平台化转向，能够“让数据发声，使数据关联，用大数据思维发现审判规律、提高审判质效”，② 也能够在微观（司法机关内部）、中观（司法机关与当事人和相关机构）和宏观（司法机关与全社会）三个层面分别实现不同程度的数据分享和在线互动，覆盖几乎所有司法业务，形成司法运行的“生态圈”和正义“价值链”。这样，司法运行从线下走到了线上，从封闭的、有限的“剧场”模式转向了开放的、包容的平台模式，实现全程可视。曾经神秘威严的“法律之门”被移到了阳光下，不仅提升了司法效率，促进了司法公正，也便于公众监督和正义传播。

其二，超时空的场景可视。对司法程序进行高度专业化、复杂化的制度设计，目的在于阻断人为因素干扰和不公因素渗透，从而更好地保护权利和维护正义。然而，这也带来一个负面问题，即“法律之门”变成了烦琐昂贵的博弈场。“接近正义”运动的诸多举措之所以未能取得理想效果，原因在于其以物理时空的思维和方式解决物理时空的问题，因而无法打破“法律之门”的物理时空“围墙”。随着数字时代的到来，原来的物理“围墙”逐渐被虚拟空间击碎；原来生物形态的身体、行为、言语，原来物理形态的财物、流转及其关系等，逐渐增添了一种“无形流动”的数字形态。此时，“很多旧有的习惯将被颠覆，很多旧有的制度将面临挑战”，③ 司法制度和运行机制也随之发生

① 参见《为网络社会治理贡献法治智慧》，载《人民法院报》2019 年 9 月 7 日，第 2 版。

② 李阳：《打造智能时代司法文明新坐标——人民法院智慧法院建设工作综述》，载《人民法院报》2019 年 3 月 10 日，第 7 版。

③ ［英］维克托·迈尔－舍恩伯格、［英］肯尼斯·库克耶：《大数据时代：生活、工作与思维的大变革》，盛杨燕等译，浙江人民出版社 2013 年版，第 94 页。

深度变革。“在‘数字正义’理念之下，私人和社会都加强了对数字技术的采用，在法院内外共同促进‘接近正义’的实现”，尤其是人们通过“设计出可以服务公众的虚拟空间，将纠纷解决完全克服或者‘超越’这些物理条件的限制”。[①] 例如，各地开发上线的“微诉讼”“E法庭”“律师通”“执检小智”、正在全国推广的“移动微法院”等多种小程序或软件系统，使当事人足不出户即可参与在线庭审、调解或执行，省钱、省时、省资源。人脸识别、智能验证、全程视频留痕也让司法运行更加规范透明。这样，凭借技术进步就实现了线上与线下、虚拟与现实、远程与现场的立体链接与跨界融合，甚至形成了当事人“零跑腿”的司法环境。“法律之门”也因而摆脱了物理形态的约束，开始在社会中进行超时空、无形化、分布式的前置延展，形成了灵活便捷、体验多样的场景可视状态。基此，普通民众得以随时随地进出“法律之门”，主张权利和伸张正义。

其三，全要素的数据可视。在新兴技术的驱动和支撑下，司法运行数据化、自动化趋势不断加速。一是基于智慧司法的全流程在线审理和平台化运行，会产生海量的司法数据，形成案件信息库、案件特征库、电子卷宗库、证据标准库、罪名要件库、裁判文书库、案例库、法律法规司法解释库、办案业务文件库等多类型数据库。这些数据库实质上是把复杂的司法案件转换为可以存储、计算和分析的数字系统，对其中涉及的人财物、社会关系和规则程序进行了全要素的模块化、可视化构建。这些“越来越多的数据将会讲述越来越多的故事”，[②] 展示越来越多的正义价值和司法效果。二是司法程序凭借数字技术不断拓展和升级，比较典型的是司法区块链。“区块链极大的去中心化、不可篡改性、不可否认性、公开透明性共同促成了区块链作为信任基础设施的可行性，解决了参与者之间的共识问题。”[③] 因此，在电子证据认证和智能合约履行上，司法区块链可以做到电子数据及行为的全流

---

① ［美］伊森·凯什、［以色列］奥娜·拉比诺维奇·艾尼：《数字正义：当纠纷解决遇见互联网科技》，赵蕾等译，法律出版社2019年版，第30～31页。

② ［美］Phil Simon：《大数据可视化：重构智慧社会》，漆晨曦译，人民邮电出版社2015年版，第45页。

③ 徐恪等：《算法统治世界——智能经济的隐形秩序》，清华大学出版社2017年版，第311页。

程记录、全链路可信、全节点见证、全方位协作，从而实现全要素的数据可视。三是随着智慧司法的进一步发展，算法决策将更多地应用于程序控制和司法裁判之中，人机互动、人脑算法和机器算法的融合也会日益加强。算法决策的优势在于自动运行、精细一致、超能高效。作为办案通用的“公共决策工具”，它能够全程回溯、数据留痕，这就比人脑决策更有利于聚集全要素，也更有利于可视化。总之，司法运行的数据化呈现，使其日益变得可代码化表达、可量化计算、可分析预测、可审计问责，从而实现了全要素的数据可视，并进入了“可视正义”时代。

（二）司法人工智能的重塑效应

司法人工智能所带来的，已不再是过去那种外在技术装备的更新换代，而是对司法运行的内嵌式、技术性变革，对司法运行产生了影响深刻和重塑效应。

1. 司法过程场景化

古往今来，司法裁判过程都是在固定的场所——法庭中进行的。庭审活动包含着时间、地点、人物、事件等诸要素，经由法官、检察官、律师、证人、被告人、法警各等角色，按照形式化的规则和程序来完成。它类似于上演一幕幕戏剧的“剧场”运行状态，深嵌于特定化、场域化的物理时空之中，“法律之门”也就富有了神圣性、神秘性和仪式性。然而，人工智能的司法应用，使这种场域化的“剧场”运行状态发生了重大转向。

（1）远程临场

新兴科技和数字经济的发展，改变了社会的“时空体制”。社会亲近性与物理邻近性、社会相关性与空间邻近性开始剥离，空间位置或环境对大多社会过程而言已不再重要或不再是决定性的。时间和空间已经“脱嵌”并获得重构。[①] 司法人工智能就在这种“时空体制”变革中，创新了司法运行机制。如作为全国试点推广的上海“206 系统”（智能辅助办案系统），就涵盖了从刑事案件立案、侦查、审查起诉、

① 参见［德］哈特穆特·罗萨：《新异化的诞生——社会加速批判理论大纲》，郑作或译，上海人民出版社 2018 年版，第 118 页；［英］安东尼·吉登斯：《现代性的后果》，田禾译，译林出版社 2011 年版，第 18 页。

庭审、判决链接到刑罚执行、减刑假释、服刑人员刑满释放、回归社会等环节，“以实现人机协同、线上线下跨界融合，实现从刑事办案单一系统向刑罚执行、社会治理领域综合系统的转变”。① 案件当事人无论身在何处，只要有在线电脑、摄像头、麦克风和可上传的诉讼文书，即可参加诉讼庭审，甚至能够允许当事人运用“碎片化”时间和多变场所来进行非同步诉讼，实现超时空的“错时审理”。② 从而突破了司法过程的物理场域限制，跨越了“虚拟/现实”的两重空间和人的“生物/数字”的双重属性，实现了数字身份及行为的远程临场。

（2）情境互动

智慧法院建设的基本方向是网络化、阳光化、智能化。目前全国3000多家法院已基本实现网上立案、庭审直播、远程开庭、远程调解。基于此，诉讼过程已不再经过物理时空中的“对簿公堂”，而是以“云法庭”的视频庭审形式，完成人脸识别、证据上传、视频抗辩、电子笔录、全程留痕等一系列虚实交融的庭审活动。一次庭审可能会出现多角色、多地点、多场所、多方式的同时在线和立体情境，每个诉讼当事人都是网络链接、信息传递、节点控制的参与者、分享者和承担者。这就改变了封闭单一、机械受动的“面对面”场域化庭审过程，形成了灵活自主、多相界面、情境互动的司法场景。

（3）全景敞视

福柯对环形监狱的“全景敞视建筑”进行过深刻分析：“在环形边缘，人彻底被观看，但不能观看；在中心瞭望塔，人能观看一切，但不会被观看到。”这就形成了一种“分解观看/被观看二元统一体的机制”。③ 它通过空间阻隔、单向透明和中心瞭望的等级体系构架来完成，旨在确保权力的随时俯瞰、持续监视和自动运行，是一种物理时空的中心化、等级化、不对称的“全景敞视”。司法人工智能创造了一种与之相反的全新景象。具言之，在以往的庭审活动中，审判席处于法庭

① 崔亚东：《人工智能与司法现代化》，上海人民出版社2019年版，第261页。

② 参见《法治蓝皮书：2019年全国高级法院支持网上立案率首次达到100%》，载中国长安网：http：//www. chinapeace. gov. cn/chinapeace/c100007/2020 – 06/03/content_12356666. shtml，最后访问日期：2020年6月3日。

③ ［法］米歇尔·福柯：《规训与惩罚》，刘北成等译，生活·读书·新知三联书店1999年版，第226页。

的正中位置且高出地面，诉讼两造分列两侧，略低于审判席，公诉人、律师、被告人、被害人、证人，以及旁听席位等错落有序。它无疑是中心化、场域化的，其认证、质证、抗辩等过程，都因物理条件限制而只能有限可视。不消说法庭外的庭审参与，即便是在法庭现场，也需工作人员的证据传递帮助才能做到"面对面"的认证、质证。然而，网络化、数字化和智能化技术的融合发展与司法应用，打破了这种物理屏障，凭借电子文书、数据传输、即时视频等方式，诉讼参加人不需"相逢"即可"见面"，审判席也悄然无形化为一个阳光性的控制节点，进而改变了法庭的中心化、等级化设置。它与"全景敞视建筑"的目标相反，推动了中心权力的非中心化；其自动运行也并非那种俯瞰式的持续监视，而恰恰是趋向于参与各方的对称透明和平向可视，形成了全新的跨时空、无屏障、分布式、扁平化的"全景敞视"。

综上可见，在新的"时空体制"下，"社会关系从彼此互动的地域性关联中，从通过对不确定的时间的无限穿越而被重构的关联中'脱离出来'"。① 司法过程也不可避免地在虚实融合中迈进五维空间，不再局限于物理上的结构性设置和实体运行，从场域化走向了场景化，赋予了数字化的意义展示、体验分享和"可视正义"。

2. 司法规则代码化

司法运行需要大量专业人员，自古以来他们都是促成法律规则转化为社会秩序的行动者、构建者。人们在司法者身上寄托了不偏不倚、客观公正的浓重期待，但他们中的每一个都具有人性，都有普通人的一面。个体的价值观、心情、精力，甚至先入之见等，都会深深影响他们的自由裁量，这种来自人性自身的局限是无法克服的。立法本意、法律规则和正义价值在转化为社会秩序的过程中，难免受到办案人员一定程度的主观雕塑或续造，其结果可能会更趋于公正，也可能相反。同时，程序烦冗、案多人少、专业素质等因素也影响着司法成本和司法效率。这些一直是迈进"法律之门"和"接近正义"所必须承受的"司法代价"。

---

① ［英］安东尼·吉登斯：《现代性的后果》，田禾译，译林出版社 2011 年版，第 18 页。

信息革命把人们带进了虚实同构的“在线生活”，形成了一套“法规的/自愿的、正式的/非正式的、国家的/超国家的、等级制的/分散的”全新规制模式。[①] 在这里，算法扮演着重要角色，“代码就是法律”。[②] 司法规则的代码化和自动执行成为一种趋势，不仅消减了以往的“司法代价”，也产生了特殊的司法效果。

（1）自动性的程序运行

随着人工智能技术的广泛应用，“自动化执法不再是一种越轨而是一种可选择”。[③] 同样，人工智能技术也可以将司法规则转换成能够自动运行的程序代码，“按照合乎程序规定的方式将司法过程精确拆解，又借助数据分享和集中管理，令系统中的每一个动作都为最上的管理者可见”。[④] 这些智能程序没有情感纠缠，一丝不苟且不知疲倦。让它们替代有人性局限的司法者，就成为新时代的一个选项。例如，上海的“206 系统”建立了逮捕条件审查、证据标准指引、单一证据审查、证据链和全案证据审查、庭审示证、类案推送、办案程序合法性审查监督等自动程序。假设警察破获了一起案件，想要逮捕犯罪嫌疑人，系统会自动提示有哪些关键证据缺失、哪些证据有瑕疵；检察官起诉时，系统会提示类似案件的起诉比例如何；法官将写好的判决书放入系统中，系统会自动提示判决在多大程度上同本院以及上级法院在类似案情中的判决不一样，法官若坚持该判决，系统将自动把判决推送给庭长以供讨论。[⑤] 司法区块链技术则实现了从生成智能合约、完成实人认证并签约、合同原文及智能合约上传至司法区块链、智能合约自动运行、合约无法执行后转入多元调解流程、纳入信用奖惩联合机制、立案、审判、执行的全流程智能化。2019 年 12 月 19 日，杭州互联网

---

① ［英］詹姆斯·柯兰等：《互联网的误读》，何道宽译，中国人民大学出版社 2014 年版，第 128 页。

② ［美］劳伦斯·莱斯格：《代码 2.0：网络空间中的法律》，李旭等译，清华大学出版社 2018 年版，第 6 页。

③ ［美］瑞恩·卡洛等编：《人工智能与法律的对话》，陈吉栋等译，上海人民出版社 2018 年版，第 239 页。

④ 芦露：《中国的法院信息化：数据、技术与管理》，载《法律和社会科学》2016 年第 2 期。

⑤ 参见何帆：《中国法院正努力把人工智能引入办案系统》，载 https：//www. thepaper. cn/newsDetail_ forward_ 1746283，最后访问日期：2020 年 4 月 30 日。

法院还对一起该类型案件进行了宣判，这是国内首例“无人工干预、无外部因素干扰”的“智审”断案。① 可见，这些人工智能辅助办案系统，初步实现了“去人化”，在一定程度上实现了司法标准的统一，且降低了成本，提高了效率。

（2）隐身性的司法能动

在当今信息时代，技术赋能可以提高司法效率、提供“可视正义”，但同时也助长了司法能动，且以“进步性”的隐身方式出现，获得了社会的“合法性”认同。一是实现了空间拓展。近年来，北京互联网法院的电子诉讼平台、广州中院的“律师通”和“移动执行”手机 App、浙江“移动微法院”等纷纷上线运行。2019 年广州互联网法院还在穗港澳布设了 12 个“E 法亭”，全方位为当事人提供自助存证、自助立案、自助查询、智能送达、在线调解、在线庭审六大诉讼服务功能。② 这类智能平台走出了法院的固定场域，实现了在现实/虚拟双重空间中的拓展，增强了实现“可视正义”的范围和能力。二是实现了权力增能。例如，通过执行网络办案平台，法院足不出户就能完成对被执行人财产的自动查询和冻结、扣划，直接查询被执行人在异地不动产登记详细信息和投资的具体情况；执行智能预警平台则通过汇集人口、婚姻、金融、政务、电商、信用、社交等周边数据，全方位评价当事人的身份特质、行为偏好、资产状况、信用历史，对涉案当事人进行信用画像和自动风险评估。③ 这些智能联动，使司法权力穿透了原来的物理“围墙”，自动延伸至所有涉案领域，并在控制力上获得了增能扩张。三是实现了关联限制。在以往的司法运行中，司法机关对当事人权利的限制措施基本都是“就事论事”，并遵守相应的规则和程序。司法人工智能带来了“关联限制”效应，如采取“弹屏”电子送

---

① 参见《中国首个应用区块链智能合约技术案件宣判》，载 http：//www. chinanews. com/sh/2019/12 – 19/9038475. shtml，最后访问日期：2020 年 4 月 30 日。

② 参见《是“E 法亭”，不是“一法庭”！广州打通司法服务最后一公里》，载 http：//dy. 163. com/v2/article/detail/EVII2P8D05149N9E. html，最后访问日期：2020 年 4 月 30 日。

③ 参见王牧、吴磊：《“智慧执行”模式的具体探索和未来展望》载 https：//www. chinacourt. org/article/detail/2018/01/id/3179286. shtml，最后访问日期：2020 年 4 月 29 日。

达方式时，法院发送到被送达人手机上的短信送达内容，不受杀毒软件、手机终端设置等方面的屏蔽拦截，无论其手机处于操作过程还是待机状态，均被即刻锁屏，查阅内容后方能解锁。这固然确保了送达的便捷性、有效性和可靠性，但如今手机所承载的功能、意义和价值已经远远超过通信工具本身，蕴含着移动支付、商品交易、媒体社交、个人隐私等多方面的生活权利，一旦被锁屏，它所锁定的就是这些权利，而不仅是送达上的权利，这样就产生了关联限制。① 这些隐身性的司法能动倾向，无疑强化了司法权的社会嵌入程度和影响。

（3）技术性的规则重写

司法具有鲜明的法条主义和形式主义特征，但“在一些问题上，我们没有办法事前就给定法官可以机械适用的规则，而必须由其来创制规则”，② 司法不仅是一个适法的过程，也是一个理解、重释，甚至是重写规则的过程。司法人工智能所带来的法律规则代码化，既有控制自由裁量、对诉讼流程进行节点控制、实现“可视正义”的司法效果，也会带来对规则进行技术性重写的机会。“代码作者越来越多的是立法者。他们决定互联网的缺省设置应当是什么；隐私是否将被保护；所允许的匿名程度；所保证的连接范围。”③ 一旦可以把司法规则转化为代码，对代码的控制就成为在司法解释和“法官造法”之外的二次重释或重写规则的权力。这些代码的编写基本都是由司法机关和技术专家来主导的，很少有律师、学者和公众参与。司法者难免从有利于司法权力运行的立场出发，在数据标注、要素抽取和代码编写过程中注入自身的或者职业的价值偏好，这意味着在数字司法向度上扩大了司法权。

3. 司法决策建模化

在当今世界，数字经济已成为主导形态，“人类正在进入一切皆可

① 参见祝文明：《北京互联网法院推出弹屏短信送达》，载 http：//www. cipnews. com. cn/Index_ NewsContent. aspx？ newsId = 111737，最后访问日期：2020 年 4 月 29 日。

② ［美］李·爱泼斯坦等：《法官如何行为：理性选择的理论和经验研究》，黄韬译，法律出版社 2017 年版，第 25 页。

③ ［美］劳伦斯·莱斯格：《代码 2.0：网络空间中的法律》，李旭等译，清华大学出版社 2018 年版，第 87 页。

计算的时代”。[①] 与此相对应，社会生产和生活都逐渐走出了个别性、分散性、经验性的决策方式，形成了体系化、自动化的建模运营方式，通过信息采集、数据分析和设计算法来实现决策的智能化，从而“提供了一种全新的革命性工具”。[②] 这意味着，对很多事务已经由人脑决策转化成算法决策。智慧司法的一个重要方向，就是司法决策的建模化。

（1）生成法官智慧的聚合效应

理性选择理论上的“聚合效应”或者“聚合的奇迹”，意指在规模群体的民主决策过程中，个体计算或预测的误差会彼此抵消。“在绝大多数情况下，平均意味着平庸。但在决策时，却常常效果非凡”，[③] 很容易形成意想不到的、最优的多数决判断。然而，人们很快又发现了它的局限。正如“阿罗不可能性定理”所揭示的，由于聚合过程中充满了“系统性错误”，不可通约的偏见“污染”了聚合效应，简单过半数投票在加总个人偏好排序后，“会因出现严格社会偏好的循环，导致无法从一些有限的可行社会状态集中确定一个最优的社会状态”。[④] 司法人工智能中的决策建模化，能够清除这种可能的“系统性错误”，进而生成法官智慧的聚合效应。

具言之，虽然有公开的明确规则、统一的司法政策和遵循先例原则，但“法律的生命不是逻辑，而是经验”。[⑤] 面对日常生活中种类繁多、情节复杂的大量案件，这些规则、政策和原则难以做到直接的无缝“套用”，自由裁量不可避免。即便是最智慧、最敬业、最高尚的法官，也只能作出分散性、个体性的裁量，无法克服个体决策的有限性。如何约束自由裁量权、提升裁判水平、促进公平正义就成为一个难题。

---

① 徐恪等：《算法统治世界——智能经济的隐形秩序》，清华大学出版社 2017 年版，第 323 页。

② ［英］乔治·扎卡达基斯：《人类的终极命运：从旧石器时代到人工智能的未来》，陈朝译，中信出版社 2017 年版，第 296 页。

③ ［美］布赖恩·卡普兰：《理性选民的神话：为何民主制度选择不良政策》，刘艳红译，上海人民出版社 2010 年版，第 7 页。

④ ［美］埃里克·马斯金等：《选择的悖论：阿罗不可能定理与社会选择真相》，黄永译，中信出版集团 2016 年版，导言第 XV 页。

⑤ ［美］小奥利弗·温德尔·霍姆斯：《普通法》，冉昊等译，中国政法大学出版社 2006 年版，第 1 页。

司法人工智能通过数据标注识别、案件要素抽取、知识图谱构建来进行算法建模，这个“机器人法官”拥有的不再是法官个体或者合议庭法官的有限能力和个体经验，而是来自海量类似案件信息及裁判结果的数据库运算，它所作的每一份判决，都是一项数据庞大的实证法研究和综合衡量。例如，在上海“206 系统”运用深度学习算法构建的智能量刑模型中，仅盗窃案一个量刑模型的学习样本，就囊括了全国 30 万盗窃案件样本的全部案情要素及量刑情节要素。① 这样，就形成了一种空前的聚合效应。同时，由于这种建模算法并不是基于一个个活生生法官的即时投票，没有复杂的博弈空间和盲从条件，而是基于业已形成的个案化的既定裁判，并且这些裁判都是立足相同职业背景和专业知识的理性判断，因此不易受到普遍的、不可通约的偏见“污染”。此时，才真正有可能创造出“聚合的奇迹”，这相当于整合、提炼了所有裁判案件法官的集体智慧和最佳方案。

（2）加持数理逻辑和计算理性

现代性法律的一个突出特征是形式理性。它体现着“在技术上可能的计算和由它真正应用的计算的程度”，② 推动了法律规则的权利义务设计和利益平衡，使人们能够预测自己和他人的行为效果与后果，合理规划自己的行为。法官在案件裁判过程中，则存在“法官造法”的构建理性和自由裁量的经验理性，他们根本上是力图寻求逻辑一致、唯一正确的“必然”司法结果，进而维持法律的形式理性。

从生命科学来看，人脑思维本身也是一种问题求解的计算过程。法律或司法上的各种理性形式就是各种生化算法。如今信息技术能够写出越来越复杂的电子算法，二者可能会适用相同的数学定律，这就“打破了动物和机器之间的隔阂，并期待电子算法终有一天能够解开甚至超越生化算法”。③ 其实，在 20 世纪 70 年代，人们就通过“如果 A 和 B，那么 C”的方式对三段论加以描述，让机器法律推理变成可操作

---

① 参见崔亚东：《人工智能与司法现代化》，上海人民出版社 2019 年版，第 168 页。

② ［德］马克斯·韦伯：《经济与社会》（上卷），林荣远译，商务印书馆 1997 年版，第 106 页。

③ ［以色列］尤瓦尔·赫拉利：《未来简史》，林俊宏译，中信出版社 2017 年版，第 333 页。

的现实。“将法学问题形式化为可计算问题”,[①] 然后选择合适的计算方法进行建模编程就成为一种智慧司法的潮流，英国“在线法院”法官还基于此提出了“算法裁判”的倡议。[②] 在我国，司法人工智能主要通过机器学习来构建司法知识图谱和算法模型，可以在线“一键”启动从开庭到裁判执行的所有流程，即“采用大数据和诉讼建模将管辖法院、诉讼请求、赔偿数额的计算、法律依据的引用等诉讼事项进行全面模块化，当事人选项即可完成起诉、应诉等过程”。[③] 在这种情况下，智能系统的规范性含义会变得更加清晰，“它们平均会比人类专家提供更好的结果”。[④] 这就在法律表达和运行上加持了数理逻辑和计算理性，进而把知识系统转化成了数字系统，把案件审理过程转化成了案件运算过程，从而提供更客观、更科学、更准确的纠纷解决方案。

（3）实现同案同标、同案同判

近代以来，司法被赋予独立品格和中立立场，但面临的一个根本困境是：如果法官严格恪守条文，机械性地司法，可能无法回应社会需求、实现公平正义；如果法官们偏离法律过于频繁，“违反了选择最优化，则法治便无法存活”。[⑤] 更为复杂的是，面对类似或相同案件，每个司法者的判断都会有所不同，“他们可以轻而易举的，即使是无意识的，以发现本意的名义，比如说平等或是自由，在法律中推行他们自身的偏好”。[⑥] 要摆脱上述困境，核心在于克服法官自由裁量中的先入之见、价值偏好，以及心情、性格和精力等因素的主观影响。尽管真正意义上的同案或同判可能都不存在，人们却一直渴望司法统一、同案同标、同案同判，只不过受诸多主客观因素或条件限制，这一期

① 邓矜婷、张建悦：《计算法学：作为一种新的法学研究方法》，载《法学》2019年第4期。

② 参见曹建峰：《“人工智能+法律”十大趋势》，载《机器人产业》2017年第5期。

③ 邓恒：《人工智能技术运用与司法创新》，载《人民法院报》2017年12月14日，第2版。

④ ［美］瑞恩·卡洛等编：《人工智能与法律的对话》，陈吉栋等译，上海人民出版社2018年版，第120页。

⑤ ［美］杰弗里·布兰德：《法治的界限：越法裁判的伦理》，娄曲亢译，中国人民大学出版社2016年版，第313页。

⑥ ［美］欧文·费斯：《如法所能》，师帅译，中国政法大学出版社2008年版，第13页。

待常常落空。

司法人工智能为人们化解这一难题带来了巨大希望。按部就班的程序没有情感和意识，更没有先入之见、价值偏好等因素的干扰。从理论上讲，“算法可以详细地描述应用于每个小的决定（进而形成最终的重要决定）之中的那些具体规则”。① 它们以标准一致的要素抽取和知识图谱，相同的算法建模，以及流水化的操作流程，对相同的信息输入给出相同的算法输出。如果不向专家机器人让渡决策权和控制权，仍保留人类控制，恰恰可能会“增加不良后果的可能性”。② 在这种智能系统自动运行的司法决策条件下，“同案同标”“同案同判”将有机会走进现实生活。

4. 司法服务管理智慧化

随着网络化、数字化、智能化技术在司法领域的广泛应用，“让当事人少跑路、让数据多跑路”，从“最多跑一次”转向“一次都不用跑”就不再是一句口号。2019 年，全国 97.8% 的法院支持网上立案，其中高级人民法院达 100%；全国各级人民法院支持网上证据交换的达 66.9%，支持网上开庭的达 58.2%；全国高级人民法院公开终审案件信息的比例达 100%，中级人民法院和基层人民法院也分别达 98.8% 和 96.6%。当事人通过中国执行信息公开网共联系法官 73203 次，法官及时回复率为 85.2%。③ 这些，都大大提升了司法服务的智慧化、便捷化，经由技术赋能而实现了“服务群众诉讼全方位、全天候、零距离、无障碍”的目标。

司法管理和司法监督也实现了智慧化、透明化。例如，上海“206”系统采用了审判管理数字化智能提示、审判执行流程可视化智能跟踪管理、审判质效目标化动态管理、法官业绩数字化智能评价等技术，并进一步运用大数据分析、视频图像识别、语义分析等技术，

① ［美］卢克·多梅尔：《算法时代：新经济的新引擎》，胡小锐等译，中信出版社 2016 年版，第 139 页。

② ［美］瑞恩·卡洛等编：《人工智能与法律的对话》，陈吉栋等译，上海人民出版社 2018 年版，第 120 页。

③ 《法治蓝皮书：2019 年全国高级法院支持网上立案率首次达到 100%》，载中国长安网：http：//www.chinapeace.gov.cn/chinapeace/c100007/2020 - 06/03/content_12356666.shtml，最后访问日期：2020 年 6 月 3 日。

实现了对办案过程全程可视、全程留痕、全程监督，确保司法权的阳光运行。[①] 借助这些数据分析和智能技术，的确更容易发现恶意诉讼，以及同私下交易有关的“关系案”“人情案”“金钱案”，庭审中的迟到、退庭、衣冠不整等现象也都会透明可视。

总之，司法人工智能产生了前所未有的重塑效应和深刻变革。在司法效果上，会导致司法权在物理空间中的去中心化和扁平化，而司法权又实现了在电子空间中的能动延展和扩张，甚至还可能出现数字司法界面下的“再中心化”。在司法逻辑上，形成了知识系统与数字系统、法律理性和计算理性的互动构建，建立在思辨的逻辑推理基础上的“公理思维”，开始转向立足计算和相关性分析的“数据思维”。在司法机制上，智能辅助办案系统的平台化，使具有分工制约关系的公检法司开始高效一体化运行。在司法裁决上，出现了正义的程式化、产品化供给方式，算法也从“提炼自这个世界，来源于这个世界”，转向“开始塑造这个世界”。[②] 这些，无疑都使司法获得了巨大的技术赋能，促进了从“接近正义”迈向“可视正义”的时代转型。

（三）司法人工智能的内在限度

人工智能技术融入司法是数字时代的必然趋势，其发展前景毋庸置疑，但“要想让算法更好地服务于人类，我们必须承认算法不是全能的”。[③] 智慧司法建设并不是一项司法革新的完美规划，它对司法机制及其运行的重塑作用也是有限的。

1. 客观性上的悖论

我国的智慧司法建设，旨在实现“全面覆盖、移动互联、跨界融合、深度应用、透明便民、安全可控”的转型升级，力图以算法决策规避人脑的“决策噪音”，进而让司法活动更为阳光，司法公正更为直观，最终提升司法结果的客观性、一致性、公正性和效率性。然而，从全球范围的实践来看，算法决策和司法大数据的客观性并不像人们

---

① 参见崔亚东：《人工智能与司法现代化》，上海人民出版社 2019 年版，第 264 页。

② ［美］卢克·多梅尔：《算法时代：新经济的新引擎》，胡小锐等译，中信出版社 2016 年版，第 214 页。

③ ［美］凯西·奥尼尔：《算法霸权——数学杀伤性武器的威胁与不公》，马青玲译，中信出版集团 2018 年版，第 243 页。

想象的那样易得，其也存在被主观因素侵入的风险。

（1）算法决策的复杂性

首先，算法决策是数字时代的新型权力。人们曾把算法视为一种自由言论或商业秘密，但这些都不是算法的本质所在。人工智能在商业交易、公共政策的制定、司法过程、交通出行，甚至日常生活中深度应用的场景越来越多，它们不仅进行预测和推荐，很多时候也在做定性判断，如人脸识别、资格审查、屏蔽封号、自动执法等。“这些自动化系统已经由简单的行政管理工具变成了主要的‘决策者’”，[①] 形成了一种替代人脑决策的裁断权力，并在资源配置和行为控制上对相对人产生重要影响。对智能辅助办案系统而言，它所进行的证据标准和规则指引、逮捕条件审查、证据链和全案证据审查判断、社会危险性评估、言词证据审查、减刑假释案件办理、裁判偏离度提示、办案程序监督等，也都是在行使算法裁断权力。杭州互联网法院“无人工干预、无外部因素干扰”的智能裁判就更是如此。这种算法决策权力，并非简单的计算公式和无意识的程序运行，而是从一开始就被“教导”了法律知识与逻辑，输入了主观的定性判断基准。尽管它需经司法裁判者最终确认，才能产生实际的司法效力，但仍不可否认其权力属性。

其次，算法权力也能受价值偏好影响。人们曾对算法决策抱有技术中立和进步福利的浪漫幻想，认为它在准确性、一致性和效率上远优于人类，而且不受情感和私欲干扰。“对于计算机来说，除非程序设计者把偏见因素引入进来，否则它不会存在这个问题，而且我们可以通过查看程序的内容来判断其是否存在偏见因素。”[②] 但问题也恰恰出现在这里。设计者“可以建造、构筑、编制网络空间，使之保护我们最基本的价值理念，同样地，我们也可以建造、构筑、编制网络空间，使这些价值理念丧失殆尽”，代码是被制造而非发掘出来的，并且“仅由我们所制造”。[③] 对于相同的数据信息、相同的技术条件、相同的求

---

① ［美］卢克·多梅尔：《算法时代：新经济的新引擎》，胡小锐等译，中信出版社 2016 年版，第 137 页。

② ［美］李·爱泼斯坦等：《法官如何行为：理性选择的理论和经验研究》，黄韬译，法律出版社 2017 年版，第 425 页。

③ ［美］劳伦斯·莱斯格：《代码 2.0：网络空间中的法律》，李旭等译，清华大学出版社 2018 年版，第 6 页。

解方案，分别由两组各自封闭的程序员来设计算法，最后的输出结果很可能不一样。甚至根据不同的使用场合，当人们使用完全相同的运算步骤，想要得出相同结论，都常常不太可能。① 这也说明了设计者主观性的重要影响。尽管问题能够被发现，但很难通过程序审查进行纠偏。2018 年年初美国纽约市出台“自动化决策特别工作组法”，试图对政府使用的各种算法进行监管，最后不了了之。② 同样，在我国的人工智能司法应用过程中，司法机关各自或者联合研发的智能系统，都不同程度地反映了部门的职权立场、行动逻辑和地域特点。这些知识图谱经由程序员的代码编写和算法建模，自然又会或多或少地渗入一些人为因素。因此，尽管代码的执行是无偏差的，但“偏差”会被编码到系统中。③

最后，算法背后隐藏着算法“黑箱”与“算法霸权”。自人类社会开启了“算法为王”的智慧发展模式，建模算法开始“大胆地从混沌之中创建秩序”。④ 然而，它们在提供技术进步福利的同时，也带来了算法“黑箱”问题。“用户们无法看清其中的规则，无法提出不同意见，也不能参与决策过程，只能接受最终的结果。”⑤ 这样，就形成了一个算法决策的闭合回路，除非自我更新和改善，否则它将持续运行，不受外界因素的干扰和影响。一旦算法决策出现偏见、不公，乃至有意的“暗算”，就会诱发严重的社会危机。已有研究认为，“程序员和设计者可能会试图以公开或隐蔽方式嵌入一种逻辑，使算法偏向期望的目标”，如为特权阶层布设“后门”。⑥ 为此，欧洲经济和社会委员会

---

① ［德］罗纳德·巴赫曼等：《大数据时代下半场：数据治理、驱动与变现》，刘志则等译，北京联合出版公司 2017 年版，第 263 页。

② 张凌寒、李荣：《美国纽约算法监管遇挫启示录》，载《法治周末》2020 年 1 月 16 日，第 11 版。

③ ［美］瑞恩·卡洛等编：《人工智能与法律的对话》，陈吉栋等译，上海人民出版社 2018 年版，第 283 页。

④ ［美］Robert · C. Martin：《代码整洁之道：程序员的职业素养》，余晟等译，人民邮电出版社 2016 年版，第 18 页。

⑤ ［美］卢克·多梅尔：《算法时代：新经济的新引擎》，胡小锐等译，中信出版社 2016 年版，第 139～140 页。

⑥ ［美］瑞恩·卡洛等编：《人工智能与法律的对话》，陈吉栋等译，上海人民出版社 2018 年版，第 297 页。

提醒人们注意弥散的、“没有方向性”的算法监控和滥用。[①] 尽管算法权力以建模计算之必然输出结果的形式，获得了技术中立的外在表现，但它不予公开、不接受质询、不提供解释、不进行救济，难免会有演化为“算法霸权”的风险。[②] 于是，算法解释权和算法治理随之成为一种时代诉求。[③] 我国的智慧司法建设会着力消除算法“黑箱”和算法霸权的隐患。未来在程序设计环节实现立法者、专家学者、律师和社会人士的开放性参与，打造可公开、可解释、可救济的智能系统，对于防范算法“黑箱”和算法霸权之风险，或许大有必要。

（2）司法大数据中的主观性因素

从19世纪开始，一些科学家就期望利用客观、可靠的统计数据来“构建完美社会”,[④] 司法大数据的挖掘利用也旨在打造更理想的司法效果。然而，这一过程依然可能受到主观因素的干扰。

首先，数据采集的“全样本”是一种主观界定。众所周知，算法和算力仰赖于“数据喂养”，数据量越大、越全、越真，算法决策就越客观精准，人工智能也才越“聪明”。司法是一项非常复杂的定分止争机制，涉及人财物、时间地点、主客观状态、行为方式、涉案工具等，单一的个案就会产生大量的司法数据。如果想就某一类型或某一类案由的案件进行算法建模，就需要海量的数据采集。若要做到“全样本”则难上加难，在什么时间、空间、范围上来界定这个“全样本”就是一个很大的问题。从上海“206系统”的研发过程来看，命案被划分为现场目击型、现场留痕型、认罪供述得到印证型和拒不认罪型四大类，这四类命案“证据标准指引”的建模算法，主要是基于上海市2012~2016年审结的591起命案数据。71个常涉刑事案件罪名的“证据标准指引”，则是基于近3年全国102个常涉罪名刑事案件的数据制定的。

---

① 参见欧洲经济和社会委员会：《大数据伦理——在欧盟政策背景下，实现大数据的经济利益与道德伦理之间的综合平衡》，载 https：//www. sohu. com/a/217528113_505782，最后访问日期：2020年4月9日。

② ［美］凯西·奥尼尔：《算法霸权——数学杀伤性武器的威胁与不公》，马青玲译，中信出版集团2018年版，前言第V页。

③ 参见张凌寒：《商业自动化决策的算法解释权研究》，载《法律科学》2018年第3期；张欣：《算法解释权与算法治理路径研究》，载《中外法学》2019年第6期。

④ ［美］卢克·多梅尔：《算法时代：新经济的新引擎》，胡小锐等译，中信出版社2016年版，第206页。

可以发现，这些数据样本都是三五年内的。同样，上海民事、行政案件智能辅助办案系统从467个民商事案由、61个行政案由中首选了六大类8个案由，虽然标注电子卷宗达5800余份、标注点数量达12万个，但上海市2016年道路交通事故纠纷一个案由收案量就达51312件，[①] 这意味着，8个案由的电子卷宗标注数量跟1个案由且仅1年的收案量相比，就显得小巫见大巫了。由此可见，研发智能辅助办案系统所凭借的，暂时还只能是有限时间段内、有限范围内的“样本”。只要对这个“样本”的时间段和范围稍做调整，它所汇集的司法数据情况可能就会大相径庭。数量变化还是小事情，对法律规则、司法解释、司法政策、政治事件、社会环境等方面变革及其影响的权重计量，则更为复杂。真正意义的“全样本”很难做到，而有限时间段和范围的“全样本”选取，在很大程度上是带有主观性的。

其次，数据标注是一种主观选择。数据标注是司法知识图谱构建的重要基础，上海“206系统”研发采取了人工标注和自动标注两种形式，人工的数据清洗和标注自不待言，机器的自动标注也需要经过程序设计人员的确认。同样，对图像识别、手写体识别、插图签章、涂抹块检测、插入检测等的准确率虽然可达92%～98%，但它仍需人工审查校正，这些无疑也都是主观选择的过程。

最后，司法数据的阐释理解是一种主观判断。标定数据对机器学习和建模算法的效果具有很大影响。由于中文语义具有多义性、模糊性和地方性，对于相同或者相似的文本知识和数据，不同的标注人员会形成不同的阐释理解，导致数据标注结果的个体差异很大。虽然可以通过构建多层级数据标注体系来消除语义分歧和增进标注的可解释性，但仍有一定的主观作用空间。事实表明，主观性和创造性在数据分析和建模算法中扮演了重要作用，“同样的数据在不同的环境内容中可以有截然不同的意义，这些意义并非数据所固有，而是人们在特定环境中分析数据并将意义赋予了数据”。[②] 这也正是“投入多少人工，

---

① 崔亚东：《人工智能与司法现代化》，上海人民出版社2019年版，第128～129页。

② ［德］罗纳德·巴赫曼等：《大数据时代下半场：数据治理、驱动与变现》，刘志则等译，北京联合出版公司2017年版，第205页。

就有多少智能”的原因所在。

由上可见，在科学技术发展到一定程度或治理能力足以防范相关风险之前，算法决策的客观性与中立性都只能是有限的。也许有人争辩说，人脑决策也有“人脑黑箱”，价值偏好更明显，甚至还有不可避免的司法“官僚化”问题。[①] 相比而言，“即使最糟糕的数学模型应该也没那么糟糕”。[②] 事实并非如此。人脑决策基本都是个体化的、局部的、散发的，其反馈回路是开放的，能够提供灵活的反思和纠偏机制。而算法决策一旦出现问题，就会形成自动化、体系化、机制化的普遍侵害后果。更严重的是，算法决策往往以“科学”面目呈现，受到影响的相对人对其既不知情又不能质疑。这就很像柏拉图的“洞穴”隐喻，一旦算法决策变为一种被灌输的、给定的“客观性”，造成“假为真时真亦假”的反向替代，司法也就异化成为它的反面了。对于人脑决策，无疑是可以质疑并能够获得解释的，这是二者最深层的区别，也是我们必须警醒的地方。

2. 正义判断上的困境

司法人工智能让人们看到了“可视正义”和“数字正义”的希望，[③] 但进一步分析就会发现，“可视正义”也好，“数字正义”也罢，虽然近在咫尺，但也不会来得那么容易。

（1）难以对正义进行建模计算

正义是人类社会自古以来的向善追求和崇高价值，也是法律价值的核心所在。追求正义和社会不公之间的矛盾，一直是困扰人类秩序的重大难题。尽管人工智能技术可以大大提升司法正义的实现功能，但对于很多复杂疑难案件的正义性判断，仍然难以通过建模计算获得。

首先，正义价值是普遍的，却没有统一标准。古今中外，人人都渴望正义，但“正义本身包含着各种相互冲突的价值”，它“并不只是

---

① ［美］欧文·费斯：《如法所能》，师帅译，中国政法大学出版社 2008 年版，第 93 页。

② ［美］凯西·奥尼尔：《算法霸权——数学杀伤性武器的威胁与不公》，马青玲译，中信出版集团 2018 年版，第 238 页。

③ ［美］伊森·凯什、［以色列］奥娜·拉比诺维奇·艾尼：《数字正义：当纠纷解决遇见互联网科技》，赵蕾等译，法律出版社 2019 年版，第 263 页。

以一种声音说话”。[①] 我们姑且不说众所周知的“电车难题”，仅是近年我国发生的“刻章救妻案”，[②] 就存在复杂的情理法的纠结，“入狱养老案”也同样让人反思颇多。[③] 正义呈现出一种无形的、流动的、多元的主观判断状态，“有一张普罗透斯似的脸”。[④] 对待正义问题，只能通过谋求最大公约数和重叠共识方式来获得认同。我们很难针对正义进行共识性的要素抽取和建立通用的知识图谱，“其价值难以用数字体现”，[⑤] 也就很难进行建模计算。同时，“机器人没有道德观。它们只是一种物体，被灌输了程序员为达到特定目的而编写的代码”。[⑥] 它所运行的数学公式，也难以为复杂的正义判断提供可靠的答案。

其次，正义没有价值位阶，裁判需要权宜平衡。正义具有丰富的价值内涵和理论体系，却没有一个明确的位阶图表，“它意味着在各种善之间不存在一种完备的字典式排序；它还意味着不存在‘社会制度的首要美德’，而只是一系列公共的善和美德，由于环境的不同而具有相对的重要性”。[⑦] 关键问题并不是确定哪一个价值、哪一种善更重要，而在于“维护这样一种制度：对于过一种良善生活是重要的所有价值的要求都能在这种制度中得到考虑和权衡”。[⑧] 因此，比例原则、法益

---

① ［英］约翰·格雷：《自由主义的两张面孔》，顾爱彬等译，江苏人民出版社2002年版，第7~8页。

② 为救患尿毒症的妻子，廖丹私刻医院收费章蒙混过关，4年间涉嫌骗取医院17万余元。2012年12月7日，北京东城法院一审以诈骗罪判处廖丹有期徒刑3年，缓刑4年。参见邓海建：《“刻章救妻”案中情与法的谦抑》，载http：//opinion.cntv.cn/sikegongzhang/，最后访问日期：2020年4月11日。

③ 湖南69岁老汉生活无助，为“入狱养老”，持刀在北京站广场抢劫，2008年12月被北京铁路运输法院判处2年有期徒刑。参见李代祥：《老汉入狱为养老，消除“无奈犯罪”根源更迫切》，载https：//www.chinacourt.org/article/detail/2008/12/id/337941.shtml，最后访问日期：2020年4月11日。

④ ［美］E. 博登海默：《法理学——法哲学及其方法》，邓正来等译，华夏出版社1987年版，第238~239页。

⑤ ［美］凯西·奥尼尔：《算法霸权——数学杀伤性武器的威胁与不公》，马青玲译，中信出版集团2018年版，第242页。

⑥ ［美］约翰·C. 黑文斯：《失控的未来》，仝琳译，中信出版社2017年版，第22页。

⑦ ［美］威廉·A. 盖尔斯敦：《自由多元主义》，佟德志等译，江苏人民出版社2005年版，第6页。

⑧ ［美］约翰·凯克斯：《反对自由主义》，应奇译，江苏人民出版社2003年版，第233页。

衡量等一直在司法裁判中占据重要位置。在社会公众心中，“法官应当被视为两个世界永恒的杠杆：应然的世界和实然的世界，公共价值的世界和主观偏好的世界，宪法的世界和政治的世界。法官在其中之一寻求合法性，但必须在另一个中认识自身”。① 司法中的算法决策，必须能够面对和处理这样的权衡情境。至少，“当任务是构造一个正确的或公正的法律裁决时，或者是对这样的一个裁决进行评论时，相关的各个当事人的利益和观点必须作为模型的一部分”。② 这就很有可能超出了人工智能的建模计算能力。当然，科技想象力和未来信心可以让人受到鼓舞，人们期待能在智能系统中嵌入一种“道德算法”，或者具有道德推理和道德讨论能力的计算系统，以解决伦理判断难题。例如，“如果一个机器人开展搜救工作，那么它应该先疏散/救援谁？或者，如果提供社会陪伴服务，那它什么时候该和用户撒谎”？③然而，日常伦理判断毕竟不同于司法裁判。道德算法或许能够应对日常伦理判断，若要处理情节复杂的重大疑难案件，道德算法还是难以胜任。从目前来看，“法律推理的所有关系模型都不能用于恰当地建立司法自由裁量权的模型”，④ 力图解决一切、无所不能的“终极算法”也还不存在。司法裁判中法官的权宜平衡一时还难以用算法来替代。

最后，实现正义依靠的是实质判断，而不是相关性的计算概率。随着人工智能技术的快速发展，司法领域中算法决策与人脑决策的对弈测试也逐渐增多。美国曾研究测试，人工智能在 584 件案件中有 79% 的案件审理结果与欧洲人权法院的审判专家组判决结果相同。英国“机器律师”与伦敦 100 名律师在保险合同案件的法律判断比赛中，“机器律师”以 86.6% 的准确率领先于律师的 66.3%。⑤ 这些事例似乎表明，算法决策比人脑决策更优越。但实际情况是，“计算机并不是

---

① ［美］欧文·费斯：《如法所能》，师帅译，中国政法大学出版社 2008 年版，第 60 页。

② ［德］托马斯·F. 戈登：《诉答博弈——程序性公正的人工智能模型》，中国政法大学出版社 2018 年版，第 8 页。

③ ［英］玛格丽特·博登：《AI：人工智能的本质与未来》，孙诗惠译，中国人民大学出版社 2017 年版，第 195 页。

④ ［德］托马斯·F. 戈登：《诉答博弈——程序性公正的人工智能模型》，中国政法大学出版社 2018 年版，第 8 页。

⑤ 崔亚东：《人工智能与司法现代化》，上海人民出版社 2019 年版，第 35 ~ 36 页。

‘思考’，而是依据逻辑算法处理数据”。[①] 它主要是基于数据的相关性分析，但这些“相关性关系并非决定性的，而是随机的，属于概率逻辑”。[②] 此时，如何用数量、概率和逻辑来表达和定义善、恶、权利、义务、公正等伦理范畴，通过这种代码转换使人的伦理变成程序化的机器伦理，[③] 就显得十分关键。“我们必须将意图写入法律，同时写入控制机器的软件。”[④] 这对简单案件而言也许并不难做到，但对于复杂的疑难案件来说，仅有这种数量、概率和相关性逻辑还远远不够，它们更多需要因果性分析。这种因果性分析并非单纯的形式逻辑演绎，而是一种实质性判断。诚如霍姆斯所言，“一个时代为人们感受到的需求、主流道德和政治理论、对公共政策的直觉——无论是公开宣布的还是下意识的，甚至是法官与其同胞们共有的偏见，在决定赖以治理人们的规则方面的作用都比三段论推理大得多”。[⑤] 正义的司法裁判需要通过综合考量的实质性判断来实现，而很难依靠计算概率来实现，即便算法可以做到形式逻辑推演，也无法作出这种实质性判断。

（2）难以穷尽“正义”的样本

只有拥有了司法正义的“全样本”，才可能实现精准的算法正义。理论上讲，这个司法知识图谱应该是法律法规、司法文件、法院判例、证据规则和案件事实的动态集合，其数据采集是可以做到的。但实际上，大量的司法活动难以做到完全数据化，且各机关或机构的数据处理标准常常不一致，数据交换也有障碍。即使在单个的刑事罪名背后，也隐藏着千百种“适用场景”，对应各类成文或不成文规则，包括法律适用规则、量刑操作规则，也有证据审核规则、程序把关规则，等等。如果没有专业人员进行提炼、分类、整合和标准化处理，进而将之转

---

① ［英］乔治·扎卡达基斯：《人类的终极命运：从旧石器时代到人工智能的未来》，陈朝译，中信出版社 2017 年版，第 292 页。

② ［德］罗纳德·巴赫曼等：《大数据时代下半场：数据治理、驱动与变现》，刘志则等译，北京联合出版公司 2017 年版，第 199 页。

③ 参见段伟文：《人工智能的道德代码与伦理嵌入》，载《光明日报》2017 年 9 月 4 日，第 15 版。

④ ［德］克里斯多夫·库克里克：《微粒社会——数字化时代的社会模式》，黄昆等译，中信出版社 2017 年版，第 136 页以下。

⑤ ［美］小奥利弗·温德尔·霍姆斯：《普通法》，冉昊等译，中国政法大学出版社 2006 年版，第 1 页。

化为算法嵌入系统，那么就只能做“打包”处理，即使不“打包”而是进行详尽的规范化处理，也无法涵盖司法实践中各类复杂情况。例如，对“入户抢劫”的理解，就需结合数个个案情形，依据相似性判断、有效性判断、相关性判断和技术性判断来认定。[①] 这表明，要对司法正义的各类情形和所有样本作出穷尽性的提炼与归纳，操作起来十分困难。这还没有把不同时间段的法律修订、法律解释改变、司法政策变化、潜在冤错案、案例内容矛盾、司法的地方差别等因素考虑进去，否则将会更加复杂，也更难穷尽案件的正义样本。

（3）正义难以零和博弈

从根本上说，“算法就是把输入转换成输出的计算步骤的一个序列”。[②] 面对海量的司法大数据、复杂的法律规则体系和司法运行机制，算法的开发设计者需要把知识系统转化为数字系统，把法律逻辑转化为数理逻辑，进而把复杂的司法活动简化为一种“无须满足任何更多的条件即可生成‘是’与‘否’的二元选项”的代码执行和机器运算”。[③] 这固然提高了司法效率和一致性，但不容否认的是，“法律世界包罗万象、复杂混沌，常常没有明确的对错之分”，[④] 尤其是司法正义，更不可能简化为一个是与否的零和博弈。算法决策的要么“是”要么“否”的对立判断，不免存在风险。“一旦它们作出了错误的决定，其造成的后果就很有可能是骇人听闻的。”[⑤] 此时，司法正义就会面临严峻的挑战。

（4）正义难以忽略人性

从古到今，司法活动都不是一个冰冷的、机械的规则适用过程，而是带有明显的人文关怀。人们追求司法正义，无疑也是为了塑造一

---

① 何帆：《人工智能时代，为何还要打造这样一本刑法工具书》，载 https://new.qq.com/omn/20190508/20190508A0708Q.html，最后访问日期：2020 年 4 月 6 日。

② ［美］托马斯·科尔曼等：《算法导论》，殷建平等译，机械工业出版社 2013 年版，第 3 页。

③ ［美］卢克·多梅尔：《算法时代：新经济的新引擎》，胡小锐等译，中信出版社 2016 年版，第 220 页。

④ 参见陈尔彦：《法律如何应对人工智能挑战》，载《经济参考报》2017 年 12 月 12 日，第 8 版。

⑤ ［美］卢克·多梅尔：《算法时代：新经济的新引擎》，胡小锐等译，中信出版社 2016 年版，第 136 页。

个更加公平和合理的社会秩序。无论古代中国的"儒法"断案智慧，还是纽约老太"偷窃面包案"审理中的良心发现，都代表着一种人性的温情。尽管法官有人性的弱点，自由裁量权有专断腐败的可能，但他们的经验正义理念和司法主动性也确实抵消了"不断增多的普遍性规则可能产生的僵化行为"，[①] 维护着司法公正的公信力。相比之下，司法人工智能固然有助于作出更为高效一致的司法裁判，但它们不会计算情感，不能与人进行心灵互动，自然也不可能有人文关怀，难以根据具体场景灵活地、创造性地维护正义价值。越来越多的机器执法和裁断，越来越少的人际互动和交流，有把公民变成"驯服的身体"的危险。因此，在通过算法决策实现司法正义的过程中，需要人类"为系统提供必要的情感和共鸣元素"。[②] "审判中不可减少的人性，恰恰在于人类对事实和矛盾的法律要素审查所产生的不可预测性，这种不可预测性或多或少取决于不同情况。"[③] 目前各国大多都将算法决策定位为"辅助"系统，办案人员必须处于主导地位，以防止算法决策带来人文流失。可见，司法人工智能只能带来有条件的"可视正义"和"数字正义"，即使法律人工智能已广泛投入运用，在实现司法正义的过程中，"法律人的'情怀'和'匠心'"仍然无法被复制和替代。[④]

3. 政治因素上的"遮蔽"

现代法治的核心特征之一是司法中立，以实现分权制衡和司法公正。然而，司法毕竟是一种制度体系中的构架，它不可能做到隔绝政治。"法院在某些情况下不得不处理社会政策问题，这并不是因为人们特别希望他们这么做，而是因为通常情况下法院没有别的选择。"[⑤] 例

---

① ［美］欧文·费斯：《如法所能》，师帅译，中国政法大学出版社 2008 年版，第 96 页。

② ［美］瑞恩·卡洛等编：《人工智能与法律的对话》，陈吉栋等译，上海人民出版社 2018 年版，第 264～265 页。

③ ［法］伊莎贝尔·贝林：《法院判决真可以用数据预测吗?》，李蒙译，载 https：//www. chainnews. com/articles/678354421816. htm，最后访问日期：2020 年 4 月 6 日。

④ 何帆：《人工智能时代，为何还要打造这样一本刑法工具书》，载 https：//new. qq. com/omn/20190508/20190508A0708Q. html，最后访问日期：2020 年 4 月 6 日。

⑤ ［美］李·爱泼斯坦等：《法官如何行为：理性选择的理论和经验研究》，黄韬译，法律出版社 2017 年版，第 22 页。

如，美国联邦最高法院可以通过重新定义某些规则条款和标准，“来满足大法官不断变化的政策偏好，从而在集权与分权、保守与自由之间做出最有利于大法官的选择”。[①] 但“布什诉戈尔案”之类的司法裁决仍不是一种单纯的司法行为，而是带有明显的政治考量。[②] 基于我国的制度属性和历史传统，政治性因素对司法的影响也比较明显。例如，“民愤极大”就曾是从政治上、道义上来考虑的一种从重处罚情节，“领导批示”也会对案件的定性和裁判具有重要“指导”作用。在张金柱案、李国和案等一些比较典型的“舆情公案”中，无论社会舆情、媒体评论，还是官方表态、司法裁决，都或隐或显地映射出政治性因素的影响。[③] 此外，还有阶段性的“严打”和各类“专项行动”，无疑都是一种政策性或政治性任务安排，直接左右案件的侦破、审理和执行。

然而，这些影响因素很难进入算法决策的考量范围。首先，政策性、政治性影响因素往往是无形的、不确定的，如“坚持法律效果、政治效果、社会效果相统一”的综合考量，就潜在于办案人员某种未能言明的“自由心证”之中。其次，社会舆情、领导批示和联合专案组等一些政治性因素并不能全部反映到卷宗中来，很多都反映在办案人员的政治立场和方向思路上，很难做到全程留痕。最后，办案人员往往会利用法律技术和规则漏洞，采取表面上遵从司法程序、符合法律规定、体现法律逻辑的形式，将政治性因素予以融入吸收并“合法化”，进而将其“遮蔽”在司法过程和司法裁判中。对这些无影无形却又有重要影响的因素，很难进行数据采集、样本分类、要素抽取和知识图谱构建，也难以将其纳入建模计算。这无疑等于缺失了一个重要的计算参数和权重，算法决策生成的司法裁判就会打上“折扣”。

4. 精准性上的障碍

人工智能之所以被广泛应用于生活领域，原因之一就是它具备远超人脑的精准计算和超强预测能力。但在实际运行中，算法决策未必

---

① ［美］杰弗瑞·A. 西格尔等：《正义背后的意识形态：最高法院与态度模型》，刘哲玮译，北京大学出版社 2012 年版，第 36 页。

② 参见韩显阳：《美国最高法院大法官席位争夺战开打》，载《光明日报》2016 年 2 月 17 日，第 12 版。

③ 参见马长山：《公共领域兴起与法治变革》，人民出版社 2016 年版，第 133 ~ 134 页。

能完全做到精准，甚至还有一些风险需要加以防范。

一是算法错误。人工智能虽然都有“先发制人”和“完美预防”的预设，但无缺点的自动化系统并不存在，① 需要容忍不可避免的系统错误和故障。经验表明，“由于程序员偷懒或者疏忽，不少被编码的法规与书面法规相比，确实存在精细度不够的问题”，而“错误的编码导致法律条文被严重扭曲，其效果也发生了改变”。②

二是算法自主。随着人工神经网络技术的发展，人工智能在分析、预测和判断上的某些能力已经超过了人类。有时还会出现算法超出设计预期的运算方式和输出结果，但设计者却难以理解的情况，即算法自主或者算法异化现象。

三是算法不能。其实从图灵开始，人们就已经意识到，虽然在很多情况下算法执行的任务是人类无法完成的，但算法并不能解决所有问题，③ 如“张扣扣杀人案”“女护士杀人案”中犯罪者的动机和目的等。

四是算法差异。在人工智能的实际应用中，相同的任务或应用可以采用不同的算法来完成，但这些不同算法的正确性、容错性和效率性存在优劣之别。在审级上说，从基层法院到最高法院，究竟是使用一套算法还是四套算法？如果使用一套算法，就会导致四个审级的智能裁判结果完全一致，不同审级之间的监督功能就会丧失；如果使用四套算法，又如何保证它们的计算品质相同？从地域上说，全国如果使用一套算法，要如何解决经济、社会和文化上的地域差异问题？如果使用多套算法，如何保证全国的司法统一性？可见，尽管算法决策是基于客观的数据分析和理性计算作出的，但面对重大疑难案件和大国的司法运行，有很多复杂因素难以用建模算法来回应。即使可以进行量化计算，也可能达不到人们所期待的精准程度。“最难诉诸自动化

---

① ［美］瑞恩·卡洛等编：《人工智能与法律的对话》，陈吉栋等译，上海人民出版社2018年版，第257页。

② ［美］卢克·多梅尔：《算法时代：新经济的新引擎》，胡小锐等译，中信出版社2016年版，第140～141页。

③ 例如，数学语句是否为真的判断，其自身就无法解决。参见［澳］托比·沃尔什：《人工智能会取代人类吗？——智能时代的人类未来》，闾佳译，北京联合出版公司2018年版，第12页。

的任务，就是那些要求灵活性、判断力和常识技能等人只能通过默契来理解的任务。”①

前述对司法人工智能的正向展望与反向省思，并非“以子之矛，攻子之盾”的逻辑游戏，而是旨在深入分析和研究它的可能空间与内在限度。对司法人工智能的进步与前景，我们当然抱有积极乐观的态度，但越是这样就越要对其存在的问题和自身限度予以高度重视，从而进行合理定位和科学赋能。发挥人工智能对司法的优化重塑效能，与对人工智能的规制设置和风险防范应同步进行。需针对算法决策设立相应的规制和救济机制，注入公开、公平和责任理念，进而兴利除弊、促进科技向善和打造良性发展的智慧司法，更好地实现“可视正义”。

算法只能延续和提炼人类知识，但很难开拓和创造人类知识。算法决策只能通过程序性、公式化计算来优化诉讼程序和处理简单案件，却难以处理重大的复杂疑难案件；它只能促进形式正义，却很难实现实质正义。算法有可能胜任法庭上的多项工作，但无法胜任判决工作，② 包括证据标准指引、条件审查、校验纠错、裁判偏离度提示等，都只能是人脑决策的辅助工具。关键之时还需要人来做决定，由人来担任决策的最终审判者。③ 也许，随着人工智能技术的突破升级，算法决策替代人脑决策的空间会更大、质量也更高，但它依然是司法助手、工作伙伴而不是独立裁判的“法官”。即便是“强人工智能”时代的“奇点”到来，人类也会重新规划自身主体地位的发展蓝图。

飞机比鸟飞得高、飞得远，但飞机只是按设置好的行程作出自动运算和机械运动，鸟则是一种有目的的展翅飞翔。这可能不仅是司法人工智能的一个隐喻，也是人类对自身命运的选择。

---

① ［澳］托比·沃尔什：《人工智能会取代人类吗？——智能时代的人类未来》，闾佳译，北京联合出版公司2018年版，第84页。

② ［美］卢克·多梅尔：《算法时代：新经济的新引擎》，胡小锐等译，中信出版社2016年版，第145页。

③ ［德］罗纳德·巴赫曼等：《大数据时代下半场：数据治理、驱动与变现》，刘志则等译，北京联合出版公司2017年版，第268页。

第四章　数字社会的智慧治理

一、数字时代的“软法之治”

实施“互联网+”行动计划，探索共享经济新模式，打造共建共享治理格局，已成为当下中国改革和发展的主流方向，也是“法治中国”建设的重要推动力。它不仅催生了太多新的商业业态、经营模式和交易平台，也促发了民间“软法”的瞬间崛起和“革命性”转向，进而在社会治理法治化进程中发挥着日益重要的作用、承担着关键的使命。因此，审慎观察和分析“软法革命”的动向、“软法之治”的问题，并进行积极的对策回应，就显得十分重要而紧迫。

（一）数字经济背景下的“软法”崛起

一般而言，“软法”（soft law）是指那些难以或者不能运用国家强制力保证实施的具有公共规制性质的规范性文件或者惯例，因而它区别于能够依靠国家强制力来保证实施的法规范——“硬法”（hard law），主要包括国家立法中的指导性、号召性、激励性、宣示性等非强制性规范，国家机关制定的规范性文件中通常属于不能运用国家强制力保证实施的非强制性规范，政治组织创制的各种自律规范，社会共同体创制的各类自治规范等四大类。① 基于此，有学者估计，在国家立法的法律、法规和规章中，软法条款占21.3%；包括部门规范性文件、团体规定、行业规定在内的全国各类法规范文本总量约有4625万

① 罗豪才：《公共治理需“软硬搭配”》，载http：//dzb.fawan.com/html/2015-01/30/content_537418.htm，最后访问日期：2019年7月1日。

部，其中的法律、法规、规章只有3万多部，不足7‰，而软法则占99.93%。[1]

然而，这四大类仅仅是从“法源”上来考虑的，如果从性质上来作出划分的话，就应该有三大类：一是国家“软法”，即国家立法和规范性文件中“软法”；二是民间“软法”，即团体规定、行业规定和在数字经济新业态中应运而生的各种交易规则、纠纷处理规则、知识产权保护规则（如网购、网约车、短租）等“软法”；三是政治组织“软法”，即处于国家“软法”和民间“软法”之间的，由各政治组织创设的自律规范，其中包括执政党、各民主党派的章程和规范性文件，也包括并不属于国家法律也没有国家强制力而是旨在进行规范化自律管理的“党内法规”。如果这样，虽然民间“软法”因排除了部门规范性文件和政治组织规范性文件而减少数量，但仍会蔚为可观。

事实上，在当下中国，已经以网络规模、网络用户、手机用户、互联网交易额均居全球之首而成为一个真正的网络大国。技术进步所带来的平台交易、O2O模式、第三方支付、P2P交易等纷纷涌现，打破旧秩序、创生新秩序的节奏与强度都史无前例。相关统计数据显示，2015年中国网购用户规模已达4.6亿人，网络购物市场交易总次数达256亿次，电子商务交易额达18.3万亿元。[2] 与此同时，2015年在中国消费者协会受理的投诉中，远程购物投诉占销售服务类投诉的近七成共20083件，其中网络购物占比95.41%；2016年“3·15晚会”收到网络购物相关的投诉占全部投诉量的25%，成为数量最多的投诉热点；[3] 而网上争议解决（ODR）的数量则更大，仅“淘宝”网每年就处理数百万件交易纠纷。这就表明，庞大的交易市场、交易人数、交易频次和巨大的交易额，必然会产生多元复杂的交易关系和大量交易

---

① 刘卉：《软法之问：法治即硬法之治？》，载《检察日报》2011年7月14日，第03版。

② 《2015年度中国电子商务市场数据监测报告》，载中国电子商务研究中心：http://b2b.toocle.com/zt/2015ndbg/；《2015年中国网络购物市场研究报告》，载中商情报网：http://www.askci.com/news/hlw/20160623/17571933186.shtml，最后访问日期：2020年7月2日。

③ 《3·15晚会节目组：网络购物投诉最多》，载新华网：http://news.xinhuanet.com/info/2016-02/20/c_135113522.htm，最后访问日期：2019年5月26日。

纠纷，而面对如此海量的商业交易和如此迅速的业态创新，既有的正式法规范无疑难以适时应对，但恰恰催生了各种民间交易规则的兴起，如阿里巴巴中国网站交易争议处理规则、阿里巴巴国际站知识产权规则、支付宝争议处理规则、淘宝虚假交易认定与处罚规则、中国互联网行业自律公约、中国互联网网络版权自律公约等，这些自律性的“软法”就率先成为界定私人权益关系、维护交易秩序、规制私人秩序的主要力量，从而掀起一场“软法革命”。

应当说“软法”自古有之，它一直是“硬法”的重要补充和支撑。然而，我们之所以称这次立足于“互联网+”的民间“软法”崛起为“软法革命”，并不仅在于它的数量，而是在于它的实质性飞跃，进而成为推动“软法之治”的核心动力。这主要表现在：

其一，从填补性到建构性的升级。随着当下数字时代的到来，传统四大类“软法”已经远远不能涵盖日益崛起并在新业态中扮演重要角色的民间交易规则、自律规范和交易习惯，而且这些新崛起的民间“软法”的范围更广、发展变化速度更快、数量更可观、作用也更大。这是因为，首先，以国家制定法和强制力为基础的“硬法”具有先天的保守性、滞后性、稳定性，它不能也不应该在互联网新技术发展面前随机应变，而只能将更多的机会留给网络自治；其次，当下中国正在全面深化改革和全面推进依法治国，大力实施“三个清单”制度，以推进国家治理体系和治理能力现代化，这必然就要求给市场更多的自由、给网络更多的自律；最后，网络新技术发展十分迅速，可谓日新月异，各种新技术、新业态、新模式、新产业不断涌现，它需要也只能从自身的技术可能和发展需要出发来探索自律规范、建立自律秩序。这样，阿里巴巴中国网站交易争议处理规则、支付宝争议处理规则等新兴民间“软法”，就已不再仅担负传统对“硬法”的填补性功能，而是在“硬法”不能及时回应、不能有效规制、不能明辨正当性的条件下，先行予以厘定私人权益、规制交易关系，具有建构新制度和新秩序的功能，从而成为社会治理法治化的试验场和“软法之治”的牢固基石。

其二，从渐进性到爆发性的跨越。尽管以往的“软法”数量也十分庞大，但基本上都是在一定时期的经济和社会发展进程中逐渐积累和成熟起来的，具有渐进性和成长性。然而，当今数字时代的民间“软法”崛起，则如雨后春笋般快速产生和变革，几乎每一个新技术、新业态、新模式、新产业诞生，如 P2P 模式、P2C 模式、O2O 模式、第三方支付、众筹、大数据等，都会带来相应的新技术平台和交易新规则，而这些技术变革在互联网的迅猛发展中又加速推进，呈现出爆发性、层级崛起的特征。这就为数字经济背景下的“软法之治”提供了现实可能和广阔空间。

其三，从国家性到民间性的位移。如果按照对“软法”的一般意义上理解，它在四大类中除了社会共同体创制的各类自治规范外，有相当一部分是国家立法或者政治组织的自律规范，其国家创制性色彩较重，只是它们不需要国家强制力的实施而已。然而，当我们将视野转移到数字经济新业态中的民间交易规则、自律规范和交易习惯这些民间“软法”时，就不难发现，它已经在创制主体、制定程序、规则实施、规则遵守等各个环节，均体现更加多元化、柔性化、自律化精神，各种新技术平台、交易平台、服务平台、支付平台等的自律规范纷纷出台，数量巨大，并成为数字时代交易秩序和各方权益的日常维护者、自觉保障者，展示着“软法”从国家性到民间性的位移和变革，成为“软法之治”的常规动力和主要载体。

其四，从经验性到创新性的突破。在此前的“软法”发展状态中，除了国家立法中的“软法”外，大量社会自律规范的孕育形成和新旧更替呈现出较为明显的自发性、经验性，即大都基于管理经验、行业规律或者既有利益诉求而制定，主要扮演着经验守成的定型角色。而如今在数字经济条件下蓬勃兴起的民间交易规则、自律规范和交易习惯等，则是基于新技术、新业态、新模式正常运行的迫切需要而创生出来的规矩和尺度。如“滴滴”打车的“滴米”系统上线使用之后，驾驶员愿意去接“差单”了，从而抑制了驾驶员隐形的挑客或拒载行为；如果司机安装“加速器”则被认定为违规行为，一旦被公司后台数据监控到，司机将被封号处理。[①] 可见，这些“软法”规则面对日新

---

① 《为抢单沈阳的哥百元安装“加速器”》，载新浪网：http：//news. sina. com. cn/o/2014 - 03 - 23/101029772490. shtml，最后访问日期：2019 年 6 月 1 日。

月异的业态发展具有很强的回应性和探索性，并能够为国家的后续立法提供积累和镜鉴，因而更多地扮演着创新引领者的角色。也正因此，才使民间“软法”能够带着这些创新实力、价值引领、回应水平、构建能力等，担当起“软法之治”的角色与功能，并在社会治理法治化进程中发挥不可替代的重要作用。

其五，从规制性到协商性的转型。在传统的国家立法中的非强制性规范、各类政治组织的自律规范、社会共同体创制的各类自治规范中，单向的规制性色彩较为明显，秩序价值优于自由价值，而且与国家“硬法”亲和度较高，它们总体上仍是国家法体系的某种延伸和拓展。然而，与此不同，数字经济新业态中的民间交易规则、自律规范和交易习惯的迅速崛起，则是更多地体现了互联网的开放、平等、协作和分享精神，反映了电子化、数字化和网络化的电子商务规律，展现着电商平台（如淘宝公司）、卖家（商户、收款人）、买家（消费者、付款人）、第三方支付（如支付宝公司）、网上银行等多种利益主张和价值诉求之间的博弈、磨合和包容。尽管它还带有优势地位者的主导性，但是没有达到多元权益保护和平衡的应有程度。然而，从趋势上看，它们毕竟不是旨在追求既定的、严格的规制秩序，而是意在寻求交易中各自的自由空间、权利边界以及多方利益的和谐与共享。例如，包括争议预防、争议解决、执行机制及其他各种交易治理机制在内的ODR的兴起，就使“某些网络交易平台自发产生了能够有效替代法律制度的私人秩序”。① 这些秩序带有明显的自律性和协商性，它反映了“软法”的革命性变迁，使“软法之治”覆盖了国家“硬法”不能涉足且不便进入的广阔数字经济领域，也赋予了国家“硬法”难以达致的秩序构建效果，并为社会治理法治化奠定了坚实基础、提供了新兴动力。

（二）“软法之治”的问题与局限

尽管数字经济背景下的“软法革命”承担着重要的历史使命，将推动社会进入“软法之治”的新时代。然而，它毕竟是有限的，它也

① 高巍：《互联网争议解决的制度分析——两种路径及其社会嵌入问题》，载《中外法学》2014 年第 4 期。

有不可忽视的失灵的地方，而理性认识它的问题与局限，无疑是推进“软法之治”的重要前提和基础。

1. 民间“软法”的价值偏好

无论是私人、群体、阶层还是政府，都是有价值偏好的。事实表明，政府管理往往会将政治精英或优势利益集团所拥有的关于正确和公正的观点转换成公共政策而强加给社会，而“当国家和社会偏好存在分歧时，公共官员们周期性地利用国家的内在权力来将他们的偏好转换为政府行为”。[①] 为此，就需要通过民主控权来抑制这种偏好转换对多元诉求的压制，打造制度的笼子也一直是法治的主题。同样，“在私人势力和欺诈的通常情形之外，非政府行为同样也会引发其他很多问题”,[②] 数字经济背景下的“软法革命”就不可避免地会遇到市场交易中利益计算、竞争策略、营销模式、消费偏好等的制约和影响，因此，一些商业规则等民间“软法”的制定和运行也自然会带有一定的价值偏好。这种偏好的极端形式，就可能要么与公共利益相悖、要么与消费者利益相悖、要么与商业伦理相悖等。如商家的各种促销规则中的诱惑包装和消费陷阱、商家交易规则和纠纷处理规则中的不公平条款和责任规避等；[③] 而魏则西事件中暴露出来的武警二院“莆田系”问题、百度贴吧中的商业合作和医疗推广黑幕等，也说明了他们在商业运行中唯利是图的偏好。数据显示，2015 年淘宝天猫“双 11”销售额已突破了 912 亿元，但假货率却达到了 63%，退款金额达 574 亿元之多,[④] 这些数据凸显了当下商业领域民间“软法”的现实背景，其价值偏好的问题不可小觑。对此，官媒发文指出：基于以往教训，总有一

① ［美］埃里克·A. 诺德林格：《民主国家的自主性》，孙荣飞等译，凤凰出版集团、江苏人民出版社 2010 年版，第 6 页。

② ［美］凯斯·R. 桑斯坦：《权利革命之后：重塑规制治国》，钟瑞华译，中国人民大学出版社 2008 年版，第 36 页。

③ 如淘宝在纠纷解决中，就没有将《消费者权益保护法》中双倍返还价款的救济方式予以运用。

④ 《2015 天猫双 11 成交额达 912. 17 亿元》，载新华网：http：//news. xinhuanet. com/tech/2015 - 11/12/c_ 128418960. htm；《阿里“双十一”退货率惊人　工业 4. 0 加速传统电商消亡》，载科技快报网：http：//news. ikanchai. com/2015/1201/39581. shtml；《双十一过后退货率 64%，912 亿的幕后真相》，载搜狐网：http：//mt. sohu. com/20151118/n426840039. shtml，最后访问日期：2019 年 7 月 2 日。

些企业惰于纠错，或只是“口头认错总是再犯”，道歉或纠错都成了一种危机公关的手段。为此，还要把制度的笼子收紧一些，迫使企业内部形成一种制度文化，以免社会责任沦为企业管理层口中的口香糖，嚼一嚼就吐掉。①

2. 民间“软法”解纷的效力局限

从 2011 年起，淘宝每年就已经产生百万以上纠纷量，且随着交易总量的增长而不断攀升。这些纠纷，通过买家和卖家沟通协商进行处理的占绝大多数，通过淘宝争议处理规范进行处理的是少数，而只有极少数才最终进入了司法程序。纠纷双方之所以做此选择，主要是因为成本低、执行快、省时省力，但平台也会因某些中介业务而存在不确定性，查明事实的手段十分有限、说理性不强，对质量和违约问题的认定、损失计算也不十分精当，所依据的民间“软法”规则缺乏法律条文那样的稳定性，也缺乏司法执行的强制力，争议处理人员拥有权力但是缺乏监督等，因而常常会导致买家对处理结果非常不满意。②可见，民间“软法”解纷的效力是有限的，还有很多改进和提升的空间。

3. 民间“软法”与“硬法”的冲突

近年来，随着网购的兴起，既方便了民众的生活，也出现了很多假货、欺诈等不良现象。为了打击虚假交易、树立商业信誉，从 2014 年 4 月 10 日开始，淘宝上线执行虚假交易处罚新规。新规不仅针对淘宝的商家，而且也将针对天猫的商家。然而，淘宝新规无疑是在电商平台上管理自己平台上的商家，它既是裁判员，又是运动员，这势必会对其他商家和消费者产生不利影响，其管理和店规的公平合理性难

① 《别把企业社会责任当口香糖》，载新华网：http：//news. xinhuanet. com/politics/2016 -06/28/c_ 129094851. htm，最后访问日期：2020 年 6 月 25 日。

② 就淘宝而言，买家在淘宝交易成功后，将款项划转至支付宝平台，一旦出现争议，任何一方均可以请求淘宝客服介入。淘宝客服介入后，买家和卖家均可以在争议处理平台发表意见，上传相关凭证。淘宝客服根据双方的陈述和提交的凭证作出判断，其结果可能是不予处理、打款处理、退款处理。淘宝对争议做出处理后，有权通知支付宝公司按照处理结果将交易款项和（或）保证金的全部或部分支付给买家或卖家，或由卖家或买家按照处理结果将相关款项支付给买家或卖家。参见《淘宝有没有权力处理网购纠纷》，载新华网：http：//jjckb. xinhuanet. com/opinion/2013 - 12/10/content_ 481029. htm，最后访问日期：2019 年 6 月 11 日。

免会受到质疑，也与《消费者权益保护法》《反不正当竞争法》等“硬法”的规则要求发生背离。当然，从国际视角来看，各国的“软法”可能都会遇到这样或那样的与“硬法”冲突问题，如一些民间力量并没有借助司法系统便解决了大量纠纷，一些处理方式甚至有悖法律，但它确实在没有政府干预的情况下能够让群体最大化受益。[①] 然而，它也不能偏离“硬法”太远，各种交易规则、店规等“软法”都不应非法谋取优势地位或者不当利益，不得以不当理由来限定消费者权利、减轻自己的责任或者加重消费者的义务。[②] 此前就有报道称，一名女大学生在淘宝上买了一件衣服，觉得质量不好给了个差评。但没想到的是，店家竟发来威胁短信，称如果不删除，就将其个人信息卖给色情网站。[③] 虽然这可能只是一个偶然的个案，但其背后反映出来的则是商家“软法”背后的潜规则、优势地位的滥用，以及消费者的无奈。可见，如何抑制民间“软法”与“硬法”的冲突，减少商业交易中民间“软法”制定者对弱势群体和消费者合法权益的减损和侵犯，就成为一个重要的时代课题。

4. 民间“软法”制定者的优势地位

数字时代的到来，不仅推动了商业“软法”的迅速崛起，也大大提升了商家在交易中的优势地位，商家在“软法”的制定中享有最主要的话语权、“立法”权、解释权和裁量权。司法机关的调研报告也显示，“网络支付较之于传统支付方式而言，其技术性更强，而作为服务的提供者，在各方面的优势比客户大得多”，而“支付宝公司作为支付的提供者，属强势主体，根据支付宝协议，可以冻结账户、停止服务，故其利用‘私力救济’往往可以保障权利，故目前尚未出现其直接作

① See Ellickson. R. C. , Orders Without Law, Cambridge, MA: Harvard University Press, 1994, p. 4.

② 参见《淘宝虚假交易新规 10 号生效　与消法冲突内容将无效》，载网易财经：http：//money. 163. com/14/0407/18/9P8HJDEN00253B0H. html，最后访问日期：2019 年 7 月 3 日。

③ 《女大学生网购给差评遭威胁：不删就把信息卖色情网站》，载凤凰网：http：//news. ifeng. com/a/20160521/48814129_ 0. shtml，最后访问日期：2019 年 6 月 3 日。

为原告的诉讼案件。”① 这就意味着，在当下数字经济背景下，民间“软法”制定者往往都是作为优势地位者的商家或平台，而买家或消费者虽然也是“软法”规则参与者，但大多时候则只能是点击“同意”这个商家预设的“游戏规则”方可进场“游戏”，因此他们更多的是规则认同者、遵守者，没有必要的话语权、“立法”权、解释权和裁量权，这就很容易成为“软法”的规制对象。这样，民间“软法”就成为优势地位者的话语表达、权益实现和有利秩序的维护工具，处于劣势的买家或消费者则处于“不在场”的地位。因此，如何改变这一局限，促进民间“软法”制定和实施中优势地位者与弱势地位者的平等权利和利益保护，就成为确立共建共享治理格局的重要一环。

5. 民间“软法”实施中私人腐败

权力不受控制就必然产生腐败，无论是在公共领域还是在私人领域，其中商业腐败就是一例。随着数字经济商业模式的”的兴起，借助新技术、新业态、新模式的一块块“飞地”，民间“软法”实施中的私人腐败也开始迅速蔓延，甚至花样翻新。有分析就指出，多年以来，以“淘宝小二”为中心的地下黑色产业链日益成熟，攀附“淘宝小二”已成为淘宝商家进入淘宝平台、提升交易量、参加各类促销活动等的最佳捷径。为此，这几年淘宝就一直努力地打击自身腐败、确立新规、防范风险、重建信誉。当然，“这件事暴露出的是整个互联网业的问题，类似腐败事件不应全归咎于企业，而是因为‘网络社会’这个概念太新了，技术进步太快，以至于远远走在管制、管理与规则前面”。② 但无论如何，抑制民间“软法”实施中的私人腐败，是民间“软法”得以健康成长的根本保障，不可小觑。

6. 民间“软法”的公信力缺陷

法律需要强制力，但简单的暴力支持并不能让法律产生秩序，而更多时候需要人们发自内心的敬重和服从才能获得应有的普遍效力。

① 杭州市西湖区人民法院：《支付宝网络支付案件司法审查报告》（2008 年 3 月至 2015 年 3 月），载《互联网金融法律评论》（2016 年第 1 辑），法律出版社 2016 年版，第 182 页。

② 胡湫明：《淘宝腐败黑幕调查背后更黑》，载 http：//news. ifeng. com/gundong/detail_ 2012_ 04/29/14232990_ 0. shtml，最后访问日期：2020 年 7 月 9 日。

而民间“软法”本身就属于自律性很强的行为规范，因此，就更需要合法性、正当性认同。但由于民间“软法”并没有“硬法”那样严格的立法程序、确定的解释机制和健全的实施体系，因此，它的效力和秩序效果就更离不开规制对象的自觉认同和服从，这样，民间“软法”的公信力就显得十分重要。从目前情况来看，一些民间“软法”还不是很成熟，如《淘宝争议处理规则》及其运行过程中还可能会有市场支配力量的作用或影响，不公平或者损害消费者权益的情况时有发生。因此，如何完善民间“软法”规则，提升民间“软法”公信力，就成为一项重要任务和使命。这对提升民间“软法”公信力，促进“软法”秩序的良好实现奠定了基础。

（三）“软法之治”对数字社会治理的法治化驱动

民间“软法”存在的问题与局限，并不影响它在当下数字时代的崛起及其“软法之治”的使命，而如何通过建立相应的机制来化解它的这些问题与局限，才是关键所在。

首先，践行“共建共享”理念，充分发挥“软法”的秩序建构功能。党的十八届五中全会提出加强和创新社会治理、“构建全民共建共享的社会治理格局”，而随后党的十八届六中全会又适时提出了“创新发展、协调发展、绿色发展、开放发展、共享发展”五大理念，这就意味着处于改革深水区的中国，需要进行重大发展战略调整。也就是说，在最初由计划经济走向市场经济进程中确立起来的“让一部分人先富起来”的发展战略，已不再适合当今“互联网+”条件下的分享经济和促进公平社会的新形势，故此应以“人人都有获得感”的包容性发展战略取而代之，进而打造以多元参与、民主协商、自主自律方式来共建，以资源整合、权利平等、机会公平方式来共享的法治化治理机制。这就需要将数字时代的共享经济优势和发展业态，以民间“软法”的形式予以厘定、规范和保障，塑造人人参与、人人共享的治理法治化格局和规则秩序，从而为法治国家、法治政府和法治社会一体建设奠定坚实基础。

其次，加强民间“软法”的协商性“立法”。“法律体系的一个目标并不仅仅是通过允许偏好获得满足而实现自治，它更基本的是要促进偏好形成过程中的自治。"[①] 因此，无论是"软法"还是"硬法"，都应实现立法民主化，其"规制应该以自治或自由规范为依据"，[②] 但"软法"更多地需要通过协商性"立法"来解决。虽然说当下"软法革命"已展现了规则秩序从规制性向协商性的转变，但由于民间"软法"没有"硬法"那样严格的立法程序，而是当事人之间采取"私人筹划"的方式形成的，[③] 因此，优势地位者（如商家）往往具有很大的影响力和主导性，如很多交易平台的规则都是平台定制的"格式规范"，消费者或者平台商家只能承认其"游戏规则"方可进场"参加游戏"，价值偏好、隐蔽性的不公平、责任规避等现象时有发生。也就是说，从规制性向协商性转变的进程更主要是基于新技术、新业态、新模式的商业规律和习惯层面，还没有很好地满足对多元化交易方的权益保护与平衡要求。因此，国家应出台针对民间"软法"的指导大纲，要求民间的"软法"立法走协商、征询和论证程序，以便让多元相关方，特别是其中的弱势地位者享有参与权和话语权，这也是数字时代网络互动所具有的复杂身份构建、规则制定和执行等特征的必然体现，[④] 从而推进"软法之治"和数字社会治理法治化。

再次，建立民间"软法"合法性的矫正机制。从根本上讲，"法律领域主要依靠的不是社会控制，而是人们之间的互动互利行为"，特别是随着数字经济这一"技术创新的时代来临，任何与技术相关问题的立法、司法都应走一条'先了解技术，然后才立规'的路径"。[⑤] 这就给民间"软法"的先行先试提供了良好契机和发挥空间。然而，这并不意味着这些探索性的民间"软法"可以突破国家"硬法"的底线，

---

① ［美］凯斯·R. 桑斯坦：《权利革命之后：重塑规制治国》，钟瑞华译，中国人民大学出版社 2008 年版，第 44 页。

② ［美］凯斯·R. 桑斯坦：《权利革命之后：重塑规制治国》，钟瑞华译，中国人民大学出版社 2008 年版，第 38 页。

③ ［美］罗伯特·S. 萨默斯：《美国实用工具主义法学》，柯华庆译，中国法制出版社 2010 年版，第 229 页。

④ ［英］安德鲁·查德威克：《互联网政治学：国家、公民与新传播技术》，任孟山译，华夏出版社 2010 年版，第 34 页。

⑤ 杭州市西湖区人民法院：《支付宝网络支付案件司法审查报告》（2008 年 3 月至 2015 年 3 月），载《互联网金融法律评论》（2016 年第 1 辑），法律出版社 2016 年版，第 185 页。

尤其是当它们具有不当价值偏好、侵蚀弱势者权益、损害公共秩序而触及国家“硬法”的“底线”或者与之冲突时，就需要进行国家的依法干预、限制和矫正。如国家互联网主管部门2014年8月7日发布的“微信十条”《即时通信工具公众信息服务发展管理暂行规定》、2015年2月4日发布的“账号十条”《互联网用户账号名称管理规定》和2015年4月28日发布的“约谈十条”《互联网新闻信息服务单位约谈工作规定》，就释放了一种新的价值信号，通过国家强制性的规则要求，提醒和倒逼互联网各主体更好地进行“自律”提升其“软法”的正当性与合法性。[①] 然而，我们在这方面不是很成熟，如何在“互联网+”条件下来平衡国家管制和社会自治、自由和秩序、权利和公平、私益和公益等，则是需要认真探索并解决的重大问题和面向，从而推进其“软法之治”的品质，提升数字社会治理法治化水平。

复次，推进民间“软法”的司法化衔接。在负面清单和自我赋权的数字时代，“国家法律比私人法律数量要少。而且，国家法律是用于辅助私人法律的，它的存在是为了更有效便利地创造和实施私人法律及私人选择，其主要目的是阻止潜在违法者侵犯和妨碍人们的日常行为，使人们能够正常地各行其是。”[②] 以此来实现“软法之治”的“自生自发”秩序。然而，“软法”毕竟是有局限的，有它“失灵”的一面，因此，为了确保民间“软法”能够发挥其应有的秩序建构效果，就需要使民间“软法”与“硬法”相协调，也需要民间“软法”与司法的有效衔接。一般而言，司法并不积极干预私人秩序和社会生活，但“软法”若要转化为更有效的社会秩序，还是离不开司法机制的。换句话说，“一个成熟的商事法律制度本身就源自市场自发的发展变化最终所确立的符合经济规律的规则和秩序，司法的职责就在于当这种自然秩序最大限度地为社会公众所认可或否定之际，才给予相应的恰

① 此外，国家互联网主管部门2014年11月底还召集移动客户端、App工厂等签署《北京市移动互联网应用程序公众信息服务自律公约》，承诺对拟上架的App进行安全性检测和合法性审核，不得收集与本App功能无关的用户信息。参见《互联网监管的三个“十条”有何意味?》，载人民网：http：//politics. people. com. cn/n/2015/0504/c1001－26942203. html，最后访问日期：2019年7月2日。

② ［美］罗伯特·S. 萨默斯：《美国实用工具主义法学》，柯华庆译，中国法制出版社2010年版，第231页。

当的司法评判。"[①] 这表明，民间"软法"是需要建立必要的私法化衔接机制的。例如，"支付宝公司处理纠纷不具有终局性，而大量的电子商务以及支付纠纷进入诉讼程序也不现实。故有必要整合各方资源，建立有效衔接支付宝'自治'、第三方网上纠纷解决（Online Dispute Resolution，ODR）和法院诉讼的多元网络纠纷解决机制。当前，西湖区人民法院正在探索建立网上支付法庭、运用电子督促程序解决纠纷，希望推动和创新互联网纠纷化解机制，为优化互联网金融法律环境而努力"。[②] 这无疑是一个典型的"软法"私法化衔接的尝试，从而促进"软法之治"，构建社会治理法治化的新秩序。

最后，加强规则意识与诚信建设。私人腐败凸显、规则意识较弱、诚信环境欠佳，是制约"互联网+"条件下"软法之治"的重要瓶颈，亟需进行系统化的规范治理和推进诚信建设。在微观层次上，应建立更完善的以民间"软法"为基础的自律规范体系、形成良好的自律秩序。近年来 eBay、淘宝等就纷纷建立了双向信用评价系统，并提供第三方支付工具。同时，这些网站还利用第三方托管、网上争议解决及商盟等制度补充声誉机制，[③] 这无疑起到了良好的推动作用。在中观层次上，加强"软硬兼施"，以"硬法"来引导民间"软法"、以国家倡导来推进行业自律，扼制私人腐败，强化规则意识和治理能力。在2016 中国互联网大会闭幕式上，中国互联网协会也颁发了"2014～2016 年度中国互联网行业自律贡献奖"，京东与网易、新华网、中国互联网络信息中心、中国移动等 30 家互联网企业获奖，以促进互联网行业自律规范、营造健康向上和谐有序的网络环境。[④] 在宏观上，应发挥国家"硬法"的规范治理机制，抑制非法经营活动和非法行为，促进

---

① 潘云波：《论司法应对金融创新所应扮演的角色及其理性》，载 http://www.shezfy.com/view.html? id=11450，最后访问日期：2020 年 7 月 2 日。

② 杭州市西湖区人民法院：《支付宝网络支付案件司法审查报告》（2008 年 3 月至 2015 年 3 月），载《互联网金融法律评论》（2016 年第 1 辑），法律出版社 2016 年版，第 189 页。

③ 高巍：《互联网争议解决的制度分析——两种路径及其社会嵌入问题》，载《中外法学》2014 年第 4 期。

④ 《京东荣获 2014～2016 年度中国互联网行业自律贡献奖》，载中国网：http://xiaofei.china.com.cn/news/info-11-9-212556.html，最后访问日期：2019 年 6 月 25 日。

公平诚信的良好环境，为民间“软法”的落地生根、发挥秩序构建功能创造有利的社会生态。如 2015 年 7 ~ 11 月，原国家工商总局为推进依法管网、以网管网、信用管网和协同管网，开展了“2015 红盾网剑”专项行动，实地检查网站经营者 19.8 万个次，删除违法商品信息 7.5 万条，责令整改网站 12554 个次，提请关闭网站 2170 个次，责令停止平台服务的网店 1134 个次，查处违法案件 6737 件，较好地规范了网络商品交易秩序①，为推进“软法之治”提供了必要保障。可见，这三个层次分别是自主自律、官民合力、政府监管的治理方式的展开，既相互独立又相互依存，进而推进协同治理和法治化秩序，为数字法治建设提供社会动力和深层根基。

二、NGO 共享赋权与智慧治理

随着以网络化、数字化和智能化为基础和牵引的各类新兴科技的加速融合与创新发展，逐步形成了虚实同构、智慧互动、数字生态的生产方式和生活方式，而全球第一版 5G 标准的发布与商用，更是一场从智能设备、无线技术、接入网、核心网到云端的跨行业革命。这样，“智慧社会将作为继农业社会、工业社会、信息社会之后的一种更高级的社会形态加速到来”。② 这必然会给传统的社会治理方式、治理格局和治理秩序带来重大挑战，也深刻改变了社会组织在社会治理中的角色和功能。因此，积极回应这场巨大变革，大力推进社会组织制度创新，就成为塑造智慧社会治理秩序的迫切要求。

（一）数字时代的治理秩序转型

智慧社会是一个流动信息、万物互联、分布共享、全景覆盖的智慧互动社会。它使基于工商业生活方式和经验规则的传统秩序遭遇颠覆性挑战，社会治理秩序也在快速变革中发生转型。

---

① 《2015 年全国工商系统消费者权益保护报告》，载中国工商报网：http://www.cicn.com.cn/zggsb/2016-03/16/cms83461article.shtml，最后访问日期：2019 年 7 月 1 日。

② 徐晓兰、李颋：《智慧社会来了，你准备好了吗》，载《光明日报》2018 年 2 月 1 日，第 13 版。

1. 去中心化与再中心化

在智慧社会时代，数字经济成为主导形态。一方面，产品与服务、分销体系、定价方法以及广告与促销模式均从原本集群、聚合式的商业权力体系中剥离出来，放弃满足各类需求的经济结构，转而向小型、分化、具体及定制平台进行“一对一”式运营。原本稳定的经济结构也正在迅速碎片化。这意味着，集中化的时代已经过去，现在的世界充满了更多的商机，以及更加分散的事物。“碎片化还是一场运动，在这场运动中，我们的社会将变得更加平等，更加人性化，每个人都重新拥有了知情和参与的权利。无论从经济上还是从社会上来看，几乎所有的东西都被民主化，变得更好。”① 然而，另一方面，平台企业日益成为智慧经济中最具活力的部分，各大跨国公司正在由产业链一体化向平台一体化演进。通过资源和信息的聚集，平台经济涉及的产业链也不断延伸，预计到2050年，全球将有超过90%的企业依赖各类平台生存。② 它贯彻“赢者通吃”的网络空间法则，“为数不多但势力庞大的几家平台主宰了市场”，形成了“要么利用平台，要么就被平台消灭”的发展态势。③ 这样，就形成了分散化与大平台、去中心化与再中心化的双向运动。这种双向运动必然造成微时代与大平台的极化结构，自由的、民主的分散消费者和商家在巨大的平台企业面前显得十分脆弱，进而给社会治理秩序带来重大的挑战。

2. 微粒化与再组织化

在智慧社会发展进程中，智能互联网不断重构着社会关系，扁平化、破碎化、自由化趋势日渐明显，数据和算法将主导经济社会秩序，进而导致了“微粒社会”。人们便开始从现代性的“理性人”转化成可计算的漫布社会的“微粒人”，在这个数字和程序算法的世界里发展出一种新的人性形态，“我们的身体、我们的社会关系、自然界，以及政治和经济——一切都将比以前更加精细、精确、透彻的方式被获取、

---

① ［澳］史蒂夫·萨马蒂诺：《碎片化时代：重新定义互联网＋商业新常态》，念昕译，中国人民大学出版社2015年版，第296页。

② 徐晓兰、李颋：《智慧社会来了，你准备好了吗》，载《光明日报》2018年2月1日，第13版。

③ ［德］克劳斯·施瓦布：《第四次工业革命——转型的力量》，李菁译，中信出版社2016年版，第11页。

分析和评价”。[1] 这样，使特定的人群不再一致，一致的人群不再特定。另外，互联网、大数据、人工智能等的深度融合发展，人们又基于信息技术、依托虚拟空间，形成了大量的网络论坛、微博平台、QQ群、微信群、朋友圈等虚拟社区，它们虽然带有无中心、平面化、超时空、匿名化、强流动等特征，却形成了多元化的亚文化圈和分殊化的社会纽带，塑造了全新的公共空间、社会动员机制和舆情场域。这样，就在微粒化之后出现了再组织化，其实质是信息革命背景下社会组织的新样态，使智慧社会的治理秩序面临着随机性的风险压力。

3. 智慧化与高风险化

随着互联网、物联网、大数据、人工智能的叠加融合发展，智能化的建模和算法逐渐成为决策客观性、效率性、可靠性的象征，于是，人类便进入了一切皆可计算、皆可预测的时代，算法“定义和管控着整个经济运行过程，形成了当下的赛博新经济，并推动赛博新经济朝着赛博智能经济的方向发展”。[2] 这样，数字智慧化、高效便捷化、个性场景化将逐渐成为社会生产和生活的常态，从开车到股票交易、再到公司人员配置等一系列重大决策权，正在“从人手中转移到算法手中”。[3] 然而，其负面问题不可小觑：一是数字鸿沟，会造成数字资源的不公平占有和深刻的阶层分化，“所有的数据都由我们自身产生，但所有权却并不归属于我们”；[4] 二是算法歧视、算法“黑箱”、算法错误等问题的存在，导致一些商业平台存在较为普遍的“大数据杀熟”现象，[5] 甚至还会造成“蝴蝶效应”般的灾难；[6] 三是一旦这些自动化系统由简单的行政管理工具变成了主要的“决策者”，特别是“用算法来

① ［德］克里斯多夫·库克里克：《微粒社会——数字化时代的社会模式》，黄昆等译，中信出版社2018年版，前言第VI～VII页。

② 徐恪等：《算法统治世界——智能经济的隐形秩序》，清华大学出版社2017年版，第323页。

③ ［美］克里斯托弗·斯坦纳：《算法帝国》，李筱莹译，人民邮电出版社2017年版，第197页。

④ 王天一：《人工智能革命——历史、当下与未来》，北京时代华文书局2017年版，第184页。

⑤ 翟冬冬：《大数据杀熟：最懂你的人伤你最深》，载《科技日报》2018年2月28日。

⑥ ［德］罗纳德·巴赫曼、［德］吉多·肯珀等：《大数据时代下半场——数据治理、驱动与变现》，刘志则等译，北京联合出版公司2017年版，第203页。

处理人类特有的一些活动，有可能使这些活动丧失最根本的人性”，那么，“如何在算法时代保持人性?”① 这样，无疑就会制造出了更多的社会风险，使“外部风险所占的主要地位转变成了被制造出来的风险占主要地位”,② 并成为当今社会最根本的冲突，这无疑会给智慧社会的治理秩序带来很大的挑战。

上述这些挑战和风险，深刻地改变了政府、企业、社会和个人之间的结构关系，必然推动传统社会的层级治理走向智慧社会的多中心治理，其中，必然要求更多的社会组织赋权和更有效地发挥其治理功能。

首先，从和谐秩序到共享秩序。改革开放40年来，基于人民日益增长的物质文化需要同落后的物质生产之间的社会主要矛盾，中国经历了从“先富论”到“三个代表”再到科学发展观的战略推进，努力使不同群体、不同阶层在有限的物质生产过程中能够多劳多得、包容共存，打造多元和谐的社会秩序。党的十九大则明确宣告中国特色社会主义进入了新时代，社会主要矛盾已转化为人民日益增长的美好生活需要和不平衡不充分的发展之间的矛盾。而它又深嵌于在信息革命和智能互联网加速发展的时代背景下，去中心化与再中心化、微粒化与再组织化、智慧化与高风险化等问题与挑战，无疑会加剧“不平衡不充分”发展的复杂性。然而，当今社会贯彻的是扁平化、自由化、多元化的信息技术逻辑，呈现着大众创业、万众创新、智慧发展的共享经济趋势，因此，只能通过符合时代发展的方式来解决各种挑战，进而促进多元协作、场景互动和分布共享的秩序转型。这就需要充分发挥各级政府、公司企业、商业平台、社会组织、消费者群体等多方力量，协力打造“共建共治共享”的社会治理格局。尤其是社会组织，将在这场巨大解组的变革进程中，发挥日益重要的规则制定、决策参与、权益保护、诉求表达和制约平衡作用，是“共建共治共享”治理的主力军。

---

① ［美］卢克·多梅尔：《算法时代：新经济的新引擎》，胡小锐等译，中信出版社2016年版，第223页。

② ［英］安东尼·吉登斯：《失控的世界：风险社会的肇始》，周红云编译，载薛晓源、周战超主编：《全球化与风险社会》，社会科学文献出版社2005年版，第50页。

其次，从层级治理到场景治理。现代性的规则秩序无疑是建立在工商业发展基础上的，它仅局限于物理空间的人/人、人/物关系，追求一种普遍性、一致性、抽象性的逻辑化生活方式，社会治理也必然遵循着这一逻辑，形成一种政府中心主义、区划主义的社会动员和层级治理。随着智能互联网时代的到来，则出现了现实/虚拟的双重空间、线上/线下的扁平生活和智慧互动的场景交往。这样，人们往往更喜欢根据特定情形、地域和对象的数据分析和场景定制，如线上线下量身定制的医疗健康方案、个性化的精准服务、按照消费者需求定制的产品等，就成为家常便饭。这种自动化、场景化的生活方式，既是去中心化与再中心化、微粒化与再组织化、智慧化与高风险化的动力，也是其结果，它会对以往层级化治理模式产生巨大的冲击。也就是说，面对多元化、自由化、扁平化、破碎化的风险社会，政府的强制管控权力会逐渐走向弱化，它更多的是“凌驾在这些形形色色群体之上规制它们之间相互作用的制度性权力”。[①] 于是，社会组织的重要地位和作用就凸显出来，呈现出多元代表性和竞争性动员能力，但它们不再是以往上传下达的“桥梁纽带”角色，也不是政府的“雇员”，而更多的是良性互动、合作治理伙伴，这样，才能塑造一个“社会的凝聚力及其一整套共享的制度”。[②] 它们会在线上线下互动、社会创新和治理参与中，发挥更重要的作用。可见，从层级治理到场景治理，是智慧社会治理应对时代挑战、变革发展的必然趋势，它将赋予社会组织以更重要的角色和功能。

最后，从国家构建到多元塑造。在传统中国，国家高度控制了私人和社会生活的每一个方面，这种过度的国家构建主义造成了个体的原子化和社会的无组织性，“就使社会不具有表达自己利益诉求和参与公共事务决策的能力”。[③] 改革开放后，“摸着石头过河”的改革开放进程和“深圳模式”，才使国家构建主义策略发生转变。在当今信息社

① ［美］安德鲁·奥尔特曼：《批判法学——一个自由主义的批评》，信春鹰等译，中国政法大学出版社 2009 年版，第 23 页。

② ［美］赛斯·D. 卡普兰：《修复脆弱的国家——发展的新范例》，颜琳译，民主与建设出版社 2015 年版，第 16 页。

③ 葛洪义：《中国地方治理与法治发展的关系》，载《新华日报》2016 年 4 月 29 日。

会，互联网、大数据和人工智能的加速融合发展，形成了多元化、自由化、扁平化、破碎化的时代症候，去中心化与再中心化、微粒化与再组织化、智慧化与高风险化等各种挑战也随之而至。此时，已经不再具备政府集中管理的条件。一是双重空间、人机共处、数字生态的社会生产、生活方式，导致国家无暇也无力监管庞大多变、技术性强、扁平流动的平台交易和网络交流，只能以负面清单、权力清单和责任清单来推进治理能力现代化，更多地动员多方社会力量来“共建共治共享”；① 二是在当今“大众创业、万众创新”的智能互联网时代，各种新业态、新模式往往是通过对旧秩序的“破窗”来实现变革创新，如“滴滴打车”、短租平台、社会众筹、P2P 模式等，都是以民间“创造性破坏”的方式引领新秩序，而政府则是随后跟进予以合法化和理性规制；三是各种新业态、新模式需要按照其技术要求和商业规律，设立众多精细化的智能互联网行业规则和经营细则，这些都是政府难以做到或者不便干预的商业自律领域；四是智慧化在带来进步和便捷的同时，也带来了诸多挑战和风险，这些挑战和风险仅靠政府力量是难以奏效的，而必须动员多方社会力量来共同应对，才能取得预期效果。这样，国家构建主导的时代已经淡去，以“共建共治共享”为主导的多元塑造就成为未来的发展趋势。在这一进程中，面对智慧社会所遭遇的去中心化与再中心化、微粒化与再组织化、智慧化与高风险化等治理挑战，国家构建主义的秩序路径已经难以维继，而必须迈向多元塑造的秩序重建，其中包括网络平台、社会组织在内的社会主体就必然会扮演越来越重要的角色，发挥日益重要的秩序构建作用。

由此可见，智慧社会的治理挑战与秩序转型，将会把社会组织从传统的桥梁纽带和助手角色，转换为良性互动、合作治理的伙伴身份。党的十九大报告也明确指出，要“推动社会治理重心向基层下移，发挥社会组织作用，实现政府治理和社会调节、居民自治良性互动”。因

① 如通过《网络安全法》《反恐怖主义法》《互联网群组信息服务管理规定》《计算机信息网络国际联网安全保护管理办法》《互联网用户公众账号信息服务管理规定》《电信和互联网用户个人信息保护规定》《关于加强网络信息保护的决定》，以及《刑法》第 286 条设定的“拒不履行网络安全管理义务罪”等，赋予网络平台、群组建立者（管理者）等主体以实名认证、信息审查、配合执法等管理权（监管义务），其中包括制定平台规则、处罚平台违规行为、解决平台纠纷等“准立法”“准执法”“准司法”权。

此，智慧社会治理秩序的构建，必然离不开社会组织的重要支撑作用，这既为社会组织的制度创新提供了根本动力，也为社会组织在智慧时代的振兴发展提供了良好机遇。

（二）基层智慧治理中的NGO共享赋权

面对智慧社会的治理挑战与秩序转型，社会组织若要在角色转换中承担起时代赋予的职责和使命，就需要全面深化体制机制改革，尤其是立足智慧社会治理的变革需要，进行实质性的制度探索与创新。

1. 枢纽结构中的赋权平衡

自党的十六届五中全会确立“四位一体”的建设和改革总体布局以来，[①] 社会建设和社会治理便被列入改革发展的重要议事日程来。党的十九大报告再次明确指出，要“加强社会治理制度建设，完善党委领导、政府负责、社会协同、公众参与、法治保障的社会治理体制，提高社会治理社会化、法治化、智能化、专业化水平”。基于这一战略对社会组织的功能需求，国家监管部门不断鼓励各地根据本地实际，在社会组织孵化器和“枢纽型”社会组织上进行制度探索和创新，并形成了政府主办—政府运营、民间主办—民间运营、政府主办—民间运营三种模式。其最初的目的在于，既可便于这些社会组织协助政府实施社会管理，也“能发挥枢纽作用，能得到多数社会组织和公众的认可”，[②] 并产生一定的社会效果。然而，它在根本上仍是国家加强行政培育、强化管理、着意国家构建的重要努力，有的地方还提出以“党建”引导“社建”的创新管理模式，以期形成政府主导的“以民管民”“以社会管社会”的管理机制，[③] 仍属于以“社会的方式”进入社会的国家构建活动，也存在被政府“收编”的依附化风险。[④] 究其实质，乃是以往政府中心主义的延伸和层级化社会逻辑的展开，体现着

① 在党的十八大报告中，建设和改革的总体布局又从“四位一体”升级为“五位一体”，即增加了生态文明建设。

② 尹志刚、李泓：《关于构建“枢纽型”社会组织工作体系的调查与思考》，载《北京行政学院学报》2009年第6期。

③ 崔玉开：《“枢纽型”社会组织：背景、概念与意义》，载《甘肃理论学刊》2010年第5期；卢建等：《北京市构建社会组织“枢纽型”工作体系的实践与策略》，载《社团管理研究》2011年第9期。

④ 参见马长山：《从国家构建到共建共享的法治转向——基于社会组织与法治建设之间关系的考察》，载《法学研究》2017年第3期。

国家建构主义色彩。

随着智慧社会治理时代的快速到来，已经打破了以往层级化的社会结构，这样，此类“枢纽型”社会组织无论是在地位上还是功能上，都既难以代表和整合去中心化和微粒化进程中的个人、商家和群体的利益，也不能对再中心化的平台主体产生监督制约作用，它与虚拟社区的再组织化趋势又不吻合，因此，很难适应智慧时代的共建共享、场景治理和多元塑造的秩序转型，也限制了社会组织的自主性、代表性和治理能力的获得与提升。为此，国家出台了促进社会组织制度改革发展的指导意见，要求正确处理政府、市场、社会三者关系，“改革制约社会组织发展的体制机制，激发社会组织内在活力和发展动力，促进社会组织真正成为提供服务、反映诉求、规范行为、促进和谐的重要力量”。[①] 杭州市政府也明确提出了“培育社会复合主体，共建共享生活品质之城”的理念，它不同于传统的社会中心论，也不同于单纯的国家中心论，而是试图探索一条政府与社会相互增权的道路。[②] 应当说，这无疑是对以往枢纽型社会组织制度模式的重大改进，然而，智慧社会治理的时代挑战与秩序转型，则要求更好地发挥社会组织在枢纽结构中的共建共治共享功能，这就应按照智慧社会治理的客观需要，以相互赋权、多元塑造、平衡自治的原则，对枢纽型社会制度进行变革性再造。一是立足共建共享、场景治理和多元塑造的秩序转型，在同一领域培育多个枢纽型社会组织，既防止单一枢纽型社会组织的垄断和行政化，也增加其扎根社会、动员社会资源的能力以及在去中心化和微粒化社会中的服务水平，实现相互赋权和合作治理，它乃是“旨在消除权力与资源分配上不断产生的分割与不平等”的一个无休止的过程；[③] 二是政府采取中立立场，避免促使枢纽型社会组织行政化的策略，包括不给予其特殊政策、特殊地位或者委托赋权，在购买公共

① 《关于改革社会组织管理制度促进社会组织健康有序发展的意见》，载新华网：http：//www. xinhuanet. com/politics/2016 – 08/21/c_ 1119428034. htm，最后访问日期：2020 年 6 月 25 日。

② 潘一禾、刘琳：《新型社会组织的创建与试行——从杭州市“社会复合主体”实践看政府赋权社会的可能》，载《浙江社会科学》2010 年第 11 期。

③ ［英］Robert Adams：《赋权、参与和社会工作》，汪冬冬译，华东理工大学出版社 2013 年版，第 248 页。

服务等问题，也应该构建公开、公正的制度环境；三是塑造动态优化、竞争调整的制度机制，避免枢纽型社会组织的等级固化，而是根据社会治理的客观需要来自然生成、优胜选择，促进多元平衡治理。只有这样，才能使枢纽型社会组织成为多元共治格局中的中枢力量，并“勾连起不同的治理主体，促使多元主体之间的互动协作”①，也才能保证枢纽型社会组织更好地适应智慧社会治理的时代要求，协调、平衡和化解去中心化与再中心化、微粒化与再组织化过程中的矛盾与问题，从而更好地促进共建共享、场景治理和多元塑造秩序，推动智慧时代的法治建设。

2. 双重空间中的制度探索

当今加速推进的信息革命，不仅使人类在既有物理空间中的活动能力和范围得到了空前提升与拓展，而且还创造出一个天然给定之外的无限延展、异常丰富、能量无际的虚拟电子空间。这就形成了物理/电子、虚实同构的双重空间，进而深刻地改变了人类社会千百年来的生产生活方式，也在去中心化与再中心化、微粒化与再组织化过程中深刻“改变了社会生活的空间和时间的知觉与组织”，② 于是，“现在从属于某个社群的概念更多地由个人行为、价值取向和兴趣决定，而不仅由地理位置（当地社区）、职业和家庭决定”，③ 这样，就为社会组织提供了线上大规模孕育和超常规成长的条件和机遇，特别是线上的社会组织活动无须登记注册，打破了实名、时空、规模等诸多限制，从而使虚拟社区、虚拟社团的数量和规模都产生裂变式增长，仅微信群就约达125万个——仅这一个平台孕育出来的线上社会组织就相当于线下实际登记社会组织总量的两倍多。④ 这些虚拟社团有了线上/线下、虚拟/现实的双重性，并呈现匿名自律、松散便捷、开放流动、自由交

① 卢磊：《基层枢纽型社会组织的现状检视与发展建议——以北京市X区为例》，载《中共福建省委党校学报》2018年第6期。

② ［德］哈特穆特·罗萨：《新异化的诞生——社会加速批判理论大纲》，郑作彧译，上海人民出版社2018年版，第14、146页。

③ ［德］克劳斯·施瓦布：《第四次工业革命——转型的力量》，李菁译，中信出版社2016年版，第96页。

④ 《“互联网+社会组织”激发社会管理活力》，载中国文明网：http：//www.wenming.cn/wmpl_pd/yczl/201505/t20150506_2599228.shtml？COLLCC=3697798397&，最后访问日期：2019年7月5日。

互、跨越时空等突出特性，不仅进行即时广泛的在线社交和沟通分享，而且更多地创造出了一种双重空间、虚实同构的新型业务活动模式。例如，“免费午餐”、“随手拍解救被拐儿童”、地震救援等公益项目在线上线下的互动融合中迅速发展，甚至由社会力量来更彻底地践行知情权、治理权和监督权；凭借在线“众筹”来发起 P2P 扶贫、P2P 慈善、P2P 志愿服务，还有淘宝的“规则众议院”，大众“陪审团”等平台治理机制，等等。这表明，虚拟社团是当今智能互联网时代的必然产物，是人们在双重空间生活中，促进共享秩序，参与场景治理、强化多元塑造的重要力量，促进了线上线下互动、社会创新和治理参与。

不过，虚拟社团也是一把“双刃剑”，它们数量大、流动性强、公信力不稳定，其积极的一面在于具有安全阀的功能、沟通和制约功能、组织社会、促进社会公益和丰富文化生活的作用；消极的一面则在于，常常成为网络群体极化的策源地和发动场，甚至还可能会引发一些违法犯罪行为。[①] 目前，我国并没有这方面的具体立法和政策规定，对于游走于双重空间的虚拟社团，也不可能按照以往的“分级登记、双重管理”的体制进行监管，亟需立足信息革命和智能互联网的时代发展，积极进行社会组织制度的探索与创新。一是改变目前政府监管部门沿用传统物理空间的惯性思维来对待双重空间秩序，直接给服务平台、发起人、群组管理者附加强制性责任的做法，[②] 按照双重空间的行为规律来制定虚拟社团的制度规范；二是面对虚拟社团的特殊性、复杂性，积极鼓励地方进行先行先试的多元化制度性探索和试验，形成经验后再升华为国家层面的制度设计；三是加强虚拟社团的行业自律规范建设，推进双重空间的自主自律秩序。目前，由 10 家全国性网络社会组织发起，300 家单位会员参加的中国网络社会组织联合会已经正式成立，其主旨是当好网络社会组织正确政治方向的引导者、发挥职能作用的激励者、利益诉求的维护者、党建工作的推动者、规范运行的监

① 何军：《我国虚拟社团的兴起对社会稳定的影响研究》，载《华东理工大学学报》（社会科学版）2012 年第 4 期。

② 如《网络安全法》《互联网群组信息服务管理规定》《电信和互联网用户个人信息保护规定》《计算机信息网络国际联网安全保护管理办法》等的相关规定。

督者，从而促进网络社会组织在法治轨道上健康有序发展。① 这固然是一个重要的改革举措，但不宜嵌入太多的政治安定性要素，而应着重对社会组织赋权和保障，激发虚拟社团的活力和创新精神，从而在共享秩序、场景治理和多元塑造的秩序建构进程中发挥更积极、更充分的重大作用。

3. 基层治理中的全面参与

在当今信息革命和智能互联网深入融合发展的背景下，去中心化与再中心化会导致两极化结构的加剧，微粒化与再组织化会导致利益群体的重新解组，而智慧化与高风险化会导致不确定性的增加。于是，一方面，“人类主体无可避免地去中心化、分裂、充满张力的”；② 另一方面，“一种形式的权力或许被摧毁了，但另一种正在取代它”。③ 这样，平等、自由、公正和民主原则都将遭遇重大挑战和贬损危险，“这场新型的‘解析—解体’将创造一个全新的世界”，④ 而从和谐秩序到共享秩序、从层级治理到场景治理、从国家构建到多元塑造的秩序转型，也正是这一进程的具象呈现。它必然会对基层治理产生深刻的影响，传统那种单元的、纵向的、管制的治理策略已难以立足，“共建共治共享”的治理路径就成为不二选择。其中，社会组织无疑是十分重要的参与力量。

然而，几乎所有的社会组织都因“桥梁纽带”这一传统定位，一方面因属于体制外的民间力量而不能被政府完全信任，另一方面又因服从体制指引而不能完全代表所属群体利益。这种尴尬的“双面”角色严重制约了它们功能的充分发挥，亟需根据智慧社会治理的时代需要来进行社会组织制度创新，推动社会组织在政治、经济和社会各方面的全面参与。首先，线上线下的平衡参与。由于当前现实生活中的

---

① 《中国网络社会组织联合会成立助力网信事业发展》，载新华网：http：//www.xinhuanet.com/2018-05/09/c_1122808534.htm，最后访问日期：2019年6月25日。

② ［德］哈特穆特·罗萨：《新异化的诞生——社会加速批判理论大纲》，郑作彧译，上海人民出版社2018年版，第14、146页。

③ ［美］劳伦斯·莱斯格：《代码2.0：网络空间中法律》，李旭等译，清华大学出版社2009年版，第89页。

④ ［德］克里斯多夫·库克里克：《微粒社会——数字化时代的社会模式》，黄昆等译，中信出版社2018年版，前言第Ⅶ～Ⅷ页。

包括社会组织在内的民主参与存在诸多障碍，因此，在互联网上，人们最终发现了一个相对可以避免恐惧和限制的公共空间，情绪的亢奋和批评的激烈便犹如洪水出闸，网络活动也就较之其他国家更具有政治意义。这样，“中国当下的公众参与存在一种网络依赖症，没有哪个西方国家的互联网承载了这么大的显示民意的功能”。[①] 数据显示，截至 2020 年 6 月，我国网民规模已达 9.40 亿，普及率为 67.0%，[②] 这样，从 BBS、博客、各新闻网站和门户网站的相关频道，到个人维权网站乃至专门舆论监督网站，使社会监督、舆论监督更为快速、廉价和高效；无时不在、普遍参与、不受控制的网民监督形成了一张巨大的“天网”。2009 年 10 月 28 日，中纪委又统一开通了全国纪检监察举报网站，并推动人民网、新华网、新浪网、腾讯网等国内主要新闻和商业网站在首页开通“网络举报监督专区”。特别是党的十八大以来，全国纪检监察机关共收到信访举报 1078 万件次，其中检举控告 666 万件次。2013 ~ 2016 年，全国纪检监察机关接受信访举报的数量分别为 195 万件次、272 万件次、281.3 万件次和 253.8 万件次，[③] 其中网络举报已占举报总量的近一半，各种舆情案件、网络社会运动更是不时发生。然而，我们又必须看到，“网络民主更多的是绕过代议机构如人大、政协等，而直接卷入公共决策当中，这既有它的合理地位，又会引起许多新的问题”。[④] 因此，最好的办法就是在现实生活中开放和拓展社会组织的民主参与空间，让它们真正能够代表所属群体的利益和权利，参与到公共政策和制度的议定进程中来，从而实现自身的诉求和主张，并达致多元利益的平衡协调与社会公正，避免集中转移到线上形成超常的舆论压力、失衡的社会动员和社会风险。其次，多元的风险控制机制。智慧社会建设不仅会带来政府智能化管理的风险，也

---

① 胡泳：《众声喧哗：网络时代的个人表达和公共讨论》，广西师范大学出版社 2008 年版，第 327 页。

② 《第 46 次〈中国互联网络发展状况统计报告〉》，载中国网信网：http://www.cac.gov.cn/2020-09/29/c_1602939918747816.htm，最后访问日期：2020 年 11 月 20 日。

③ 李萧：《深化“三转”更好服务监督执纪问责——党的十八大以来纪检监察信访举报工作综述》，载《中国纪检监察》2017 年第 10 期。

④ 郭小安：《网络民主的可能及限度》，中国社会科学出版社 2011 年版，第 277 页。

会因数据鸿沟、算法歧视和人文精神迷失导致严重的社会不公，包括“大数据杀熟”和算法错误风险。面对这种复杂的、随机的、巨大的社会问题与风险，单凭政府或者商家的力量难以应对，而且它们也都有自身的价值偏好，因此，必须大力发挥各领域、各类别社会组织的深度参与、协商和监督，使它们成为智慧社会治理的合作者、场景治理的实验者、多元塑造的践行者，从而在“共建共治共享”中来共同应对和化解风险。最后，激活基层社区的协商自治。基于智慧社会的基层治理需要，民政部在2017年年底发布了《关于大力培育发展社区社会组织的意见》（民发〔2017〕191号）明确指出，要充分发挥社区社会组织提供服务、反映诉求、规范行为的积极作用，引导社区居民在参与社区社会组织活动过程中有序表达利益诉求，养成协商意识、掌握协商方法、提高协商能力，协商解决涉及城乡社区公共利益的重大事项、关乎居民切身利益的实际问题和矛盾纠纷。这无疑是夯实基层治理的重要举措，需要激活基层社会组织的使命和作用，不仅仅鼓励它们在帮扶济困、文化娱乐、养老互助等民生领域的日常生活活动，更要鼓励和支持它们主张权利和表达诉求，凭借智能互联网的平台化、网格化治理技术，拓展其参与范围、增强其参与强度、扩大其参与效果，从而把社会矛盾解决在基层、冲突化解在基层，维护社会的和谐稳定。

4. 社会抗争中的组织化表达

任何社会都会有抗争行为，在转型国家则更为明显。随着中国进入改革深水区和转型关键期，各种社会利益冲突和矛盾就会集中展现出来，特别是“互联网急剧地改变了集体行动的成本和能力”，[①] 抗争者更加容易发布信息和组织集体行动。然而，值得注意的是，由于互联网从技术上突破了代议民主的限制性条件，它在趋向直接民主的同时，也为民粹主义兴起创造了便利，并通过互联网的“放大效应”使少数派貌似代表着普遍的“民意”，进而转化为“多数人的暴政”，从而扭曲民主的精神实质和现实途径，[②] 从而成为当今智慧社会治理的一

---

① ［美］弥尔顿·L. 穆勒：《网络与国家——互联网治理的全球政治学》，周程等译，上海交通大学出版社2015年版，第6页。

② 胡伟：《网络民主：机遇与挑战》，载《文汇报》2009年8月22日。

个重要难题和风险要素。

我国自古就缺乏良性互动的结社传统，改革开放后的社会组织监管体制也是放管结合，对社会组织参与公共事务的把关比较严。事实上，各级政府一直对社会抗争中的组织行为颇有戒心，似乎无组织的散兵游勇才更像一个偶发事件，处理起来更轻松，然而，这其实是一个误区。一方面，国家对社会组织的限制塑造了以居住地为基础的动员模式，[①] 而且，政府往往通过对公共事务的议程控制，限制决策制定参与者的范围，将其他行动者可能提出的替代性方案或议题排斥在议程之外，他们（包括其所属社会组织）根本无法使那些符合自身诉求的方案或议题被纳入决策议程，[②] 最终就会走上抗争者的道路，这就成为“被制造出来”的社会风险；另一方面，在严控社会组织参与社会抗争的情况下，一些理性的社会抗争行动往往会通过QQ群、微信群等进行跨时空的线上动员，在短时间内迅速聚集匿名人群，并形成强大舆论压力，有效分摊了线下的成本和风险。其针对资本力量的抗争组织性较高，但针对政府的抗争则采取“弱组织化”“去组织化”“草根动员”的方式，以免被官方以“非法组织”名义打压，有效减少阻力，保障自身安全。[③] 这样，就形成了一种独特的无组织的组织化或者组织化的无组织抗争行为。

其实，这种情况更加不确定、更不可控，因而更加危险，因为它缺少了组织化的理性表达、沟通和协调，也缺少诸如一些民间环保组织那种“线上造势”“线下做事”，进而契合政策导向实施“闹大”、然后再“柔化”的行动策略，[④] 我们亟需摆脱社会组织就是“与政府作对”这一根深蒂固的偏见，关键是如何发挥它们的积极作用、抑制其消极作用。“其实，社会组织可以帮助政府部门做很多工作，不能只

---

① 参见黄冬娅：《国家如何塑造抗争政治——关于社会抗争中国家角色的研究评述》，载《社会学研究》2011年第2期。

② 彭斌：《社会抗争何以可能——以反支配的权力为视角的分析》，载《江海学刊》2016年第3期。

③ 朱力、杜伟泉：《从底层群体利益抗争到中产阶级权益抗争》，载《河海大学学报》（哲学社会科学版）2018年第3期。

④ 曹海林、王园妮：《“闹大”与“柔化”：民间环保组织的行动策略——以绿色潇湘为例》，载《河海大学学报》（哲学社会科学版）2018年第3期。

看到一些主观上担心的东西，对这些积极作用却视而不见。”[①] 这就意味着，没有社会组织参与或者无组织的乌合之众式抗争，很容易走向暴戾化而颠覆政治合法性的基础，而恰是尊重社会抗争的组织化表达，社会抗争才有可能与国家性变迁之间实现良性互动。[②] 这样，谋求预防和化解社会抗争事件的思路，就应该是通过社会组织制度的探索和创新，建立基于社会组织参与博弈的利益表达机制，建立、培育、完善和在法治化轨道上规范社会组织，构建一个平等协商与对话平台，使社会公众的利益诉求或表达有一个规范化、法治化和高效率的参与渠道与组织载体，让社会个体能够充分、有效地表达自己的意愿。[③] 这样，智慧社会治理中去中心化与再中心化、微粒化与再组织化、智慧化与高风险化的很多问题就能得到有效化解，共享秩序、场景治理、多元塑造的智慧社会治理秩序才能建立起来。

（三）塑造智慧社会治理秩序

当下的社会组织制度创新诉求，既是智慧社会治理发展趋向的时代反映，也是推进智慧社会治理的重要动力和支撑。因此，必须转变思想观念，深化改革现有社会组织体制和制度，积极促进社会组织制度创新，从而为智慧社会治理秩序的建立奠定基础。

1. 确立新型理念，促进良性互动

近代发展史贯穿一个基本的发展逻辑，那就是“国家对社会的必要，社会对国家的制约，以公共权力为根基的国家干预与以个人权利为根基的社会自治之间的张力，始终在国家与社会关系的建构中发挥着作用”。[④] 因此，形成了“强国家—弱社会”“弱国家—强社会”“强国家—强社会”“弱国家—弱社会”等不同发展模式。随着信息时代的到来，各种颠覆性挑战带来了应接不暇的问题和风险。因此，“强国家

---

① 《“社会组织对抗政府”情况没有出现》，载中新网：http：//www. chinanews. com/gn/2012/05 – 21/3904118. shtml，最后访问日期：2019 年 7 月 16 日。

② 谢岳：《社会抗争：国家性变迁的民间反应》，载《当代中国研究》2008 年第 2 期。

③ 彭小兵等：《社会组织在预防和化解群体性社会事件中的作用研究》，载 http：//www. chinanpo. gov. cn/700109/92641/newswjindex. html，最后访问日期：2019 年 6 月 25 日。

④ 庞金友：《现代西方国家与社会关系理论》，中国政法大学出版社 2006 年版，第 151、157 页。

—强社会”模式和“共建共治共享”就成为智慧社会治理的发展主流。在我国，党的十八届四中全会之后，也开始转变国家构建主义的策略，大力发挥社会组织的民主参与和民间治理功能，使其与党和政府携手来进行国家与民间的双向构建，从而打造智慧时代的“共建共治共享”社会治理格局。这样就需要政府部门转变思想观念，确立智慧时代的社会治理理念，强化社会组织制度的探索与创新。

一是谦抑合作理念。即基于“强国家—强社会”模式和“共建共治共享”治理格局的客观需要，各级政府应恪守“负面清单”制度，秉持公权谦抑精神，从集中管理理念转化为多元合作理念。然而，目前监管部门只对行业协会商会类、科技类、公益慈善类和城乡社区服务类四类社会组织实行直接登记，而对其他社会组织仍继续实行“双重管理体制”，注重强化业务主管单位前置审查，严格民政部门登记审查，强化社会组织发起人责任。这种区分与强化明显地带有“安定性”、“连带性”考量和“预防制”色彩，其管理重于服务，事先审查重于事中事后监管，这不仅与当下社会组织的发展趋势不相适应，严重抑制了社会组织的独立性和地位，也使社会组织难以在共建共治共享社会治理中发挥其应有的功能和作用。事实上，“历来社会组织都是把双刃剑，引导得好，是我们国家和谐、社会发展、文明进步的一种积极的力量；如果引导不当，就可能异化为一种异己的力量，成为社会和谐的一种障碍，甚至成为社会不安定的诱因。社会组织能否发挥正向作用关键是看党和政府能否进行正面引导。社会组织管理体制的完善任重而道远，这需要从上至下以及从下至上的同心努力”。①

二是权利保障理念。在智慧社会治理进程中，面对从和谐秩序到共享秩序、从层级治理到场景治理、从国家构建到多元塑造的时代转型，应该改变目前立法严重滞后于社会组织发展的现状，以权利保障为主旨来推进社会组织基本法的立法，完善“三大条例”的修改完善，② 使这些法律制度切实成为社会组织促进法、权利保障法，从而推

---

① 孙伟林：《社会组织管理体制改革势在必行》，载《中国非营利评论》2013 年第 2 期。

② 参见《社会团体登记管理条例》《民办非企业单位登记管理暂行条例》《基金会管理条例》。

动社会组织更好地在智慧社会治理中进行制度创新和发挥应有功能。

三是风险控制理念。在传统的集中管理时代，政府部门出于安全和稳定的风险考虑，对社会组织往往采取防范性的“预防制”监管模式。但当今社会的“危险更多地来自我们自己而不是来源于外界”，[①]因此，控制风险“并不是主张或鼓励在风险和人为的不确定时代里恢复控制逻辑”。[②] 随着智慧社会治理的纵深发展，人们发现社会组织并不会带来安全风险，恰恰是能够化解风险的重要力量。也就是说，当下最大的不安全乃是去中心化、扁平化、微粒化、可计算化等所带来的太多不确定性和高风险性，这些不确定和风险性绝不仅仅是政府所能管控的，而必须动员包括各类社会组织在内的多方力量来共同应对，因此，就需要政府部门从传统的安全理念转变为新时代的风险理念，推进社会组织制度的探索与创新，努力从国家规制转变为国家主导、多元规制，形成国家与社会双向构建、“共建共治共享”的智慧社会治理格局。

2. 增进治理赋权，塑造自主秩序

凭借新技术的智慧治理发展进程，必然是一个不断将快速发展的进步红利即时转化为民众权利的进程。因此，从和谐秩序走向共享秩序、从层级治理走向场景治理、从国家构建走向多元塑造的进程中，社会组织也必然会置身于治理赋权的变革之中，通过社会组织制度创新，塑造智慧社会治理秩序。

从党的十八大开始，中国就已经进入了改革“深水区”和“四个全面”的新时期。特别是逐步落实负面清单、权力清单和“法不禁止即自由”原则，深入推进国家治理能力现代化和治理法治化，其实质就是还权于社会、还权于民，赋予更多的社会自主和市场自由，推进基层民主自治以“切实防止出现人民形式上有权、实际上无权的现象”[③]，进而从国家构建走向“共建共治共享”。然而，一个必须面对的

---

① ［英］安东尼·吉登斯：《失控的世界：风险社会的肇始》，周红云编译，载薛晓源、周战超主编：《全球化与风险社会》，社会科学文献出版社 2005 年版，第 55 页。

② ［德］乌尔里希·贝克：《风险社会再思考》，郗卫东编译，载薛晓源、周战超主编：《全球化与风险社会》，社会科学文献出版社 2005 年版，第 141 页。

③ 习近平：《在庆祝全国人民代表大会成立 60 周年大会上的讲话》，载《人民日报》2014 年 9 月 6 日，第 2 版。

问题是，当政府管理退出后，市场自由和社会自主秩序不能陷入混乱，而必须由新的组织力量来承接自律管理职责，填补这一秩序构建空间，以防止“一统即死、一放即乱”的怪圈重现，这个力量就是蓬勃兴起的社会组织。为此，党的十八届三中全会明确提出要“激发社会组织活力”，对“适合由社会组织提供的公共服务和解决的事项，交由社会组织承担”。党的十九大则更加明确地要求，“加强社区治理体系建设，推动社会治理重心向基层下移，发挥社会组织作用，实现政府治理和社会调节、居民自治良性互动”。这样，就需要国家通过立法和体制机制改革，逐步取消“双重管理体制”和区别对待的做法，探索一体直接登记和事中事后监管与服务体系，进而对社会组织进行增量化、制度性的治理赋权，社会组织自身也在行业自律秩序实践中进行必要的自我赋权，其“赋权实践必须与民众所生活的社会维度、政治维度以及个体维度相结合，以便让赋权实践与包容、参与以及社会正义相结合”。[①] 这样，各类社会组织在去中心化与再中心化、微粒化与再组织化、智慧化与高风险化的时代挑战面前，就能够代表不同群体的利益和诉求，与政府进行对话协商和互动合作，与其他利益群体进行利益协调和沟通平衡，对所属成员进行自我服务和自律规制，发挥制约公权力、保障私权利、化解矛盾冲突的重要作用，并进行新时代的社会组织制度探索与创新，进而不断构建与国家规划秩序相对应、相契合的民间自主秩序，成为智慧社会中共建共治共享、场景治理、多元塑造秩序的支撑和推进力量。[②]

3. 塑造公民品格，强化创新能力

智慧社会治理时代，会充分释放个人的自由和权利追求，但社会共识和公共秩序的压力也随之而来。虽然社会组织会发挥着重要的凝聚共识、社会团结和利益表达功能，但很多时候，“互联网上的各种动员，其基础来自这些不同的和碎片化的政治认同上”。而“在网上言辞激烈和煽风点火”——“政治边缘化群体的在线论坛最容易被这些非

① ［英］Robert Adams：《赋权、参与和社会工作》，汪冬冬译，华东理工大学出版社 2013 年版，第 201 页。

② 参见马长山：《从国家构建到共建共享的法治转向——基于社会组织与法治建设之间关系的考察》，载《法学研究》2017 年第 3 期。

公民实践所影响”。[①] 这表明，如果没有足够的公民精神和品格，社会组织制度创新和智慧社会治理秩序都会面临很多障碍、风险和挑战。

由于众多错综复杂的历史和现实原因，我国的德育和政育比较成熟，而公民教育则一直处于缺位状态，公民文化难以获得有效培育而逐渐在公共空间里形成，正是“由于公民缺乏在社会场所来学习民主经验，无法在现实生活中形成契约精神，妥协合作与宽容政治态度，学会对多元性的容忍，其对政府不满的反应态度，势必充满了民粹主义的情绪，社会上确实也出现了种种悲愤、激昂甚至暴戾之气”。[②] 这些以社会成员身份存在的公民，既是社会组织的基本成员，也是智慧社会治理普遍主体，这意味着，推进社会组织组织制度创新，塑造智慧社会的治理秩序，其中很重要的一环，就是公民性品格的塑造。为此，2016 年 6 月 28 日教育部、司法部和全国普法办专门发布了《青少年法治教育大纲》（以下简称《大纲》），并将其确定为“全面依法治国、加快建设社会主义法治国家的基础工程”。中共十九大报告又作出“提高全民族法治素养”“建设社会主义法治文化”的全新战略部署，因此，加强公民文化建设，就成为社会组织制度创新和智慧社会治理的重要环节。

由此可见，“‘法治国家’必须引导公民自觉遵守法律、努力工作和有所克制。为此，国家本身必须树立良好榜样，教育公民正确理解他们的义务和权利；使他们了解少数服从多数和思想自由并不等于无政府主义”。[③] 因此，在智慧社会治理过程中塑造公民文化和公民品格，培养公民的结社行为，塑造公民的参与能力，规制公民的抗争活动，养成公民的自律习惯，就成为社会组织制度创新和智慧治理秩序的深层支撑。实践表明，“只有在具有自治公民身份的条件下，在开放、共

---

① ［英］安德鲁·查德威克：《互联网政治学：国家、公民与新传播技术》，任孟山译，华夏出版社 2010 年版，第 37、142 页。

② 萧功秦：《超越左右激进主义——走出中国转型的困境》，浙江大学出版社 2012 年版，第 27 页。

③ ［德］约瑟夫·夏辛、［德］容敏德编：《法治》，阿登纳基金会译，法律出版社 2005 年版，第 93 页。

享参与的、正规的政治渠道中，因特网才可以创新政治实践”。① 基于此，智慧社会治理中的公民精神、公民素养和公民能力才能得到培养、训练和提升，从而更好地规约自我行为、凝聚价值共识和强化制度认同，推动智慧社会的秩序转型。

三、网络空间治理中的公民文化塑造

接入国际互联网20余年来，中国互联网获得了迅猛发展，并深刻地改变了人们的生产方式、生活状态和生存方式。这不仅大大方便了人们的生活，促进了经济发展，也为人们提供了广阔的多元自由空间。但同时，网络犯罪、网络谣言、网络安全等问题也日益凸显。因此，如何规制网络发展，推动网络空间治理就成为法治建设的重要一环。其中，网络公民文化建设尤为关键，这也正是中共十九大“建设社会主义法治文化”战略部署的必然要求。

（一）“网络公民”与网络空间治理

在当代，随着全球化、信息化的不断加快加深，提高公民参与已经被许多国家提上重要议事日程，尤其是20世纪90年代中期之后，更多协商性方法出现了，如公民顾问团、焦点团体、公民意见调查小组、公民复决等。② 对中国而言，几千年的封建传统积淀了浓重的臣民意识，中华人民共和国成立标志着一个新纪元的开始，但由于受到“极左”思潮影响，主张国家规划、统领一切社会生活，过度强调阶级身份、群众观念和“主人意识”，导致社会成员虽有宪法上的公民资格，却没有现实生活中的公民角色、公民行动和公民精神。

改革开放后，这一状况则发生了重大改变，社会权利获得释放和成长，社会成员的公民参与诉求不断提高。特别是中国入网以来，中国网民代表的是新科技、新文化，以及草根精神和身份认同，他们凭借新技术和国际化平台冲破了传统体制的封闭刚性和制度限制，在“虚拟—现实”双层空间的互动交融中大大拓展政治参与空间，展现着

① ［美］曼纽尔·卡斯特主编：《网络社会——跨文化的视角》，社会科学文献出版社2009年版，第407页。

② 何艳玲：《推动公民“实质性”参与》，载《人民日报》2012年4月11日，第17版。

日益觉醒的公民精神和日益提升的公民参与能力。从“邱庆枫事件”中单纯的利用互联网表达公民态度，到“孙志刚事件”中网络舆论的呼声最后促成《城市生活无着的流浪乞讨人员救助管理办法》的颁布实施，再到“厦门PX案”中网络舆论引发出公共事件，互联网在民主监督中的作用越来越大。① 网络民主化、法治化已成为“法治中国”建设的重要动力和支撑。

然而，网络空间也并非一个完美的乌托邦世界，它并“不是一个和谐的场所。网络环境允许一个人与志趣相同的人迅速取得联系，不过，欺骗与不和的机会也同样存在”。② 在公共生活中，“互联网政治充满了张力、困惑与矛盾”，“在国家之外，基于互联网的运动与亚文化正在持续繁荣与扩展”。③ 特别是网络犯罪、网络民粹、网络安全等问题有增长蔓延趋势，给网络空间和社会秩序带来了巨大风险和挑战。为此，2016年4月19日，习近平总书记在网络安全和信息化工作座谈会上指出，无论“网络移民”还是“网络原住民”，“都要自觉成为‘网络公民’——在当代中国的网络社会中，既享有权利、更承担义务，既享受网络的自由便利、更维护网络的健康发展”。④ 事实上，“在互联网的终端，占支配地位的是自由市场和私有化原则；而核心标准层面发挥作用的则是共享协议”。因此，“只有将‘私人’与‘共有’两者结合起来，这两者才能充分发挥作用”。⑤ 这样，国家就应充分保护“网络公民”的权利和自由，但同时，“如果所有公民的行为都仅以自利为导向，拥有民主、法治国家和自由秩序的社会不可能存续”。⑥

---

① 《中国互联网22年变迁：网络公民社会逐渐崛起》，载中国广播网：http：//www. cnr. cn/gundong/200909/t20090918_ 505476589. html，最后访问日期：2019年8月14日。

② ［美］彼得·德恩里科：《法的门前》，邓子滨译，北京大学出版社2012年版，第393页。

③ ［英］安德鲁·查德威克：《互联网政治学：国家、公民与新传播技术》，任孟山译，华夏出版社2010年版，第3页。

④ 《习近平说网信精神：得人者兴，失人者崩》，载人民网：http：//politics. people. com. cn/n1/2016/0516/c1001－28353734. html，最后访问日期：2020年8月12日。

⑤ ［美］弥尔顿·L·穆勒：《网络与国家——互联网治理的全球政治学》，周程等译，上海交通大学出版社2015年版，第325页。

⑥ ［德］米歇尔·鲍曼：《道德的市场》，肖君等译，中国社会科学出版社2003年版，第603页。

因此，“公民不能逃避社会中个人的和共同的责任，因为毕竟这是民主秩序赖以生存的基础”。[①]

（二）网络空间的自我行为、重叠性共识与制度认同

网络时代的到来，创造了一个既依托于又超越于物理空间的虚拟空间，形成了物理空间（现实空间）—网络空间（虚拟空间）的二元构架和交融互嵌，并形成了虚拟空间的特有秩序问题。其中，自我行为、重叠性共识与制度认同尤为凸显，对法治秩序的形成也影响更深。

1. 网络空间的自我行为规制

由于网络空间贯彻“天空法则”，因此，它不仅给人们带来了购物、出行、交流等方面的巨大方便与新奇，也给人们提供了一个近乎无限创造、想象和放逐自我的广阔天地，“民众从他们的理想和幻觉中积聚能量”。[②] 每一个人都可以卸掉在物理空间的身份、角色和伪装，进入匿名、自由、个性、新奇的网络世界里周游，形成一个个互不相知的符号化、数字化、任由重新装扮的独立自我，实施自由自在的自我行为。这既展现了人的自由天性和理想追求，也会出现一些放荡不羁，甚至是肆意窃取信息、诽谤、诈骗等违法犯罪现象。于是，人们发现，约翰·佩里·巴洛曾经的《网络空间的独立宣言》已经难以立足，[③] 而恰恰是政府必要干预下的“门和守门人仍然是信息版图中的关键部分”。[④] 一方面，一些肆意的自我行为冲击了法律规制的底线，特别是网络犯罪必须受到规制；另一方面，网络上“赢者通吃”的竞争方式一旦开始，“惯性或锁定效应就会介入，从而赋予现已创建的网络以相当大的权力”。[⑤] 这就需要国家基于公共利益、公平正义和社会秩

① ［德］约瑟夫·夏辛、［德］容敏德编：《法治》，阿登纳基金会译，法律出版社2005年版，第6页。

② ［法］塞奇·莫斯科维奇：《群氓的时代》，许列民等译，凤凰出版传媒集团、江苏人民出版社2006年版，第52页。

③ ［英］安德鲁·查德威克：《互联网政治学：国家、公民与新传播技术》，任孟山译，华夏出版社2010年版，第42页。

④ ［美］马修·辛德曼：《数字民主的迷思》，唐杰译，中国政法大学出版社2016年版，第17页。

⑤ ［美］弥尔顿·L. 穆勒：《网络与国家——互联网治理的全球政治学》，周程等译，上海交通大学出版社2015年版，第58页。

序的考量来进行必要的干预。从某种意义上说，也恰是“政府规制能够避免强制或混乱，并因此通过使人们更加容易做自己想做的事或得到自己想要的东西而促进自由”。①

由此可见，政府权力与私人权利都不是天使，二者需要恰当的互动与平衡，才能建立起多元治理的法治秩序。特别是在互联网时代，互联网空间所造就的自由“飞地”大大增进了人们的自我赋权领域与能力，同时，也带来了一定的秩序风险。它形成了一种信息技术变革时代的法律规制挑战，我们只能适时地积极应对而不能抱守残缺，因为网络时代所呈现出的“有限的游戏需要保持不变的规则”，但“无限的游戏要玩下去，就只能改变规则”。“没有赢家，也不会终止。”② 这固然需要国家立法的外在性、制度性拘束，同时，也需要确立内在性、自律性的“网络公民”精神与品格规约，从而实现对网络空间自我行为的有效规制。

2. 网络空间的重叠性共识

近代以来，公民共同体一直是民主和法治机制得以运转的社会根基和重要保障，否则，“离开了共同体的民主是无政府状态的”。③ 在当今全球化、信息化和科技加速变革的时代，出现了扁平化、破碎化、多元化、自由化的交融驱动发展态势，这就瓦解了传统的阶层结构、生活观念和交往方式，人们在物理空间和虚拟空间的“双层同构”过程中，一方面使社会成员不再受时空地域等物理条件限制更加分散化、个性化、自由化；另一方面又使社会成员基于共同兴趣爱好，甚至是一时话题的共鸣而迅速集结，并呈现规模不确定、匿名互动、自由表达等特征。在这些集结场域，要么是互相撕裂和论战，要么是相互强化和印证，从而促发一定的群体极化现象。

更为突出的问题是，在网络空间中充满了张力、困惑与矛盾，基于互联网的运动与亚文化正在国家之外持续繁荣与扩展，“互联网上的

① ［美］凯斯·R. 桑斯坦：《权利革命之后：重塑规制治国》，钟瑞华译，中国人民大学出版社 2008 年版，第 43 页。

② ［美］凯文·凯利：《科技想要什么》，严丽娟译，电子工业出版社 2016 年版，第 385 页。

③ ［英］布莱恩·特纳编：《公民身份与社会理论》，郭忠华等译，吉林出版集团有限公司 2007 年版，第 153 页。

各种动员，其基础来自这些不同的和碎片化的政治认同上”，特别是“在网上言辞激烈和煽风点火”——“政治边缘化群体的在线论坛最容易被这些非公民实践所影响”,[①] 网络空间的民主化也“不可避免地受到乌合之众的侵害”。[②] 这样看来，在全球化、信息化和科技革命不可逆转的背景下，我们就必须顺应新的时代要求，重塑公民意识和公民品格。最关键的就是建立健全网络民主规制机制，推动双重空间的民主化、法治化同构，最大限度地抑制群体极化现象和群氓意识蔓延，促进社会成员在公共领域中进行平等对话和理性互动，在求同存异中形成“重叠性共识”，从而培育网络公民文化，形成有效的法治秩序，为法治国家建设奠定坚实基础。

3. 抗争事件中的制度认同

任何社会都会有抗争行为，近代以来，它已成为公民政治参与的一种生活表现，在转型国家则更为明显。随着中国进入改革深水区和转型关键期，各种社会利益冲突和矛盾就会集中展现出来，因此，社会抗争活动（常常表现为群体性事件）就难免会大量爆发。它很多时候是在历史台本下展开的，既与历史相关联又与社会改革相回应。[③] “一方面中国的社会转型是社会抗争频发的根本原因；另一方面，社会转型也为抗争者提供了制度空间与组织资源。”[④] 然而，由于一些地方片面强调政府的抽取能力与强制能力，以保证其管理功能的实现和GDP政绩的完成，甚至通过强力维稳与经济增长来维持这种合法性基础，而社会大众并没有对这种调整和变迁方向作出顺从的反应，相反还以集体行动的抗争来反塑国家性，因此，社会抗争与国家性变迁之

---

① ［英］安德鲁·查德威克：《互联网政治学：国家、公民与新传播技术》，任孟山译，华夏出版社2010年版，第3、37、142页。

② ［美］安德鲁·基恩：《网民的狂欢——关于互联网弊端的反思》，丁德良译，南海出版公司2010年版，第185页。

③ See Elizabeth J. Perry and Mark Selden, “Introduction: Reform and Resistance in Contemporary China”, Chinese Society, Change, Conflict and Resistance, Routledge Curzon London andNew York, 2000, pp. 7, 8.

④ 王金红、黄振辉：《社会抗争研究：西方理论与中国视角述评》，载《学术研究》2012年第2期。

间一直难以实现良性互动。[①] 这样，国家对抗争权利的承认和抗争者对国家的认同之间也就随之出现了某种背离，政府与民众之间的彼此信任度都明显降低，社会抗争的频率和强度便日渐加强。

基于目前的国家管控策略、制度设计和整体社会环境，抗争活动有宪法根据，但却有违具体的规则限制，有进行动员的“精英”但缺少可靠的组织依托，有实际的权利诉求但却缺少明确的目标，有抗争行动但却缺少秩序遵从，有社会呼应但却没有社会支援。更为严重的是，“互联网急剧地改变了集体行动的成本和能力”，[②] 抗争者更加容易发布信息和组织集体行动，但同时，由于互联网的出现一定程度从技术上突破了代议民主的限制性条件，使直接民主成为可欲的目标，这就为民粹主义创造了条件，并通过互联网的“放大效应”使少数派权力貌似享有普遍的“民意”，进而转化为“多数人的暴政”，使网络民粹主义和多数人的暴政相互助长，从而扭曲民主的精神实质和现实途径。[③] 这就难免导致自发性成长的公民文化呈现出一些纠结性问题。这在一些恶性群体事件中表现得尤为突出，不仅严重影响了抗争活动的合法性和社会效果，也严重影响了公民对国家制度的应有认同，甚至诱发国家暴力 vs. 民众暴戾的恶性循环。可见，“‘法治国家’必须引导公民自觉遵守法律、努力工作和有所克制。为此，国家本身必须树立良好榜样，教育公民正确理解他们的义务和权利；使他们了解少数服从多数和思想自由并不等于无政府主义”。[④] 因此，塑造公民文化和公民性品格，规制公民的理性抗争活动，促进国家承认与社会认同的良性互动，就成为构建转型期法治秩序的重要一环。

（三）公民文化：网络空间治理的深层支撑

在当今全球化、信息化时代，世界各国都面临着自由性与规制性、多样性与一致性、流动性与秩序性、破碎性与整体性等复杂的秩序困

---

① 谢岳：《社会抗争：国家性变迁的民间反应》，载《当代中国研究》2008 年第 2 期。

② ［美］弥尔顿·L. 穆勒：《网络与国家——互联网治理的全球政治学》，周程等译，上海交通大学出版社 2015 年版，第 6 页。

③ 胡伟：《网络民主：机遇与挑战》，载《文汇报》2009 年 8 月 22 日。

④ ［德］约瑟夫·夏辛、［德］容敏德编：《法治》，阿登纳基金会译，法律出版社 2005 年版，第 93 页。

境与问题，但都不可回避地探索如何通过重塑公民精神与品格来应对这些时代挑战，尤其是在网络空间治理问题上，更是形成了不同的公民文化建设方案。基于中国的历史文化和现实国情，我们不太可能采取自由主义、社群主义、多元主义和伦理主义的公民教育模式，而更适合选择共和主义的公民教育模式，即便如此，也不可能照搬，而只能在社会主义核心价值体系的指引下，塑造适合新时代中国特色社会主义和民族复兴需要的公民文化，进而促进网络空间治理秩序和法治国家建设目标的实现。

其一，确立适应网络空间治理法治化要求的公民文化建设导向。基于互联网时代的秩序挑战，西方国家开始探寻新的公民文化建设出路，力图“在太多的公民参与和太少的公民参与之间找到一个适宜点，体现了公民参与面对的最大挑战”,①实现网络空间中公民参与的新的转向。这一转向的核心就是网络空间的“公民治理”。它既不同于古希腊城邦的那种家国一体、公私同构、治者与被治者同一的“轮番为治”，也不是一直以来那种宏大政治中民主投票的“代议制”，而是确立了一种立基于“生活政治”和网络公民自律的价值导向。这种“公民治理”的轴心取向是立足于国家网络空间治理决策上的公共参与、网络服务平台之间的对话协商、消费者与网络服务平台之间的共建共享治理，从而创造了开放、民主、互动的网络空间参与机制。具言之，就是国家关于网络空间治理的公共政策、制度规范和治理机制，应该广泛吸纳网络公民来参与其中，进行必要的诉求表达、公共讨论、民主协商和咨询论证，从而按照网络空间的内在规律来制定网络空间的游戏规则，促进网络空间的自我行为规制，达成重叠性共识、价值认同与制度认同，推动网络空间治理的参与分享、权利保障和民主进步。

其二，建立网络空间治理的多元自律参与机制。互联网的发展进程表明，互联网产生的力量会威胁到国家权威，并产生空前的自由，不过，“它也有自己的弱点，从而可以被施加管制，并且就像所有的活

① ［美］约翰·克莱顿·托马斯：《公共决策中的公民参与——公共管理者的新技能与新策略》，孙柏瑛等译，中国人民大学出版社2005年版，第153~154页。

动领域一样，它容易受到强势利益集团和参与者的影响”。① 也就是说，互联网空间治理既面临公权力与网络空间主体之间在规制上的复杂博弈，也面临互联网空间内部的多元利益主体之间的复杂权益边界。因此，除了在国家网络空间治理政策、制度规范和治理机制中的网络公民参与外，互联网空间自律机制中的民主参与也必不可少。一方面，在宏观的网络空间治理中，各种行业自律规制（如《中国互联网行业自律公约》《互联网终端软件服务行业自律公约》《互联网搜索引擎服务自律公约》《中国互联网网络版权自律公约》《中国互联网协会抵制网络谣言倡议书》等）不应是处于优势地位的网络“巨头”之间的“顶层设计”，而应为网络公民提供必要的开放空间，甚至借助技术专家的咨询论证程序，使他们的呼声、愿望和诉求能够得到反映和体现；另一方面，在微观的网络空间治理中，网络服务平台的各种治理模式、规则与机制，由于他们涉及私人权益关系、交易秩序、私人秩序的界定、规制与维护，也应为广大消费者或者网络公民提供足够的民主参与、诉求表达和权益维护渠道。实践表明，“只有在具有自治公民身份的条件下，在开放、共享参与的、正规的政治渠道中，因特网才可以创新政治实践”。② 基于此，互联网治理中的公民精神、公民素养和公民能力才能得到培养、训练和提升，也才能使“网民”转变为真正的“网络公民”，从而更好地规约自我行为、凝聚价值共识和强化制度认同，推动网络空间的共建共享治理与法治秩序。

其三，培养公民精神与法治素养，形成网络空间治理的法治文化氛围。第四十六次《中国互联网络发展状况统计报告》显示，截至2020年6月，我国9.40亿网民中，39岁以下网民占比则达58.5%，③ 而且，他们是网络空间中最为活跃、最不稳定、最容易情绪化的群体，因而，他们的思想意识和精神品质如何，无疑对网络公民文化建设具

① ［美］安德鲁·查德威克：《互联网政治学：国家、公民与新传播技术》，任孟山译，华夏出版社2010年版，第40、311页。

② ［美］曼纽尔·卡斯特主编：《网络社会——跨文化的视角》，社会科学文献出版社2009年版，第407页。

③ 参见《CNNIC发布第46次〈中国互联网络发展状况统计报告〉》，载中国网信网：http://www.cac.gov.cn/2020-09/29/c_1602939918747816.htm，最后访问日期：2020年11月26日。

有决定性影响。党的十八届四中全会早已提出“将法治教育纳入国民教育体系”的战略要求。而党的十九大报告又作出“提高全民族法治素养”“建设社会主义法治文化”，进而“打造共建共治共享的社会治理格局”的战略部署与要求，这样，就需要积极探索公民法治教育的新方法、新路径、新模式，让每一个青少年都能形成良好的公民意识和公民性品格，形成一个公民所应具备的“高尚的人格和礼仪，要求能按原则上的方式推理，从内心欣赏如自由、公共利益、平等等民主价值；批判性地思考问题，以非暴力方式解决争端；坚持别人的权利（不仅是自己的）；和你不太愿意合作的人合作；容忍与自己不同的宗教和政治观点；真正地坚持自由地表达那些看法，就如被认为是伏尔泰所说的那句伟大的民主口号：‘我不同意你的说法，但我会誓死捍卫你这么说的权利’”。① 只有这样，才能更好地培养青少年的公民精神与品质，从而为网络空间治理提供良好的法治文化氛围，强化网络空间的自我行为规制、重叠性共识和制度认同，推进网络空间的共建共治共享和法治化秩序的形成。

四、基层网格治理的法治化

党的十九大报告正式提出了建设“智慧社会”的全新理念，进而成为推进国家治理体系和治理能力现代化的时代动力，各地基层社会也相应地从网格化管理迈向网格化治理。然而，这并不仅是一种策略性的、信息技术上选择，更是一种智慧化的、法治战略上的制度安排，因此，必须理性审视当下网络化治理的问题、局限与前景，并采取积极有效的法治化应对方案，促进基层治理在深度变革中获得法治化重建，才能更好地建设智慧社会和法治国家。

（一）国家和社会治理模式的变革转型

随着互联网、大数据、区块链和人工智能等新兴技术的广泛应用，世界各国都在大力推进智慧国家、智慧城市、智慧社区建设，我国也在智慧政务、智慧司法、智慧检务、智慧交通、智慧安防等方面取得

---

① ［美］沃尔特·帕克：《美国小学社会与公民教育》，谢竹艳译，江苏教育出版社2006年版，第62页。

了重要成果，传统的治理方式正在经受技术化、数字化的改造升级，便捷高效、场景互动且全要素整合的智慧治理模式日渐形成。

一是从县域治理转向市域治理。基层治理是国家治理的根本动力和社会基础。在工商业时代，基层治理基本都是在行政区划的物理时空框架下来驱动的。由于县级政府是基层政权的核心枢纽，因此，县域治理一直是基层治理的主导形态。它是以县级政权为中心，主要通过工商业时代惯常的行政、经济、法律、文化等手段实施的区域基层治理，而随着信息时代的到来，一方面，数字经济推动社会经济快速发展，城市引领农村的趋势越发明显。2018 年我国城镇化率已达到了 59.6%，[①] 农业转移人口大量涌入城市，但他们的价值观念、生活方式、职业选择、社会保障和公共参与等都面临着融入城市的复杂境遇。另一方面，智能互联网的发展带来了全新的虚实双重空间、人机协同和人的数字面向，社会呈现出扁平化、破碎化、流动化的时代属性，社会矛盾发生的类型新、要素多、风险高、共振性大、传导性强，它所牵涉的利益群体、人财物关系、多样复杂的具体诉求等越来越超越传统县域层级能够解决的职权范围和能力限度。这样，就使城市体系拉动、辐射和吸纳县域发展的步伐大大加快，基层治理的核心也开始从县域向市域转移。因此，以设区市为主要治理载体，加快提升社会治理的智能化、法治化水平就成为新时代的必然要求。2018 年 6 月中央政法委提出了“市域社会治理现代化”概念，并阐明了树立五个导向、优化四大体系、提升七大能力为核心内容的推进市域社会治理现代化的总体框架和方法路径。[②] 刚刚结束的党的十九届四中全会《决定》又确定了“构建基层社会治理新格局”的战略要求，提出了“加快推进市域社会治理现代化”的行动目标，市域社会治理将成为数字时代治理变革和法治化构造的主导领域。

二是智慧治理日渐取代层级治理。传统“金字塔式”管理结构及

---

① 《住建部：我国城镇化率由 10.6% 提高到 59.6%》，载中国网：http：//finance.china.com.cn/news/special/70years/20190926/5088789.shtml，最后访问日期：2019 年 11 月 25 日。

② 参见陈一新：《推进新时代市域社会治理现代化》，载《人民日报》2018 年 7 月 17 日，第 7 版。

其层级治理有其“势能”的优势，但也有“动能”不足的局限。随着数字时代的到来，这些层级治理“势能”所依凭的物理时空基础和地域管辖载体，逐渐被扁平化、破碎化、流动化的社会关系和社会结构所消解，诸如网络犯罪、网络纠纷、虚拟社区、数据鸿沟、算法歧视等很多新问题、新矛盾，都已超出其涵摄范围和能力所及。与此同时，万物互联、总体覆盖和智能升级却不断加速，人力、物力和财力也实现了跨时空的全景融合、高量赋能，其成效被指数级放大。这就深刻改变了社会治理体系，并从层级“势能”转向数字化“动能”，层级治理逐渐被智慧治理所取代，这已成为国家治理体系和治理能力现代化的重要一环。

三是“共建共治共享”日渐取代政府主导。40 多年的改革开放，也是一种从政府主导走向官民共治的变革进程，如今数字社会和共享经济的发展则加速了这一趋势。在党和国家的战略部署下，共建共治共享的治理模式逐渐成型。首先，各种新业态、新模式都需要凭借对数据信息的收集、控制和使用才能得以运行，它既需要对数据信息权利进行必要的保护，也需要对数据信息进行必要的分享利用，甚至还会形成“不求所有、但求所用”的“分享经济”形态，这必然会促使治理权力从集中走向分散，形成一定的数字权益平衡和互动分享机制。其次，平台运营是数字经济的主导模式，它们在政府规则之外，制定了大量的平台规则（如规则众议院、大众评审团等），建立了多元开放的用户参与机制，形成了官民合作、“软硬协同”“共建共治共享”的规制体系。最后，智慧社会建设必然会凸显算法决策和代码规制的重要地位，它在提高社会自动化、智慧化福利的同时，也带来了数据鸿沟、大数据杀熟、算法歧视、算法“黑箱”等数字正义问题，这就需要政府的适时干预。但政府不能再采取传统的监管办法，而应本着鼓励“大众创业、万众创新”的原则，按照数字权益的“控制/分享”规律来平衡配置个人权利/社会权力/公共权力以及权利/义务/责任，进而探索“共建共治共享”的治理机制，展现新时代的“数字社会主义”。

党的十九届四中全会适时把“共建共治共享”治理战略上升为治理制度，其最终目标是“全面实现国家治理体系和治理能力现代化”。

因此，国家和社会治理模式这一变革转型，也为社会主义法治体系建设注入了新要素、新动能，推进和维护数字善治、数字正义、数字权利、数字人权，强化智慧政务、智慧司法、智慧检务、智慧警务建设等，就成为新时代的重大任务和使命，进而加速数字时代的法治秩序构建。

（二）基层治理的变革机遇与难题

随着互联网、大数据、人工智能、区块链等新兴技术的飞跃发展与广泛应用，相应的智慧社会也逐渐成型。它基于数字化、网络化、智能化深度融合的社会，形成智能治理、智慧产业、智慧商务、智慧服务、智慧生活、智慧生态等方面的总体性生态链。其基本形态是社会组织智能化、社会运行智能化、社会成员自身的智能化和被智能化。这样，就形成了“高度被感知的社会，高度互联互通的社会，高度数字化和被精准计算的社会，高度透明的社会，高度智能化的社会”。① 智慧社会的到来，在带来巨大的生产力解放和社会文明进步的同时，也必然会引发深度的社会解组，特别是使基层治理面临重大的变革机遇与风险挑战。

首先，基层结构的扁平化、破碎化加剧，行政能力应对乏力。在中国的传统中，基层具有一定的行政属性，它既是社会生活的底层支撑，也是最低一级行政区域内的国家政权。然而，随着智慧社会的到来，这一传统正发生重大改变。在智能互联网和“三个清单”制度的背景下，各种新业态、新模式不断涌现，平台经济逐渐成为主导，社会生活和日常交往日渐信息化、场景化。随之而来的是，“集中化的时代已经过去，现在的世界充满了更多的商机，以及更加分散的事物”，由此汇聚成一场“碎片化”运动，“在这场运动中，我们的社会将变得更加平等，更加人性化，每个人都重新拥有了知情和参与的权利”。② 同时，人们从现代性习来的那种理性化、个体化、商业化的自然人角色，将迈向可计算的信息人，“我们将从‘理性人’变成‘微粒

① 汪玉凯：《智慧社会与国家治理现代化》，载《中共天津市委党校学报》2018 年第 2 期。

② ［澳］史蒂夫·萨马蒂诺：《碎片化时代：重新定义互联网 + 商业新常态》，念昕译，中国人民大学出版社 2015 年版，第 296 页。

人'——这是一个决定性的转变，随着这个转变的发生，我们将会在这个数字和程序算法的世界里发展出一种新的人性形态"。① 为此，曾经依托于单位的身份归属大大松弛，人们的日常生活不再局限于居所一隅，商业交易和社会交往过程也日渐虚实混同，甚至面对面的各自"玩手机"成为人与人之间"最远的距离"。从而，形成了以"微粒人"为基点的更加智能便捷、匿名流动、虚实同构、自由高效的全新方式和渠道，呈现出分布式、破碎化、扁平化的走向。于是，传统那种带有地域、身份和层级的基层社会结构，便面临着去中心化、去地域化、去等级化的巨大解组。与此相对应，便出现了大量的、随机性的、破碎性的社会问题，从网店经营、居民流动、业主维权、社区参与、街区自治到突发社会事件，以往的社区管理体制都难以及时回应，基层的行政应对能力必然会受到一定的冲击。这就需要"参与式治理"的深度变革。这种"参与式治理"，极大地改变了目前政府在基层社会事无巨细、大包大揽的治理思路，从根本上排除了管理思维科层化、行政化、等级化的倾向，从而更加有利于贴近公民意愿和利益诉求的多元社会组织成为与政府平等的合作主体，推进扁平化、多样化、平等化成为城市管理共享的核心价值，实现了从传统科层制治理向整体性治理模式的变革。②

其次，基层空间的双重性、共振性凸显，社会风险大幅升高。近代工商业革命以来，基层社会主要是基于物理空间来构架和践行的，其结构要素是"长宽高 + 时间"。智慧社会的到来，互联网、大数据、人工智能、区块链等新技术、新业态、新平台，形成了物理空间与电子空间并存交融的双重空间格局，它在一定意义上颠覆了以往物理空间的构造要素和运行节奏。人们的工作场景、生活购销、交往活动、休闲娱乐等日常生活，基本都在现实和网络的双重空间之中穿梭完成，而与之相伴的"智能革命"，又将导致知识、技能和经济机会在人与机器之间重新分配，这就不仅使个别化、单体化的"差异革命"遭遇一

---

① ［德］克里斯多夫·库克里克：《微粒社会——数字化时代的社会模式》，黄昆等译，中信出版社 2018 年版，前言第 XII 页。

② 陶振：《城市网格化治理：运行构架、功能限度与优化路径》，载《青海社会科学》2015 年第 2 期。

场平等危机，而且平等、自由、公正和民主原则也将遭遇重大挑战和贬损危险，“这场新型的‘解析—解体’将创造一个全新的世界”。[①] 在这样的时代变革背景下，基层社会的生活方式、行为模式、治理形态等便会突破千百年来那种单一物理空间的既有经验和样式，常常出现明显的共振效应。一方面，虚实交错的广场化、众声喧嚣和个人的微粒化，会消解和淹没一些弱势群体的利益诉求和呼声；另一方面，它也很容易借助网络信息瞬间把一些“地方性”甚至小微矛盾或冲突，激发和放大为重大的带有体制性指向的公共事件，形成某种“媒介化抗争”。[②] 其中难免会掺杂纷乱的“碎片化的政治认同”。[③] 于是，这种寓于双重空间中的虚实共振效应，必然会给基层治理带来诸多挑战，也大大增加了秩序风险。为此，“我们解决公共问题时需要复杂的互动网络，承认这些网络的动员力量，但同时也认识到它带来的挑战”。[④]

最后，基层生活的流动性、智慧化提速，治理机制超载运行。随着智能互联网的融合发展与广泛应用，智慧商业、智慧政务、智慧司法、智慧城市越来越多地成为生活现实，自动交易、虚拟互动、便捷服务和便利交通无疑给人们带来了巨大的生活福利。这就打破了基层生活的地理和空间限制，呈现空前的开放性、包容性和流动性。特别是中国的城市化进程日益加速，大量的农业转移人口不断进入城市，他们凭借互联网、大数据和智慧化发展带来的广泛商机，投身网约车、快递送货、电商微商等行业。然而，这些农业转移人口又往往以“同乡”为纽带聚居在相对集中的城市社区，通过“传帮带”来从事大致相同或相似的职业，形成了嵌入城市社区的“同乡”生活圈，但他们生活的“根”又都在乡下老家，在老家买房置业，每逢年节都成群结队地返乡团聚。这样，他们就成了在城乡之间“板块式”漂移的生活

---

① ［德］克里斯多夫·库克里克：《微粒社会——数字化时代的社会模式》，黄昆等译，中信出版社 2018 年版，前言第Ⅶ~Ⅷ页。

② 参见陈天祥等：《基层治理中的国家与社会：角色、动力与行为》，中山大学出版社 2015 年版，第 138 页。

③ ［英］安德鲁·查德威克：《互联网政治学：国家、公民与新传播技术》，任孟山译，华夏出版社 2010 年版，第 37 页。

④ ［美］莱斯特·M. 萨拉蒙：《政府工具——新治理指南》，肖娜等译，北京大学出版社 2016 年版，第 34 页。

群体，并没有真正融入城市、变成真正的市民。这种“板块式”漂移，无疑会在人口信息、环境卫生、物业管理、社区安全等方面，给城市的基层治理带来诸多的问题与挑战。另外，随着智慧社会建设战略的加快实施，智慧政务、智慧执法、智慧司法也会不断深入推进，要求基层治理中提供智慧服务的范围越来越大，提供智慧服务的质量和水平越来越高。各级党委和政府多头领导、层层加码，基层社区人员少、任务重、指标多，这样，就会使基层治理机制在应对问题与挑战上，出现超载运行的状况，导致基层治理机制乏力、绩效不佳。

上述这些与变革机遇相并存的难题和挑战，直接影响智慧社会建设的目标与效果，需要加以审慎应对，并通过法治化方案来化解。正是在这一背景下，基层社会的网格化治理实践应运而生。

（三）“网格化”治理的策略选择及其问题

众所周知，当下的“网格化”治理，系由网格化管理实践的演变升级而来。它是指运用信息技术和数字化平台，将城市管理辖区按照一定的标准划分成为若干单元的网格，并建立起各个网格的部件与事件巡查、监督和处置的资源共享、集成联动的基层智慧治理模式。从某种意义上说，它是国家应对智慧社会建设进程中基层治理变革和挑战的一种实践探索和策略选择。

早在2004年，北京市东城区率先进行了基层社会网格化管理的实践探索，因其效果良好，随后便作为基层社会管理创新在全国推广。党的十八届三中全会《决定》则把网格化治理纳入了推进国家治理体系和治理能力现代化的总体战略部署中，各地遂纷纷加速基层社会从网格化管理向网格治理的转型。从网格化管理探索之初，就力图运用数字化、信息化手段，以街道、社区、网格为区域范围，以事件为管理内容，以处置单位为责任人，通过城市网格化管理信息平台，打造市区联动、资源共享的一种城市管理新模式。① 从网格化管理转向网格化治理之后，就赋予了更多的技术资源和智慧化策略。究其实质，乃是以现有的管理体制机制为基础，构建基于计算机软硬件和网络环境，

① 井西晓：《挑战与变革：从网格化管理到网格化治理——基于城市基层社会的变革》，载《理论探索》2013年第1期。

集成地理空间、网格和部件等多种数据资源，经由多部门的信息共享与协同工作，实现对社会管理部件和事件的动态监管、处置、统计和分析的治理应用平台，即现有管理体制的平台化、治理化、智慧化。其好处在于，从过去被动地应对问题转向主动发现和解决问题，信息化和数字化可以保证基层治理的敏捷、精准和高效，形成一整套规范统一的管理标准和“发现—立案—派遣—结案”流程，从而推进了智慧化、精细化治理，反映了智慧时代的社会治理趋向。它在提升党委和政府的基层治理能力和水平，扩大社会各方力量的积极参与，增进政府治理与社区自治的良性互动等方面，都具有明显的成效。然而，很多地方在将网格化治理策略“落地”的过程中，却未能很好地贯彻党的十九大提出的“共建共治共享”理念，也不尽符合“打造共建共治共享的社会治理格局”的战略要求，因而，出现了一定的局限和问题。

1. 物理中心主义

即在治理理念上，物理空间思维比较浓重，网络空间思维相对淡薄。信息技术革命把我们带进了智慧社会，智慧化就成为新时代社会治理的不二选择。然而，面对智慧城市建设，各国学者仍有不同的设计思路和策略选择。城市管理视角者，意在构建一个有包容性、整合性和可持续性的智慧城市；政府角色智慧化视角者，强调网络技术、数据技术、信息通信技术等治理工具变革之下的政府治理创新的结果，政府治理技术创新，而民主参与视角者，则主张城市硬件基础设施的智能化改造不足以构建一个智慧城市，城市民主才是智慧的根源所在，是社会多元力量不断增强以及政府权力的适度让步，多元互动创新和公共服务的转变。这样，“智慧城市的建设不仅是以物联网、大数据、信息通信等技术应用为中心，也是城市中科技力量与社会治理相结合的结果，突出了多元主体间的协同性”。① 对我国而言，更多的还是要贯彻国家治理体系和治理能力现代化的总体战略，大力推动社会治理重心向基层下移。但就目前各地网格化治理的进展状况而言，尽管网格化治理的成效比较显著，但很多地方还是把网格化治理作为一种技

① 李云新、韩伊静：《国外智慧治理研究述评》，载《电子政务》2017 年第 7 期。

术手段和行政策略，把网格化治理平台当作传统社会管理（或者治理）的技术外化、能力拓展和虚拟延伸，力图通过信息采集、技术监控、精准发现、快捷处置、高效维稳等方式，来整合基层治理中的破碎化问题、控制矛盾冲突、维持社会稳定。即他们更多的还是立足工商业社会的单一物理空间思维，而非立足信息社会的物理（现实）—电子（虚拟）双重空间的思维，因而，常常是把智慧社会的分散漂移要素和破碎化问题“拉回”“锁定”在网格之中，规整在物理空间的范围和方式上，对虚拟空间的新方式、新途径和新策略的吸纳、融合和运用却不够充分。特别是在对待网络表达与动员、虚拟空间的社会运动、网络民主参与、网络舆论监督等关注不足，甚至采取不恰当的堵截手段来予以“摆平”。然而，“仅仅靠封堵、删除是不能彻底净化网络环境的，仅仅关注现实治理而忽视虚拟治理也是不行的。把现实治理跟虚拟治理结合起来，把疏与堵、解决问题和引导舆论充分地结合起来，才能不断完善社会治理”。[①] 也就是说，网格化治理绝不是新的信息和智慧手段在传统治理模式上的简单应用，而应是立足双重空间的治理模式转型升级，是智慧社会治理逻辑的重建和覆盖。这就需要摒弃传统的单一物理空间思维，切实按照智慧时代的双重空间思维来推进网格化治理。

2. 政府中心主义

即在治理机制上，政府中心倾向明显，对社会参与关注不足。网格化治理，旨在充分运用互联网、大数据、云计算、物联网等信息技术手段，把基层社区划分成若干责任网格，将“人、地、事、物、情、组织”等平安建设信息全部纳入具体网格，搭建资源共享、联动共管、全面覆盖、高速快捷、科学治理社会和服务民生的社会治理信息平台，以期形成“社区有网、网中有格、格中定人、人负其责”，并可以“横向到边，纵向到底”的无缝隙、精准化治理模式。从本质上来看，它是在不改变既有政治行政体制下，吸收多元社会主体，运用技术化手段提升治理效率与质量，调整权力结构以重建公共秩序的过程。然而，在基层政府的具体实践操作过程中，这一重构与运用的根本目标仍未

---

① 洪大用：《社会治理的关键是治理流动性》，载《社会治理》2017 年第 6 期。

脱离强化政府“控制”，获取社会稳定秩序的思路。它“既内嵌于权力重构与‘行政吸纳社会’的具体行动中，是政府行为与策略选择的内在逻辑机制，同时二者的交互作用又进一步促进和强化了这一秩序再生产目标的实现”。[①] 因此，在网格化实施方案、总结汇报和领导讲话中，控制和稳定无疑是第一逻辑，“稳定”“监控”“综治维稳”“治安”等关键词运用的频度最高，却罕见“服务”二字。[②] 这种以“行政吸纳社会”模式运作的网格化治理的深入开展，难免有陷入制度“内卷化”的风险，从而会带来行政扩张、功能背离价值和选择性治理等问题。[③] 说到底，它仍是一种政府中心主义的积习性策略，如果对社会力量参与的重视和开放不足，那么网格化治理很可能就只是在“区—街道—社区”三级管理结构之下增加了“网格”这一个新的层级。同时，在落实党的十九大“加强社区治理体系建设，推动社会治理重心向基层下移，发挥社会组织作用，实现政府治理和社会调节、居民自治良性互动”这一基层治理要求的过程中，一些地方更多的是推动社会治理重心下移，即工作“本身”的重心下沉，抽调派遣干部深入网格、管理网格，这不仅导致了基层政权的“空心化”，也使底层网格治理负担日益加重。这无疑还是继续政权下移、管理下移的老路子，而没有按照党的十九大重心下移的目标要求来发掘自治力量、发挥社会组织作用，那么，就自然难以“实现政府治理和社会调节、居民自治良性互动”了。进而，也就未能全面、深入贯彻落实党的十九大关于“完善党委领导、政府负责、社会协同、公众参与、法治保障的社会治理体制，提高社会治理社会化、法治化、智能化、专业化水平”的战略部署。因此，需要高度认识“网格化治理”的重大意义，放弃政府中心主义和官本位，大力拓展基层民众的公共参与渠道和形式，切实推进基层治理的民主化、法治化和智慧化。

---

① 毛寿龙、李玉文：《权力重构、行政吸纳与秩序再生产：网格化治理的逻辑——基于溪口镇的经验探讨》，载《河南社会科学》2018 年第 3 期。

② 何瑞文：《网格化管理的实践困扰》，载《苏州大学学报》（哲学社会科学版）2016 年第 1 期。

③ 毛寿龙、李玉文：《权力重构、行政吸纳与秩序再生产：网格化治理的逻辑——基于溪口镇的经验探讨》，载《河南社会科学》2018 年第 3 期。

3. 地域中心主义

即在治理资源上，地域化色彩较浓，开放共享程度不够。网格化治理，在操作层面上大多是“既有管理体制+信息化治理平台”，而现有的管理体制是地域性的、封闭的，因此，就往往导致各地的网格化治理带有明显的地域属性。如北京市一直在推进城市管理网、社会服务管理网、社会治安网的“三网”融合网格化治理；[①] 浙江构建了全省“一张网”的基层治理体系，建立“全科网格”制度，[②] 形成“人在网中走，事在格中办”的治理格局；[③] 江苏坚持属地原则、坚持适度原则、坚持方便服务原则、坚持规范管理原则，构建了大数据、人工智能高度融合运用下的“全要素”网格化社会治理模式；[④] 广东则构建了“中心+网格化+信息化”治理体系，[⑤] 等等。它们往往都设置了各自的统一入口、统一出口，统一标准、统一调度、统一监管制度。应当说，不同地域的治理应该有不同的“地方性”特色和方式，以适应不同的地理、文化、经济状况。然而，其问题也是明显的。

具言之，网格化治理毕竟是适应智慧社会建设与发展的重要战略，智慧社会不同于工商业社会的一个重大变革，就是不再有泾渭分明的地域边界，一个可能改变个人命运的行为未必发生在身边，而是来自“看不见，摸不着”的网络世界；人员的流动频繁，许多地方的流动人口远超原有居民人数；社会活动也日益多样化，活动的链条日益复杂化，[⑥] 而分散的智慧公共服务系统无疑是难以有效应对这些时代挑战

---

① 贺勇：《网格化探索的“北京经验”》，载《人民日报》2016年5月16日，第14版。

② 《浙江运用“互联网+”创新发展新时代“枫桥经验”》，载法制网：http://www.legaldaily.com.cn/zt/content/2018-01/25/content_7458271.htm?node=90863，最后访问日期：2019年8月28日。

③ 徐潇青：《升级版“枫桥经验”将矛盾解决在一线》，载《杭州日报》2017年10月31日，第A12版。

④ 于茂高：《创新全要素网格化社会治理机制》，载《群众》（思想理论版）2018年第11期。

⑤ 《监控无死角广东构建“中心+网格化+信息化”体系》，载南方网：http://news.southcn.com/gd/content/2017-09/14/content_177543225.htm，最后访问日期：2018年12月10日。

⑥ 参见叶竹盛：《网络时代需要“新枫桥经验”》，载《光明日报》2017年1月3日，第006版。

的。并且，条块、地域分割的智慧公共服务系统彼此之间缺少连通，对数据的共享交换不畅，增加了运营成本，也给基层民众带来了诸多不便，未能收到应有的实际效果。为此，2019 年中央政法工作会议就明确要求："政法机关承担着大量公共服务职能，要努力提供普惠均等、便捷高效、智能精准的公共服务。要持续开展'减证便民'行动，加快推进跨域立案诉讼服务改革，推动诉讼事项跨区域远程办理、跨层级联动办理，解决好异地诉讼难等问题。"① 可见，建设智慧社会，亟须建立统一的公共服务和数据共享交换平台。这不仅有助于推动智慧公共服务深入发展，实现基本公共服务均等化、便捷化，而且有助于推动监管信息共享，提高监管效率，并促进建立包容创新的审慎监管制度，实现对新产业新业态既具弹性又有规范的管理。消弭城乡数字鸿沟、区域数字鸿沟，进而实现信息网络宽带化、基础设施一体化、基本公共服务均等化、产业发展联动化、社会治理精细化。事实表明，过于注重地域特色风格和制度壁垒的网格化治理，就可能阻断了智慧时代的信息共享与开放治理，而碎片化的数据也难以发挥更多的智慧治理潜力，甚至多头、割裂、冗余的指令造成基层繁重的、重复劳动和疲惫应对，造成过高的社会成本和治理难度。② 对于大量农业转移人口的板块式漂移而言，网格化治理的地域主义必然会在信息归集、矛盾调处、社会治安、公共服务等方面，遭遇更多的治理难题和服务局限。

4. 技术中心主义

即在治理方式上，技术进路较为突出，人文关怀尚需强化。网格化治理是智慧社会建设的时代要求和发展趋势，它无疑需要信息技术来支撑，因此，网格化治理平台的信息技术要素就显得十分重要。然而，信息技术毕竟是为智慧社会的基层治理服务的，它不能反客为主，更不应该成为权力扩张的新形式。恰恰相反，对公权力的精准约束是

① 《习近平出席中央政法工作会议并发表重要讲话》，载新华网：http：//www.xinhuanet. com/politics/leaders/2019 - 01/16/c_ 1123999899. htm，最后访问日期：2020 年 1 月 18 日。

② 张黎明：《智慧社会下的基层治理路径》，载《中华建设》2018 年第 3 期。

智能化治理和智慧化服务的应有之义，[①] 从而从把权力在关进制度的笼子里。从目前来看，一些地方的智慧治理“加剧了城市的两极分化和社会隔阂，增加了个人隐私和公共部门信息泄露的风险，也恶化了社会治理的碎片化问题，产生了由技术官僚化带来的计算机官僚主义为城市设置的新的道德秩序”。[②] 如果网格化管理只是侧重于维稳管控取向，而非服务取向；如果先进技术旨在提高对社会的控制能力，而非解决不平衡、不充分问题；如果民情信息员、网格监督员主要是发现案源的“眼睛”、反馈问题的“探员”、执法的“触角”，而非便民惠民和创造社会受益之善，那么，网格化管理技术就难免会出现手段与目的关系倒置、选择性治理和冲击人文关怀的情况，借助技术的权力扩张也就会势不可当，权利保障必然会面临重大挑战，其社会风险不言自明。可见，信息通信技术、大数据、云计算和人工智能并不能完全解决现存的社会问题，“智慧城市建设中产生的技术理性忽视社会的人文关怀，以及由于信息鸿沟而产生的社会两极分化需要新的治理技术来解决”。[③] 因此，将智慧发展时代的技术进步转换为关住权力的“新笼子”、化解不平衡、不充分问题的新途径，“将人为因素降到最低限度，将人的地位与尊严放在最高地位，网格化管理才前途可期”。[④] 这也是党的十九大提出“以人民为中心”“打造共建共治共享治理格局”战略的核心所在。

由上观之，网格化治理是应对智慧时代基层治理挑战的重要举措，也取得了明显的成效。但是，在一些地方的实践操作过程中，也出现了亟待需要解决的问题，甚至还发生了某些偏向，严重制约着网格化治理的基本目标和效能，并对智慧社会的法治建设产生了不良影响。因此，需要以法治理念、法治思维和法治方式来推进网格化治理，从而使基层治理迈上制度化、法治化轨道，塑造智慧时代的基层治理秩

---

① 汪玉凯：《智慧社会与国家治理现代化》，载《中共天津市委党校学报》2018 年第 2 期。

② 张丙宣、周涛：《智慧能否带来治理》，载《武汉大学学报》（哲学社会科学版）2016 年第 1 期。

③ 李云新、韩伊静：《国外智慧治理研究述评》，载《电子政务》2017 年第 7 期。

④ 何瑞文：《网格化管理的实践困扰》，载《苏州大学学报》（哲学社会科学版）2016 年第 1 期。

序，为法治中国建设提供基本动力和深层支撑。

（四）基层网格治理的法治化路径

随着信息革命的迅猛发展，科技加速改变了物质世界、社会世界和精神世界的“时空体制”——“改变了社会生活的空间和时间的知觉与组织。”基此，“人类主体无可避免地去中心化、分裂、充满张力的”，[①] 这也正是导致当今基层治理挑战的一个根本性诱因。为此，网格化治理的应对策略，就不能局限于既有的惯性思维，而应立足智慧时代的生产方式、生活方式、行为方式和价值观念深刻变革的客观现实，来适时确立智慧治理法治化的价值理念和规制路径，进而指导和践行基层的网格化智慧治理，积极塑造智慧时代的基层治理法治秩序。

1. 确立双重空间的一体规制方式

众所周知，当数据和算法日益成为重要的生产要素，生活建模化和极化结构日益凸显，以及自由和控制的同步增长，就必然会使工商业时代以来的生产生活方式和社会价值观发生了深刻改变甚至颠覆。于是，“虚拟共同体，介乎游戏与尘世、模拟与社会之间，可以帮助我们重新设想一套机构和制度，质疑和重铸关于自我、政治和法律的思想”。[②] 因此，在推进基层网格化治理的进程中，就应摆脱基于工商业社会的惯性思维和单一物理空间逻辑，进而确立信息时代的智慧发展思维和双重空间逻辑，即不是要把互联网、物联网、大数据、人工智能、区块链等智慧发展带来的虚拟化、破碎化、漂移化的复杂问题“拉回”“锁定”在物理空间的网格中，而是应按照双重空间的虚实同构属性和生活逻辑，在网格中展现、释放双重空间的多元要素，探索一体规制的治理方式。具言之，一方面，基层网格化治理的局限与问题难免会让人们担心，“网格是否已经让政府行政重新回到‘全能主义’范式，抑或它是一种不同于大包大揽式国家的‘新全能主义’。在‘新全能主义’下，许多的部门职能可能被下放，权责可能在层级间被重新划定，联动程序可能被重新组合。而这些改变全都应当落脚于国

① ［德］哈特穆特·罗萨：《新异化的诞生——社会加速批判理论大纲》，郑作彧译，上海人民出版社 2018 年版，第 14、146 页。

② ［美］彼得·德恩里科：《法的门前》，邓子滨译，北京大学出版社 2012 年版，第 407 页。

家（政府）在完成对社会治理统合的基础上切实遵循‘法无授权不可为、法定职责必须为’的原则”。[1] 因此，应切实坚持负面清单的制度理念，在推进网格化治理进程中保持权力制约和谦抑精神，建立相应的规范制度和正当程序，防止公权力在智慧治理中借助信息技术进行扩张和滥用，使其能够按照智慧时代的双重空间生活逻辑和方式来行使权力、推进智慧政务，从而保障公民权利、自由和社会自治。另一方面，应切实坚持“以人民为中心”的新时代执政理念，探索能够吸纳包容网络社会动员、虚拟组织自治、网络公共参与、网络民主监督的新型智慧社会治理模式，制定一体规制的规则体系，促进基层网格化治理的一体化、制度化、法治化，保障基层民众的民生权益和法治秩序。

2. 探索多元共建、赋权共享的体制机制

中共十九大立足发展不平衡、不充分这一新时代的社会主要矛盾，实施了从“共建共享”到“共建共治共享”治理战略升级。这样，在基层网格化治理的挑战和问题面前，就应深入贯彻这一治理战略部署，积极探索多元共建、赋权共享的体制机制。

其一，增进赋权治理。要实现“共建共治共享”，无疑首先要厘清“为谁治、谁来治、和谁治”的问题。网格化治理的核心是人，因此，必须以人为本，鼓励企业和市民通过各种方式参与网格化治理，从而把群众与政府之间的关系从“你和我”变成“我们”，真正做到“人民的城市人民管”。[2] 这就需要把信息革命和智慧发展所创造出来的巨大福利，实时转化为基层民众的现实权利和民生福祉，尊重技术进步中的自我赋权，并将技术赋权上升为制度赋权，而这一“赋权实践必须与民众所生活的社会维度、政治维度以及个体维度相结合，以便让赋权实践与包容、参与以及社会正义相结合”。[3]通过广泛的、动态的、制度化的包容赋权，形成网格化的赋权治理机制和模式。

① 胡重明：《网格化社会治理：研究回顾与新的议程》，载《行政论坛》2017 年第 3 期。

② 刘艳杰：《以“互联社区”引领网格化大治理体系——山东省青岛市市北区推进社区治理现代化的创新与探索》，载《光明日报》2018 年 4 月 19 日，第 07 版。

③ ［英］Robert Adams：《赋权、参与和社会工作》，汪冬冬译，华东理工大学出版社 2013 年版，第 201 页。

其二，强化合作治理。在推进基层网格化治理的进程中，其成就固然可圈可点，然而，“当前市民增权、社区权力结构变迁和社区公共空间扩展并不意味着已经充分实现了基层民主化。实际上，基层民主化进程受到多方限制”。[①] 很多地方的网格化管理，都“存在公民参与和社区多元主体互动缺乏问题”。[②] 与此同时，“网格管理员并不具备行政执法的主体资格，只是信息‘二传手’，充当信息搜集员和反馈员。发现问题靠‘格内’，解决问题靠‘格外’，最终还是靠上级部门。显然，不打破现行行政管理体制结构，网格化管理始终是被动的，无法发挥实质性作用。改善社区治理，网格化只是工具，有效推进部门联动协同才是关键”。[③] 即功夫在“格外”的互动合作。这就意味着，面对基层网格化治理，需要摆脱政府中心倾向，“从简单的控制、主导，转向合作和伙伴关系”，[④] 形成多方共建、多元共治的合作治理。它是在国家与社会间以及国家、社会内部建立良性合作机制的一种治理。其特征是“治理主体多元化、公共权力分散化、运行机制合作化、合作地位平等化、权责界限明晰化、治理方式多样化”。[⑤] 同时，也要淡化地域化色彩，加强区域合作和信息一体化建设，在法治化的信息保护框架下来消解数据碎片化和“信息孤岛”问题，进而以“科技融合促进共建、信息互通推进共治、流程再造实现共享”。[⑥]

其三，拓展智慧治理的民主参与机制。在当今信息技术的变革时代，“网络的迅速发展对扩大公众参与、提高社会治理能力、弥合社会断裂起到了积极作用，但也在客观上造成了时空、技术、结构、价值等新的社会断裂，并对城市社区网格化治理形成冲击，从而使得城市

---

① 石发勇：《准公民社区——国家、关系网络与城市基层治理》，社会科学文献出版社 2013 年版，第 231 页。

② 姜晓萍、焦艳：《从“网格化管理”到“网格化治理”的内涵式提升》，载《理论探讨》2015 年第 6 期。

③ 何瑞文：《网格化管理的实践困扰》，载《苏州大学学报》（哲学社会科学版）2016 年第 1 期。

④ 陈家刚主编：《基层治理》，中央编译出版社 2015 年版，第 4 页。

⑤ 谢正富：《基层治理的行动逻辑研究》，华中科技大学出版社 2015 年版，第 174 页。

⑥ 陈东升等：《杭州智慧治理领跑全国——“互联网 +”为共建共治共享插上翅膀》，载《法制日报》2018 年 2 月 22 日，第 001 版。

社区网格化治理面临着实体空间的细分化与虚拟空间的泛在化断链脱节、技术运用的特殊性与网格化模式的特定性衔接不畅、多元主体离散与网格治理资源难以有机整合、网络价值冲蚀网格治理连续性等方面的治理困境”。这就不仅需要践行网格化“重心下沉、关口前移、资源整合”的治理目标，[①] 更需要克服政府中心倾向，通过党政领导服务化、基层民主实质化、民众参与实效化，来打造共建共治共享的治理秩序。事实上，“网格化治理的内涵式提升，就是通过对治理理念和价值目标的重新界定，对公民参与和社会自治元素的纳入，对功能定位和运行机制的转变，构建一个以社会自治为基础，以公民及其需求为核心，以网格化综合服务管理系统为平台，以信息技术为手段的基层协同型社会治理系统，以加快社区治理能力的现代化”。[②] 然而，目前很多地方的基层网格化治理，要么重在防控“维稳”，如建立综治工作、市场监管、综合执法、便民服务等治理平台；要么重在“互联网 + 政务服务”，如网上受理、网上办理、网上反馈、网上查询，加快政务服务“一张网”建设。[③] 这虽然解决了大量纠纷和问题（包括“e 调解”，即在线解决纠纷 ODR，Online Dispute Resolution），提供了更多的便民服务，但在基层民众的民主参与机制上却步伐缓慢，渠道有限，尤其是基层民主选举、基层自治管理、基层民主监督等并没有伴随网格化治理的先进信息技术资源得以同步提升。因此，亟需运用网格化治理的新技术、新平台，来拓展基层民众在双重空间中的公共参与途径和形式，建立智慧治理的民主参与机制，并予以法治化保障。只有“通过‘赋权予能’实现利益协商与权力共享，建立多元主体间的良性互动机

---

① 李颖：《断裂与弥合：“互联网 +”时代城市社区网格化治理的困境与再思考》，载《山东社会科学》2016 年第 11 期。

② 姜晓萍、焦艳：《从“网格化管理”到“网格化治理”的内涵式提升》，载《理论探讨》2015 年第 6 期。

③ 浙江构建了全省“一张网”的基层治理体系，建立“全科网格”制度，划分了 7.8 万个网格，建成了一支 23.4 万人的网格员队伍，今年以来，全省通过网上受理各类矛盾纠纷和问题 640 万余件，平均每天推动解决问题 1.88 万件，95% 以上在镇村得到妥善解决。参见《浙江运用“互联网 +”创新发展新时代“枫桥经验”》，载法制网：http://www.legaldaily.com.cn/zt/content/2018-01/25/content_7458271.htm? node = 90863，最后访问日期：2019 年 8 月 28 日。

制，为构建多元主体治理新格局奠定基础”，[①] 基层的网格化治理才能真正取得实效，也才能真正纳入法治化轨道。

3. 塑造法治文化，保障人的全面发展

在当今时代，互联网、物联网、大数据、人工智能、区块链等新技术迅速发展并获得了广泛应用，极大地提高了社会生产力和人类生活的品质。然而，技术进步及其应用也存在一定的风险和问题，启蒙价值的贬损和人文精神的流失就是其中十分突出的一个。人们发现，在技术发展领先的西方，他们“正在以机械装置的形式来表现自己”。[②] 因此，“尽管这些技术已经让人兴奋不已，并且可能会带来巨大的好处，但它也可能对我们现在所熟悉的社会造成巨大的破坏。如果我们要掌控这些技术所能带来的好处以及它将给社会带来的挑战，那么我们的社会需要认真考虑并建立一套指引这些技术发展的标准和政策”。[③] 如何维持启蒙价值和人文精神，就成为优先考虑的问题。

我国基层社会的网格化治理，无疑是信息技术在基层社会治理中的实践应用，其实质是改革开放以来由“总体性支配”向“技术治理”的重大转变。[④] 这种技术治理，产生了双向效应，一方面提升了政府服务能力，另一方面也减弱了人文关怀；一方面使日常生活更加便捷高效，另一方面导致社区归属感降低；一方面智能系统提供更加精准信息和方案，但另一方面人们的生活隐私越来越受到威胁，等等。从某种意义上说，“数据主义对人类造成的威胁，正如人类对其他动物所造成的威胁”。[⑤] 由此可见，网格化治理在其本质上应该是运用技术手段更多为基层民众提供便利和优质服务，而不应该是技术理性对人文精神的侵蚀，否则，就有违网格化治理的初衷了。也就是说，“网格以及

---

① 吴晓燕、关庆华：《从管理到治理：基层社会网格化管理的挑战与变革》，载《理论探讨》2016 年第 2 期。

② ［美］George F. Luger：《人工智能——复杂问题求解的结构和策略》，郭茂祖等译，机械工业出版社 2017 年版，第 469 页。

③ ［美］詹姆斯·亨德勒、爱丽丝·M. 穆维西尔：《社会机器——即将到来的人工智能、社会网络与人类的碰撞》，王晓等译，机械工业出版社 2018 年版，第 14 页。

④ 参见渠敬东等：《从总体支配到技术治理——基于中国 30 年改革经验的社会学分析》，载《中国社会科学》2009 年第 6 期。

⑤ ［以色列］尤瓦尔·赫拉利：《未来简史》，林俊宏译，电子工业出版社 2017 年版，第 357 页。

信息技术的运用必须服从于公共管理的核心理念和最高要求，就是人的全面而自由的发展”。[①] 因此，必须改变技术“本位主义”的操作进路，确立以人为本的理念，“立足公民的需求，智慧地使用资源，做出智慧决策，推动可持续经济增长和提高居民生活质量。同时培育公共生活中的多元主体，平衡科学与民主、技术与治理、技术与政治之间的关系”。[②] 只有这样，才能确保网格化治理贯彻促进人的全面发展的人权理念，进而使网格化治理在法治的轨道上不断拓展和深化，促进共建共治共享治理格局的形成和“法治中国”建设目标的实现。

五、数字社会的治理逻辑及其法治化展开

随着信息技术革命的兴起，千百年来人们所习以为常的物理世界逐渐转换为数字世界，人类也由此迈进了数字时代。这样，基于原有单一物理世界的生产生活关系、思想观念和行为、社会制度和秩序等，都面临深刻的颠覆和重建。与此相应，社会治理也必然会呈现出数字时代的特有逻辑，并成为推动国家治理体系和治理能力现代化、促进包容共享型法治的根本动力。

（一）国家治理体系和治理能力现代化的双重面向

从党的十八届三中全会开始，党和国家就把全面深化改革的总目标确定为“完善和发展中国特色社会主义制度，推进国家治理体系和治理能力现代化”，党的十九届四中全会又做出了重大《决定》，到21世纪中叶要“全面实现国家治理体系和治理能力现代化”。这一进程则置身于全球化和信息革命的深层背景之中，并呈现出现代性与“超现代性”的双重面向。

1. 国家治理体系和治理能力现代化的现代性面向

在农耕时代，中国曾创造了辉煌的制度文明，但随着工商业时代的到来和现代性的出现，中国便逐渐落伍成“传统社会”。因此，自晚清以来，中国的历次革命和制度变迁都在追求现代性、追赶现代化，包括“德先生、赛先生”。中华人民共和国成立后，开启了全新的社会

---

① 竺乾威：《公共服务的流程再造：从“无缝隙政府”到“网格化管理”》，载《公共行政评论》2012年第2期。

② 李云新、韩伊静：《国外智慧治理研究述评》，载《电子政务》2017年第7期。

主义现代化模式，并在1954年首次提出要实现工业、农业、交通运输业和国防的“四个现代化”，后被“反右”和“文革”中断。改革开放后，1980年再提工业、农业、国防和科技的“四个现代化”目标，大力发展市场经济、加速现代化建设进程，直到党的十九届四中全会《决定》着力推进国家治理体系和治理能力现代化。可见，现代性面向是100多年来中国的不懈追求，并从“四个现代化”转向国家治理体系和治理能力现代化。其核心是以理性科学、民主法治来取代经验传统和人治方式，最终把权力关进制度的笼子里，实现良法善治。

2. 国家治理体系和治理能力现代化的“超现代性”面向

近代以来，以自由与理性为核心的启蒙价值和现代性精神，一直占据社会发展的主导地位，成为摆脱传统和落后、走向富强和文明的基本标志。然而，现代性也并不是完美的，特别是进入21世纪后遭遇到了诸多问题和挑战。一方面，“自由主义的社会用一只手所提供的东西，往往会被另一只手拿走”，[①] 贫富两极分化和多元矛盾冲突日益严峻；另一方面，后发现代化国家的追赶“仿制”进程常常遭遇“水土不服”，西方样板“遗憾地未能达到现代性模式在某个地方也得到许诺的那种有效程度”，这就使“现代性总是一种他性的概念”。[②] 全球化进程又加剧了现代性的张力后果，为此，引发了后现代性思潮的崛起，它们力图通过消解中心、坍塌基础、颠覆结构、倡导终结等方式，对现代性展开全面的、彻底的反思和批判。但问题是，后现代主义者只是颠覆和摧毁，并没有给出一个合理有效的方案，而且后现代世界“也许看上去很不像但同时又非常像现代世界”，[③] 那么，其局限也就昭然若揭了。因此，哈贝马斯、利奥塔等通过“未完成性”“重写现代性”等叙事方式来对现代性开出拯救的“药方”。

事实上，现代性危机也好、后现代性幻象也罢，都根源于其发展过程中的内在矛盾与变革诉求，都是在“上帝”为人类规划好的物理

---

① ［英］齐格蒙·鲍曼：《后现代性及其缺憾》，郇建立等译，学林出版社2002年版，第240页。

② ［美］弗雷德里克·詹姆逊：《单一的现代性》，王逢振等译，中国人民大学出版社2009年版，第177页。

③ ［美］大卫·雷·格里芬：《后现代精神》，王成兵译，中央编译出版社1998年版，第210页。

时空“围栏”中来展开的。然而，网络化、数字化、智能化进程则开始突破上帝的“围栏”——它在人类有史以来惯常生活的现实空间之外开辟出了虚拟空间，在人的天然生物属性之外添附了数字属性，而AI技术又让机器“活了”，形成了人机协同状态。此时，各类产销数据、关系数据、身份数据、行为数据、音语数据等，成为重要的生产要素和新时代的“石油”，搜索引擎、商业平台、物联网等各类新业态迅速崛起，从社会生产到日常行为都呈现出日益加深、日益全面的数字化生态，人类生活也面临全面的改写和重建。这样，就出现了远超现代性/后现代性的全新景象。它完全突破和改变了物理“时空体制”，不只增加了沟通交流的速度以及经济过程与生产过程的“虚拟化”，还会形成新的职业结构、经济结构，以及沟通传播结构，开启新的社会互动模式，甚至是新的社会身份认同形式，造成了时间和空间的“脱嵌”。于是，“人类主体无可避免地是去中心化、分裂、充满张力的，而且无法否认欲望与价值观念之间有无法调和的冲突”。[①] 这就彻底颠覆了基于物理时空和工商业生活的现代性构造，涌现出虚实同构、数字生活的“超现代性”。为此，当下中国的国家治理体系和治理能力既要实现从传统到现代的总体转型，在现代性的道路上“继续追赶”，也在“超现代性”的颠覆变革面前获得了“换道超车”的可能和机会。此时，它必然要融入数字社会的诸多客观要求、要素和机制，赋有“超现代性”的数字面向，中共十九大提出建设“数字中国”“智慧社会”，并推进“智慧治理”，就是顺应这一趋势的重要战略决策，既体现着工商业时代的现代性逻辑，也展现着数字时代的“超现代性”诉求。

3. 数字社会治理向度的体制表达

毋庸讳言，农业革命和工业革命都曾对生产生活和人类命运产生了决定性影响，但它们都是在上帝的“围栏”内进行的，更多的在于改变了人的生存条件和环境，而非人的属性和存在方式，因而一直是物理时空中的“固态社会”。如今的信息革命则突破了上帝“围栏”，

---

① ［英］哈特穆特·罗萨：《新异化的诞生——社会加速批判理论大纲》，郑作彧译，上海人民出版社2018年版，第39、118、146页。

形成了一个既包容物理世界又对其进行数字化重建的“液态社会”。这样，基于“固态社会”而形成的生产生活规律、社会组织形式、社会治理体系、法律制度规范等，必将面临数字时代“液态”发展逻辑的挑战和重塑。其欲求最初也许是新技术、新业态、新模式在“破窗”过程中与制度碰撞而生发的，但随后便会向思想观念、商业环境、社会治理、生活方式等领域不断扩散传播，进而影响着国家和社会治理的战略选择。事实上，近年来我国社会治理出现了两个重大的变革转向，也恰是这种“超现代性”的数字社会治理向度的一种体制表达。

一是从层级治理转向智慧治理。中华人民共和国成立后，建立了中央政府统一领导、地方政府分级管理的主导体制，形成了“金字塔式”管理的层级结构和层级“势能”，其间，虽然经过多次的党政管理体制改革，但这种主导体制和基本面并没有太多变化。它主要以物理时空要素，特别是地域管辖为基础，也曾发挥了高效、良好的治理作用。然而，现在的问题是，以往层级结构和层级势能所依凭的物理时空基础和载体，逐渐被数字时代的扁平化、破碎化、流动化的社会关系和社会结构所消解了，诸如网络犯罪、网络纠纷、虚拟社区、数据鸿沟、算法歧视等很多新问题、新矛盾，都已超出它的涵摄和能力所及的范围。与此同时，日益崛起的网络化、数字化和智能化平台，却不断地加速万物联通、业务覆盖和智能升级，使人力、物力和财力能够突破以往的物理时空限制而进行全景融合、高量赋能且成效获得指数级放大。这种发展趋势深度地改变了社会治理体系，孕育了全新的智慧治理，进而从层级“势能”转向数字化“动能”，发挥着智慧治理的支撑作用。近年来，党和国家也在不断推进智慧城市、智慧社会、智慧司法建设，层级治理逐渐被智慧治理所取代，这已成为国家治理体系和治理能力现代化的重要一环。

二是从政府主导转向共建共治共享。40 多年来的改革开放，无疑是一个从政府主导不断向社会开放并加强与社会合作的变革进程。从“三位一体”到“四位一体”，社会力量参与逐渐获得必要肯定和保障。特别是近年来网络化、数字化、智能化的进一步融合发展，“分享经济正慢慢渗透我们的生活，从汽车的分享，到私人房产的分享，到技能和剩余时间的分享，再到创意分享，人们迎来一个‘无分享不生活’

的时代，智能手机成为入口，社交给分享导流。过去既求所有又求所用的消费观念，变成了不求所有但求所用”。[①] 于是，共享经济和共享治理模式随即在社会变革中迅速展开。在这种情形下，亟需从政府主导走向多元治理。为此，党的十九届四中全会《决定》就把“共建共治共享”的社会治理策略上升为治理制度，其最终目标是“全面实现国家治理体系和治理能力现代化”。[②] 这无疑反映了“超现代性”的变革要求和发展趋势，是数字社会治理向度的一种体制表达。

（二）当今数字社会的治理逻辑

信息技术革命给人类创造了“未来已来”的恢宏图景，生产生活也都开始全面数字化、智能化，数据、算法和算力成为新兴的发展动力和技术支撑，甚至成为个人、家庭、组织及日常生活的构成性要素。这样，就呈现出与工商业社会完全不同的治理诉求和治理逻辑。

1. 技术赋权与权义平衡的价值理念

我们知道，权利在根本上是利益的法律表达，人类生产创造出来的利益越多，权利就会越丰富。然而，农耕社会所创造出来的利益基本上由权力来掌控，主要是按照身份等级来分配，因此，它秉持的是君权神授观，人们的行动要服从君权，形成一种专制集权理念和管理模式；工商业社会所创造出来的利益基本上由资本来掌控，主要是按照市场规则来分配，因此，人们就改奉天赋人权观，公权力要服从服务于私权利，基此形成了一种民主法治理念和治理模式，而当下的数字社会所创造出来的利益则基本上通过数据信息来掌控，主要是按照技术赋能来分配，这就开启了一种技术赋权观，启蒙精神与价值理念面临着全新挑战。

首先，技术先占中的自我赋权。科学技术一直是人类文明进步的核心动力，它能够大幅拓展人的能力、提高生产效率、提升生活品质，也难免会与旧有制度发生碰撞并促进其变迁。但这次信息技术革命的显著特征是，它对制度的“破窗”具有迅速性、总体性和颠覆性，如网络平台所创造的新业态颠覆、替代了传统的商业模式，QQ、微博颠

① 李光斗：《互联网下半场》，中国人民大学出版社 2017 年版，第 115 页。

② 《中共中央关于坚持和完善中国特色社会主义制度　推进国家治理体系和治理能力现代化若干重大问题的决定》，载《人民日报》2019 年 11 月 6 日，第 05 版。

覆、替代了传统的社交模式，微信、支付宝颠覆、替代了传统的支付模式，等等。众多资本与技术融合后便在广阔的网络空间和新业态领域中“砸钱圈地”，形成了“技术先占”的态势，在大量的法律空白或者规则灰色地带进行自我赋权，倒逼政府“承认”和作出有关制度变革，网约车在出租车管理规则中的技术“植入”和“嫁接”，并最终获得合法化就是一个典型。①

其次，技术规制路径下的权力转化。随着网络化、数字化、智能化的加速融合发展，各类平台开始全面颠覆工业革命以来的商业模式和经济业态，人财物等生产要素、人们的行为方式和生活方式都在信息化、数字化过程中发生重大解组和重建。这使原有的管理或治理机制难以有效应对新的挑战与难题，而全新的技术规制策略却不断涌现。一方面，各类平台凭借其运营模式、资金和技术优势，创设了诸如滴米规则（滴滴）、规则众议院和大众评审团（淘宝）等大量的、技术化的平台规则，使“网络互动经常具有复杂的身份构建、规则制定和执行等特征”。② 这里既有政府给平台“加责任”而形成的“监管权”，也有平台基于自身新业态、新模式而形成的技术规制权，如通知删除、限制下单、限制用户权益、警告、罚款、封号、下架，直至关店等，这就形成了技术权力化倾向。另一方面，公共权力部门则在智慧政务、智慧司法、智慧检务的战略目标下，把网络技术、数字技术和人工智能技术作为一种技术赋能，在其权力运作过程中加以日益广泛和深入地应用，如智能监控、人脸识别、智能辅助办案系统等，这些算法决策和代码规制便形成了权力技术化的态势。权力与技术的全新结合，使“老大哥”能够“干涉他人的能力、维稳能力和法律强制力不断增强”。③ 可见，在当今数字时代，政府与平台都带有技术规制路径的取向，并不断演绎、强化技术权力化和权力技术化的治理逻辑。

最后，价值变革中的权义平衡。当今信息革命产生了日益明显的

① 参见马长山：《智慧社会建设中的“众创”式制度变革》，载《中国社会科学》2019 年第 4 期。

② ［英］安德鲁·查德威克：《互联网政治学：国家、公民与新传播技术》，任孟山译，华夏出版社 2010 年版，第 34 页。

③ ［英］约翰·帕克：《全民监控——大数据时代的安全与隐私困境》，关立深译，金城出版社 2015 年版，第 1 页。

颠覆性变革，平台经济、移动支付、数据画像、算法决策等，都在不同方面、不同程度地给现有制度带来了超负荷，导致“许多以前我们曾经依赖的东西，正在数字化时代支离破碎”,① 曾经农业文明的“熟人社会”、工商业文明的“陌生人社会”都已淡去，信息文明的“透明人社会”就此拉开了帷幕。此时，“大数据时代将要释放出的巨大价值使得我们选择大数据的理念和方法不再是一种权衡，而是通往未来的必然改变”,② 因而，工商业文明的启蒙精神面临着数字时代的解构和重构。具言之，自由、平等、人权等目标追求，都是基于以往的物理时空和工商业社会的价值构架，而当今数字生活将从“固态”走向“液态”，“更多的流动、共享、追踪、使用、互动、屏读、重混、过滤、知化、提问以及形成。我们正站在开始的时刻”。③ 人们的言论自由、财产、契约、民主参与等方面权利都在网络空间和智慧服务中获得了巨大拓展，甚至升华，但同时，隐私、人格、平等、劳动等方面的权利却相应地受到了某种程度的限缩。如此看来，这并不是简单的自由和权利的多少问题，而是进入数字社会后对自由和权利的重新定位问题。对此，有人呼吁，“世界的新主人向我们许诺的好处太过诱人，而人们失去的自由太多，对于现代人而言，一旦他们有办法就是反抗大数据”。④ 更多的人则采取一种理性的积极态度：虽然在互联网的终端，占支配地位的是自由市场和私有化原则，但其核心标准层面发挥作用的则是共享协议，“只有将‘私人’与‘共有’两者结合起来，这两者才能充分发挥作用”。⑤ 也就是说，我们不宜再采用传统个人主义、自由主义的启蒙精神来框定和评判其得失，而应该立足数字时代的价值理念，“利用当今网络技术的优势来进一步保存我们的文化和价值

---

① ［德］克里斯多夫·库克里克：《微粒社会——数字化时代的社会模式》，黄昆等译，中信出版社2018年版，前言第XII页。

② ［英］维克托·迈尔－舍恩伯格、［英］肯尼斯·库克耶：《大数据时代：生活、工作和思维的大变革》，盛杨燕等译，浙江人民出版社2013年版，第94页。

③ ［美］凯文·凯利：《必然》，周峰等译，电子工业出版社2016年版，第339页。

④ ［法］马尔克·杜甘、克里斯托夫·拉贝：《赤裸裸的人——大数据、隐私与窥视》，杜燕译，上海科学技术出版社2017年版，第147页。

⑤ ［美］弥尔顿·L. 穆勒：《网络与国家——互联网治理的全球政治学》，周程等译，上海交通大学出版社2015年版，第325页。

观，并在保护现有体制和塑造数字世界之间达成平衡”。[①] 这种共享与控制的权义平衡之道，已成为数字社会治理的一个鲜明特征。

2. 去中心化与再中心化的体系性构架

众所周知，现代性制度的一个重要贡献，就是把以王权为标志的、高度中心化的传统社会，改造成为一个以分权制衡为标志的国家/社会二元框架，开辟了多元化的自由主义乐园。然而，进入垄断资本主义阶段之后，却出现了明显的国家社会化、社会国家化的趋向，国家权力扩张的脚步一直没有停歇，因而中心化、等级化的问题依然存在，后现代性思潮的反本质、反理性、反中心、反基础、反二元结构等，都是力图解构这种中心主义逻辑的一种努力，只是效果欠佳而已。

现在人类开始迈进了数字社会，以往的交易经济也转换为分享经济，形成了前所未有的“大平台”与“微时代”。事实上，“自计算机产生起，技术改变的核心问题是权力的转移”。[②] 特别是“随着信息的生产和传播从集中走向分散，治理的权力也在从集中走向分散”。[③] 于是，传统国家/社会二元构架下的权力制约和权利保障逻辑，就面临严峻的挑战甚至颠覆。例如，互联网—物联网—人联网的发展就掀起了一场扁平化、多元化、自由化的自我赋权和规制革命，它们“已经向政府和它的传统权威发起了挑战。这种挑战不是故意的，完全是技术进步的偶然结果”，它们还“建立了前所未有的王国，并且设计了很多对自己有利的规则”。[④] 再如，全新的平台业态打破了供需之间的信息壁垒和传统中心化的信息壁垒，扮演着“信息壁垒打破者和重构者的双重角色”,[⑤] 进而以自助式、网络化的商业模式替代了传统那种管道式的线性商业模式，在推进价值互动的过程中重构了价值创造与分配

---

① ［美］安德鲁·基恩：《网民的狂欢——关于互联网弊端的反思》，丁德良译，南海出版公司 2010 年版，第 184 页。

② ［美］马克·格雷厄姆、威廉·H. 达顿：《另一个地球：互联网＋社会》，胡泳等译，电子工业出版社 2015 年版，导论第 XXXIV 页。

③ 周学峰、李平：《网络平台治理与法律责任》，中国法制出版社 2018 年版，第 36 页。

④ ［美］德伯拉·L. 斯帕：《技术简史——从海盗到黑色直升机》，倪正东译，中信出版社 2016 年版，序言第 XII 页。

⑤ 参见《2019 年互联网平台治理研究报告》，载中国信通院：http：//www.199it.com/archives/843867.html，最后访问日期：2020 年 1 月 9 日。

的关系。同样，区块链技术更是一种分布分享型的体系构架。在这种信息化、数字化的总体背景之下，便出现了从“关系社会”到“微粒社会”，从“理性人”到“微粒人”重大转变，“我们的身体、我们的社会关系、自然界，以及政治和经济——一切都将比以前更加精细、精确、透彻的方式被获取、分析和评价”,[①] 由此便汇聚成一场“碎片化”运动和商业生态。[②] 这样，多元参与、分散治理就成为一种时代潮流。

然而，事实上问题并不那么简单。这种去中心化的背后，却有一种再中心化的态势正在形成，或者说，它实际上是一种具有去中心化外观的再中心化，正可谓：“一种形式的权力或许被摧毁了，但另一种正在取代它。”[③] 其一，“互联网看似抹平了信息的鸿沟，但掌握网络话语权和流量的个人或机构，又重构了新形态的信息不平等”,[④] 更何况还有各种删帖、屏蔽和“水军”操作。其二，平台表面上看是一种多方参与、多方共治的共建共治共享机制，但每个平台都占有的大量信息，也就拥有了强大的权力，“数字化创造了赢家通吃的市场”,[⑤] 甚至会形成垄断，而且，它们还凭借平台交易组织者地位而拥有相当的规则制定权、违规处罚权和纠纷裁决权。其三，通常所说的区块链那种去中心化、分布式、不可更改的信用机制并不能过于理想化，因为广播与验证机制是需要算力来完成的，谁拥有足够的算力谁就拥有验证的权力，而所谓“不可更改”也不是绝对的，从矿工到矿池（Mining Pool）的演进、拥有 51% 挖矿哈希值对区块的改变到操纵等，都说明了这一点。2018 年天德公司《全球公链项目技术评估与分析》中就告诉人们，公链事实上是一个高度集中的一个活动，大约 200 人控制绝大

---

① ［德］克里斯多夫·库克里克：《微粒社会——数字化时代的社会模式》，黄昆等译，中信出版社 2018 年版，前言第 VI ~ VII 页。

② ［澳］史蒂夫·萨马蒂诺：《碎片化时代：重新定义互联网 + 商业新常态》，念昕译，中国人民大学出版社 2015 年版，第 296 页。

③ ［美］劳伦斯·莱斯格：《代码 2.0：网络空间中法律》，李旭等译，清华大学出版社 2009 年版，第 89 页。

④ 扣小米：《数字原来会说谎》，化学工业出版社 2018 年版，第 199 页。

⑤ ［美］埃里克·布莱恩约弗森、安德鲁·麦卡菲：《第二次机器革命》，蒋永军译，中信出版集团 2016 年版，第 213 页。

部分的公链，他们就是公链的中心。[①] 其四，无论是互联网、平台，还是区块链，都难以回避政府对它们的监管，[②] 而且还有不断加强的趋势。上述这些，无疑都是"去中心化"的反面。这表明，数字时代的生产生活方式正在以"去中心化"的方式颠覆传统工商业时代的生产生活方式，并在解构和重组过程中实现了"再中心化"。

由上文可见，在"大平台"与"微时代"相互交织的背景下，出现了"去中心化"与"再中心化"同步共振、张力运行的体系性构架。其中，"去中心化"创造了碎片化、微粒化、流动性的生活状态，其动力则是连接分享、共识信任和价值互动，展现着数字时代的共享发展逻辑。"再中心化"则面临数据流通和商业生态所设定的边界，人们"必须设法平衡数字平台（包括行业平台）的效益与风险，确保其开放性，并为协作式创新提供机会"；[③] 需要通过数字平等、数字民主来打造"后资本主义平台"时代，"以便分配资源，实现民主参与，并进一步发展技术"。[④] 基于此，共建共享也就成为社会治理逻辑和治理体系的关键要义了。

3. 平台引领与"软硬协同"的治理模式

数字社会的主导方向是平台经济、共享经济，这种新业态、新模式不仅会引起经济领域的深度变革，也会对社会治理方式产生重要影响。众多的商业平台和技术平台，一方面，呈现出"破窗"的"坏孩子"形象，在不断突破现有体制的束缚中实现创新；另一方面，它们也是与政府互动共赢的"好孩子"。它会把科技革命带来的广阔"飞地"和巨大利益，逐渐转化为政府与民间的相互赋权和相互塑造，这

① 蔡维德：《区块链不是"去中心化"！是"分权式"!》，载 http：//www. sohu. com/a/292150465_ 100112552，最后访问日期：2020 年 1 月 9 日。

② 2018 年 6 月 12 日，美国密歇根州提出一项法案，该法案对操纵区块链数据以实施欺诈的行为将进行刑事处罚。这是世界上第一次对分布式账本技术（DLT）上所存储数据进行的法律保护——如果有人将错误的信息输入区块中或更改区块的话，他可能将面临长达 14 年的监禁。参见《质疑区块链的不可更改性：我们是否需要保护区块链数据》，载搜狐网：https：//www. sohu. com/a/239798916 _ 100203902，最后访问日期：2020 年 1 月 10 日。

③ ［德］克劳斯·施瓦布：《第四次工业革命——转型的力量》，李菁译，中信出版社 2016 年版，第 11 页。

④ ［美］尼克·斯尔尼塞克：《平台资本主义》，程水英译，广东人民出版社 2018 年版，第 141 页。

就是当下日渐崛起的平台引领与“软硬协同”的治理机制。

首先，平台治理的引领性。当今的巨大技术革命，使“人类变成了制定规则的上帝，所有伴随人类进化历程中的既定经验与认知沉淀将遭遇颠覆性挑战”。[①] 在这种颠覆与重建的深刻转型面前，既有前所未有的难得机遇，也有变幻难测的巨大风险。此时政府不能预设管制，法律也不能先天感知，否则就会出现“红旗法案”那样阻碍进步的不良后果。最佳的选择是，政府要保持开放和谦抑的姿态，放手让民间力量大胆地进行“大众创业、万众创新”，然后对随时出现的问题和风险进行适时监控和有效防范。平台经济作为新业态、新模式的典型代表，身处科技创新的前沿地带，推动着“劳动者—商业组织—顾客”的传统商业模式向“劳动者—平台—顾客”的共享模式转型，它不仅重新发现了人的价值，也展现了数字时代的全新治理逻辑。基于此，平台治理就富有了“先行先试”的探索角色，特别是平台作为信息壁垒打破者和重构者以及交易组织者，可以根据平台模式的自身规律来制定各类电商交易规则、纠纷解决规则和治理规则。这些“软法”能够为国家立法和司法机关处理纠纷提供规制测试、案例样本和积累经验，甚至升华为国家“硬法”，从而发挥创新性、引领性作用。

其次，平台治理的基础性。在网络化、数字化、智能化发展变革的推动下，人类进入了“要么加入平台，要么被平台所消灭”的平台经济时代。这些平台企业越来越具有多元复合性，打造了“赢者通吃”、超强覆盖的商业生态，如微软、阿里巴巴等企业均是“触角延伸甚广，涉足的领域多到难以统计，且不断推陈出新”，形成了一种“多环状生态圈”。[②] 于是，平台便成为经济活动的重要组织者和主力军。另外，党的十九届四中全会《决定》进一步要求“建设高标准市场体系，完善公平竞争制度，全面实施市场准入负面清单制度”，强化市场自律秩序，其中平台治理自然责无旁贷。这样，平台的“软法”规制就在推进国家治理体系和治理能力现代化的战略布局中占据基础性地

---

① 王天一：《人工智能革命——历史、当下与未来》，北京时代华文书局 2017 年版，第 192～193 页。

② 陈威如、余卓轩：《平台战略——正在席卷全球的商业模式革命》，中信出版社 2013 年版，第 220 页。

位，发挥重要的支撑作用。

最后，平台合规与司法审查。尽管平台“软法”及其治理发挥着引领性和基础性作用，但却不能因此而忽略它的局限。它需要接受合规性评价和司法审查的检验。平台合规一般指平台的经营管理活动，包括平台“软法”体系、治理构架机制、纠纷解决机制等与法律、规则和准则相一致，而司法审查则指针对平台规则、平台处罚和平台裁决之诉而发生的司法裁判。

众所周知，在互联网兴起之初，网络自由主义十分盛行，他们认为“网络空间是一个完全不同的社会。那里有约束和管理，但应从下而上建立，而不是通过国家的指导来建立。这个空间的社会应是一个完全自我组织的实体，没有统治者，没有政治干预”。[①] 但这种网络乌托邦情结并没能维持太久，随着黑客、欺诈甚至恐怖活动的涌现和传播，人们便理性地看到“门和守门人仍然是信息版图中的关键部分”。[②] 平台合规与司法审查就是国家介入平台治理的重要形式和途径，“由政府和商务共同推动，正在构筑一种能够实现最佳控制并使高效规制成为可能的架构”，人们希望，“处于这种最佳控制的环境中，必要的自由将得到保障”。[③] 通过这种“软硬协同”共治来促进治理成效的大幅提升。这就意味着，“互联网的治理系统是市场自由主义、国家监管和共同决策趋势的结合。如此，我们告别了互联网‘有监管’和‘无监管’两极分化，走向一套有细微差别的不同规制模式：法规的/自愿的、正式的/非正式的、国家的/超国家的、等机制的/分散的”。[④] 从中孕育生成了平台引领与“软硬协同”的治理机制，它演绎数字社会的共建共享逻辑，反映了国家治理体系和治理能力现代化的数字性面向。

---

① ［美］劳伦斯·莱斯格：《代码 2.0：网络空间中法律》，李旭等译，清华大学出版社 2009 年版，第 3 页。

② ［美］马修·辛德曼：《数字民主的迷思》，唐杰译，中国政法大学出版社 2016 年版，第 17 页。

③ ［美］劳伦斯·莱斯格：《代码 2.0：网络空间中法律》，李旭等译，清华大学出版社 2009 年版，第 5 页。

④ ［英］詹姆斯·柯兰等：《互联网的误读》，何道宽译，中国人民大学出版社 2014 年版，第 128 页。

4. 算法决策与代码规制的秩序形态

网络化、数字化、智能化必然呈现出智慧发展的趋势，从此，“算法成为未来经济系统演变的重要推动力量，人类正在进入一切皆可计算的时代”。[①] 算法决策与代码规制便成了塑造社会秩序的重要力量，它们“常常可以更高效地组织各方行动”。[②] 然而，这种算法决策与代码规制并非天衣无缝，而是一柄充满张力和悖论的“双刃剑”。

首先，技术中立与价值偏好。当今信息革命通过数据信息和虚拟空间翻转了现代性的物理世界，它确实给人类带来了巨大进步、便捷和福利。然而，基于此就把“技术中立”作为“破窗”的正当性、合法性理由，也未必妥当。虽然他们宣称“最终解放我们的是技术，而不是法律和制度；他们相信，技术将使政治与治理问题逐渐消失”。[③] 但人们很清楚，一旦离开实验室而进入商用，技术中立可能就难以再继续保持。事实恰好相反，“我们可以建造，或构筑，或编制网络空间使之保护我们最基本的价值理念，我们也可以建造，或构筑，或编制网络空间使这些价值理念丧失殆尽。这里没有中间立场”。[④] 算法和代码正是这样一种建造或构筑，它们嵌入了设计者的价值理念和主观偏好，进而实现一定的目标或者实现某种控制，大数据杀熟、竞价排名、算法歧视、算法共谋等就是例证，今日头条的“内涵段子”被永久关停，也让“技术中立”和“算法没有立场”的说辞受到诘问。[⑤] 因此，控制算法决策的霸权、抑制代码规制的偏好，就成为维护数字社会公平、促进技术向善秩序的重要方面。

其次，透明社会与算法“黑箱”。千百年来，人们都是在有限的、相对隔离的物理时空中分散地存在和行动，因而，个体的心理、身份

---

① 徐恪等：《算法统治世界——智能经济的隐形秩序》，清华大学出版社2017年版，第323页。

② ［美］伊森·凯什、［以色列］奥娜·拉比诺维奇·艾尼：《数字正义——当纠纷解决遇见互联网科技》，赵蕾等译，法律出版社2019年版，第24页。

③ ［美］弥尔顿·L. 穆勒：《网络与国家——互联网治理的全球政治学》，周程等译，上海交通大学出版社2015年版，第3页。

④ ［美］劳伦斯·莱斯格：《代码2.0：网络空间中法律》，李旭等译，清华大学出版社2009年版，第6页。

⑤ 参见《2019年互联网平台治理研究报告》，载中国信通院：http://www.199it.com/archives/843867.html，最后访问日期：2020年1月9日。

和行踪都是难以收集、测量和分析的，是一种不透明的“陌生人”社会，也是隐私相对安全的社会。如今的数字社会则彻底改变了这一状况，每个人、每天每时都游走在虚实交错的世界里，包括网络购物、网络投票、移动支付、微信互动、刷脸验证等，留下一串串身份数据、关系数据、行为数据、音容数据。这样，“慢慢地积累所有数据，直至在计算机数据库中形成一个‘人’”。[①] 这些数据可以用来进行挖掘分析、数据画像、行为追踪，甚至可以做到“读心”。因此，曾经的“陌生人”社会不复存在，呈现出来的却是随时裸奔的“透明人”社会，相应的权利保障和社会秩序遭遇前所未有的挑战。与此相反，“黑箱”问题又接踵而来。随着智慧政务、智慧司法、智慧检务、智慧社会建设等的不断推进，原有的人类决策会越来越多地转交给算法，其功能不仅仅是预测和提供服务，平台（公司）和政府会更多地利用它们来推动数字经济发展和塑造社会秩序。而“很多算法解决方案就像一个黑盒子，依赖这些算法做决策的人根本不知道他们做出的决定是否正确，制定的政策是否公正，有没有歪曲事实”。[②] 这样，算法和代码如何规制以及谁控制算法和代码就成为数字时代必须关注的实践正义问题，“其答案会揭示网络空间是如何被规制的”。[③] 可见，抑制算法“黑箱”的“暗算”、构建技术向善的算法治理和代码规制机制，就成为数字社会治理的一个突出问题。

最后，技术理性与人文流失。自近代以来，技术理性就开始渗入人类生活，法兰克福学派随即展开了对工具理性和技术理性的批判，力图重建人的主体性和主体精神。然而，当下信息革命的迅猛袭来，就不再是技术理性渗入的问题，而是带有“接管”的意味。由于人们看到了阿尔法狗战胜人类的无限前景，看到了谷歌搜索算法那种不可思议的深入“了解”和预测用户需求的能力，看到了诸多强大的数据分析、超高的效率、低廉的经济成本，以及摆脱人类主观偏好的客观

① ［英］约翰·帕克：《全民监控——大数据时代的安全与隐私困境》，关立深译，金城出版社 2015 年版，第 14 页。

② ［美］卢克·多梅尔：《算法时代：新经济的新引擎》，胡小锐等译，中信出版社 2016 年版，第 139 页。

③ ［美］劳伦斯·莱斯格：《代码 2.0：网络空间中法律》，李旭等译，清华大学出版社 2009 年版，第 89 页。

可靠性，于是就更积极地采用算法来解决更多的问题，推进生产生活的智慧化。这固然是一种人类进步的趋势，但不可忽视的是，人类世界也随之被植入了计算机逻辑。换句话说，“这些自动化系统已经由简单的行政管理工具变成了主要的‘决策者’”，这就“有可能使这些活动丧失最根本的人性”。① 如果智慧化生活的背后多为信息输入便求得结果输出的冰冷机器，如果人类放弃经验、情感和知识图谱而依赖于机械的数理计算，那么就人的主体性和人文精神流失的风险就难以避免了，那可能并不是人类想要的世界。当然，这里并不是意在回避、否定或者阻止技术进步，而是强调要认真地去面对这些问题，抑制它的弊端和风险。

总之，上述这些悖论性的问题和挑战，反映了数字社会和智慧发展过程中的新样态、新矛盾、新趋势，需要通过数字正义理念和共建共享机制来平衡、化解和矫正，进而“用人性的洞察设计更人性的社会”。② 因此，遵循数字社会的治理逻辑，回应全新的治理挑战，建立相应的治理体系构架也就迫在眉睫了。

5. 纠纷解决机制的可视化趋向

正义和秩序是人类的永恒主题。人类发明了以多样化协商调解为基础、以法律规则和司法装置为主导的纠纷解决机制，力图来实现众所期待的正义秩序。然而，由于人们一直生活在“上帝”给定的物理空间中。因此，这些纠纷解决机制除了制度因素外，自然还会受到财力物力、技术装备、交通工具、知识能力等的限制，很多时候都是依赖于司法/调解决策者的知识、技能、经验和智慧，其中或多或少、或隐或显地包含性格、情感和价值偏好等因素的影响，即便是存在可能影响案件公正的贪腐情况，当事人也只能猜测而无法作出清晰的判断。对此，古代社会主要靠社会舆情来进行监督制约，而到了近代，人们则力图通过司法公开来解决这一问题，把司法活动置于众目睽睽之下。这种“阳光司法”制度设计取得了明显的成效，但其公开的“可见”

---

① ［美］卢克·多梅尔：《算法时代：新经济的新引擎》，胡小锐等译，中信出版社2016年版，第137、223页。

② ［美］阿莱克斯·彭特兰：《智慧社会——大数据与社会物理学》，汪小凯等译，浙江人民出版社2015年版，第185页。

范围和方式依然受制于物理时空和技术手段，难以满足人们的更多期待。然而，随之数字时代的到来，这一切才发生了根本性的改变，即纠纷解决机制从单一物理空间的“平面公开”，迈向了跨越物理/数字双重空间的“立体可视”，从而改变了纠纷解决机制的逻辑和路径，促进了数字正义的共建与分享。

其一，打破物理时空限制，实现了空前的可视化。在新兴技术变革的巨大推动下，“最显著的变化就是网络变得越来越可视化”。① 先前工商业社会那些物理时空的阻隔、不可预测的行为和心理、不可预知的事件和状态等，如今都可以凭借数据分析技术做到清晰可见，原来只能通过墙板告示、纸介媒体、广播电视等进行平面化信息公开，如今则通过官网链接、网络直播、网络庭审、在线非讼调解（ODR）等双重空间、即时互动的全新样态，来实现数字化、立体化的全景呈现。于是，从 ADR 到 ODR，从常规司法裁判到智能辅助办案系统，纠纷解决机制的决策过程都掀去了神秘的“面纱”，变成多元参与、可视化的权利博弈过程。人们能够更多地看到规则程序、事实证据、各自诉求和裁决由来。因此，“与早期替代性纠纷解决机制倡导者所提出的物理上的多门法院相比，当今新技术可以让我们有更多机会去创设一个虚拟的‘多门法院’，让当事人更容易地去实现正义”。这个“数字正义可以让‘接近正义’不再依赖于物理的、面对面环境，甚至不再受制于人类的决定，就可以实现”。② 从而，就打破了“正义之门”的威严壁垒，成为一种多元互动、可视分享的过程。

其二，规避人性局限，创造更多的阳光下。法国工程师米歇尔·舍瓦利耶就认为，统计数据在本质上不带任何偏见，因此可以利用统计数据来构建完美的社会。而“在当今社会，算法处理问题的速度非常快，我们认为算法客观可靠，不会受人类主观性的影响”。③ 这无疑是一种技术客观性的理想追求。智能辅助办案系统、在线非讼纠纷解

① ［美］Phil Simon：《大数据可视化——重构智慧社会》，漆晨曦译，人民邮电出版社 2017 年版，第 34 页。

② ［美］伊森·凯什、［以色列］奥娜·拉比诺维奇·艾尼：《数字正义——当纠纷解决遇见互联网科技》，赵蕾等译，法律出版社 2019 年版，第 54、263 页。

③ ［美］卢克·多梅尔：《算法时代：新经济的新引擎》，胡小锐等译，中信出版社 2016 年版，第 207 页。

决等都是大量借助信息数字和智能技术，来程式化、代码化地处理案件，意在创造技术规制条件下更具客观性、更多阳光化的纠纷解决情境，从而规避人性局限和排除人为因素的影响，努力做到标准一致、客观公正和“同案同判”，推进了智慧司法和法律服务的普惠效能。

其三，改写知识逻辑，加持数理逻辑。从古到今，人类都是凭借理性、知识和经验来治理社会、处理纠纷。虽然其间也会运用数理逻辑，但它们都是辅助性、佐证性的，并不能进入决策系统。如今人们开始追逐高度自动化、智能化的生产生活，政务、商务、交通、医疗、司法等领域中的日常化人类决策，便日益转交到算法手中，这无疑是一个重大社会转型。具言之，人类决策是基于理性、知识和经验，它主要借助物理时空的机械思维来抽象出无须证明的基本公理，基于此再推导出各种基本定理，最终达致“科学”的认知。然而，“从工业时代到信息时代的转变，是从机械思维到数据思维的转变”，① 进而开始塑造这个世界。此时算法决策则基于建模计算和数理逻辑，这样，就在决策系统中改写了知识逻辑，逐渐实现数理逻辑加持。此时，人们“不再热衷于寻找因果关系”，② 而开始注重相关关系。并通过全样本数据分析，来“常规性地利用实时的、有力的、交互式的数据可视工具，提出更好的问题并最终据此制定更好的决策”。③ 可视化的纠纷解决机制就是其中之一，即“在‘数字正义’理念之下，私人和社会都加强了对数字技术的采用，在法院内外共同促进‘接近正义’的实现”。④ 这样，凭借数字技术和数字逻辑，让人们能够在个案中更多以可视化方式来体验公平公正，从而努力去共建共享新时代的数字正义。

综上所述，无论是技术赋权与权益平衡、去中心化与再中心化构架，还是平台引领与“软硬协同”、算法决策与代码规制、可视化纠纷

① 王天一：《人工智能革命——历史、当下与未来》，北京时代华文书局 2017 年版，第 95 页。

② ［英］维克托·迈尔－舍恩伯格、［英］肯尼斯·库克耶：《大数据时代：生活、工作和思维的大变革》，盛杨燕等译，浙江人民出版社 2013 年版，第 17 ~ 18 页。

③ ［美］Phil Simon：《大数据可视化——重构智慧社会》，漆晨曦译，人民邮电出版社 2015 年版，第 20 页。

④ ［美］伊森·凯什、［以色列］奥娜·拉比诺维奇·艾尼：《数字正义——当纠纷解决遇见互联网科技》，赵蕾等译，法律出版社 2019 年版，第 259 页。

解决机制等，都是从工商业社会向数字社会转型进程中的重大解组和重构，是从价值观念、社会结构到规制方式、秩序样态和解纷机制的总体性变革，反映了物理空间与数字空间、控制与分享、中心化与分布式、国家治理和社会自主、技术进步与人文关怀、接近正义与可视正义的交融博弈和逻辑转换，展现着网络化、数字化、智能化发展的新型治理诉求，亟需“共建共治共享”的治理机制来达致最大公约数并进行积极的制度性回应。

（三）数字社会的法治转型与自主性的法治道路

数字社会的治理逻辑，必然会在当下的法治建设进程中获得实践性展开，这就推动着法治范式的时代转型，并为中国探索自主性的法治发展道路提供了时代动力。

1. 包容共享型法治的孕育生成

近代法治是人类一项重大的现代性文明成果，为社会提供了有效而稳定的权力制约、权利保障和秩序机制。然而，近代法治从产生那天起，就一直处于发展变革之中，呈现出明显的“未完成性”特征。如今，在从工商业社会向数字社会、从现代性向“超现代性”的迭代变革过程中，法治范式也随之出现了跨越式的转型升级。

其一，物理空间的法治困境。众所周知，在几百年的法治发展进程中，曾经历了三次法治范式转换。近代法治形成之初，是一种自由主义法治范式，它贯彻和践行理性、自由、平等和人权等启蒙精神，促进了自由资本主义的迅速发展。然而，这种“一路凯歌”并没有维持多久就出现了问题，甚至“自由变成了个人主义，而个人主义则变成了不可剥夺的先占、利用和挥霍的权利”，[①] 进而导致了严重的两极分化和社会矛盾。因此，从19世纪末20世纪初开始，福利国家法治范式逐渐兴起，旨在修正自由主义法治范式那种过于形式化的自由和平等追求，主张实质性的自由平等、弱者保护和社会公平，大大缓解了两极分化和社会危机。然而，这却助长了“家父主义”的国家干预和“从契约到身份”的反向运动，并造成了“政府失灵”、权力扩张和福

① ［美］伯纳德·施瓦茨：《美国法律史》，王军等译，中国政法大学出版社1997年版，第145、171页。

利国家危机，个人自由和权利也遭受到了严重的侵蚀，以至于出现了伯尔曼、昂格尔所称的西方法律传统危机。这样，程序主义法治范式便走上前台，它力图通过重构“私人自主”和“公共自主”的互动关系、倡导对话沟通的“程序主义”,① 来克服前两种法治范式的局限，通过协商参与、回应反思和“规制的自主性”,② 来实现权利与义务、自由与公平相平衡的社会秩序。其理想蓝图虽佳，但因缺少落地的制度安排，也就难免成为一种空谈。总体观之，从自由主义法治范式—福利国家法治范式—程序主义法治范式的变革，反映着近代法治的时代发展和进步。其核心问题在于，如何来调适公共利益与私人利益、自由平等与社会公平、权利与秩序等内在互动与平衡关系。之所以历经几次转型都难以摆脱困境，乃源于近代法治所调适的权益关系深置于物理空间，其人财物等资源具有某种紧缺性、有限性和不可分享性，这种物理空间法治之中的一些内在紧张和矛盾冲突就在所难免了。西方的一些理论家，如德沃金更关注平等，诺齐克更强调个人自由，而罗尔斯力图在平等自由的基础上，确立有利于最小受惠者的开放性差序安排等，都是试图为拯救西方法治困境危机而开具的不同药方，但事实上均难以奏效。

其二，双重空间的法治转型。众所周知，近代法治的社会基础是国家/市民社会、公权力/私权利的二元关系构架，法律规范的调适对象则是基于物理时空和人之生物属性的社会关系。因此，它一直以制约公权力、保障私权利为主基调，以调适“人、财、物”为中轴线，并致力于打造自由公平的社会秩序，从自由主义法治、福利国家法治到程序主义法治，也都是围绕如何更好地实现这一目标而作出的策略调整。然而，当今信息技术革命开辟了前所未有的数字时代，形成了立足“现实—虚拟”双重空间、人的“生物/信息”二维面向和人机协同基础上的数字社会关系构架。这些“重大的技术变迁会导致社会和

① 参见［德］尤尔根·哈贝马斯：《包容他者》，曹卫东译，上海人民出版社 2002 年版，第 302～303 页。

② 参见［美］诺内特、塞尔兹尼克：《转变中的法律与社会》，张志铭译，中国政法大学出版社 1994 年版，第 105 页。

经济的范式转换”,[①] 法治范式也不例外。一是从独享到分享。网络化、数字化和智能化的深度交融发展，使各类生产要素和生活要素按照双重空间、人的双重属性和人机协同的时代需求进行了全新功能定位和分解重组，尤其是在数据信息生产及其处理能力空前提高的情况下，原来物理空间的信息阻隔和流通障碍获得了消解，原来通过产权明晰和责任归己制度来发挥人财物价值的“确权经济”（或“独享经济”），逐渐过渡为“不求所有、但求所用”的“共享经济”（或“分享经济”)，同时，网络空间、数据信息、算法代码、人工智能等代表着新兴的社会关系和利益载体，需要去面对技术赋权、去中心化与再中心化、平台治理、算法规制、可视化纠纷解决等各类挑战与问题。这固然离不开传统路径上的权益界分，但更关键的则在于体现数字社会规律的平衡、参与、公开和分享机制，而目前的“法治灰度”也正是这样一个探索和转型的过程。[②] 二是从数据公地到个人权利。数字社会的到来，正在深刻地颠覆和重建着人类的生活，日常生产生活、经营方式、包括个人兴趣爱好和习惯在内的一切都在迅速地数字化，“它创造了许多，也同样毁灭了许多”。[③] 于是，数据信息正在转变成的新型的产品和服务，并深刻地改变着人们的生活，这样，数据信息便随之成为“权力的中心”,[④] 并构成了双重空间的运行中枢。这里既需要有必要的“数据公地”，也需要对个人信息加以保护，即“为了使个人数据和体验的共享成为可能，我们还需要可靠的技术和规则来保证个体能够安全方便地与他人、企业和政府共享个人信息”,[⑤] 并基于此建立“再中心化”、算法“黑箱”、算法歧视、算法共谋的规制机制。总之，数字社会的新生活，将从单一物理空间的固态逻辑走向双重空间的液

---

① ［英］乔治·扎卡达基斯：《人类的终极命运——从旧石器时代到人工智能的未来》，陈朝译，中信出版社 2017 年版，第 296 页。

② 参见周汉华：《网络法治的强度、灰度与维度》，载《法制与社会发展》2019 年第 6 期。

③ ［美］安德鲁·V. 爱德华：《数字法则——机器人、大数据和算法如何重塑未来》，鲜于静等译，机械工业出版社 2016 年版，第 191 页。

④ ［美］安德雷斯·韦思岸：《大数据和我们——如何更好地从后隐私经济中获益?》，胡小锐等译，中信出版集团 2016 年版，第 12、18 页。

⑤ ［美］阿莱克斯·彭特兰：《智慧社会——大数据与社会物理学》，汪小凯等译，浙江人民出版社 2015 年版，第 173 页。

态逻辑，亟需基于数字社会的发展规律和治理诉求来重塑法治机制，进而迈向包容共享型法治范式。

2. 包容共享的法治原则与运行机制

包容共享型法治是对物理空间法治的突破和超越，它既要遵从现代性法治的核心理念，又要反映数字社会的治理逻辑和时代要求，因此，它必然会形成以下一些新的价值原则和机制。

（1）数字善治的法治理念

在当今数字社会，现实世界与虚拟世界、物理世界与数字世界的边界逐渐消失，“每个人的数字生活将更加细节化”，一旦“制度性反应缺失，行为成本和后果更加难以计算”。[①] 因此，仅靠物理空间法治的良法善治原则就难以有效应对了，而应该扩展为数字善治的法治理念。

一是探索“数据新政”。由于数据信息已成为人类生产生活的关键要素，而且“数字技术创造了多种共生的关系，它使我们能够为了自己的利益而获得和分享信息。与此同时，我们所产生的数据对于那些为数字交往提供便利并加以控制的公共和私人机构有巨大价值”。[②] 这就亟需确立一种“数据新政”，从服务于个体和整个社会的利益出发，设定相应的监管标准和经济激励，进而引导数据所有者（持有者）能够有效地分享、利用数据，既要“使公共产品所需要的数据既易于获得，又能有效保障公民权利”；既要“令个体对涉及他们自身的数据拥有前所未有的控制权，同时在公共和私人领域也带来了更好的透明度和参与度”。[③] 这个共享边界和权衡标准无疑是数字良法的基础，也是“数据新政”的根本所在。

二是确立数字正义。由于政府与社会、群体与个人、企业与用户、自我与他人的界限发生了深刻变化，数字鸿沟、算法“黑箱”、算法歧视、数据画像、社会监控等问题日渐突出，自由、平等、权利、公平等

---

① ［美］伊森·凯什、［以色列］奥娜·拉比诺维奇·艾尼：《数字正义——当纠纷解决遇见互联网科技》，赵蕾等译，法律出版社2019年版，第20、23页。

② The New Zealand Human Rights Commission, *Privacy, Data, and Technology: Human Rights Challenges in the Digital Age*, www.hrc.co.nz, May 2018, p. 5.

③ ［美］阿莱克斯·彭特兰：《智慧社会——大数据与社会物理学》，汪小凯等译，浙江人民出版社2015年版，第171、173、204页。

价值诉求及其现实利益也随之面临着变革与重建，因此，这就需要按照数字时代的发展规律和治理要求来确立数字正义，① 建立新型的数字社会治理秩序。

三是保障数字人权。随着数字技术的快速发展，“能处理海量数据的智能计算机给政府提供了一种全新的革命性工具。自由市场和政府管理的社会主义之间意识形态的分歧将会模糊”。② 随即出现了技术权力化、权力技术化的发展趋势，与此同时，人的数字属性又催生各类社会关系、权利形态和运行方式的数字化，并面临日益严峻的困境和挑战。因此，亟需确立“数字人权”的理念，③ 来防范和抑制政府权力和平台权力的技术化扩张和滥用，保护社会公众的自由权利。

四是保持人文关怀。数字社会治理固然需要革新观念，转变机械逻辑、加持数字逻辑，去迎接更多的算法决策和代码规制。然而，其初衷和目标无疑是更好地让它们服务于智慧社会建设，更好地提高人类的生活品质，而不是让人类活在冷冰冰的机器决定、机器做主的世界中。因此，需要在技术发展中贯彻以人为本、科技向善的设计理念，来安放人性和制造“友好人工智能”。也就是说，“我们迎面走向的，不是人性的丧失和机器的人化，相反，我们所走向的，是对人类更精确的认识”。④ 进而弘扬人性价值、增进人的主体地位、保障人的权利和自由。

可见，遵循数字社会的治理逻辑，致力于数字善治，让更多的人能够分享新兴科技所带来的进步、福利和便捷，成为数字时代的主人而不是“信息社会的囚徒”，⑤ 这无疑是转向包容共享型法治和推进数字社会治理的价值选择。

---

① 参见马长山：《智能互联网时代的法律变革》，载《法学研究》2018 年第 4 期。

② ［英］乔治·扎卡达基斯：《人类的终极命运——从旧石器时代到人工智能的未来》，陈朝译，中信出版社 2017 年版，第 296 页。

③ 参见马长山：《智慧社会背景下的“第四代人权”及其保障》，载《中国法学》2019 年第 5 期。

④ ［德］克里斯多夫·库克里克：《微粒社会——数字化时代的社会模式》，黄昆等译，中信出版社 2018 年版，前言第 XV 页。

⑤ ［英］卢恰诺·弗洛里迪：《信息伦理学》，薛平译，上海译文出版社 2018 年版，第 360 页。

（2）共建共享的制度安排

从工商业社会向数字社会的变革转型，必然会遭遇很多风险和挑战，其出路则在于按照数字社会的发展规律和治理逻辑，做出包容共享型法治的制度安排。

其一，是规则体系上的共建共享。古往今来，“不管多么软弱无力，国家权力毕竟还是引导和有计划变革社会制度的主要工具”。[①] 这意味着，国家构建一直是社会秩序的主导者、引领者。但在当今信息技术革命面前，这种状况则发生了重大改变。随着各种新业态、新模式的大量“破窗”涌现，使“很多旧有的习惯将被颠覆，很多旧有的制度将面临挑战”，[②] 但也给社会带来了大量进步性的革新体验。此时，政府对这些既不了解、也无法做风险/收益研判的技术，只能采取谦抑姿态和审慎包容的策略，对“任何与技术相关问题的立法、司法都应走一条‘先了解技术，然后才立规’的路径”。[③] 与此同时，更多的民间力量则积极参与到“大众创业、万众创新”发展战略之中，尤其是各类商业平台创造出了大量的新业态规则，从而形成了一种“众创式”的制度变革路径。[④] “它需要国家的合作与参与，既要说服国家不在治理层面立法，又希望通过国家法律协助实施其规则。如果这些都能实现，那么将转化为一个共同规制的治理系统。”[⑤] 这种规则体系上的“软硬协同”反映了数字社会的共建共享要求，在这里，“国家和社会力量能够相互赋权，而国家和社会力量之间的互动（而非分裂），其效果是能够为双方一同创造更多的权力”。其间，“国家也许帮着塑造社

① ［美］安·塞德曼、［美］罗伯特·塞德曼：《发展进程中的国家与法律——第三世界问题的解决和制度变革》，冯玉军等译，法律出版社2006年版，第43页。

② ［英］维克托·迈尔－舍恩伯格、肯尼斯·库克耶：《大数据时代：生活、工作和思维的大变革》，盛杨燕等译，浙江人民出版社2013年版，第94页。

③ 杭州市西湖区人民法院：《支付宝网络支付案件司法审查报告》（2008年3月至2015年3月），载《互联网金融法律评论》（2016年第1辑），法律出版社2016年版，第185页。

④ 参见马长山：《智慧社会建设中的“众创”式制度变革》，载《中国社会科学》2019年第4期。

⑤ ［英］克里斯托弗·米勒德：《云计算法律》，陈媛媛译，法律出版社2019年版，第528页。

会，但是也受到其所在社会的不断塑造”。[①] 这样，就从国家构建主导转向了国家与民间的双向构建，成为包容共享型法治变革发展的重要动力。

其二，是权义安排上的共建共享。如果说规则体系上的共建共享是制度形式，那么，权义安排上的共建共享就是制度实质了。以往工商业社会的基础是单一物理时空的“独享经济”，面对的都是“看得见、摸得着”的人财物，彼此交往的都是现身在场“关系人”；而当今数字社会的基础则是双重空间中的“分享经济”，面对的是虚实同构的网络空间、平台治理、建模算法、区块链、人工智能等利益载体，彼此交往的都是远程临场的“微粒人”。在这样一个数字化的世界中，数据信息承载着流动叠加的数字社会关系，因此，国家立法“针对哪些信息流是可以被允许的或被阻止的，哪些是需要鼓励或打压的，都需要在制度、激励、法律、技术或者规范方面进行清晰的设计和规划”。[②] 其核心在于，一方面要基于“大部分的系统都必须使用我们的信息或者将我们与它们的信息相结合，才会顺利运转”，按照数字社会的“控制/分享”规律来平衡配置个人权利/社会权力/公共权力以及权利/义务/责任；另一方面也要看到，新的治理和控制系统是从数据收集、传送和分析中产生并发展的，人们担忧“大数据技术的繁荣和信息不对称的加重将令财富分配不公现象更为严重”。[③] 但它已超出工业时代那种为契约自由和财产权的斗争范畴，如今“算法时代则为了数据的收集、传送、使用和分析而斗争”。[④] 这就需要根据数字善治理念来消解算法决策和代码规制中的各类风险和威胁，防止“再中心化”和新的两极分化，进而构建数字社会的治理秩序，推进于多元参与和精细的

---

① 郑永年：《技术赋权：中国的互联网、国家与社会》，邱道隆译，东方出版社2014年版，第17页。

② ［美］埃里克·布莱恩约弗森、［美］安德鲁·麦卡菲：《第二次机器革命》，蒋永军译，中信出版集团2016年版，第342页。

③ ［英］阿里尔·扎拉奇、［美］莫里斯·E. 斯图克：《算法的陷阱——超级平台、算法垄断与场景欺骗》，余潇译，中信出版集团2018年版，第314～315页。

④ Jack M. Balkin, “*Free Speech in the Algorithmic Society: Big Data, Private Governance, and New School Speech Regulation*”, University of California Davis Law Review, Vol. 51, 2018, p. 1158.

分权化治理，它“不是零和博弈，而是可以让所有人共享、共同提高”。[①] 这也是包容共享型法治的根本目标所在。

（3）分布参与的治理机制

在数字社会的扁平化、碎片化、流动化的巨大运动中，“我们的社会将变得更加平等，更加人性化，每个人都重新拥有了知情和参与的权利。无论从经济上还是从社会上来看，几乎所有的东西都被民主化，变得更好”。[②] 在国家治理和社会治理层面上，也必然要反映出数字社会的治理逻辑，展现出包容共享型法治的时代诉求。

首先，在国家治理上，智慧政务、智慧司法成为时代趋势。一方面要求利用网络技术、数字技术和人工智能技术来大幅提高工作效率和效能，为公众提供便捷的、精细化的、自动化的公共服务和可视正义；另一方面也要求避免底层民众被排除到信息通信技术产生的红利之外，克服技术权力化和权力技术化偏好，加大技术便民化、惠民化、民主化力度，向社会提供更多、更有效的公共参与渠道，增进可视化纠纷解决机制的开放性和参与性，让人们坐在家里就可以分享政府数据、利用鼠标就可以参政议政、凭借自己的手机就可以监督政府和伸张正义，进而使智慧政务、智慧司法成为全民共建共治共享的时代机遇。从世界范围来看，当代信息技术变革确实带来了一种新兴的“数字社会主义”，但它无疑“旨在提升个人的自主性，反对中央集权。它是去中心化的极致表现”。[③] 因此，它有技术能力、有条件来打造前所未有的、远程临场的分布式参与机制，并进一步构建数字法治。这就要求在技术赋权进程中，“必须与民众所生活的社会维度、政治维度以及个体维度相结合，以便让赋权实践与包容、参与以及社会正义相结合”。[④] 只有这样，才能更好地展现现代性和超现代性维度，实现国家

---

① ［美］尼古拉斯·伯格鲁恩、［美］内森·加德尔斯：《智慧治理——21 世纪东西方之间的中庸之道》，朱新伟等译，格致出版社、上海人民出版社 2013 年版，第 169 页。

② ［澳］史蒂夫·萨马蒂诺：《碎片化时代：重新定义互联网 + 商业新常态》，念昕译，中国人民大学出版社 2015 年版，第 296 页。

③ ［美］凯文·凯利：《必然》，周峰等译，电子工业出版社 2016 年版，第 155 页。

④ ［英］Robert Adams：《赋权、参与和社会工作》，汪冬冬译，华东理工大学出版社 2013 年版，第 201 页。

治理能力和治理体系现代化，为包容共享型法治秩序提供重要支撑和保障。

其次，在网络空间治理上，多中心协同治理势在必行。当初的网络自由主义曾主张“去国家化”，但这种互联网治理模式却出现了很多致命的公共问题，因而，国家在互联网治理中的作用和地位开始不断攀升，并迈向多中心协同治理。一是网络空间自治失灵需要国家介入。信息与通信技术固然创造了匿名化、虚拟化、个性化、自由化的全新数字环境，“原则上，它可以在任何时间任何地点为任何人所分享。信息圈开始在任何空间中弥散”。[①] 进而从技术上突破了物理空间和代议民主的限制性条件，使表达自由、行动自由和直接民主成为可欲的目标。然而，互联网上的各种动员却往往来自“不同的和碎片化的政治认同上”。[②] 这也为民粹主义创造了条件，使网络民粹主义和多数人的暴政相互助长，从而扭曲民主的精神实质和现实途径，[③] 而且还滋生了各种黑客、网络诈骗等违法犯罪活动，出现了明显的自治失灵，国家的介入自然就不可避免。二是政府的“老大哥”权力出现扩张。它不断延伸放大的网络监管权力，对网络空间自由产生了严重侵蚀，需要进行有效的控制和制约。三是代码就是网络空间中的法律。这就使“互联网的控制权越来越集中在强大的互联网公司手里，它们受到软件和硬件的限制”，有时候甚至商界和政府能联手修改代码。这样一来，网络空间就变成了它们控制公众的力量，带来数据鸿沟、算法“黑箱”、算法歧视、算法霸权、代码规制以及“再中心化”等严峻问题和挑战。因此，这就需要网络公民、行业组织、新旧媒体、各类单位、商业平台、政府部门等诸多社会力量，来协同推进网络空间的多元化、自由化和民主化，“使公众拥有在线网络的监督权和参与权”，[④] 从而形成分布式的多中心协同治理机制。这不仅是维持和增进网络空间的生

---

① ［英］卢恰诺·弗洛里迪：《信息伦理学》，薛平译，上海译文出版社 2018 年版，第 426 页。

② ［英］安德鲁·查德威克：《互联网政治学：国家、公民与新传播技术》，任孟山译，华夏出版社 2010 年版，第 37 页。

③ 胡伟：《网络民主：机遇与挑战》，载《文汇报》2009 年 8 月 22 日。

④ ［英］詹姆斯·柯兰等：《互联网的误读》，何道宽译，中国人民大学出版社 2014 年版，第 207 页。

命与活力所必需，也是促进包容共享型法治的重要动力。

再次，在平台治理上，注重分享和参与的生态化治理逐渐生成。随着数字时代的到来，平台经济业态迅速崛起，它颠覆并替代了传统物理时空的“管道”式线性商业模式，至此，“集中化的时代已经过去，现在的世界充满了更多的商机，以及更加分散的事物”。[①] 新型的平台治理机制也随之应运而生。其一，平台治理是一个生态体系。它置身于政府与平台、平台与用户、平台与平台、平台与媒体、平台与公众等多主体的环状互动之中，采取的是连接数边群体、业务复合多样的覆盖性商业模式，通行虚实交融、算法决策、代码规制等运营方式，从而形成一个网络化、数字化、智能化的“多环状生态圈”。其二，保持足够的开放性和参与性。“网络正使史无前例的经济自由民主化成为可能”，平台经济也正是这种自由民主化的结果，“今天平台的成功是基于参与，而非所有权”。[②] 因此，它为外部供应商和顾客之间的价值创造互动赋予了开放的、参与式的架构，并为它们设定了治理规则。其首要目标是“匹配用户，通过商品、服务或社会货币的交换为所有参与者创造价值”，并在“中介重构、分享使用权与管控以及市场集合”上引起了产业的结构性改变。[③] 这就要求平台治理秉持共建共享价值，吸纳更广泛的社会参与等，形成一种分布式的、多方共赢的治理机制。其三，促进权益平衡和信任合作。平台经济模式是建立在对用户信息数据的收集、控制、分析和使用基础上的，这既要有基本的社会分享理念，也要有可靠的信息权利保护，因此，需要以更为科学、更为合理、更为公平的权益平衡方式，来“重塑用户个人与数据公司之间的信任与合作，建立数据使用的新秩序”，[④] 从而妥善经营所有参与者共同联系起来的网状关系，“有效维持生态圈的利益平衡，并

① ［澳］史蒂夫·萨马蒂诺：《碎片化时代：重新定义互联网＋商业新常态》，念昕译，中国人民大学出版社 2015 年版，第 296 页。

② 参见［美］亚历克斯·莫赛德等：《平台垄断——主导 21 世纪经济的力量》，杨菲译，机械工业出版社 2018 年版，第 102 页。

③ ［美］杰奥夫雷·G. 帕克等：《平台革命——改变世界的商业模式》，志鹏译，机械工业出版社 2018 年版，第 6、77 页。

④ 徐恪等：《算法统治世界——智能经济的隐形秩序》，清华大学出版社 2017 年版，第 284 页。

在平衡中携手前进”。① 与此同时，也要推进平台治理的合规建设，“设计出平衡的内部治理系统和外部监管制度，以确保平台公平运营”。② 这既是抑制“再中心化”、促进“软硬协同”治理的重要基石，也是推动包容共享型法治的内在要求。

最后，在基层治理上，孕育了微粒互动的精细化治理秩序。当今信息革命使“人类正在从持续了千百年的物理实体社会跨入新兴的虚拟数字社会”，③ 人们的生产生活和日常交往均打破了原有物理时空的限制，虚实双重空间之中进行结构和重构。一是“微粒社会”中的分布互动。随着“微粒社会”的扁平化、破碎化、流动化加剧，就“在这个数字和程序算法的世界里发展出一种新的人性形态”，④ 这些新形态的“微粒人”使特定人群的行为不再一致，一致的行为人群不再特定，形成了分布式的微粒化互动，由此，“发展中的个人主义、无线移动性、无所不在的互联网都促进了联网个人主义，使之成为社区的基石”。⑤ 二是“微粒人”的分布式参与。因为数字时代的社会秩序主要依靠的不是社会控制，而是人们之间的互动互利行为。“用户执行的每一项操作，无论多么微小，对于重新配置算法和优化流程都是有用的。这就是数据的重要性。”⑥ 因此，虚实双重空间下的基层治理，须臾离不开网络论坛等的“微粒”聚合和分布式参与，它们虽然带有无中心、平面化、超时空、匿名化、强流动等特征，却形成了多元化的亚文化圈和分殊化的社会纽带，塑造了无数节点共建共享的公共空间、社会动员机制和舆情场域。三是精细化、网格化的基层治理。面对数字社会的各种问题和挑战，国家提出了加强智慧社会建设和基层网格化治

---

① 陈威如、余卓轩：《平台战略——正在席卷全球的商业模式革命》，中信出版社 2013 年版，第 252 页。

② ［美］杰奥夫雷·G. 帕克等：《平台革命——改变世界的商业模式》，志鹏译，机械工业出版社 2018 年版，第 230 页。

③ ［美］吴霁虹·桑德森：《众创时代——互联网 +、物联网时代企业创新完整解决方案》，中信出版集团 2015 年版，第 1 页。

④ ［德］克里斯多夫·库克里克：《微粒社会——数字化时代的社会模式》，黄昆等译，中信出版社 2018 年版，前言第 XII 页。

⑤ ［美］霍华德·莱茵戈德：《网络素养——数字公民、集体智慧和联网的力量》，张子凌等译，电子工业出版社 2013 年版，第 235 页。

⑥ ［美］尼克·斯尔尼塞克：《平台资本主义》，程水英译，广东人民出版社 2018 年版，第 110 页。

理、打造共建共治共享社会治理格局的战略目标。然而，在具体推进落实的过程中，一些地方却出现了物理中心主义、政府中心主义、地域中心主义、技术中心主义等突出问题，[①] 因此，需要在网格化基层治理中，根据“微粒社会”和“微粒人”的时代特征，设计更精细的网络问政、微信动员、在线纠纷解决等，进而构建分布互动的共享赋权机制和民主参与机制，使基层治理真正达到共建共治共享要求。

（4）全球治理的协同框架

自20世纪90年代以来，国与国之间在政治、经济贸易上互相依存度越来越高，全球化进程逐渐把世界压缩为一个整体。而当今信息革命的到来，又出现了网络化、数字化和智能化对社会解构与重构所带来的叠加效应。于是，就呈现出数字化的“全球化”进程，这不仅导致社会亲近性与物理邻近性之间发生脱节，也导致社会相关性与空间邻近性发生脱节，因此，对大多的社会过程来说，“空间的位置或环境已经不再重要或不再是决定性的了”。[②] 与此相对应，物理时空的边界在国际社会中越来越模糊，人们越来越多地通过互联网和数据信息即可实现远程临场和深度互动，这无疑“是一种极为寻常的经验，这也是全球化所指”，[③] 其颠覆性、替代性的后果也随之在全球蔓延展开。

面对人类生活的数字化、公式化以及模型化，“我们遇到的一些事情会显得杂乱无章，但我们徜徉在其中的方式却是一样的”。[④] 所有国家和地区都会遭遇同一背景、同一数字化网络中相似的变革、风险与挑战，这无疑不是哪个国家能够单独处置的问题，而是需要全球范围内的携手应对。尽管欧盟出台了捍卫启蒙价值立场的GDPR，美国也不断推出“长臂管辖”，但数据信息则是无形连接、无疆流动的，数字化变革却没有任何阀门可以控制、没有任何围栏可以阻挡的。此时，“共

① 参见马长山：《智慧社会的基层网格治理法治化》，载《清华法学》2019年第3期。

② ［德］哈特穆特·罗萨：《新异化的诞生——社会加速批判理论大纲》，郑作彧译，上海人民出版社2018年版，第118页。

③ ［英］卢恰诺·弗洛里迪：《信息伦理学》，薛平译，上海译文出版社2018年版，第427页。

④ ［美］艾伯特－拉斯洛·巴拉巴西：《爆发——大数据时代预见未来的新思维》，马慧译，北京联合出版公司2017年版，第289页。

同规制似乎成了跨越国境的互联网活动的主要治理结构”，也“只有共同规制才是互联网活动治理的唯一途径，只有共同规制才有成功的合理希望”。[①] 因此，全球治理的框架和机制就面临着深度的变革，需要从“主权优先”迈向“协同共治”，这也是数字社会治理和包容共享型法治在全球范围内的逻辑展开，进而实现全球的数字善治和法治秩序。

3. 探索数字时代的自主性法治道路

近代法治无疑是人类的共同文明成果，因此，“法治不再是纯西方的理念，而是作为人类共同的价值观，为国际社会普遍接受的理念”。但同时，“每个国家都应当享有自由选择法治具体模式的权利，以实践其法治观念”。[②] 晚清以来，中国就一直在既要追赶现代性，又要保持自我性的张力境遇下，来探索中国法治发展道路的。

然而，由于多种错综复杂因素的影响，改革开放后才有效启动了民主法治进程，并在40多年的建设中取得了明显的成就。随着中国经济的迅速崛起和国际舞台地位的攀升，如何在追赶现代法治的进程中走出适合自己的道路、构建自主性的中国法治模式，就成为一个重要的时代使命。人们逐渐认识到，“大量照搬民主治理形式的表面元素通常并不能保证取得那种往往与民主制度相关联的社会进步”,[③] 何况这些还是选择性地“照搬”，也常出现“水土不服”。为此，从党的十五大开始就做出了建设社会主义法治国家的战略部署，法学界也开始反思“中国法学向何处去”和探讨自主性的中国法治道路问题,[④] 其中存在很多问题和挑战，但也面临新的时代机遇。首先，包容共享型法治的全球性探索。由信息革命和数字社会治理逻辑所驱动的这场法治范

① ［英］克里斯托弗·米勒德：《云计算法律》，陈媛媛译，法律出版社2019年版，第529页。

② ［瑞士］胜雅律：《不同法治文明间的对话》，党生翠译，载夏勇、李林、丽狄娅·芭斯塔·弗莱纳主编：《法治与21世纪》，社会科学文献出版社2004年版，第296页。

③ ［俄］弗拉季斯拉夫·伊诺泽姆采夫：《民主与现代化：有关21世纪挑战的争论》，徐向梅译，中央编译出版社2011年版，第2页。

④ 参见邓正来：《中国法学向何处去》，商务印书馆2006年版；凌斌：《中国法学时局图》，北京大学出版社2014年版，等等。此外，“世界华人法哲学年会”“走向世界的中国法哲学”国际研讨会等也对中国法学自主性、自主性中国法治道路进行了深入讨论。

式转型，是世界各国都面临的艰巨使命，无论是创造现代性法治的西方国家，还是追赶现代性法治的其他国家，都需要面对“超现代性”的挑战并进行变革转型，都没有可资借鉴的样本或者参照系，也没有优劣之分，正处于全球性的共同探索状态。其次，数字时代的“换道超车”。随着人类迈进数字社会，中国在追赶现代性的同时，也获得了“超现代性”的“换道超车”机会，至少与西方发达国家处于数字社会的同一起跑线上，面临很多“共时性”的问题，甚至由于自身的广土众民、后发现代化、儒法文化等因素而具有超出西方的复杂性，从而在包容共享型法治的范式转型中具有自主探索的一片天地。再次，数字社会的治理诉求。中国在40多年的改革开放中拥抱新兴科技，加速推进网络化、数字化、智能化发展，形成了庞大的数字经济体量和数字社会形态，包容共享已经成为一种客观的经济社会要求，是推动数字时代的法治范式转型的根本动力。最后，中国的本土国情。在探索包容共享型法治、走出自主性法治道路上，中国确实有一些独特的国情基础和条件，比如，中国没有西方那种市民社会对抗国家的法治变革条件，因此，采取政府推进、官民合作的包容共享型法治路径更具可行性；再如，人际和谐、团体本位的儒家传统和东方文化，具有合作共赢的文化基础，它与包容共享型法治文化具有吻合性，等等。由上可见，认真对待当今信息革命，遵循数字社会治理逻辑，积极推进包容共享型法治建设，是中国自主性法治道路的必然选择。

主要参考文献

1. ［以色列］尤瓦尔·赫拉利：《人类简史》，林俊宏译，中信出版社 2017 年版。

2. ［以色列］尤瓦尔·赫拉利：《未来简史》，林俊宏译，电子工业出版社 2017 年版。

3. ［美］约翰·马尔科夫：《人工智能简史》，郭雪译，浙江人民出版社 2017 年版。

4. ［英］乔治·扎卡达基斯：《人类的终极命运——从旧石器时代到人工智能的未来》，陈朝译，中信出版社 2017 年版。

5. ［英］卡鲁姆·蔡斯：《经济奇点——人工智能时代，我们将如何谋生?》，任小红译，机械工业出版社 2017 年版。

6. ［美］Ray Kurzweil：《奇点临近——2045 年，当计算机智能超过人类》，李庆诚等译，机械工业出版社 2017 年版。

7. ［澳］史蒂夫·萨马蒂诺：《碎片化时代：重新定义互联网 + 商业新常态》，念昕译，中国人民大学出版社 2015 年版。

8. ［德］哈特穆特·罗萨：《新异化的诞生——社会加速批判理论大纲》，郑作彧译，上海人民出版社 2018 年版。

9. ［美］George F. Luger：《人工智能——复杂问题求解的结构和策略》，郭茂祖等译，机械工业出版社 2017 年版。

10. ［美］弥尔顿·L. 穆勒：《网络与国家——互联网治理的全球政治学》，周程等译，上海交通大学出版社 2015 年版。

11. ［英］安德鲁·查德威克：《互联网政治学：国家、公民与新传播技术》，任孟山译，华夏出版社 2010 年版。

12. ［美］马修·辛德曼：《数字民主的迷思》，唐杰译，中国政法大学出版社 2016 年版。

13. ［美］安德鲁·V. 爱德华：《数字法则——机器人、大数据和算法如何重塑未来》，李庆诚等译，机械工业出版社 2017 年版。

14. ［美］阿莱克斯·彭特兰：《智慧社会——大数据与社会物理学》，汪小帆等译，浙江人民出版社 2015 年版。

15. ［美］理查德·沃特森：《智能化社会——未来人们如何生活、相爱和思考》，赵静译，中信出版集团 2017 年版。

16. ［英］玛格丽特·博登：《AI：人工智能的本质与未来》，孙诗惠译，中国人民大学出版社 2017 年版。

17. ［美］詹姆斯·亨德勒、［美］爱丽丝·M. 穆维西尔：《社会机器——即将到来的人工智能、社会网络与人类的碰撞》，王晓等译，机械工业出版社 2018 年版。

18. ［美］詹姆斯·巴拉特：《我们最后的发明——人工智能与人类时代的终结》，闾佳译，电子工业出版社 2016 年版。

19. ［美］温德尔·瓦拉赫、［美］科林·艾伦：《道德机器——如何让机器人明辨是非》，王小红等译，北京大学出版社 2017 年版。

20. ［美］皮埃罗·斯加鲁菲：《智能的本质——人工智能与机器人领域的 64 个大问题》，任莉等译，人民邮电出版社 2017 年版。

21. ［美］约翰·弗兰克·韦弗：《机器人是人吗?》，刘海安译，上海人民出版社 2018 年版（《机器人也是人：人工智能时代的法律》，郑志峰译，元照出版公司，台湾版本）。

22. ［美］罗纳德·K. L. 柯林斯等：《机器人的话语权》，王黎黎等译，上海人民出版社 2018 年版、2019 年版。

23. ［以色列］加布里埃尔·哈列维：《审判机器人》，陈萍译，上海人民出版社 2018 年版、2019 年版。

24. ［意］乌戈·帕加罗：《谁为机器人的行为负责?》，张卉林等译，上海人民出版社 2018 年版。

25. ［美］瑞恩·卡洛、［美］迈克尔·弗鲁姆金：《人工智能与法律的对话》，陈吉栋等译，上海人民出版社 2018 年版。

26. ［美］保罗·维格纳、［美］迈克尔·凯西：《区块链：赋能万物的事实机器》，凯尔译，中信出版社 2018 年版。

27. ［美］凯文·沃巴赫：《链之以法：区块链值得信任吗?》，林少伟译，上海人民出版社 2019 年版。

28. ［法］普里马韦拉·德·菲利皮、［美］亚伦·赖特：《监管区块链：代码之治》，卫东亮译，中信出版社 2019 年版。

29. ［美］罗伯特·赫里安：《批判区块链》，王延川等译，上海人民出版社 2019 年版。

30. ［德］克里斯多夫·库克里克：《微粒社会——数字化时代的社会模式》，黄昆等译，中信出版社 2018 年版。

31. ［美］马修·萨尔加尼克：《计算社会学——数据时代的社会研究》，赵红梅等译，中信出版集团 2019 年版。

32. ［美］安德雷斯·韦思岸：《大数据和我们——如何更好地从后隐私经济中获益?》，胡小锐等译，中信出版集团 2016 年版。

33. ［美］史蒂夫·洛尔：《大数据主义》，胡小锐等译，中信出版集团 2015 年版。

34. ［德］罗纳德·巴赫曼、［德］吉多·肯珀等：《大数据时代下半场——数据治理、驱动与变现》，刘志则等译，北京联合出版公司 2017 年版。

35. ［美］克莉丝汀·伯格曼：《大数据、小数据、无数据》，孟小峰等译，机械工业出版社 2017 年版。

36. ［英］约翰·帕克：《全民监控——大数据时代的安全与隐私困境》，关立深译，金城出版社 2015 年版。

37. ［美］布鲁斯·施奈尔：《数据与监控——信息安全的隐形之战》，李先奇等译，金城出版社 2018 年版。

38. ［法］马尔克·杜甘、［法］克里斯托夫·拉贝：《赤裸裸的人——大数据、隐私与窥视》，杜燕译，上海科学技术出版社 2017 年版。

39. ［美］特蕾莎·M. 佩顿、［美］西奥多·克莱普尔：《大数据时代的隐私》，郑淑红译，上海科学技术出版社 2017 年版。

40. ［美］尼古拉斯·卡尔：《数字乌托邦——一部数字时代的尖锐反思史》，姜忠伟译，中信出版集团 2018 年版。

41. ［英］洛伦左·费尔拉蒙蒂：《大数据战争——数据在全球市

场的使用与滥用》，张梦溪译，中华工商联合出版社 2018 年版。

42. ［美］迈克尔·帕特里克·林奇：《失控的真相》，赵亚男译，中信出版集团 2017 年版。

43. ［美］约翰·H. 约翰逊等：《数据的真相——如何在数字时代作出明智决策》，王喆译，中信出版集团 2018 年版。

44. ［美］伊森·凯什、［以色列］奥娜·拉比诺维奇·艾尼：《数字正义》，赵蕾等译，法律出版社 2019 年版。

45. ［美］托马斯·科尔曼、查尔斯·雷瑟尔森等：《算法导论》，殷建平等译，机械工业出版社 2016 年版。

46. ［美］卢克·多梅尔：《算法时代：新经济的新引擎》，胡小锐等译，中信出版社 2016 年版。

47. ［美］佩德罗·多明戈斯：《终极算法——机器学习和人工智能如何塑造世界》，黄芳萍译，电子工业出版社 2017 年版。

48. ［英］阿里尔·扎拉奇、［美］莫里斯·E. 斯图克：《算法的陷阱——超级平台、算法垄断与场景欺骗》，余潇译，中信出版集团 2018 年版。

49. ［英］卢恰诺·弗洛里迪：《信息伦理学》，薛平译，上海译文出版社 2018 年版。

50. ［美］詹姆斯·格雷克：《信息简史》，高博译，人民邮电出版社 2013 年版。

51. ［荷］尤瑞恩·范登·霍文、［澳］约翰·维克特：《信息技术与道德哲学》，赵迎欢等译，科学出版社 2014 年版。

52. ［美］弗兰克·帕斯奎尔：《黑箱社会——控制金钱和信息的数据法则》，赵亚男译，电子工业出版社 2015 年版。

53. ［美］约纳森·罗森诺：《网络法——关于因特网的法律》，张皋彤等译，中国政法大学出版社 2003 年版。

54. ［美］劳伦斯·莱斯格：《代码 2.0：网络空间中的法律》，李旭等译，清华大学出版社 2018 年版。

55. ［英］克里斯托弗·米勒德：《云计算法律》，陈媛媛译，法律出版社 2019 年版。

56. ［英］蒂莫西·A. O. 恩迪科特：《法律中的模糊性》，程朝阳译，北京大学出版社 2010 年版。

57. ［美］欧文·费斯：《如法所能》，师帅译，北京，中国政法大学出版社 2008 年版。

58. ［美］安德鲁·奥尔特曼：《批判法学——一个自由主义的批评》，信春鹰等译，中国政法大学出版社 2009 年版。

59. ［美］罗伯特·C. 埃里克森：《无需法律的秩序》，苏力译，中国政法大学出版社 2003 年版。

60. ［英］弗雷德里希·奥古斯特·哈耶克：《自由宪章》，杨玉生等译，中国社会科学出版社 1999 年版。

61. ［美］彼得·德恩里科：《法的门前》，邓子滨译，北京大学出版社 2012 年版。

62. 郑永年：《技术赋权：中国的互联网、国家与社会》，邱道隆译，东方出版社 2014 年版。

63. 何渊：《大数据战争》，北京大学出版社 2019 年版。

64. 高鸿钧主编：《信息社会法治读本》，清华大学出版社 2019 年版。

65. United State Court of Appeals for Seventh Circuit, *Illinois Transportation Trade Association et al. v. City of Chicago*, No. 1：2014cv00827-Document 66（N. D. Ill. 2016）, http：//media. ca7. uscourts. gov/cgi – bin/rssExec. pl? Submit = Display&Path = Y2016/D10 – 07/C：16 – 2009：J：Posner：aut：T：fnOp：N：1842508：S：0.

66. Nicholas Jackson, *United Nations Declares Internet Access as Basic Human Right*, The Altantic, https：//www. theatlantic. com/technology/archive/2011/06/united – nations – declares – internet – access – a – basic – human – right/239911/.

67. J. Ortega Gasset, *Mirabeau Order der Politiker*, *in Gesammelte Werk*, Bd. 2. Stuttgart, 1950.

68. Effy Vayena and John Tasioulas. *The Dynamics of Big Data and Human Rights：The Case of Science of Research*, Philosophical Transactions Royal Society A, 2016.

69. Jack M. Balkin, *Free Speech in the Algorithmic Society：Big Da-*

ta, *Private Governance*, *and New School Speech Regulation*, University of California Davis Law Review, Vol. 51, 2018.

70. The New Zealand Human Rights Commission, *Privacy*, *Data*, *and Technology*: *Human Rights Challenges in the Digital Age*, www. hrc. co. nz, May 2018.

71. Federico Fabbrini, "Human Rights in the Digital Age: The European Court of Justice Ruling in the Data Retention Case and Its Lessons for Privacy and Surveillance in the United States", *Harvard Human Rights Journal*, Vol. 28, 2015.

72. Laura Myers, Allen Parrish, and Alexis Williams, "Big Data and The Fourth Amendment: Reducing Overreliance on the Objectivity of Predictive Policing", *Federal Courts Law Review*, Vol. 231, No. 8, 2015.

73. Giovanni Buttarelli, "Privacy matters: updating human rights for the digital society", *Health Technol*, 2017 (7).

74. Ana Beduschi, "The Big Data of International Migration: Opportunities and Challenges for States Under International Human Rights Law", *Geo. J. Int'l L.*, 2018 (49).

75. Neil M. Richards, "Jonathan H. King, Big Data Ethics", *Wake Forest L. Rev.*, 2014 (49).

76. HinYan Liu, Karolina Zawieska, "From responsible robotics towards a human rights regime oriented to the challenges of robotics and artificial intelligence", *Ethics and Information Technology*, November 2017, in Springer.

77. Marta Poblet, Jonathan Kolieb, "Responding to Human Rights Abuses in the Digital Era: New Tools, Old Challenges", *Stan. J. Int'l L.*, 2018 (54).

78. Omer Tene and Jules Polonetsky, "Big Data for All: Privacy and User Control in the Age of Analytics", *Nw. J. Tech. & Intell*, Prop. 2013 (11).

79. Toni M. Massaro, "Helen Norton, Siri – Ously? Free Speech Rights and Artificial Intelligence", *Nw. U. L. Rev.*, 2016 (110).

80. AIon, AI: "A Humanitarian Law of Artificial Intelligence and Robotics", *Sci Eng Ethics*, 2015 (21).

81. Alessandro Mantelero, "AI and Big Data: A blueprint for a human rights, social and ethical impact assessment", *Computer Law & Security Review*, 2018 (34).

82. Galit A. Sarfaty, "Can Big Data Revolutionize international Human Rights Law?" *Penn Law: Legal Scholarship Repository*, 2018.

83. Ryan Burns, "Rethinking big data in digital humanitarianism: practices, epistemologies, and social relations", *Geo Journal*, October 2014, in Springer.

84. Mathias Risse, "Human Rights and Artificial Intelligence: An Urgently Needed Agenda", *Rio de Janeiro*, v. 4, n. 1, 2018,

85. Margaret Hu, "Algorithmic Jim Crow", *Fordham L. Rev.*, 2017 (86).

86. Kate Crawford & Jason Schultz, "Big Data and Due Process: Toward a Framework to Redress Predictive Privacy Harms", *Boston College Law Review*, 2014 (55).

87. Carole J. Petersen, "Big Data, Health Care, and International Human Rights Norms", *Asia Pacific J. Health L. & Ethics*, 2017 (11).

后　记

在本书修改定稿之际，我带领着10人团队赴上海市高级人民法院，就上海刑事案件智能辅助办案系统（也称“206系统”）进行了实地调研，听取了该系统项目负责人的精细讲解和操作演示，深切感受到人工智能在司法领域应用的重要成果和广阔前景。此时，我便想起了扎西拉姆·多多在《班扎古鲁白玛的沉默》中的诗句：

“你见，或者不见我，
我就在那里，
不悲不喜，
你念，或者不念我，
情就在那里，
不来不去，
你爱，或者不爱我，
爱就在那里，
不增不减
……”

毫无疑问，如今日渐深入的技术革命，不管你见与不见、你承认还是不承认、你高兴还是不高兴，它“就在那里”；网络化、数字化、智能化的世界浪潮已经势不可当，每天都在改变与颠覆你和你周边的生活，既有的法学理论、法律制度和司法机制也在不断遭遇各种深刻的挑战。对此，如果仅凭“马法之议”的那种自负信念，是难以回应这些挑战并随着时代发展前进的。基于这一立场，我才着手不断在学习中进行研究的。

然而，这些新兴技术及其应用领域，对我们法律人来讲学科跨度太大，而且法律人大多是文科背景（即便当初是理科背景，如今也知之不多了）。因此，大量阅读网络化、数字化、智能化的相关文献，几乎都是在看天书，何况我们又是一个远离青春的年龄。但问题还是，你见和不见，它每天都在那里改变你。既然默然回避不能解决问题，自持守成没有出路，那么，我们就只能果敢地、一点一滴地去思考和面对。只要有越来越多的人都一起迎难而上，那么，法学就能更好地回应变革和与时俱进，真正为数字时代的法治秩序提供理论支撑和方向指引。

本书收录了作者近年于《中国社会科学》《法学研究》《中国法学》《政法论坛》《清华法学》等期刊上发表的学术论文，是在保持基本原貌的基础上，经过一些修改、补充和体系化而形成的。因此，虽然并不像纯粹的专著那样有更加自洽的体系和逻辑，但至少仍可以看到，我这几年关于互联网、大数据和人工智能的一些法学思考和理论分析，以及对一些重大热点问题的积极回应和研究。希望这些思考和研究，在与学界的分享之余，能够有所助益。

人们常说，学术研究是一种脱离生存、追求生活的特殊方式，拿着可买几壶老酒的薪水，修炼着贵族的风度，甚至还想背负起天下的情怀。可见，学者们很多时候都是在洒脱自娱、跟随着思想去流浪；我自然也很喜欢这种简单的、纯粹的、自由的、活得有点像自己的生活，这谈不上太高的境界和追求，更多的则是一种随性的愉悦吧。尽管当下的学术生态尚不尽理想，然而，我坚信人类文明的脚步，坚信阳光的力量，坚信学术发展的未来。

每每在家中端起酒杯，默默回望自己的学术生涯，脑海中总会浮现出学界同仁热情帮助和携手前行的各种图景。为此，我要感谢期刊编辑老师对我的长期鼓励、支持和指导，感谢学界朋友的交流提携和深切关怀，也要感谢所有关心我、帮助我的朋友们。正因为有你们，我才能够在学术的天地中搭车旅行，努力去看不同的风景、体验不同的心情、品尝不同的生活味道。在以后的岁月里，我会以更好的研究状态，以更好的学术成果，来回报各位师长和亲友的期待。

2020 年 11 月 26 日
上海 · 檀香书斋

图书在版编目(CIP)数据

迈向数字社会的法律 / 马长山著. -- 北京 : 法律出版社, 2021(2023.6 重印)
ISBN 978-7-5197-5378-8

Ⅰ. ①迈… Ⅱ. ①马… Ⅲ. ①数字技术-应用-法律-研究 Ⅳ. ①D9-39

中国版本图书馆 CIP 数据核字(2021)第 034409 号

迈向数字社会的法律
MAIXIANG SHUZI SHEHUI DE FALǕ

马长山 著

策划编辑 解 锟
责任编辑 张 岩
装帧设计 汪奇峰

出版发行 法律出版社
编辑统筹 重大项目办公室
责任校对 杨锦华
责任印制 吕亚莉
经　　销 新华书店

开本 710 毫米×1000 毫米 1/16
印张 19.75 **字数** 310 千
版本 2021 年 3 月第 1 版
印次 2023 年 6 月第 3 次印刷
印刷 北京金康利印刷有限公司

地址:北京市丰台区莲花池西里 7 号(100073)
网址:www.lawpress.com.cn
投稿邮箱:info@lawpress.com.cn
举报盗版邮箱:jbwq@lawpress.com.cn
销售电话:010-83938349
客服电话:010-83938350
咨询电话:010-63939796

书号:ISBN 978-7-5197-5378-8　**定价**:88.00 元

凡购买本社图书,如有印装错误,我社负责退换。电话:010-83938349